Klaus Brockhoff

Geschichte der Betriebswirtschaftslehre

Klaus Brockhoff

Geschichte der Betriebswirtschaftslehre

Kommentierte Meilensteine
und Originaltexte

2., durchgesehene Auflage

Die Deutsche Bibliothek – CIP-Einheitsaufnahme
Ein Titeldatensatz für diese Publikation ist bei
Der Deutschen Bibliothek erhältlich

Prof. Dr. Klaus Brockhoff ist Rektor der Wissenschaftlichen Hochschule für Unternehmensführung - Otto Beisheim Hochschule - und lehrt dort Allgemeine Betriebswirtschaftslehre und Unternehmenspolitik.

1. Auflage Dezember 1999
2. Auflage Januar 2002

Alle Rechte vorbehalten
© Betriebswirtschaftlicher Verlag Dr. Th. Gabler GmbH, Wiesbaden 2002

Lektorat: Ralf Wettlaufer / Brit Voges

Der Gabler Verlag ist ein Unternehmen der Fachverlagsgruppe BertelsmannSpringer.
www.gabler.de

Das Werk einschließlich aller seiner Teile ist urheberrechtlich geschützt. Jede Verwertung außerhalb der engen Grenzen des Urheberrechtsgesetzes ist ohne Zustimmung des Verlages unzulässig und strafbar. Das gilt insbesondere für Vervielfältigungen, Übersetzungen, Mikroverfilmungen und die Einspeicherung und Verarbeitung in elektronischen Systemen.

Die Wiedergabe von Gebrauchsnamen, Handelsnamen, Warenbezeichnungen usw. in diesem Werk berechtigt auch ohne besondere Kennzeichnung nicht zu der Annahme, dass solche Namen im Sinne der Warenzeichen- und Markenschutz-Gesetzgebung als frei zu betrachten wären und daher von jedermann benutzt werden dürften.

Umschlaggestaltung: Ulrike Weigel, www.CorporateDesignGroup.de
Druck und buchbinderische Verarbeitung: Lengericher Handelsdruckerei, Lengerich/Westf.
Gedruckt auf säurefreiem und chlorfrei gebleichtem Papier
Printed in Germany

ISBN 3-409-21572-7

Was gewesen, wird wiederum sein.
Was geschehen, wird wieder geschehen.
Nichts Neues gibt's unter der Sonne.
Wär' einmal etwas, davon man sagte:
"Sieh da, ein Neues,"
längst ist es gewesen in Zeiten,
die hinter uns liegen.

*Der Prediger (Das Buch Ekklesiastes),
1:9-10.*

Größres mag sich anderswo begeben,
Als bei uns in unserm kleinen Leben,
Neues – hat die Sonne nie gesehn.
Sehn wir doch das Große *aller* Zeiten
Auf den Brettern, die die Welt bedeuten,
Sinnvoll, still an uns vorübergehn.

Alles wiederholt sich nur im Leben,
Ewig jung ist nur die Phantasie,
Was sich nie und nirgends hat begeben,
Das allein veraltet nie!

Friedrich Schiller, An die Freunde

Vorwort

Die Vorbereitung einer Lehrveranstaltung zur Geschichte der Betriebswirtschaftslehre erwies sich als schwieriger als erwartet. Weder gab es neuere Überblicke, wenn man einmal von der Allgemeinen Betriebswirtschaftslehre von Dieter Schneider absieht, noch ist eine Anthologie greifbar, aus der Originaltexte wichtiger Arbeiten zu entnehmen wären. Das ist um so bedauerlicher, als Dieter Schneider überzeugende Gründe für die Erarbeitung einer historischen Perspektive beim Studium des Faches vorgetragen hat. Dabei muß keineswegs so pessimistisch gedacht werden, wie es die Eingangszitate glauben machen wollen. Deshalb entstand der Plan, eine Sammlung von Auszügen aus wichtigen Arbeiten des Faches anzulegen, aus der etwas über sein Wissenschaftsverständnis und seine Entwicklung gelernt werden kann. Von Beginn an war klar, daß eine solche Sammlung erheblichen

Einschränkungen unterliegen müßte. Allein die Dokumentation der Meilensteine wissenschaftlicher Arbeit in einer einzigen Funktions- oder Branchenlehre führt schnell zu einem Umfang, der sich allein als veritables Buch darstellen würde. Da aber ein Blick auf die Allgemeine Betriebswirtschaftslehre im Vordergrund stehen sollte, schien das Problem der Textauswahl noch weitaus gravierender. Der Herausgeber ist sich deshalb auch bewußt, daß die vorgelegte Auswahl von anderen Betriebswirten kritisiert werden kann. Allein, davor zurückschrecken hätte bedeutet, gar nichts vorzulegen.

Die hier vorgenommene Zusammenstellung liegt einem Kurs zugrunde, der an der Wissenschaftlichen Hochschule für Unternehmensführung Koblenz – Otto Beisheim Hochschule – im Rahmen der Allgemeinen Betriebswirtschaftslehre angeboten wird. Die Veranstaltung ist im Hauptstudium angesiedelt. Sie stellt einen von vielen möglichen Versuchen dar, der Auflösung der Betriebswirtschaftslehre in viele spezielle Fächer mit teilweise auch ausgeprägten Methodenunterschieden und -schwerpunkten entgegenzutreten.

Die historische Perspektive wird hier in vier Schritten entwickelt, die den großen Abschnitten des Buches entsprechen. In der Einführung werden wissenschaftliche Leistungen der Betriebswirtschaftslehre gezeigt und der potentielle Wert historischer Perspektiven verdeutlicht. Im folgenden Teil wird ein sehr grober Überblick über die Entwicklung der Betriebswirtschaftslehre über die Jahrhunderte gegeben. Es folgt ein Abschnitt, der sich mit den Auffassungen vom Unternehmer beschäftigt, derjenigen Person oder Rolle, durch die ganz wesentlich der Gang der Entwicklung beeinflußt wird und die sich dazu auch der Erkenntnisse des Faches bedient oder bedienen sollte. In dem letzten Abschnitt, der Einzelfragen gewidmet ist, wird mehrerlei demonstriert: daß zusammenfassende Darstellungen von Teilgebieten für diese geschichtliche Perspektiven entwickeln, daß neuere Arbeiten im Lichte der fast vergessenen Veröffentlichungen von Vorgängern gelegentlich keinen so großen Fortschritt darstellen, wie es behauptet wird, oder daß ein schon lange behandeltes Thema tatsächlich heute mit neuer Methodik derart präzise und oft auch umfassend behandelt werden kann, daß tatsächlich wissenschaftlicher Fortschritt festzustellen ist. Eine detaillierte, durchgängige Darstellung wissenschaftlicher Entwicklungen ist damit aber nicht zu leisten; es können nur, wie von einem Punktstrahler in Licht getaucht, einzelne Stufen der Themenbearbeitung hervorgehoben werden.

Neben die thematische Einschränkung mußten weitere Einschränkungen treten. Die präsentierten Arbeiten stellen ausnahmslos Auszüge aus teilweise sehr umfangreichen Schriften dar. Die Auslassungen sind durch [...] gekennzeichnet. Das kann Satzteile betreffen, aber auch Abschnitte oder sogar den ganz überwiegenden Teil von Büchern, aus denen nur wenige Seiten entnommen wurden. Nicht alle Autoren mögen sich bei diesem Vorgehen sachgemäß behandelt vorkommen. Ich muß deshalb um Verständnis und Verzeihung bitten, vor allem bei denjenigen, die sich nicht einmal mehr selbst dazu äußern können. Um wenigstens einen kleinen Eindruck vom Originaltext zu vermitteln, wurden bewußt die Gliederungsnummern oder -buchstaben übernommen und Hinweise auf die Seitenzahlen im Original vermerkt.

Eingeschränkt ist die Auswahl auch dadurch, daß mit ganz wenigen Ausnahmen deutschsprachige Autoren ausgewählt wurden. Einer von mehreren Schwerpunkten der Entwicklung der Betriebswirtschaftslehre in ihrem heutigen Verständnis lag in der Zeit seit der Gründung der Handelshochschulen 1898 bis zur Machtübernahme der Nationalsozialisten 1933. Die führenden Wissenschaftler dieser Epoche waren vielfach Deutsche, und sie beeinflußten durch ihre Lehre, durch ihr Wirken im Ausland oder die Ausbildung ausländischer Nachwuchswissenschaftler den Gang der betriebswirtschaftlichen Geschichte. In dieser, insbesondere bezüglich der skandinavischen Länder und ostasiatischer Länder auch erforschten und dokumentierten Ausstrahlungswirkung liegt eine weitere Rechtfertigung für das Vorgehen.

In die großen Abschnitte des Buches wird mit kurzen Überblicken eingeführt. Dabei werden die Geburts- und Sterbejahre der erwähnten Autoren jeweils in (...) angegeben, bei den lebenden Autoren entsprechend das Geburtsjahr. Es hat sich herausgestellt, daß diese Angaben selbst bei vielzitierten Wissenschaftlern nicht immer sofort greifbar waren, worin ein weiteres Indiz für die zeitlich eingeschränkte Perspektive in der Betriebswirtschaftslehre zu erkennen ist.

Das Zustandekommen dieses Buches war nur mit fremder Hilfe möglich. Zunächst einmal ist den Autoren und Verlagen zu danken, die Abdruckrechte für geschützte Werke gewährten. Herr Dipl.-Kfm. Peter Zillmer hat sich um Recherchen zu Personen und Verlagen verdient gemacht. Sodann danke ich den Studenten Inken Braunschmidt, Britta Burmeister, Jens Ellerbrock, Nataly Hoppe und Kai Teichmann, die die Texte mit dem Scanner erfaßten oder – wo dieser an der historischen Typographie scheiterte – abschrieben. Frau Dörte Jensen und Frau Ulrike Schladenhaufen haben in sehr bewährter Form aus den unterschiedlichen files ein einheitliches layout erzeugt, das dem Druck unmittelbar zugrunde gelegt werden konnte. Auch dafür ist ein herzlicher Dank zu sagen. Die Provinzial Versicherungen trugen durch die finanzielle Förderung dazu bei, daß das Werk zu einem akzeptablen Preis in den Handel kommt.

Der Herausgeber wünscht sich, daß die Vorlage der Texte das Studium der Geschichte der Betriebswirtschaftslehre wiederbelebt. Die zu beobachtende Tendenz einiger Zeitschriften und die sich damit verfestigenden Veröffentlichungsstandards in einigen Teilgebieten der Betriebswirtschaftslehre zielen auf die Erwähnung nur noch unmittelbar vorangehender Veröffentlichungen. Für den Kenner der Entwicklung liegt darin keine Gefahr, wohl aber für diejenigen, die sich einarbeiten möchten und dabei möglicherweise wichtige, früher erschienene Informationen übersehen. Für den Wert historischer Rückblicke soll hier eine Sensibilisierung erfolgen. Auch in der eigenen wissenschaftlichen Arbeit ist der Herausgeber immer wieder davon überrascht gewesen, wie viel Autoren früherer Zeiten wußten, ohne daß dies gegenwärtig bewußt war. Wie schon erwähnt, muß man nicht ganz so weit gehen wie in den Eingangszitaten, denn auf der Grundlage des Alten kann sich die als ewig jung gepriesene Phantasie entfalten. Der Blick auf frühere Erkenntnisse darf also nicht als eine Beschränkung des Nachdenkens angesehen werden, insbesondere dann nicht, wenn sich das einzig nicht veraltende einstellt: neue Probleme.

Klaus Brockhoff

Vorwort zur zweiten Auflage

Größer als erwartet ist das Interesse an der Geschichte der Betriebswirtschaftslehre. Deshalb entschlossen sich Verlag und Herausgeber zu dieser zweiten Auflage. In ihr sind die bekannt gewordenen Fehler korrigiert worden. Mit der Erstellung des Manuskripts war Frau Kerstin Nicolai betraut, der ich hierfür sehr danke.

Ich hoffe, dass das Interesse an der Geschichte anhält, vielleicht sogar wächst. Damit bieten sich für das Fach und sein Studium viele Vorteile.

Klaus Brockhoff

Inhaltsverzeichnis

A.   **Einführung** 1

A. I   Erich Gutenberg: Betriebswirtschaftslehre als Wissenschaft (1957).. 9

A. II   Horst Albach: Betriebswirtschaftslehre als Wissenschaft (1993) 29

A. III Klaus Brockhoff: Leistungen der Betriebswirtschaftslehre für
Wirtschaft und Gesellschaft (1999) 45

A. IV Dieter Schneider: Managementfehler durch mangelndes
Geschichtsbewußtsein in der Betriebswirtschaftslehre (1984) 65

B.   **Betriebswirtschaftliches Denken auf dem Weg durch
die Zeit** 81

B. I   Bernhard Bellinger: Geschichte der Betriebswirtschaftslehre
(1967) 89

B. II   Paul J. Marperger: Erste Fortsetzung seiner so nothwendig
als nützlichen Fragen über die Kauffmannschafft (1715) 113

B. III Herm(ann) Raydt: Zur Begründung einer Handels-Hochschule
in Leipzig (1897) 119

B. IV Johann Friedrich Schär: Allgemeine Handelsbetriebslehre (1911) 131

B. V   Horst Albach: Business Administration: History in
German-Speaking Countries (1990) 141

B. VI Wilhelm Rieger: Einführung in die Privatwirtschaftslehre (1928). 171

B. VII Heinrich Nicklisch: Die Betriebswirtschaftslehre im nationalsozialistischen Staat (1933) 185

B. VIII Ludwig Erhard: Marktordnung und Betriebswirtschaft (1937) 193

| C. | **Unternehmer-Vorstellungen** | 201 |

C. I Paul J. Marperger: Nothwendig und nützliche Fragen
über die Kauffmannschafft (1714) 207

C. II Richard Cantillon: Abhandlung über die Natur des Handels
im allgemeinen (1755/1931) 211

C. III Joseph A. Schumpeter: Unternehmer (1927) 215

C. IV Dieter Schneider: Neubegründung der Betriebswirtschaftslehre aus
Unternehmerfunktionen (1988) 223

C. V Erich Gutenberg: Grundlagen der Betriebswirtschaftslehre
(1951/1962) 229

| D. | **Einzelfragen der Betriebswirtschaftslehre** | 235 |

D. I Wertorientierte Unternehmensführung 243

D. I.1 Heinrich Nicklisch: Der Betriebsprozeß und die Wertumläufe
in der Wirtschaft (1927) 245

D. I.2 Heinrich Nicklisch: Die Betriebswirtschaft (1929-1932) 249

D. I.3 Michael E. Porter: Wettbewerbsvorteile
(Competitive Advantage)
Spitzenleistungen erreichen und behaupten (1992) 257

D. I.4 Rolf Bühner: Der Shareholder Value im Spiegel traditioneller
betriebswirtschaftlicher Bilanzansätze (1997) 279

D. I.5 Fritz Schmidt: Die Industriekonjunktur – ein Rechenfehler!
(1927) 289

D. II Kosteneinflußgrößen 301

D. II.1 Eugen Schmalenbach: Selbstkostenrechnung (1919) 303

D. II.2 Kurt Rummel: Einheitliche Kostenrechnung auf der Grundlage
einer vorausgesetzten Proportionalität der Kosten zu betrieblichen Größen (1949) 311

D. II.3	Erich Gutenberg: Grundlagen der Betriebswirtschaftslehre, Die Produktion (1951/1962)	323
D. III	Kundenorientierung	341
D. III.1	Horst Kliemann: Wie und wo erfasse ich Käuferschichten? Einteilung der Käufermassen in Interessenschichten als Grundlage des Verkaufs- und Produktionsplanes (1928)	343
D. III.2	Harald Hruschka: Abgrenzung und Segmentierung von Märkten auf der Grundlage unscharfer Klassifikationsverfahren (1985)	349
D. IV	Organisationsprobleme	363
D. IV.1	Erich Gutenberg: Die Unternehmung als Gegenstand betriebswirtschaftlicher Theorie (1929)	365
D. IV.2	Konrad Mellerowicz: Allgemeine Betriebswirtschaftslehre der Unternehmung (1929)	375
D. IV.3	Fritz Nordsieck: Grundlagen der Organisationslehre (1934)	383
D. IV.4	Helmut Laux: Grundfragen der Organisation Delegation, Anreiz und Kontrolle (1979)	393
D. V.	Horst Albach: Entwicklung und Stand der Investitionstheorie (1975)	405
E.	**Ausgewählte biographische Daten**	429

A. Einführung

Was macht Betriebswirtschaftslehre als Wissenschaft aus? In drei Beiträgen werden Antworten auf diese Frage gegeben. Wie alle folgenden sind auch diese Beiträge aus einer Vielzahl möglicher Quellen ausgewählt worden und sind in diesem Sinne exemplarisch.

Betriebswirtschaftslehre wird erst seit den zwanziger Jahren des 19. Jahrhunderts an Universitäten systematisch gelehrt. Die junge Wissenschaft konnte nach der Beobachtung von Erich Gutenberg (1897-1984) Antworten auf drei bedeutende wirtschaftliche Zeitfragen geben: Wie können Geldwertschwankungen aus dem Rechnungswesen eliminiert werden? Was beeinflußt die Produktionskosten? Wie ist mit der Unsicherheit absatzpolitischer Entscheidungen umzugehen? Darüber hinaus sind Beiträge zur Produktions- und Finanzplanung, zur Aufbau- und Ablauforganisation und vielen weiteren Gebieten geleistet worden. Der Beitrag von Erich Gutenberg zeigt, wie das Fach durch die Lösungsvorschläge für die genannten Fragen als Wissenschaft etabliert wurde und so aus dem Schatten der Beschreibung von Handelsbräuchen heraustrat, das Lernen durch Erfahrung oder die Geheimhaltung von Kunstlehren durch Theoriebildung überwand.

Die Kriterien, durch die eine wissenschaftliche Betriebswirtschaftslehre beschrieben werden kann, sind selbst dem Wandel unterworfen. Zu der für Erich Gutenberg wichtigen Fähigkeit zur Formulierung von Hypothesen oder Wenn-Dann-Aussagen und ihrer Prüfung sind weitere Kriterien hinzugetreten. Horst Albach (1931) verweist auf die Ableitung von raum- und zeitlos gültigen, intersubjektiv überprüfbaren Aussagen sowie die Möglichkeit, sie als falsch zu kennzeichnen. Unter Berücksichtigung dieser Kriterien zeigt er, daß sich die Betriebswirtschaftslehre in den sechziger und siebziger Jahren der wissenschaftlichen Erfassung und simultanen Bewältigung der aus dem Zusammenwirken vieler Einflüsse folgenden Wirkungen beschäftigt hat, dabei auch langfristige Aspekte berücksichtigte und das Unsicherheitsproblem vertieft behandelte. Erst danach konnten dynamische Probleme, die organisatorischen Konsequenzen asymmetrischer Verteilung von Informationen und das Problem der Motivation auf höherem Erkenntnisniveau behandelt werden. Wie schon im Falle Gutenbergs, wird man auch dieser zugespitzten Schwerpunktbildung mit Hinweisen auf weitere Leistungen zur Seite treten können. Die Beiträge des Faches werden mit diesen Hinweisen auf keinen Fall überzeichnet.

Das Geburtsjahr der neueren Betriebswirtschaftslehre wird oft in das Jahr der Gründung von Handelshochschulen im deutschen Sprachraum (Leipzig, Wien, Aachen 1898) gelegt. Man kann deshalb fragen, ob damit verbundene Erwartungen, wie sie von Hermann Raydt für die Gründung in Leipzig formuliert wurden (siehe dazu Teil B. III), erfüllt werden konnten. Allerdings waren mit diesen Gründungen in erster Linie Ziele für die Ausbildung formuliert worden und keine Forschungsziele. Schon die vorstehenden Hinweise zeigen, daß gerade auch in der Forschung viel erreicht wurde. Diese Leistungen werden mit Bezug auf ihre Nützlichkeit für die Führung von Unternehmen von Fachvertretern durchaus bereitwillig auf den Prüfstand gestellt. Damit signalisieren sie, daß sie über die Forschung als l'art-pour-l'art ebenso hinausgehen wie über ein Verständnis der Betriebswirtschaftslehre als reine Kunstlehre. Freilich treten heute betriebswirtschaftliche Erkenntnisse in einen Wettbewerb um ihre Nutzung. Klaus Brockhoff (1939) plädiert deshalb dafür, sie wie Produkt-Innovationen an den Märkten für Wissen durchzusetzen. Das kann internationale Präsenz in Publikationsmedien, die Zusammenarbeit mit den an Anwendung orientierten Beratern, adressatengerechte Wahl der Sprache und der Medien usw. erfordern.

Durch Dieter Schneider (1935) wird gezeigt, daß ein fehlendes oder ein wenig ausgeprägtes Geschichtsbewußtsein in Bezug auf betriebswirtschaftliche Erkenntnisse durchaus zu Managementfehlern führen kann. Die Beschäftigung mit der Entwicklungsgeschichte der Betriebswirtschaftslehre kann aber auch noch aus anderen Gründen gerechtfertigt werden. Diese anderen Gründe beziehen sich besonders auf die Theorieentwicklung und damit den Erkenntnisfortschritt als Grundlage für die Steuerung unternehmerischen Handelns[1]. In seiner „Allgemeinen Betriebswirtschaftslehre"[2] nennt Schneider fünf Gründe, die für die Entwicklung betriebswirtschaftlichen Denkens wichtig sind. An erster Stelle weist er darauf hin, daß die geschichtliche Betrachtung das Verständnis für einzelne Theorien erleichtern kann. Identifizierung des Problems, Aufdeckung der expliziten oder impliziten Rahmenbedingungen, klares Begreifen des Lösungsweges, Untersuchung des Lösungsweges auf die Logik des Ablaufes und schließlich die Relevanzbeurteilung für die Problemstellungen der heutigen Zeit sind die fünf Elemente, aus denen heraus über die Wesentlichkeit einer Theorie geurteilt werden kann. Die Beschreibung der Entstehungsgeschichte der Theorien oder das Nachvollziehen formal dargestellter Theorieelemente können das Verstehen dieser wesentlichen Elemente deutlich erleichtern.

An zweiter Stelle gibt Dieter Schneider den Hinweis, daß in der Realität im Unterschied zur Welt des Hörsaals die Probleme nicht als gelöst angesehen werden können. Es müsse die Erkenntnis darüber gefördert werden, daß die Wissenschaft bei der Problemlösung Grenzen habe. So könnten bei der exakteren Beschreibung unklarer Fragestellungen Teilaspekte des Problems auf der Strecke bleiben, die Konzentration auf die Lösung von Partialproblemen könne in der Realität wenig Bedeutung erlangen oder es könne übersehen werden, daß Lösungsverfahren auf bestimmten, historisch bedingten Voraussetzungen beruhten, die aber in der Gegenwart nicht mehr gültig seien. Für alle diese Aspekte könne durch die Beschäftigung mit den historischen Aspekten der Betriebswirtschaftslehre soviel Sensibilität erzeugt werden, daß voreilige Schlüsse, Scheinlösungen und bestimmte Irrtümer wenn schon nicht vermieden, so doch wenigstens zurückgedrängt würden.

Als dritten Grund nennt Dieter Schneider die Leistung geschichtlicher Betrachtung, zu einer Gesamtsicht der Betriebswirtschaftslehre beitragen zu können. Die zunehmende Spezialisierung der Wissenschaften hat auch vor der Betriebswirtschaftslehre nicht Halt gemacht. Wo im Studium eine große Zahl Spezieller Betriebswirtschaftslehren nebeneinander steht und um Aufmerksamkeit wirbt, geht leicht der Blick für das Gemeinsame und das Gesamte verloren. Hier kann die historische Betrachtung dazu beitragen, gemeinsame Wurzeln der Spezialisierungsgebiete erkennbar werden zu lassen und damit den Zusammenhang der Teilbereiche zu verdeutlichen. Auch für die gegenwärtige Theorieentwicklung ist es nicht unbedeutend zu erkennen, daß die Betriebswirtschaftslehre sich nicht in dem Sinne kummulativ entwickelt, daß jeder einzelne Beitrag aus der Forschung systematisch aus einem vorhergehenden entwickelt werde und damit notwendigerweise einen Erkenntnisgewinn bedeute. Auf dem Anstieg zum Gipfel der Erkenntnis warteten Irrwege, Umwege und Sackgassen und gelegentlich würden die auf diesem Weg Voranschreitenden auch vor einem Absturz nicht bewahrt werden können. Auf einem sehr viel niedrigeren Niveau sei dann ein erneuter Anstiegsversuch zu unternehmen. Natürlich werde gelegentlich auch ein Problem nur fälschlich als gelöst betrachtet, weil eine Pseudo-Lösung sich hinter eindrucksvollen Sprachspielen verstecken könne. Diese Spiele als solche zu identifizieren sei bei dem Anstieg zum Gipfel der Erkenntnis ein weiterer wichtiger Beitrag historischer Betrachtung.

Die Weitergabe betriebswirtschaftlicher Theorien durch Verweise und Zitate ist nicht immer frei von Störungen. Wie bei der Verzerrung von Nachrichten im Spiel „Stille Post" scheint im Laufe der Zeit eine Emanzipation der wahrgenommenen Aussagen und Voraussetzungen bestimmter betriebswirtschaftlicher Theorien von ihrer ursprünglichen Formulierung vorzukommen. Dies kann man nur erkennen, wenn man auf die Originale zurückgreift, sie in den historischen Zusammenhang einordnet und nach ihnen arbeitet. Hier, wie auch an anderer Stelle, gibt Dieter Schneider Beispiele für das Gemeinte. So verweist er darauf, daß das heute moderne „Benchmarking" immer wieder unter neuen Begriffen auftauchte und wenigstens schon im Rechnungswesen vor 1800 nachzuweisen ist. An zweiter Stelle wird darauf hingewiesen, daß die finanziellen Unterstellungen der Investitionsrechnungsverfahren nicht erst in den Debatten der 60er Jahre dieses Jahrhunderts klargelegt wurden, sondern bereits im ersten Drittel des 19. Jahrhunderts. Damit werde sehr deutlich erkennbar, daß gegenwärtige Probleme auf lange Zeit nicht genutzte, aber durchaus dokumentierte Lösungsansätze früherer Zeiten zurückgreifen könnten.

An fünfter und letzter Stelle wird das Argument angeführt, daß ohne eine historische Perspektive die Gefahr grober Fehleinordnung neuer Problemstellungen, eine unscharfe Sicht auf die Grenzen zu Nachbarwissenschaften und die Bedeutung ihrer Beiträge für die Lösung wirtschaftswissenschaftlicher Fragen, Fehlurteilen über Methodenprobleme oder den gesellschaftlichen Bezug des Faches sehr erleichtert werden. In diesem Zusammenhang wird insbesondere auch auf die Bedeutung geschichtlicher Betrachtungen bei der Bestimmung des Verhältnisses von Volkswirtschaftslehre und Betriebswirtschaftslehre zueinander gesprochen. In diesem Zusammenhang ist auch der Hinweis von Dieter Schneider auf wissenschaftliche Moden als einem Fall der falschen Einordung neuer Problemstellungen wichtig. Dem Entstehen, der Durchsetzung und dem Verschwinden solcher Moden scheint heute noch größere Bedeutung zuzukommen als in früheren Jahrzehnten[3]. Es kann hier nicht geklärt werden, ob dafür ein zurückgehendes geschichtliches Verständnis innerhalb des Faches verantwortlich zu machen ist oder ob die hohe Bedeutung betriebswirtschaftlicher Beratung den Modezyklus verstärkt, weil so auf Alleinstellungsmerkmale im Dienstleistungsangebot des Beraters hingewiesen werden kann.

Der Prozeß der Erkenntnisgewinnung sei ohne Irrtümer nicht möglich. Böswillige meinten, dies sei „ein Fortschreiten von einem Irrtum zum nächsten Irrtum", während weniger Böswillige davon sprechen würden, daß der Fortschritt „von der Ausschaltung einer Irrtumsmöglichkeit zur Ausschaltung der nächsten Irrtumsmöglichkeit" vorangehe[4]. Aufmerksame Lektüre der folgenden Kapitel, insbesondere des späteren Abschnitts D wird zeigen, daß sich für jeden dieser Gründe Beispiele finden lassen. Sie sind realistisch gezeichnet und nicht nur Fiktion.

Mit diesen Beiträgen wird für die folgenden Passagen geworben. Sie machen aber auch deutlich, daß die Forschungsgegenstände, die Methoden und die Ergebnisinterpretationen ein sehr buntes Bild von einem Wissenschaftsgebiet zeichnen, das heute weltweit gepflegt wird, zu dem Hunderte von Fachzeitschriften beitragen und dem sich im deutschen Sprachraum allein über 1000 Personen widmen, die dem Verband der Hochschullehrer für Betriebswirtschaft angehören.

Anmerkungen

[1] Vgl. dazu auch: Jürgen Backhaus, Theoriegeschichte – wozu ? Eine theoretische und empirische Untersuchung, in: Harald Scherf, Hrsg., Studien zur Entwicklung der ökonomischen Theorie III, Schriften des Vereins für Socialpolitik, Berlin 1983, S. 139-167.

[2] Dieter Schneider: Allgemeine Betriebswirtschaftslehre, 3. Auflage, 2. Nachdruck, München 1994, S. 74-77.

[3] Vgl. Alfred Kieser, Moden & Mythen des Organisierens, in: Die Betriebswirtschaft, 56 Jg., 1996, S. 21 – 39.

[4] Dieter Schneider: Allgemeine Betriebswirtschaftslehre, 3. Auflage, 2. Nachdruck, München 1994, S. 74-77.

A. I

Erich Gutenberg
Betriebswirtschaftslehre als Wissenschaft

Akademische Festrede, gehalten bei der
Universitätsgründungsfeier am 22. Mai 1957;
S. 5-38

Scherpe Verlag, Krefeld 1957

I.

[...] S. 6

Mit der zunehmenden Durchforschung der Welt ist eine ständige Ausweitung des Gegenstandsbereiches wissenschaftlicher Erkenntnis verbunden gewesen. Neue Wissenschaften sind entstanden, und zwar einmal durch Verselbständigung ursprünglicher Teilbereiche einer wissenschaftlichen Disziplin oder durch originäre Entwicklung. Das gilt sowohl für die Geisteswissenschaften als auch für die Naturwissenschaften.

[...]

Hier ist es interessant, sich den Prozeß zu vergegenwärtigen, der zur S. 7
Wirtschaftswissenschaft als einer selbständigen Disziplin geführt hat. Im Altertum und im Mittelalter sind wirtschaftliche Lehrmeinungen, sofern man überhaupt von ihnen sprechen kann, noch fest an philosophische und theologische Systeme gebunden. Mit dem Beginn der Neuzeit lösen sie sich aus dem Zusammenhang dieser Systeme, und es entsteht im Lehrgebäude der Kameralisten, die sämtlich Merkantilisten waren, eine säkularisierte Wirtschaftswissenschaft. Sie hat vollständig im Bann staatspolitischer Zielsetzungen gestanden. Mit dem Aufkommen liberalistischer Ideen befreit sich die Wirtschaftswissenschaft aus dieser staatspolitischen Bindung. Sie wird nunmehr die moderne Wirtschaftswissenschaft marktwirtschaftlicher Ordnungen.

In dem bis dahin von der Nationalökonomie allein beherrschten wirtschaftswissenschaftlichen Raum ist in den letzten Jahrzehnten eine Disziplin zur Entfaltung gekommen, deren grundsätzlich wirtschaftswissenschaftlicher Charakter heute nicht mehr bestritten wird. Ich meine die Betriebswirtschaftslehre. Sie ist, wie ich noch zeigen werde, nicht durch Ausgliederung aus der Nationalökonomie, sondern aus originärem Ansatz entstanden. Es gibt also heute zwei wirtschaftswissenschaftliche Disziplinen, die Volkswirtschaftslehre und die Betriebswirtschaftslehre. Seit dem ersten Weltkriege ist die Betriebswirtschaftslehre mit eigenen Lehrstühlen an deutschen Universitäten vertreten, nachdem sie - wenn man so will - im 18. Jahrhundert für kurze Zeit bereits an Universitäten Fuß gefaßt hatte. In überraschend kurzer Zeit hat sich die Disziplin ihren Platz an den deutschen Universitäten erobert.

Welches ist nun, zunächst ganz vom Grundsätzlichen her gesehen, der Gegenstand ihrer wissenschaftlichen Untersuchungen, welches sind die entscheidenden Probleme, an deren Bewältigung sie sich als Wis- S. 8

senschaft erwiesen hat, und durch welche Methode kennzeichnet sich die Disziplin?

[...]

III.

Die Betriebe oder Unternehmungen, wenn Sie so wollen, sind nicht nur die Summe ökonomischer, sozialer und technischer Einzelheiten. Sie sind als Typen vielmehr geformt aus den geistigen Grundlagen ihrer Zeit. Die gebundenen Formen ständisch geordneter betrieblicher Betätigung im Mittelalter lassen sich mit aus der sozialen Ordnung dieser Zeit und ihrer transzendenten Verankerung und Legitimation erklären. Im Zeitalter des Merkantilismus beherrscht die Idee der Staatsraison und der „Landesfürstlichen Wohlstandspolizei", um einen Ausdruck Onckens zu verwenden, die durch obrigkeitliche Reglementierung und ein System von Konzessionierungen gekennzeichnete Form des Wirtschaftens. Später ließ die Idee der persönlichen Freiheit und des Rechts auf volle Entfaltungsmöglichkeit des einzelnen eine neue ökonomische Welt entstehen, die der Ausdruck individualistisch-liberalistischen Gedankengutes ist. Daß schließlich eine Gesellschaftsordnung, die das Verhältnis zwischen dem einzelnen und der Gesellschaft grundsätzlich vom Gesellschaftlichen her bestimmt, zu anderen Organisationsformen wirtschaftlicher Betätigung gelangen muß als ein von der Idee der persönlichen Freiheit ausgehendes System, braucht nicht näher nachgewiesen zu werden. Es sind also im Grunde keine ökonomischen, sondern in irgendeiner Weise meta-ökonomische Kräfte und Prozesse, die Form und Gestalt des wirtschaftlichen Vollzuges bestimmen. Angesichts dieser Sachlage hat Jakob Burckhardt recht, wenn er in seinen „Weltgeschichtlichen Betrachtungen" schreibt: „Alles Geschehen hat eine geistige Seite, von welcher aus es an der Unvergänglichkeit teilnimmt. Denn Geist hat stets Wandelbarkeit, aber nicht Vergänglichkeit".

Man muß sich diese Verwurzelung alles Ökonomischen in meta-ökonomischen Phänomenen vor Augen halten, wenn man die Betriebswirtschaftslehre und ihr wissenschaftliches Objekt recht in den Blick bekommen will. Denn der für ein Wirtschaftssystem charakteristische Betriebstyp ist immer nur der Ausdruck der geistigen und gesellschaftlichen Voraussetzungen, auf denen das System beruht. Das geistesgeschichtliche Postulat der Gewährung größtmöglicher Freiheit zur Entfaltung der im einzelnen Individuum liegenden Anlagen wird im Bereiche betrieblicher Betätigung zu dem Anspruch der Unternehmer,

S. 9
S. 10

S. 11

ihren Produktionsplan, wie wir sagen, autonom bestimmen zu können. Im Frühkapitalismus bis in die Zeiten des Hochkapitalismus ist dieser Autonomieanspruch mit dem Anspruch auf Alleinbestimmung im Unternehmen verbunden gewesen. Die Härte der Auseinandersetzungen über eine Änderung der Unternehmensverfassung, wie wir sie in den letzten Jahren miterlebt haben, zeigt, daß es hier überhaupt nicht um eine betriebswirtschaftliche, sondern um eine politische Frage ging. Die Wandlungen im gesellschaftlichen Bewußtsein unserer Zeit sind es gewesen, die eine neue Unternehmensverfassung durchgesetzt haben. Betriebswirtschaftliche Probleme ergaben sich erst, als sich der gesellschaftliche Prozeß vollzogen hatte. So zeigt sich auch hier, wie eng betriebswirtschaftliche Vorgänge mit außerökonomischen Prozessen verknüpft sind.

In dem betriebswirtschaftlichen Grundsatz: auf das in den Unternehmen investierte Kapital unter Abwägung aller Risiken auf die Dauer eine möglichst hohe Rendite zu erzielen, hat die Idee der Autonomie eine besondere Ausrichtung gefunden. Und zwar insofern, als den autonomen Unternehmungen als Äquivalent für das von ihnen allein zu tragende Risiko des Mißlingens ihrer Produktionspläne das Recht auf Ausnutzung aller Markt- und Gewinnchancen, selbstverständlich im Rahmen der gegebenen Rechtsordnung, überlassen wird. Insofern stammt also das auf die volle Ausnutzung von Gewinnchancen zielende erwerbswirtschaftliche Prinzip, wenn ich es abkürzend einmal so nennen darf, aus individualistisch-liberalistischem Gedankengut.

Nun liegt aber der Überantwortung des gesamtwirtschaftlichen Vollzuges an die für autonom erklärten Unternehmen, wenigstens zu der Zeit, als das System entwickelt wurde, die Idee zugrunde, daß der Wettbewerb zwischen den autonomen Unternehmen zu einer Ordnung führen müsse, die die günstigste Versorgung der Bevölkerung eines Landes mit Sachgütern, Arbeits- und Dienstleistungen gewährleistet. Die Vorstellung von einem „ordre naturel" stammt aber aus dem Rationalismus der Aufklärung, ist also naturrechtlichen Ursprungs. Damit wird deutlich, daß das Rentabilitätsprinzip, welches die für das marktwirtschaftliche System typischen Betriebe beherrscht, aus liberalistischem und naturrechtlichem Gedankengut geformt ist. S. 12

Auf diese Weise werden die geistigen Grundlagen der Wirtschaftssysteme zu einzelwirtschaftlich-betriebswirtschaftlichen Daten. Der Gegenstand der Betriebswirtschaftslehre, die vielgestaltige Welt der Unternehmungen oder Betriebe, wurzelt so in der geistigen Substanz vergangener oder gegenwärtiger Lebensordnungen.

IV.

Mit diesem vorläufigen Ergebnis unserer (über Gebühr vereinfachenden) Untersuchungen ist der Weg zur Erörterung der Frage geöffnet, wie die Betriebswirtschaftslehre sich den Gegenstand ihres wissenschaftlichen Bemühens erarbeitet hat.

Zunächst sei kurz darauf hingewiesen, daß bereits das kameralistische Schrifttum Erörterungen von Fragen enthält, die wir heute als betriebswirtschaftliche Probleme bezeichnen würden. Aber es ist nicht so sehr dieses kameralistische Schrifttum als vielmehr die „Handlungswissenschaft" gewesen, die speziell betriebswirtschaftlichen Fragen ihr besonderes Interesse gewidmet hat. Diese Fragen sind im 17. und 18. Jahrhundert vornehmlich im Zusammenhang mit der Ausweitung des technisch schwierig abzuwickelnden Handelsverkehrs entstanden. [...] Im allgemeinen kann man sagen, daß die Handlungs- oder Handelswissenschaft im 17., vor allem im 18. Jahrhundert ein verhältnismäßig hohes Niveau erreicht hat und den Arbeiten der Kameralisten durchaus gleichwertig gegenübersteht.

S. 13

Mit den Kameralwissenschaften verfiel auch die Handlungswissenschaft. Sie fristete während des 18. Jahrhunderts ein wissenschaftlich bedeutungsloses Leben.

Als dann um die Jahrhundertwende die ersten Handelshochschulen gegründet wurden, knüpfte man an die alte Handelswissenschaft an. [...] Betrachtet man die Zeit etwa zwischen 1900 und dem Ende des ersten Weltkrieges, dann muß man sagen, daß an den Handelshochschulen, die das Fach damals repräsentierten, viel wertvolle Arbeit geleistet wurde und mancher Keim zu wissenschaftlichen Konzeptionen gelegt worden ist, der später Früchte bringen sollte.

V.

Nach dem ersten Weltkriege setzte fast ruckartig, so möchte ich sagen, ein Prozeß ein, der der Betriebswirtschaftslehre ein völlig anderes wissenschaftliches Gesicht gegeben hat. Diesen Aufbruch zu etwas völlig Neuem möchte ich an drei Problembeständen aufzuzeigen versuchen.

S. 14

1. Die katastrophale Entwicklung der Währungsverhältnisse in Deutschland nach dem ersten Weltkrieg hatte zur Folge, daß alle diejenigen Kontrollinstrumente der Unternehmensführung unbrauchbar wur-

den, die Preise als Meßeinheiten enthalten. Das ist aber bei dem betrieblichen Rechnungswesen der Fall. Es bildet mit seinen vielgestaltigen Auszweigungen schlechthin das Kontrollinstrument des gesamtbetrieblichen Geschehens. Insbesondere besteht seine Aufgabe darin, den Produktivitäts- und Rentabilitätsstand der Unternehmen zu messen. Wie aber soll das mit Preisen möglich sein, die für die Marktsituationen gar nicht mehr repräsentativ sind, für die man die Rechnung aufstellt? Wie soll ein Unternehmen wissen, ob es seinen Produktivitätsstand reproduziert, welche Anteile an den Erlösen lediglich Aufwandsersatz und welche Anteile echten Gewinn darstellen, wenn die Geldwertschwankungen eine auch nur einigermaßen genaue Ergebnisrechnung unmöglich machen? Man kann keine Kosten ermitteln, keine richtigen Preise stellen, keine Wirtschaftlichkeitskontrollen durchführen, wenn Preisschwankungen die Grundlagen kontrollgerechten Rechnens zerstören. Wie soll unter solchen Umständen eine Investitionsentscheidung getroffen und die Unternehmenspolitik auf weite Sicht festgelegt werden? Man muß sich diese Probleme in industriellen Großbetrieben mit differenzierter Fertigung und unbeständigen Marktverhältnissen vorstellen, um sich klar zu machen, welches Gewicht diese Probleme für die Führung industrieller Unternehmen haben. Wie also sollte man dieses nicht mehr leistungsfähige Kontrollinstrument, das betriebliche Rechnungswesen, mit all seinen Verzweigungen wieder zu einem leistungsfähigen Instrument der Unternehmenskontrolle und Unternehmensführung machen?

Es ist ein großes Glück für die Betriebswirtschaftslehre gewesen, daß diese für den Fortbestand der Unternehmen und damit für uns alle so entscheidend wichtigen Fragen auf Gelehrte trafen, die ihnen gewachsen waren und sie auf höchstem Niveau behandelten. Das alles um so mehr, als sich bald herausstellte, daß mit der Frage nach der richtigen Behandlung von Geldwertschwankungen im Kontrollapparat der Unternehmen ein sehr vielschichtiges Problem angeschnitten wurde. Es hat bis auf den heutigen Tag noch keine endgültige Lösung gefunden. Im Gegenteil, es scheint, als solle das Problem ganz vom Grundsätzlichen her erneut aufgerollt werden. Der Prozeß des Erkennens läuft nach seinem eigenen Gesetz ab, hier, in der Betriebswirtschaftslehre, nicht anders als in den anderen Wissenschaften.

Ich stehe nicht an zu erklären, daß nach meinem Dafürhalten die Betriebswirtschaftslehre an dem Problem der Eliminierung von Geldwertschwankungen aus Bilanz, Kostenrechnung, Preispolitik und, wie ich

S. 15

hinzufügen möchte, an dem Versuch, die betrieblichen Führungs- und Kontrollinstrumente technisch zu verfeinern und auszugestalten, zu sich selbst als Wissenschaft gefunden hat. Ein neuer Abschnitt betriebswirtschaftlichen Denkens begann. Das Objekt, das es zu durchdenken und zu durchforschen galt, lohnte größten Einsatz.

Man hat oft gerügt, daß die Fragen des betrieblichen Rechnungswesens früher so stark im Vordergrund betriebswirtschaftlichen Interesses gestanden hätten. Vielleicht erklären meine Ausführungen über das Sich-selbst-Entdecken der Betriebswirtschaftslehre als Wissenschaft an diesem Gegenstand die bevorzugte Beschäftigung mit diesen Fragen.

2. Schon früh war es einem Manne, dessen Name hier heute nicht zu nennen unverzeihlich sein würde, ich meine Schmalenbach, gelungen, durch das Netz des betrieblichen Rechnungswesens in jenes Gewebe von Abhängigkeiten vorzustoßen, das der Kostenbereich der Unternehmen darstellt. Auch hier wird das Verständnis für meine Ausführungen erleichtert, wenn man sich die Vorgänge, auf die ich nun zu sprechen kommen muß, in industriellen Großbetrieben mit differenzierter Fertigung vorstellt. Die Frage, die hier nach Antwort verlangt, lautet: Welches sind die Größen, die das Kostenniveau eines Betriebes bestimmen? In welcher Weise beeinflussen sie die Kosten? Läßt sich der Einfluß dieser Größen quantitativ bestimmen? In welchem Maße ist der gestaltende Einfluß betriebspolitischer Maßnahmen an Gesetzmäßigkeiten gebunden, die nicht übersprungen werden können?

S. 16

Bereits ein abtastender Blick auf die quantitativen Abhängigkeiten im Kostengefüge der Unternehmen und die dispositionellen Möglichkeiten zeigt, daß die Zahl der Variablen sehr groß ist, mit denen man es hier zu tun hat. In Wirklichkeit ändert jede Stockung im Fertigungsgang, jede Schwankung der Arbeitsintensität, jede Änderung im Altersaufbau der Belegschaft, jede Änderung der maschinellen Apparatur, der Werkzeuge oder Verfahren, jede Änderung der Eigenschaften des zur Verarbeitung gelangenden Materials, jede Kapazitätsänderung qualitativer oder quantitativer Art, jede organisatorische Maßnahme die Kosten, mit denen ein Werk seine Erzeugnisse herstellt. Untergliedert man die soeben genannten Kosteneinflußgrößen in ihre einzelnen Elemente, dann erhält man einen fast unübersehbaren Katalog von Größen, die in das Kostengefüge eines Unternehmens hineinwirken und deren Einfluß auf die von ihnen abhängigen Größen zu bestimmen eine der hervorragendsten, wenn auch schwierigsten Aufgaben betriebswirtschaftlicher Forschung bildet. Diejenigen von Ihnen, die gewohnt sind, zwischen quantitativen Größen bestehende Abhängigkeiten zu messen und zu bestimmen, werden besonderes Verständnis dafür haben, daß sich die Betriebswirtschaftslehre hier angesichts der großen Zahl von Variablen, die zu berücksichtigen sind, angesichts ferner der großen Schwierigkeiten, die es bereitet, den Einfluß zu messen, den die Variation einer Größe oder mehrerer Größen auf die abhängigen Größen ausübt, vor wissenschaftlich äußerst schwierig zu behandelnden Fragen steht. Gleichwohl kann kein Zweifel daran bestehen, daß auf diesem Gebiet bereits viel wertvolle Arbeit geleistet worden ist.

Die wissenschaftliche Situation, in der sich die betriebswirtschaftliche Forschung hier befindet, kompliziert sich noch dadurch, daß die betrieblichen Verhältnisse von Maßnahmen abhängig sind, die die für diese Aufgaben zuständigen Personen zu treffen haben. Denn ein Produktionsprozeß ist das Ergebnis bewußt getroffener Maßnahmen und menschlicher Entscheidungen. Auf der anderen Seite läßt sich nicht leugnen, daß technische Apparaturen weitgehend ihrem eigenen Gesetz folgen. Die Kosten, die die Produktion einer Tonne Roheisen im Hochofen oder einer Tonne Stahl im Siemens-Martin-Werk oder von tausend Meter Tuch in einer Weberei verursacht, lassen sich deshalb nur in gewissen Grenzen durch Eingriffe und Maßnahmen beeinflussen. Also hat alle Dispositionsfreiheit ihre Grenze in den technischen Gegebenheiten der Produktionsbedingungen.

Das Verhältnis zwischen Dispositionsfreiheit und Dispositionsgebundenheit ist jedoch nicht generell zu bestimmen. Hieraus ergeben sich große Schwierigkeiten bei dem Versuch, die Grundlagen der Kostengestaltung theoretisch zu erarbeiten. Führt man noch den Faktor Zeit als zusätzliche Variable in das vielleicht aus Vereinfachungsgründen zunächst als sich simultan vollziehend gedachte System ein, dann erhält man neue Abhängigkeiten und Freiheitsgrade.

Nun ist dabei allerdings zu beachten, daß die Freiheit, sich für eine von mehreren Möglichkeiten zu entscheiden, keine Freiheit im Sinne von Willkür bedeutet, denn diese Entscheidung ist an ein Prinzip gebunden, das man als das Wirtschaftlichkeitsprinzip oder als das Prinzip sparsamster Mittelverwendung bezeichnet. Dieses Prinzip beherrscht alles betriebspolitische Handeln. Es besagt, daß von mehreren Möglichkeiten diejenige zu wählen ist, welche den Voraussetzungen des Prinzips am meisten entspricht. Handelt es sich um quantitative Größen, dann geht es darum, Maxima oder Minima zu bestimmen.

Wir können deshalb sagen: Das Produktionskostenniveau eines Unternehmens wird einmal durch quantitative Abhängigkeiten zwischen den Elementen des Produktionsprozesses, zum anderen durch betriebspolitische Dispositionen bestimmt, die aber nicht willkürlich getroffen werden können, sondern an die Maxima und Minima des Wirtschaftlichkeitskalküls gebunden sind.

Die Betriebswirtschaftslehre hat die Probleme, die im Kostenbereich der Unternehmung liegen, verhältnismäßig früh gesehen. Bereits im Jahre 1899 hatte sich Schmalenbach, vielleicht angeregt durch das Büchersche Seminar in Leipzig, an dem er teilgenommen hatte, mit Kostenfragen beschäftigt. Die Ergebnisse seiner Bemühungen aus dieser Zeit enthalten bereits die Elemente seiner späteren kostentheoretischen Lehren. So war die Betriebswirtschaftslehre nicht völlig ungerüstet, als die wirtschaftlichen Katastrophen nach dem ersten Weltkriege und später Ende der zwanziger, Anfang der dreißiger Jahre die Disziplin dazu zwangen, sich ganz grundsätzlich mit dem Kostenproblem auseinanderzusetzen. Sie konnte diesem Problem nicht ausweichen. Es war da und verlangte nach Antwort. Wie ich schon einmal sagte, ist es das Glück der jungen betriebswirtschaftlichen Disziplin gewesen, daß sie über Gelehrte verfügte, die mit wachem Bewußtsein, mit Organ für diese Dinge, mit Scharfsinn und nicht ohne Einfälle auf diese Probleme reagierten. So hat denn die Betriebswirtschaftslehre auch am Kostenproblem zu sich selbst als Wissenschaft gefunden. S. 19

Damit habe ich den zweiten Problembestand skizziert, der neben dem zuerst erörterten Problem, der Eliminierung von Geldwertschwankungen aus den Kontrollinstrumenten der Unternehmensführung, für die Entwicklung der Betriebswirtschaftslehre als Wissenschaft von so besonders großer Wichtigkeit war.

3. Es gibt noch einen dritten Problemkreis, der für die wissenschaftliche Entfaltung der Betriebswirtschaftslehre von großer Bedeutung gewesen ist; ich meine gewisse absatzpolitische oder, wie man auch sagen könnte, absatzwirtschaftliche Probleme. Marktwirtschaftliche Systeme unterscheiden sich von totalplanwirtschaftlichen Wirtschaftsordnungen unter anderem dadurch, daß es den unter marktwirtschaftlichen Bedingungen arbeitenden Unternehmen aufgegeben ist, für den Absatz ihrer Erzeugnisse selbst Sorge zu tragen. Damit werden die Unternehmen vor Aufgaben gestellt, die, wie die Erfahrung zeigt, nicht immer erfolgreich gelöst werden. Betrachtet man diese Dinge im einzelnen, dann zeichnen sich zwei Tatbestände deutlich voneinander ab. Bei dem ersten Tatbestand handelt es sich um die Frage nach den kennzeichnenden Merkmalen der absatzwirtschaftlichen Situation in marktwirtschaftlichen Ordnungen überhaupt und bei dem zweiten um die Frage nach den

Methoden, die den Unternehmen zur Verfügung stehen, um ihre absatzpolitischen Aufgaben meistern zu können. Aus der Fülle der hiermit aufgeworfenen Fragen lassen Sie mich nur ein Problem aufgreifen, an dem ich zeigen möchte, wie bedeutsam diese absatzpolitischen Fragen für die wissenschaftliche Entwicklung der Betriebswirtschaftslehre gewesen sind.

Wodurch wird die typische Situation im absatzwirtschaftlichen Raum von Unternehmen gekennzeichnet, die unter marktwirtschaftlichen Bedingungen arbeiten? Man kann hierauf antworten dadurch, daß alle Entscheidungen, die heute getroffen werden, auf einer Vorwegnahme künftiger Geschehnisse beruhen. Ergreift man heute, in Erwartung einer künftigen Marktsituation, Maßnahmen produktionstechnischer, investitionspolitischer, finanzieller, absatzpolitischer Art, richtet man also den gesamten Betrieb in allen seinen Teilbereichen heute auf eine in einem späteren Zeitpunkt erwartete Lage ein, dann werden diese Maßnahmen wahrscheinlich zu einem Erfolg führen, wenn sich die erwartete mit der tatsächlichen Lage deckt. Die heute getroffenen Maßnahmen werden sich jedoch als Fehlmaßnahmen erweisen, wenn die erhoffte Übereinstimmung zwischen tatsächlicher und erwarteter Situation nicht eintritt. Man muß sich darüber klar sein, daß es zum Essentiale von Unternehmen in marktwirtschaftlichen Ordnungen gehört, ihre gegenwärtigen Dispositionen auf der Grundlage unsicherer Erwartungen zu treffen. Es ist dieses ein Strukturmerkmal marktwirtschaftlicher Ordnungen. S. 20

[...] Alle absatzpolitischen Entscheidungen, die ein unter marktwirtschaftlichen Bedingungen arbeitendes Unternehmen trifft, beruhen auf unbekannten Aktions-, Reaktions- und Trenderwartungen. Ist es angesichts einer solchen Situation verwunderlich, daß sich die betriebswirtschaftliche Forschung mit Energie in alle Bestrebungen einschaltete, die das „Unberechenbare" der wirtschaftlichen Vorgänge so weit wie möglich berechenbar machen wollten? Es ist ein ursprüngliches betriebliches Anliegen, um das es sich hier handelt. So ist es zu erklären, daß sich die Betriebswirtschaftslehre intensiv mit der Frage beschäftigt hat, wie die Verhältnisse und Entwicklungstendenzen im Absatzraum der Unternehmen durchsichtiger gemacht werden könnten, um die voraussichtliche Entwicklung sicherer abschätzen und die eigenen absatzpolitischen Maßnahmen erfolgreich kontrollieren zu können. Es sind die zwanziger Jahre, in denen die betriebswirtschaftliche Forschung nicht ohne Erfolg an der Entwicklung von Methoden gearbeitet hat, die das Marktgeschehen transparent machen sollten, um die Absatzräume der S. 21

Unternehmen gegen unvorhergesehene, gefahrdrohende Ereignisse abzuschirmen. Pointiert ausgedrückt, man wollte das unberechenbare marktwirtschaftliche Geschehen mit Hilfe der Methoden der „Marktforschung" so weit wie möglich berechenbar machen. Damit wurde zugleich der gesamte Marktprozeß, soweit er vom einzelnen Unternehmen aus gesehen relevant erscheint, in den wissenschaftlichen Bereich der Betriebswirtschaftslehre einbezogen. Die Disziplin hat auf diese Weise eine wesentliche Erweiterung und Bereicherung ihres Gegenstandes erfahren.

S. 22

Ich habe versucht, an dem Problem der Eliminierung von Geldwertschwankungen aus dem Rechnungswesen der Unternehmen, an dem Kostenproblem und an dem Problem der Transformation unsicherer in sichere Erwartungen durch die Marktforschung aufzuzeigen, an welchen Hauptproblemen die Betriebswirtschaftslehre zu einer wissenschaftlichen Disziplin herangereift ist. In Wirklichkeit stehen diese drei Problemgruppen in weitverzweigten Zusammenhängen. Und dieser Gesamtzusammenhang ist es gewesen, an dessen vielgestaltigen und weitverzweigten Problembeständen die moderne Betriebswirtschaftslehre ihre wissenschaftliche Form gefunden hat.

VI.

Der Betriebswirtschaftslehre ist oft der Vorwurf gemacht worden, daß ihrem Gegenstande die Geschlossenheit und Einheitlichkeit einer großen wissenschaftlichen Konzeption fehle. Die einzelnen Untersuchungsgebiete und die Ergebnisse der Forschung auf diesen Gebieten ständen zu wenig in innerem Zusammenhang miteinander. Man könne ihren wissenschaftlichen Raum noch nicht schlüssig genug von irgendeinem, im Rahmen ihres Forschungsbereiches liegenden Punkte aus durchdenken. So zeige die Disziplin, wenigstens von außen gesehen, eine gewisse Uneinheitlichkeit. Ihr hafte oft noch etwas Zerflatterndes an. Wenn dieser Vorwurf zutrifft, ist dies ein Zeichen dafür, daß die Disziplin offenbar noch nicht jenes Maß an Perfektion gewonnen hat, das andere Wissenschaften - wohl auch nicht in vierzig Jahren - erreicht haben.

S. 23

Ich muß gestehen, daß mir dieser Vorwurf bis zu einem gewissen Grade nicht ganz unberechtigt erscheint. Damit gebe ich zu, daß die Betriebswirtschaftslehre trotz aller Erfolge im einzelnen in dem Sinne noch als „unfertig" bezeichnet werden muß, als es ihr noch nicht in allgemein gültiger Form gelungen ist, das Ganze ihrer Erkenntnisse aus einem einheitlichen Grunde zu entwickeln.

Lassen Sie mich auf dieses Problem noch mit einigen Worten eingehen, um die Schwierigkeiten aufzuzeigen, die seiner befriedigenden Lösung entgegenstellen.

Den bisher einzigen, groß angelegten Versuch, zu einem geschlossenen betriebswirtschaftlichen System zu gelangen, hat H. Nicklisch unternommen. So verdienstvoll es ist, daß er sich um die Systematisierung unserer Wissenschaft bemüht hat, aus der Anlage seines Werkes wird nicht ersichtlich, welche Ausgangslage er für seine Untersuchungen wählt und nach welchen Prinzipien er die Probleme aufzuschließen und zu ordnen bestrebt ist. F. Schmidt, der scharfsinnigste Denker unter den betriebswirtschaftlichen Gelehrten der ersten Generation, hat sich an dieser Aufgabe nicht versucht. E. Schmalenbach vermochte ihr offenbar kein Verständnis abzugewinnen. Sie entsprach wohl auch nicht seinen wissenschaftlichen Neigungen.

Wenn auch die bisherige Behandlung dieses Problems wenig befriedigt, so sei doch wenigstens ganz kurz die Problemsituation geschildert, um die es sich hier handelt. Man kann z. B. einen Betrieb oder ein Unternehmen als eine Gruppe arbeitender Menschen auffassen, die in gemeinsamer Arbeit miteinander verbunden sind. Es müßte nun an sich möglich sein, die Probleme der Betriebswirtschaftslehre von diesem sozialen Phänomen der arbeitenden Gruppe her zu entwickeln und in einen geschlossenen Zusammenhang zu bringen. S. 24

Ob diese Gruppe arbeitender Menschen als zentraler Bezugspunkt für einen großen und geschlossenen Bau der Betriebswirtschaftslehre geeignet ist, erscheint mir fraglich. Denn erstens stellt diese Gruppe nur ein sehr lockeres Gefüge sozialer Beziehungen dar. Ihr fehlt jede innere Bindung. Die Tatsache, daß diese Gruppe eine Einheit bildet, ist lediglich auf arbeitsorganisatorische Notwendigkeiten zurückzuführen. Die sich in diesem primär arbeitsorganisatorisch bestimmten Gefüge bildenden Beziehungen von Mensch zu Mensch, die man heute als „informelle" Gruppenbildung bezeichnet, sind zu unbestimmt und zu flüchtig, auch nicht von hinreichender betriebswirtschaftlicher Bedeutsamkeit, als daß sie als Grundlage für eine Theorie der Unternehmung dienen könnten. Zweitens darf man nicht außer acht lassen, daß in unserer, auf Privateigentum beruhenden Wirtschaftsordnung der Führungsanspruch in den Unternehmen, auch die Entscheidung über ihr Bestehen und Nicht-Bestehen, von dem Eigentum an den Unternehmen, nicht von der Mitarbeit in den Unternehmen abhängig ist. Drittens wird es zweifellos nicht ganz einfach sein, von der arbeitenden Gruppe her die systematische Einheit zwischen menschlicher Arbeit im Betrieb und den Betriebsmitteln herzustellen, deren eine solche Betriebswirtschaftslehre allerdings bedürfte.

Vielleicht ist es möglich, einen völlig anderen Weg zu gehen, um zu einer einheitlichen Konzeption von der Betriebswirtschaftslehre zu gelangen. In jedem Unternehmen werden Arbeitsleistungen der verschiedensten Art und technische Apparatur dazu verwandt, Sachgüter zu erzeugen oder Dienstleistungen bereitzustellen. Bezeichnet man die Arbeitsleistungen und die technischen Einrichtungen als Produktionsfaktoren und das Ergebnis der von diesen Produktionsfaktoren eingesetzten Mengen als Produktmenge, Ausbringung oder Ertrag (physischmengenmäßig gesehen), dann erhält man eine Beziehung zwischen dem Faktorertrag und dem Faktoreinsatz. Diese Beziehung ist eine Produktivitätsbeziehung, und zwar nicht irgendeine, sondern die betriebliche Produktivitätsbeziehung schlechthin. Es wäre nun zu prüfen, ob nicht dieses, ganz und gar ursprüngliche Verhältnis zwischen Faktorertrag und Faktoreinsatz als Grundlage für ein Bezugssystem verwandt werden könnte, in dem alle betrieblichen Vorgänge ihre natürliche Ordnung finden. Da nun der Faktoreinsatz auf ein bestimmtes Ziel gerichtet ist, läßt er sich als eine Einheit im Sinne einer Kombination der Produktionsfaktoren auffassen. In dem Akt der Kombination ist das Nebeneinander der Produktionsfaktoren aufgehoben. Sie sind aus einem übergeordneten Prinzip heraus zu einer Einheit gefügt und miteinander in eine systematische Beziehung gebracht.

S. 25

Diese theoretische Ausgangslage verlangt nun aber nach einer Ergänzung, und zwar insofern, als das Verhältnis zwischen Faktorertrag und Faktoreinsatz seinerseits wieder auf eine andere Größe bezogen werden muß, denn ein Unternehmen produziert nicht, um zu produzieren, also hier: um zu demonstrieren, wie sich aus einer gegebenen Faktoreinsatzmenge ein Maximum an Ertrag erzielen läßt. Der Bezugspunkt, auf den die gesamte Produktivitätsbeziehung ihrerseits wiederum hingeordnet werden müßte, besteht offenbar in Zielsetzungen, die außerhalb der betrieblichen Prozedur als solcher liegen, ihr aber erst ihren Sinn geben. Mit dieser Überlegung entstehen neue Systematisierungsprobleme, auf die aber nicht mehr eingegangen werden soll, da hier nur die Problemsituation gezeigt werden kann, wie sie für systematische Versuche charakteristisch ist. Daß es ein echtes wissenschaftliches Anliegen der Betriebswirtschaftslehre darstellt, zu einer geschlossenen Form ihrer wissenschaftlichen Aussage zu gelangen, wird von allen aner-

S. 26

kannt, die ein wissenschaftliches Problem stets nur als Teil eines Ganzen anzusehen vermögen.

VIII.

Es wird oft gesagt, die besondere Natur des Gegenstandes einer wissenschaftlichen Disziplin käme am eindrucksvollsten in der Art und Weise zum Ausdruck, wie sie zu ihren wissenschaftlichen Ergebnissen gelangt. Versteht man unter „Methode" den versachlichten, gedanklich objektivierten, auf andere Personen übertragbaren und von ihnen - wenigstens grundsätzlich - reproduzierbaren Gang der Gewinnung wissenschaftlicher Einsichten, also gewissermaßen das Ablösbare an dem doch so individuellen Akt des Erkenntnisprozesses, dann gelangt man zu einem gewissen Verständnis für die Bedeutung, die methodologischen Problemen so oft beigemessen wird. Nun ist bekannt, daß man bei der wissenschaftlichen Durchdringung eines Sachgebietes induktiv oder deduktiv vorgehen kann, im ersten Falle also durch Beobachtung, Messung oder Experiment, im anderen Falle durch Ableitung aus Prämissen oder Axiomen zu wissenschaftlichen Resultaten zu gelangen versucht. [...]

S. 27

Welche Bewandtnis es immer mit diesen Methoden im einzelnen haben mag - zum Begriff der Wissenschaft gehört ex definitione die Methode. Durch sie erhält das wissenschaftliche Denken Rationalität, Präzision, Festigkeit und Nachprüfbarkeit. Die Strenge und Zucht der Methode steht dem intuitiven Erfassen von Sinnzusammenhängen oder quantitativen Zusammenhängen nicht entgegen. Wissenschaft ist aber mehr als das Ergebnis glücklicher Einfälle. Am Anfang steht immer der Einfall oder besser: am Ende eines intensiven, sich bewußt oder unbewußt vollziehenden Prozesses. Erst die Härte der methodischen Prozedur vermag den Einfall zu einem Bestandteil wissenschaftlicher Erkenntnis zu machen.

Im allgemeinen läßt sich das methodische Vorgehen bei betriebswirtschaftlichen Untersuchungen beschreiben

 a) als Gewinnung von Tatsachenkenntnis
 b) als Kausalanalyse
 c) als Finalanalyse
 d) als Analyse nach der Methode „verstehender" Sozialwissenschaft.

Zu a) Tatsachenkenntnis kann beruhen

S. 28

 α) auf eigener Erfahrung und Sachkenntnis

β) auf der Einholung von Informationen zur Ergänzung der persönlichen Erfahrung und Sachkenntnis
γ) auf monographischen Arbeiten vornehmlich beschreibender Art
δ) auf systematisch durchgeführten Befragungen
ε) auf primär statistischen Erhebungen
ζ) auf der Bearbeitung sekundär-statistischen Materials.

Es ist klar, daß das Sammeln und Ordnen von Material nur der erste Schritt zur wissenschaftlichen Analyse betriebswirtschaftlicher Vorgänge sein kann. Denn es genügt nicht zu wissen, daß etwas so ist, wie es ist. Die wissenschaftliche Aufgabe besteht vielmehr darin, zu erkennen, warum es so ist.

Zu b) Kausalanalyse.

Man kann sagen, daß das gesamte Geschehen in einem Unternehmen oder Betrieb zu einem bestimmten Zeitpunkte durch jeweils eine ganz bestimmte Konstellation inner- und außerbetrieblicher Daten bestimmt sei. [...]

Die betriebswirtschaftlich relevante Frage lautet deshalb: Wie ändert sich die Größe A, wenn sich die Größe B ändert? Dieser Kausalnexus ist es, der die Betriebswirtschaftslehre interessiert und dessen Analyse ihr so große Schwierigkeiten bereitet. Beruht nun die Feststellung der Abhängigkeiten, in denen die Größen stehen, auf Beobachtung und gelingt es, die Abhängigkeiten quantitativ zu erfassen, d. h. zu messen (das ist um so mehr möglich, je mehr die Abhängigkeiten technisch bestimmt sind), dann handelt es sich offenbar um ein induktives Vorgehen. Werden - im Rahmen vornehmlich theoretischer Analysen - Prämissen gesetzt und variiert, um zu untersuchen, zu welchen Folgen die Änderung einer oder mehrerer Prämissen führt, dann wird deduziert.

S. 29

Zu c) Von Finalanalyse kann man sprechen, wenn untersucht wird, zu welchem Ergebnis bestimmte Maßnahmen angesichts einer bestimmten Ausgangslage führen werden, oder wenn es darum geht, technische, absatzpolitische oder finanzielle Verfahren auf ihre Eignung für bestimmte Zwecke zu prüfen. Derartige Prüfungen münden in Verfahrensvergleiche aus, die oft nur mit großen Schwierigkeiten durchgeführt werden können. Die Exaktheit solcher Untersuchungen hängt von der Genauigkeit und Zuverlässigkeit der Informationen ab, die der Untersuchende jeweils besitzt.

Diese Maßnahmen, Entscheidungen und Verfahren sind darauf gerichtet, bestimmte betriebswirtschaftliche Ziele zu erreichen. Die Krite-

rien dafür, ob der beabsichtigte Zweck jeweils erreicht ist, bestehen u.a. in gewissen Produktivitäts-, Wirtschaftlichkeits- und Rentabilitätsvorstellungen. Die Postulate, die darauf gerichtet sind, daß der Betriebsprozeß möglichst produktiv oder wirtschaftlich oder rentabel oder, in anderen .Wirtschaftssystemen, nach anderen Kriterien zu gestalten sei, setzt nicht die Betriebswirtschaftslehre, vielmehr findet sie diese Maximen in ihrem Untersuchungsobjekt vor. Sie gehören zu dem empirischen Befund der Betriebswirtschaftslehre. Die Tatsache, daß teleologi- S. 30
sche Phänomene den Gegenstand einer Disziplin bilden, berührt nicht den Charakter und die Qualifikation einer Disziplin als Wissenschaft. In allen Sozialwissenschaften, in der Betriebswirtschaftslehre, in der Volkswirtschaftslehre und in der Soziologie, auch in anderen Kulturwissenschaften, gehört zweckgerichtetes menschliches Verhalten (worauf immer diese Zwecke gerichtet sein mögen) zu dem Gegenstand der Untersuchungen.

Zu d) Besteht die wissenschaftliche Aufgabe darin, die Unternehmen als ganzheitliche Gebilde zu analysieren, dann wird man versuchen, durch „Verstehen" die Sinngehalte zu erschließen, um deren Analyse es geht. Oder man wird Ideal- oder auch Realtypen bilden, soweit man sich nicht soziologischer oder psychologischer oder arbeitswissenschaftlicher Methoden bedient.

IX.

Ich würde nun allerdings mein Thema zu lückenhaft behandeln, wenn ich nicht noch mit wenigen Worten auf das Verhältnis der Betriebswirtschaftslehre zur Nationalökonomie eingehen würde. Diese Frage ist in den vergangenen Jahren vornehmlich in der Betriebswirtschaftslehre intensiv erörtert worden. Bereits zu Beginn meines Vortrages habe ich aufzuzeigen versucht, daß die Betriebswirtschaftslehre nicht durch Verselbständigung eines ursprünglichen Teilbereiches der Volkswirtschaftslehre, sondern aus originären .Ansätzen entstanden ist. Gleichwohl ist heute unbestritten, daß die Betriebswirtschaftslehre als eine wirtschaftswissenschaftliche Disziplin anzusehen ist.

Ohne Zweifel gibt es Fragen so ausgesprochen volkswirtschaftlicher Art, daß die Betriebswirtschaftslehre zu ihrer Lösung kaum einen be- S. 31
deutsamen Beitrag wird leisten können.[...]

Auf den Gebieten der Produktions-, Kosten-, Preis-, Investitions-, S. 34
Kredit- und Wachstumstheorie besteht [...] ein enger wissenschaftlicher Kontakt zwischen der Betriebswirtschaftslehre und der Volkswirt-

schaftslehre. Daß dabei die Betriebswirtschaftslehre ihrem Charakter als einzelwirtschaftlicher Disziplin entsprechend ihre Probleme bevorzugt als einzelwirtschaftliche Tatbestände sehen muß, leuchtet ohne weiteres ein.

Wichtig ist hier nur die Tatsache, daß es wissenschaftliche Gebiete von Rang gibt, an denen beide Disziplinen ein unmittelbares wissenschaftliches Interesse haben und für die sie beide die wissenschaftliche Verantwortung tragen.

X. S. 35

Betrachtet man die gegenwärtige Lage der Betriebswirtschaftslehre an den Universitäten und Hochschulen, dann zeigt sich, daß sie sich in einer schwierigen Lage befindet. An sich hätte es im Interesse einer ruhigen Entwicklung des Faches gelegen, wenn die Vertreter der Disziplin alle ihre Kraft auf die Bearbeitung wissenschaftlicher Probleme hätten konzentrieren können.

Der ungewöhnlich große Zustrom von Studierenden hat aber die Vertreter des Faches zu stark mit Ausbildungs-, Prüfungs- und Verwaltungsaufgaben belastet. Gleichwohl hat es der Betriebswirtschaftslehre an starken wissenschaftlichen Impulsen auch in dieser Zeit nicht gefehlt.

Die Disziplin hat die Probleme des akademischen Unterrichts und der Ausbildung ihrer Studierenden nur mit allergrößten Anstrengungen zu lösen vermocht. Das Problem der Vermassung bedrängt jedoch die betriebswirtschaftliche Ausbildung nicht allein, wenn es im Rahmen dieser Disziplin auch mit besonderer Schärfe in Erscheinung tritt. Man vergegenwärtige sich die Gedanken, mit denen vor 150 Jahren Fichte die Krisis der Universität zu überwinden vorschlug, oder lese die besorgten Worte, mit denen Anfang der zwanziger Jahre dieses Jahrhunderts K. Jaspers die Idee der Universität beschwor. Nicht nur die geistige Einheit der Universität war es, um die es beiden, Fichte und Jaspers, ging, sondern im gleichen Maße auch die „universitas" in der ursprünglichen Bedeutung des Wortes, als geistige Einheit zwischen Lehrern und Schülern. Wie soll diese Einheit, in der ja beide, Lehrer und Schüler, zugleich Gebende und Nehmende sind, hergestellt werden angesichts der großen Zahl von Studierenden, die unsere Hörsäle füllen? Wird ihnen die Universität noch jenes geistige Erlebnis, das sie doch vielen von uns gewesen ist?

Durchdenkt man diese Dinge ohne Vorbehalt und mit dem Ernst, den S. 36

sie verlangen, dann wird man zugeben müssen, daß hier noch viele Fragen ungelöst sind. Sie fordern auf die Dauer sehr grundsätzliche, vielleicht revolutionäre Entscheidungen.

Im Augenblick wird man annehmen dürfen, daß die geburtsschwachen Jahrgänge, mit denen wir in naher Zukunft rechnen müssen, eine gewisse Entlastung bringen werden. Im übrigen hat noch immer ein erhöhter Zustrom an Studierenden in junge Disziplinen eingesetzt. Die noch unerschlossenen Arbeitsgebiete und echten oder vermeintlichen beruflichen Chancen locken. Nach einiger Zeit tritt dann aber eine harmonische Proportionierung zwischen den Hörerzahlen in den einzelnen Fakultäten ein. Gewiß werden immer einzelne Universitäten Schwerpunkte für bestimmte Fächer bilden, ohne daß sie dadurch gefährdet werden.

Bei der Betrachtung dieser Fragen darf man nicht außer acht lassen, daß immer mehr Stellen in den mittleren und oberen Führungsschichten der Wirtschaft mit betriebswirtschaftlich ausgebildeten Kräften besetzt werden. Allen entgegengesetzten Ansichten zum Trotz muß gesagt werden, die Erfahrung zeigt, daß sich die betriebswirtschaftliche Ausbildung in der Praxis durchgesetzt hat. Natürlich ist nicht jeder, der unsere Wissenschaft studiert, für große Führungsaufgaben in der Wirtschaft prädestiniert. Jeder von uns weiß, daß die Bewältigung derartiger Aufgaben mehr als nur betriebswirtschaftliche, aber auch mehr als nur technische oder juristische oder chemische oder physikalische Kenntnisse voraussetzt.

Die fachliche Ausbildung im Rahmen einer jungen Disziplin findet stets besonders viel Kritik. Die einen sagen, eine stärkere geistige Vertiefung der Universitätsausbildung sei erforderlich, die anderen verlangen eine stärkere Ausrichtung der Studien auf die Bewältigung unmittelbar praktischer Aufgaben. Die Betriebswirtschaftslehre versucht, beiden Forderungen gerecht zu werden. Aber mit, sagen wir, 24 oder 25 Jahren ist weder die geistige noch die berufliche Entwicklung eines Menschen abgeschlossen. Die Aufgabe der Unternehmen selbst ist es deshalb, in den auf der Universität ausgebildeten Menschen nicht nur alle fachlichen, sondern auch alle menschlichen Möglichkeiten zur Entfaltung zu bringen, über die sie verfügen, und wozu die Universitäten und Hochschulen die Grundlagen gelegt haben. Sieht die Praxis ihre Aufgabe so klar, wie die Universität ihre Aufgabe erkannt hat? Stellt sie diese jungen Menschen rechtzeitig vor Aufgaben, an denen sie wachsen und an denen sie zeigen können, über welche Kräfte und Fähigkeiten

S. 37

sie verfügen? Jedenfalls werden nur so die Menschen herangebildet, die für große Aufgaben qualifiziert sind und nach denen die Praxis verlangt.

XI.

Wie immer man diese Dinge im einzelnen sehen und beurteilen mag, - aus dem großen Rationalisierungs- und Intellektualisierungsprozeß, den die moderne Wissenschaft darstellt, läßt sich die Betriebswirtschaftslehre nicht mehr fortdenken. Die Unternehmen oder Betriebe, die mit den Zusammenhängen, in denen sie stehen, den Gegenstand der Betriebswirtschaftslehre bilden, sind komplizierte und niemals völlig ungefährdete Gebilde. Wenn nun wissenschaftliches Denken nach ihnen greift und versucht, in ihnen die mit betriebswirtschaftlichen Methoden erreichbaren Gebiete wissenschaftlich aufzuschließen, um vielleicht später einmal zu einem großen, systematisch gefügten Bau ihrer Forschungsergebnisse und Methoden zu gelangen, dann, meine ich, stellt ein solches wissenschaftliches Bemühen echte Arbeit am Problem dar. S. 38
Zwischen Fragen mehr unmittelbar praktischer und mehr theoretischer Art besteht dabei kein Rangunterschied. Und, wie überall in der Wissenschaft, so gilt auch in der Betriebswirtschaftslehre: solange Einzelnes nur als Einzelnes die Forschung interessiert, ist da noch keine Wissenschaft. Erst wenn das Einzelne aus einem Ganzen heraus sinnvoll verständlich zu machen gelingt, bildet sich Wissenschaft. Das aber ist der Weg der Betriebswirtschaftslehre!

Dieses alles mit dem Ziel, zu erreichen, daß man die Wirtschaft zu beherrschen versteht, damit sie nicht selbstherrlich wird, sondern in der dienenden Rolle bleibt, die ihr im Leben der Menschen bestimmt ist.

So, meine ich, müsse man die Betriebswirtschaftslehre sehen, als eine junge Wissenschaft, durchaus noch nicht „perfektioniert", aber ganz klar und ganz unbeirrt ihre wissenschaftliche Aufgabe im Blick; inmitten einer andrängenden Fülle von Problemen, die ihre Sache sind und die genau so einfallsreich und mit der gleichen methodischen Strenge gelöst werden müssen, wie das auch in anderen Wissenschaften verlangt wird.

A. II

Horst Albach
Betriebswirtschaftslehre als Wissenschaft

Aus: Horst Albach, Klaus Brockhoff, Hrsg.,
Die Zukunft der Betriebswirtschaftslehre in
Deutschland, Zeitschrift für Betriebswirtschaft,
Ergänzungsheft 3/93; S. 7-25

Betriebswirtschaftlicher Verlag Dr. Th. Gabler,
Wiesbaden 1993

I. Wissenschaftsimmanente Trends S. 9

Nunmehr werden die Kriterien auf die wissenschaftsimmanenten Entwicklungstendenzen angewandt, die in der betriebswirtschaftlichen Forschung der letzten vierzig Jahre erkennbar sind. Dabei wird zwischen der Entwicklung in den sechziger und siebziger Jahren einerseits und den Trends seit den achtziger Jahren andererseits unterschieden.

1. Entwicklungen in der Betriebswirtschaftslehre in den sechziger und siebziger Jahren

Die sechziger und siebziger Jahre standen ganz im Zeichen der formalen Erweiterung der Theorie der Firma. Das klassische Modell der Unternehmung, das von der Vorstellung der Kombination mehrerer frei S. 10
verfügbarer produktiver Faktoren zur Erstellung eines Produktes ausging und das auf einem Markt mit unvollkommener Nachfrage abgesetzt wurde, hatte sich als zu eng erwiesen. Das Mehrproduktunternehmen mit verbundener Produktion rückte in den Mittelpunkt der betriebswirtschaftlichen Forschung. Die Annahme, daß die produktiven Faktoren frei verfügbar seien, wurde aufgehoben. Innerbetriebliche Konkurrenz der verschiedenen Verwendungsmöglichkeiten um die knappen Faktoren war ein bis dahin nicht untersuchtes Phänomen. Der Faktor Betriebsmittel umfaßt langlebige Gebrauchsfaktoren. Er wirft andere Entscheidungsprobleme auf als kurzfristige Verbrauchsfaktoren. Langfristige Entscheidungen sind mit größerer Unsicherheit verbunden als kurzfristige.

Drei Probleme waren es also, deren Lösung sich die Betriebswirtschaftslehre in dieser Zeit zuwandte:
- das Interdependenzproblem
- das Problem langfristiger Entscheidungen
- das Unsicherheitsproblem.

1.1 Das Interdependenzproblem

In Mehrproduktunternehmen können unterschiedliche Produkte auf denselben Maschinen bearbeitet werden. In demselben Lager können die verschiedensten Rohstoffe oder auch Fertigerzeugnisse gelagert werden. Mit den vorhandenen finanziellen Mitteln können viele verschiedene Aktivitäten des Unternehmens finanziert werden. Die verschiedenen Alternativen konkurrieren stets um diese knappen Mittel. Dieses Konkurrenzproblem ist die eine Seite des Interdependenzproblems. Die andere ergibt sich aus der Tatsache, daß die Produkte eines Unternehmens vielfach in einem mehrstufigen Produktionsprozeß gefertigt werden. Dabei mag jedes Produkt eine andere Reihenfolge der Produktion verlangen. Daraus ergibt sich, daß entweder Halbfertigfabrikate vor Maschinen warten oder Maschinen auf Halbfertigfabrikate warten. Diese zeitlichen Abhängigkeiten sind die zweite Form des Interdependenzproblems. An der Lösung dieser Interdependenzprobleme hat sich die betriebswirtschaftliche Theorie der Mehrproduktfirma entwickelt. Sie ist eine generelle Theorie der Unternehmung, weil sie das optimale Zusammenarbeiten aller betrieblichen Funktionsbereiche bestimmt. Sie ist eine objektive Theorie; jeder kann die Theoreme, auf denen sie beruht, nachvollziehen. Sie ist zudem empirisch gehaltvoll: sie hat zu einer grundsätzlichen Umgestaltung des betrieblichen Rechnungswesens geführt. Das Rechnungswesen und die Produktionsplanung wurden als duale Ansätze erkannt.

1.2 Das Problem langfristiger Entscheidungen

In der kurzfristigen Theorie der Unternehmung wird die Kapazität als gegeben angenommen. Daher lautete die Aussage der Theorie der Einproduktfirma mit Leontief-Produktionsfunktion: produziere an der Kapazitätsgrenze, wenn der optimale Gewinn erwirtschaftet werden soll. Die Annahme, daß die Kapazität gegeben sei, gilt langfristig jedoch nicht. Durch Investitionsentscheidungen kann die Kapazität verändert werden. Investitionen sind Entscheidungen, die finanzielle Mittel des Unternehmens für mehrere Perioden binden. Investitionen stellen aber auch ein Nutzungspotential zur Verfügung, das zur Erzielung von Einnahmen während eines längeren Zeitraums in der Zukunft verwendet werden kann. Die Lösung dieses Problems führte zu einer Theorie, die das Unternehmen als einen „going concern" sieht, mit vielen alternativen Anlagemöglichkeiten für die finanziellen Mittel des Unternehmens heute und in der Zukunft, und mit sehr unterschiedlichen außerbetrieblichen Quellen für finanzielle Mittel. Jede Theorie der Unternehmung, die dieses Problem nicht nur formulieren, sondern auch lösen und mit der Empirie konfrontieren will, muß einen Ausschnitt aus dieser Komplexität wählen. Nimmt man zum Beispiel an, daß die einzigen Alternativen Finanzanlagen sind, daß Habenzinsfuß gleich Sollzinsfuß ist, und daß diese Zinssätze über die gesamte unendliche Lebensdauer des Unternehmens gleich bleiben, dann ergibt sich die Kapitalwerttheorie der einzelnen Investition. Beschränkt man diese Annahmen auf die Zeit

S. 11

nach dem Planungshorizont, dann ergibt sich die Theorie des mehrstufigen Investitionsbudgets. Diese Theorien machen sicher Wenn-Dann-Aussagen, sie sind wertfrei formuliert und objektiv. Sie sind auch raum- und zeitlos gültig. Trotz ihrer offenbar leichten Falsifizierbarkeit haben sie sich an empirischem Material durchaus bewährt, allerdings: die weiter unten zu besprechenden dynamischen Investitionstheorien sind ihnen überlegen.

1.3. Das Problem der Unsicherheit

Langfristige unternehmerische Entscheidungen sind mit Unsicherheit behaftet. Die Unsicherheit kann sich auf die fundamentalen Parameter der Wirtschaft beziehen, also auf Präferenzen, Faktorausstattungen und Produktionsmöglichkeiten. Sie kann sich aber auch auf das Verhalten der Konkurrenten und anderer wirtschaftlicher Akteure beziehen.[8] Die Auseinandersetzung mit diesem Problem hat gezeigt, daß sehr viele subjektive Verhaltensweisen gegenüber der Unsicherheit mit dem Rationalprinzip vereinbar sind.

Sie hat aber auch zu noch immer andauernden Diskussionen in der Betriebswirtschaftslehre geführt. Ungeklärt scheint mir nach wie vor, ob angesichts der Interdependenz vieler wirtschaftlicher Tatbestände mit Wahrscheinlichkeiten gerechnet werden darf.

Auch die Diskussion um die Gültigkeit des Bernoulli-Prinzips in der Betriebswirtschaftslehre ist, wie die Beiträge in der Zeitschrift für Betriebswirtschaft zeigen, noch keineswegs abgeschlossen.

Die Beschäftigung mit dem Problem der Unsicherheit ist besonders schnell über die enge Fragestellung, was denn das richtige Entscheidungskriterium bei Unsicherheit sei, hinausgegangen. Es wurde gefragt, wie ein Unternehmen rational mit der Unsicherheit umgeht. Es entwickelte sich die Theorie des Risikomanagement. Das Erkennen und Bewerten von Risiken und die verschiedenen Möglichkeiten zur Bewältigung des Risikos bilden die Gegenstände dieser Theorie. Sie führte unter anderem zu der Einsicht, daß ein weniger vollständiges Ausnutzen knapper Ressourcen heute bessere Möglichkeiten der Nutzung von Ressourcen in einer möglicherweise veränderten Zukunft bietet. Gewinnverzicht heute zugunsten größerer „Flexibilität" führt zu besserer langfristiger Gewinnerzielung.

Für die methodische Behandlung des Unsicherheitsproblems wurde schon früh die Spieltheorie eingesetzt.[9] In der Betriebswirtschaftslehre der sechziger und siebziger Jahre hat jedoch die Spieltheorie kaum nennenswert weitere Verbreitung [...] gefunden. Dies hat sich in den achtziger Jahren grundsätzlich verändert.[10] Die spieltheoretischen Anwendungen in der Betriebswirtschaftslehre haben stark zugenommen. Selbst der Nachweis, daß sich Ethik im Unternehmen lohnt, ist auf spieltheoretischer Basis gelungen.[11]

S. 12

Daß die Unternehmung selbst eine Institution ist, die der Minderung von Risiken dient, haben jüngste Entwicklungen der Theorie gezeigt, auf die an anderer Stelle eingegangen wird. Die Theorie des Risikomanagements der Unternehmung steht noch nicht als ein fertiges wissenschaftliches Gebäude vor uns. Es geht hierbei um sehr grundsätzliche Wenn-Dann-Aussagen, die logisch wie experimentell überprüfbar sind und die allgemeine Gültigkeit beanspruchen.

2. Entwicklungen der Betriebswirtschaftslehre in den achtziger und neunziger Jahren

Die achtziger und neunziger Jahre sahen eine Entwicklung in der Betriebswirtschaftslehre, die die Frage nach der Entscheidung im Unternehmen ganz neu stellte.

Entscheidungen im Unternehmen werden nicht von einem Einzelnen getroffen. Vielfach sind daran Gremien beteiligt. Im allgemeinen müssen bestimmte Entscheidungen delegiert werden. Es darf jedoch nicht als gesichert angenommen werden, daß Delegation zu derselben Entscheidung führt, wie sie der Leiter des Unternehmens selbst treffen würde. Damit war das Organisationsproblem der Unternehmung neu gestellt. Die Beschäftigung mit diesem Problem läßt sich durch drei Entwicklungstendenzen kennzeichnen. Sie betreffen
- das Problem der Dynamik
- das Problem der Information
- das Problem der Motivation.

2.1 Das Problem der Dynamik

Entscheidungen heute beeinflussen Entscheidungen von morgen. Der ehemalige Schah von Persien hat von seiner „Bank unter Tage" gesprochen und damit die Frage bezeichnet, ob es günstiger sei, Öl heute zu fördern und die Erlöse zinsbringend anzulegen, als es im Boden zu lassen, um es in Zukunft fördern zu können. Dieses Problem der intertemporalen Allokation von knappen Ressourcen ist für die Betriebswirtschaftslehre von zentraler Bedeutung. Mit welchen Reaktionen von Kunden, Akteuren, Banken muß ein Unternehmen in Zukunft rechnen, wenn es heute bestimmte Entscheidungen trifft? Wie kann es durch Entscheidungen, die heute verlustreich erscheinen, bewirken, daß künftige Entscheidungen von Kunden zu seinen Gunsten ausfallen? Sehen diese Entscheidungen anders aus, wenn mit Konkurrenzreaktionen zu rechnen ist oder erwartet werden muß, daß die Wettbewerber an den zukünftigen Wirkungen heutiger Entscheidungen partizipieren?

An einem Beispiel sei die Bedeutung der dynamischen Theorie des Unternehmens verdeutlicht. Die traditionelle Theorie lehrt, daß es sinnvoll ist, in der Rezession die Preise bis auf die Grenzkosten zu senken. Die Fixkosten werden also verloren, als „versunkene Kosten" angesehen, die auf die Entscheidung keinen Einfluß haben. Die Buchverluste sind hinzunehmen. Formuliert man das Problem dynamisch, dann zeigt sich, daß die Preisuntergrenze noch unter den kurzfristigen Grenzkosten liegt. Wenn es nämlich gelingt, durch noch niedrigere Preise so viele Nachfrager an das Unternehmen zu binden, daß in Zukunft höhere Gewinne gemacht werden können, dann stellen die hohen Verluste heute Investitionen in einen höheren Marktanteil in der Zukunft dar. Die zukünftigen Gewinne können freilich von Wettbewerbern streitig gemacht werden. Deshalb ist eine Politik der Preissetzung unter Grenzkosten im Monopol sinnvoller als im Oligopol. S.13

Die dynamische Theorie der Firma macht Wenn-Dann-Aussagen über die zeitliche Wirkung betrieblicher Entscheidungen. Diese Aussagen sind objektiv in dem Sinne, daß sie logisch aus den gemachten Annahmen folgen. Sie sind zwar nicht raum- und zeitlos gültig, sondern an Gesellschaftsordnungen gebunden, die durch Individualismus und starkes Eigeninteresse gekennzeichnet sind, für diese aber beanspruchen sie allgemeine Geltung. Die Aussagen sind wertfrei auch in dem Sinne, daß sie Altruismus und Egoismus nicht werten, sondern als Möglichkeiten menschlichen Verhaltens in der Gesellschaft annehmen und daraus Folgerungen ableiten. Die Aussagen sind auch, da sie mathematisch formuliert sind, objektiv nachprüfbar. Sie sind in hohem Maße falsifizierbar. Ob sich ein Mitarbeiter loyal verhält oder nicht, ist ebenso empirisch nachprüfbar wie die Aussage, daß Unternehmen in der Rezession hohe Verluste nicht nur hinnehmen, sondern bewußt machen, um Kunden zu gewinnen und an sich zu binden.

2.2 Das Informationsproblem

In der traditionellen Theorie der Unternehmung wurde angenommen, daß Informationen überall sofort kostenlos verfügbar sind. Der dispositive Faktor, der mit seinen Funktionen: Planung, Organisation und Kontrolle die Informationsfunktion im Unternehmen ausübt, ging daher auch nicht in die Produktionsfunktion und in die Kostenfunktion ein.[12] Seine Kosten waren Bestandteil der fixen Kosten.

In der neueren Theorie der Unternehmung werden Informationen explizit berücksichtigt. Einen ersten Ansatz bildet eine Arbeit von Müller-Merbach aus den sechziger Jahren, in der die optimale Abteilungsbildung im Unternehmen unter der Annahme bestimmt wird, daß die Informationsweitergabe innerhalb einer Abteilung kostenlos erfolgt, zwischen Abteilungen dagegen mit Kosten verbunden ist. In der Teamtheorie werden Abwägungen von Informationskosten, entgangenen Gewinnen wegen nicht befriedigter Nachfrage, Lagerkosten und Zinskosten diskutiert und gezeigt, daß dezentrale Informationssysteme, die bewußt Informationsdefizite im Unternehmen bestehen lassen, optimale Lösungen des Informationsproblems darstellen können.[13]

Die traditionelle Theorie lehrt, daß es sinnvoll ist, Mitarbeitern klar definierte Aufgaben zu stellen und anzunehmen, daß die Mitarbeiter diese Aufgaben getreulich und im Sinne des Arbeitgebers ausführen. Dabei wird angenommen, daß Vorgesetzte und Mitarbeiter gleich gut informiert sind oder daß Informationsasymmetrie keine Auswirkungen auf die Entscheidung hat. Demgegenüber hatte Max Weber schon zu Beginn dieses Jahrhunderts auf die Notwendigkeit von Kontrollen hingewiesen.[14] Er ging offenbar davon aus, daß Informationsasymmetrie zu für das Unternehmen schädlichem Verhalten des Mitarbeiters führen kann. Die dynamische Theorie zeigt nun, daß diese Sorge unberechtigt ist. Informationsasymmetrie ist nicht schädlich, wenn man Vertrauen in den Mitarbeiter setzt. Dieser wird im ureigensten Interesse den Vertrauensvorschuß des Vorgesetzten durch loyales Verhalten belohnen. Erwirbt er sich einen guten Ruf als loyaler Mitarbeiter, so können dadurch aufwendige Kontrollsysteme vermieden werden. Das eingesparte Geld kann in Form höherer Löhne ausgezahlt werden. Loyalität und Altruismus erscheinen in der dynamischen Theorie als die höchsten Formen des Egoismus. Das ist ein ebenso bedeutsames wie interessantes Ergebnis der dynamischen Theorie der Unternehmung.

S. 14

Die Theorie der Organisation hat also das bekannte Wort Lenin's „Vertrauen ist gut, Kontrolle ist besser" wieder auf die Beine gestellt: „Kontrolle ist gut, Vertrauen ist besser". Vertrauen ist eine höchst kosteneffiziente Form der Koordination im Unternehmen. Vertrauen entsteht durch Investitionen in Form eines Verzichts auf kurzfristige Profite oder Löhne als Zeichen für den Wunsch, langfristig vertrauensvoll zusammenzuarbeiten. Es ist daher richtig, wenn von dem Aufbau von Vertrauenskapital im Unternehmen gesprochen wird. Vertrauenskapital wird sowohl von der Unternehmensleitung gegenüber den Mitarbeitern als auch von den Mitarbeitern gegenüber der Unternehmensleitung aufgebaut. Investitionen in Vertrauenskapital haben zur Voraussetzung, daß mit Erträgen dieser Investition in Zukunft gerechnet wird. Das heißt: der Arbeitsvertrag zwischen Unternehmen und Mitarbeitern verliert seinen kurzfristigen Charakter, wie er für den Manchester-Liberalismus typisch ist. Er nimmt den Charakter einer langfristigen partnerschaftlichen Bindung an das Unternehmen an. Das heißt in der Sprache der Institutionentheorie: der Arbeitsvertrag regelt langfristige Transaktionen zwischen Unternehmen und Mitarbeiter nach relationalem Recht.

Die Organisationstheorie liefert damit die Begründung für einen in den westlichen Industrienationen seit mehreren Jahrzehnten zu beobachtenden gesellschaftlichen Trend: unsere Wirtschaft wandelt sich vom Kapitalismus zum Humankapitalismus.

In jüngerer Zeit ist aber auch das Problem der Marktinformationssysteme neu gestellt worden. In der klassischen Theorie des Wettbewerbs galt vollkommene Transparenz als Zeichen eines vollkommenen Marktes. Für oligopolistische Märkte galt, daß Informationen über das beabsichtigte Verhalten eines Wettbewerbs die Wettbewerbsintensität mindern und sozialschädlich sind. Gegenwärtig werden spieltheoretische Ansätze entwickelt, mit denen die Frage beantwortet wird, welche Informationen unter welchen Bedingungen unter Wettbewerbern ausgetauscht werden dürfen, wenn es nicht zu sozialschädlichem, abgestimmtem Verhalten kommen soll. Dabei zeigt sich, daß dies nicht nur von der Art der ausgetauschten Informationen, sondern auch von der Marktstruktur und der Art der auf dem Markt gehandelten Produkte abhängt.

Die Informationstheorie macht nach ihrem gegenwärtigen Stand Wenn-Dann-Aussagen, die an sehr spezielle Bedingungen geknüpft sind. Von einer raum- und zeitlos gültigen Theorie kann man nicht sprechen. Daher bereitet auch ihre empirische Überprüfung erhebliche Schwierigkeiten. Sie zeigt aber gleichzeitig wie kaum eine andere theoretische Entwicklung der letzten Jahre auf, wie gefährlich angeblich allgemeine ökonomische Theorien sind, die vorschnell auf die Wirklichkeit angewendet werden, ohne daß das Falsifizierungspostulat ernstgenommen wird. Die moderne Informationstheorie hat praktisch alle Aussagen der klassischen Markttheorie in Zweifel gezogen.

2.3. Das Problem der Motivation S. 15

Divergierende Zielsetzungen und unterschiedliche persönliche Präferenzen von Mitgliedern einer Organisation wurden in der älteren Theorie der Unternehmung durch die Annahme ausgeschlossen, daß alle Mitglieder der Organisation bemüht sind, optimale Entscheidungen für das Unternehmen zu treffen. Soweit Betriebswirte diese Annahme aufheben wollten, mußten sie auf betriebssoziologische Arbeiten zurückgreifen. So wurden die Bürokratismustheorie und die Motivationstheorie Bestandteile der betriebswirtschaftlichen Organisationslehre.

Helmut Laux stellte die betriebswirtschaftliche Frage, ob man denn angesichts der divergierenden Ziele von Mitarbeitern im Unternehmen Entscheidungen überhaupt delegieren könne.[15] Das allgemeine Problem der Unternehmensorganisation bei divergierenden Zielen wurde aber erst in den achtziger Jahren grundsätzlich angepackt. Es wurde gezeigt, daß es zwei Formen der Koordination unterschiedlicher Ziele von Mitarbeitern auf das gemeinsame Ziel des Unternehmens gibt: hierarchische Kontrolle und monetäre Anreize.[16] Beides kostet Geld. Je geringer die Bindung des Mitarbeiters an sein Unternehmen ist, um so höher sind die Kosten, die aufgewendet werden müssen, um Zielkongruenz zu erzwingen oder herzustellen. Dauerarbeitsverträge senken diese Kosten. Zugleich aber erhöhen sie das Marktrisiko für den Unternehmer, der dieses Risiko nun nicht mehr mit den Mitarbeitern in Form des Arbeitsplatzrisikos teilen kann. Dieses allgemeine Modell der Organisation des Unternehmens wird heute als Principal-Agent-Theorie bezeichnet. Mit dieser Theorie ist zweifellos ein Ansatz zu wissenschaftlichen Untersuchung der Zusammenarbeit in Institutionen bei divergierenden Zielsetzungen und unterschiedlichem Informationsstand bei den handelnden Personen entwickelt worden, der die „Folklore",[17] die in der betriebswirtschaftlichen Organisationslehre Jahrzehnte lang herrschte, abgelöst hat.

3. Paradigmata und Arbeitsfelder

Natürlich vermittelt die Darstellung der betriebswirtschaftlichen Problemfelder, auf denen sich die Theorie der Unternehmung als Wissenschaft bewährt hat, einen verkürzten Eindruck von der Fülle an Fragestellungen, mit denen sich die Betriebswirtschaftslehre beschäftigt. Im folgenden Abschnitt soll dieser Eindruck daher ergänzt werden um die

Darstellung von Entwicklungstendenzen im Fach. Sie vermitteln ein Bild von der Breite der Forschungsarbeit in der Betriebswirtschaftslehre. Diese Darstellung umfaßt zwei Punkte:
- die Entwicklung von Paradigmata
- die Tendenz zur Generalisierung.

3.1. Die Entwicklung von Paradigmata

In den fünfziger Jahren setzte sich in der deutschen Betriebswirtschaftslehre der produktivitätsorientierte Ansatz von Erich Gutenberg durch. Die betriebswirtschaftliche Forschung baute in den Folgejahren im wesentlichen auf diesem Ansatz auf. In den siebziger Jahren aber setzten auch Versuche ein, dieses „produktivitätsorientierte Paradigma" abzulösen. In der Betriebswirtschaftslehre wurde eine Tendenz sichtbar, die der Soziologe David Zeaman wie folgt beschrieben hat: „Einer der Unterschiede zwischen den Naturwissenschaften und den Sozialwissenschaften besteht darin, daß in den Naturwissenschaften nach dem Anspruch von Newton eine Forschergeneration auf den Schultern der voraufgehenden Generation steht, während in den Sozialwissenschaften eine Generation der voraufgehenden ins Gesicht tritt." Inzwischen werden in der deutschen Betriebswirtschaftslehre neben dem produktivitätsorienten S. 16
- der entscheidungsorientierte Ansatz
- der systemorientierte Ansatz
- der koalitionstheoretische Ansatz
- der arbeitsorientierte Ansatz [18]
- der verhaltenswissenschaftliche Ansatz [19]
- der normativ-ethische Ansatz
- der politisch-administrative Ansatz [20]
- der EDV-orientierte Ansatz [21]
- der „Unsichtbare Hand"-Ansatz [22]
- der handlungstheoretische Ansatz [23]

als verschiedene Paradigmata, weitgehend ohne Bezug zueinander und meist im Widerspruch gegeneinander vertreten. Hier interessieren nicht die Inhalte dieser Paradigmata, sondern die Tatsache, daß es inzwischen so viele Ansätze gibt, die die Problemlandschaft unseres Faches auf unterschiedliche Weise kartographieren wollen.

3.2. Die Tendenz zur Generalisierung

In der Betriebswirtschaftslehre läßt sich eine bemerkenswerte Entwicklung zur Generalisierung feststellen. Dies mag verwundern, ist doch ein Trend zur Spezialisierung den meisten Wissenschaften immanent.

Natürlich ist auch die Betriebswirtschaftslehre nicht frei von der Tendenz zur Spezialisierung, aber es scheint, als verstärke zunehmende Spezialisierung die Tendenz zur Verallgemeinerung. Eine stärkere Betonung der Allgemeinen Betriebswirtschaftslehre ist allgemein erkennbar.

Diese Entwicklungen seien an der Verteilung der Aufsätze in der Zeitschrift für Betriebswirtschaft in den Jahren von 1978 bis 1992 (Tabelle 1) aufgezeigt.

In der Rangfolge nach der Anzahl der Aufsätze lag die betriebswirtschaftliche Finanzwirtschaft zwischen 1978 und 1984 an oberster Stelle. Sie wurde dann von Beiträgen zur Allgemeinen Betriebswirtschaftslehre und zur Organisationstheorie abgelöst. Dies spiegelt die allgemeine theoretische Entwicklung wider: Die Beschäftigung mit der Principal-Agent-Theorie als eines allgemeinen Modells der Unternehmung erweckte in steigendem Maße das Interesse der betriebswirtschaftlichen Forscher. Die Rückbesinnung auf das Allgemeine wurde um so wichtiger, je stärker die Tendenz zur Spezialisierung wurde.

Eine feinere Analyse der Veröffentlichung zeigt, daß es auch Modethemen in der Betriebswirtschaftslehre gibt. So widmeten sich eine ganze Reihe von Beiträgen in den sechziger Jahren der gesellschaftsbezogenen Berichterstattung, seit 1984 ist kein Beitrag mehr zu diesem Thema erschienen.

Die Innovationstheorie, noch 1985 als ein Gebiet mit erheblichen theoretischen Defiziten bezeichnet,[24] ist heute zu einem betriebswirtschaftlichen Gebiet mit intensiver Forschung und mit bedeutenden Forschungsergebnissen geworden. Hierzu haben nicht zuletzt die Arbeiten an dem Kieler Forschungsinstitut von Klaus Brockhoff und Jürgen Hauschildt maßgeblich beigetragen.[25]

Möchte man Diskussionen über Wirtschaftsethik und Unternehmenskultur zunächst als vorübergehende Modeerscheinungen ansehen, so zeichnet sich inzwischen immer stärker ein Trend zu einer seriösen wissenschaftlichen Beschäftigung mit diesen Fragen ab.[26] Die Humankapitaltheorie hat hierauf einen nachhaltigen Einfluß ausgeübt. Das Hu-

Tab. 1: Aufsätze nach Fachgebieten; Zeitschrift für Betriebswirtschaft

Fachgebiete	1978	1979	1980	1981	1982	1983	1984	1985	1986	1987	1988	1989	1990	1991	1992	Σ	%
1. Allgemeine BWL		16	18	11	13	16	19	34	19	18	16	11	13	13	17	234	16,3
2. Organisation	11	6	11	10	14	12	9	16	11	12	16	26	12	16	7	198	13,2
3. Personalwirtschaft		8	5	6	5	3	14	6	7	3	4	2	4	7	4	76	5,3
4. Materialwirtschaft	3	1	5	2	1	3	2	-	5	8	2	4	2	5	5	48	3,4
5. Produktion	9	4	5	2	1	3	2	-	5	8	2	4	2	5	5	57	4,0
6. Absatz	14	14	5	11	4	12	5	12	9	6	9	6	12	11	16	146	10,2
7. Finanzwirtschaft	14	43	22	21	21	17	23	5	13	11	10	12	26	14	14	266	18,6
8. Rechnungswesen	21	12	11	15	15	18	8	6	13	16	20	9	10	7	12	193	13,5
9. Betriebl. Steuerlehre	-	4	5	2	4	2	1	2	4	-	-	2	-	-	-	26	1,8
10. Spezielle BWL	8	12	12	13	12	10	14	10	14	19	12	14	15	15	18	198	13,8
	100	100	100	100	100	100	100	100	100	100	100	100	100	100	100	1433	100,0

S. 17

mankapital im Unternehmen ist ja nicht nur die Gesamtheit des Fachwissens und der durch den Produktionsproceß bestimmten Verhaltensweisen, sondern umfaßt auch die Werthaltungen der Manager und das ethische Grundverständnis aller Mitarbeiter im Unternehmen. Bildung und Weiterentwicklung von Humankapital im Unternehmen beziehen daher auch ethische Fragen mit ein. Der Ausdruck „Unternehmenskultur" für diesen Aspekt des Humankapitalansatzes hat sich inzwischen in der Betriebswirtschaftslehre durchgesetzt.[27] Ich sehe darin zugleich eine Rückbesinnung auf die Wurzeln unseres Faches. Schließlich geht die Beschäftigung mit Fabriken auf einen Moraltheologen, nämlich Adam Smith, zurück.

S. 18

II. Gesellschaftliche Trends

Die Betriebswirtschaftslehre ist eine Wissenschaft, die nicht als l'art pour l'art betrieben wird. Sie stellt immer wieder neu die Frage nach der Legitimation einer Institution unserer Gesellschaft, nämlich der Unternehmung. Sie untersucht die Bedingungen, bei deren Eintreten die Unternehmung diese Legitimation verliert. Sie leitet aus der Erkenntnis dieser Bedingung Maßnahmen ab, die ergriffen werden müssen, damit diese Bedingungen nicht eintreten. Insoweit ist die Betriebswirtschaftslehre nichts anderes als die Medizin, Wissenschaft und Kunstlehre zugleich.

Die Unternehmen sind Teil der Gesamtwirtschaft. Sie sind Teil der Gesellschaft. Sie werden daher auch von Entwicklungstendenzen in der Gesellschaft unmittelbar berührt. Treten neue Trends in der Gesellschaft auf, so prüft die Betriebswirtschaftslehre, ob die analytischen Instrumente ausreichen, um die Auswirkungen dieser Trends auf die Unternehmen vollständig und richtig zu erfassen. Ist das nicht der Fall, erweitert die Betriebswirtschaftslehre ihr wissenschaftliches Instrumentarium. Gesellschaftliche Trends lösen also neue Entwicklungen in der Betriebswirtschaftslehre aus.

Fünf Trends in unserer Gesellschaft sind es, die neue Entwicklungen in der Betriebswirtschaftslehre eingeleitet haben:
- Globalisierung der Wirtschaft
- Intensivierung des internationalen Wettbewerbs
- Ausbreitung der sozialen Marktwirtschaft
- zunehmende Frauenarbeit
- ökologisches Bewußtsein.

[...]

Anmerkungen S. 23

[8] Reiter, Stanley: Report of the Working Group on Markets and Organizations, National Research Council, Evanston, Illinois, July 30, 1985, S. 18-19.

[9] Luce R. D., Raiffa, H.: Garnes and Decisions, New York 1957; vgl. zu einer frühen Anwendung der Spieltheorie in der Investitionstheorie Albach, Horst: Wirtschaftlichkeitsrechnung bei unsicheren Erwartungen, Köln und Opladen 1959 und die dort angegebene Literatur; vgl. auch Selten, Reinhard, Einführung in die Theorie der Spiele mit unvollständigen Informationen, in: Straßler, E.: Information in der Wirtschaft, Berlin 1982, S. 81-147.

[10] Schauenberg, Benad: Organisationsprobleme bei dauerhafter Kooperation, in: Ordelheide, Dieter, Rudolph, Bernd, Büsselmann, Elke (Hrsg.): Betriebswirtschaftslehre und ökonomische Theorie, Stuttgart 1991, S. 329.

[11] Krelle, Wilhelm: Ethik lohnt sich auch ökonomisch. Über die Lösung einer Klasse von Nicht-Nullsummenspielen, in: Albach, Horst (Hrsg.): Unternehmensethik, Wiesbaden 1992, S. 35-49.

[12] Eine Ausnahme bildet Lücke, Wolfgang: Dispositiver Faktor Management. Ein Vergleich, Arbeitsbericht 2/91, Institut für betriebswirtschaftliche Produktions- und Investitionsforschung, Universität Göttingen, 1991.

[13] Zur Teamtheorie vgl. insbesondere Schüler, Wolfgang: Teamtheorie als Komponente betriebswirtschaftlicher Organisationstheorie, in: Zeitschrift für Betriebswirtschaft 48, 1978, S. 343-355; Marschak, Jacob/Radner, Thomas: Economic Theory of Teams, New Haven and London 1972.

[14] Natürlich ist Max Webers Bürokratismustheorie nicht die erste Betonung der Notwendigkeit von Kontrolle. Zur dogmenhistorischen Entwicklung des Kontrollgedankens vgl. Hermann, Thomas: Zur Theoriegeschichte des dispositiven Faktors, Dissertation, Wissenschaftliche Hochschule flur Unternehmensführung (WHU) Koblenz 1993; siehe auch: Babbage, Charles: On the Economy of Machinery and Manufactures, London 1832; 4th edition 1835; New York: Kelley 1963. Den Hinweis auf Charles Babbage verdanke ich Klaus Brockhoff.

[15] Laux, Helmut: Grundfragen der Organisation: Delegation, Anreiz und Kontrolle, Berlin 1979; Laux, Helmut, Liermarm, F.: Grundformen der Koordination in der Unternehmung: Die Tendenz zur Hierarchie, Zeitschrift für betriebswirtschaftliche Forschung 39, 1987, S. 807-828; weiterhin Laux, H.; Risiko, Anreiz und Kontrolle - Principal-Agent-Konzept - Einführung und Verbindung mit dem Delegationswert-Konzept, Heidelberg 1990.

[16] Zu den monetären Anreizen kann man verallgemeinernd auch das System der Verrechnungspreise rechnen. Vgl. Albach, Horst: Innerbetriebliche Lenkpreise als Instrument dezentraler Unternehmensführung, in: Zeitschrift für betriebswirtschaftliche Forschung, NF, 26 (1974) 3/4, S. 216-242. Hierarchische Kontrolle wird erleichtert durch die Sanktionsmechanismen des Kapitalmarkts und des Managerarbeitsmarktes, die als fleet-in-being wirken. Vgl. dazu: Arrow, Kenneth Th.: Economics of Agency, in: Pratt, John W, Zeckhauser, Richard J. (Hrsg.): Principals and Agents: The Structure of Business, Boston, Mass., 1985, S. 37-51.

[17] March, James G., Simon, Herbert A.: Organization, New York - London 1958, S. 5; Simon, Herbert A.: Entscheidungsverhalten in Organisationen, München 1981, S. 82.

[18] Zu diesen vier Ansätzen, Albach, Horst: Business Administration: History of German Speaking Countries, in: Grochla, Erwin, Gaugler, Eduard: Handbook of German Business Management, Stuttgart 1990, Sp. 246-270. Zum koalitionstheoretischen Ansatz ist jüngst unter Einbeziehung der Neuen Politischen Ökonomie eine interessante Arbeit von Herder-Dorneich erschienen: Herder-Dorneich, Philipp: Das Unternehmen als Koalition. Neue Politische Ökonomie zur Betriebswirtschaftslehre, in: Materialien des Forschungsinstituts für Einkommenspolitik und Soziale Sicherheit an der Universität zu Köln, Köln 1992.

[19] Hierzu neben anderen Wöhe, Günter: Business Administration: Present Theoretical Approaches, in: Handbook of German Business Management, a.a.O., Spalte 270-291.

[20] Zu diesen beiden Ansätzen Drumm, Hans-Jürgen: Personalwirtschaft - auf dem Weg zu einer theoretisch-empirischen Personalwirtschaftslehre?, in: Hauschildt, Jürgen, Grün, Oskar (Hrsg.): Ergebnisse empirischer betriebswirtschaftlicher Forschung - zu einer Realtheorie der Unternehmung, Festschrift für Eberhard Witte, Stuttgart 1993, S. 673-712, hier S. 679 f.

[21] Vgl. Albach, Horst: Hat die Allgemeine Betriebswirtschaftslehre eine Zukunftschance?, in: Forster, Karl-Heinz: Beiträge zur Bankaufsicht, Bankbilanz und Bankprüfung, Festschrift für Dr. Walter Scholz, Düsseldorf 1985, S. 9-34.

[22] Schneider, Dieter: „Unsichtbare Hand" Erklärungen für die Institution Unternehmung, in: Streim, Hannes (Hrsg.): Ansprachen anläßlich der Verleihung der Würde eines Doktor der Staatswissenschaften honoris causa an Professor Dr. Dr. h.c. Dieter Schneider durch die Universität Würzburg am 20. November 1992, S. 18-35, hier S. 18.

[23] Koch, Helmut: Die Betriebswirtschaftslehre als Wissenschaft vom Handeln - Die handlungstheoretische Konzeption der mikroökonomischen Analyse, Tübingen 1975.

[24] Albach, Horst: Quo vadis Betriebswirtschaftslehre?, in: Ehrt, Robert (Hrsg.): Einhundertfünfzig Sitzungen betriebswirtschaftlicher Ausschuß des Verbandes der chemischen Industrie, Krefeld, 7. Februar 1985, S. 21-42, hier S. 37.

[25] Vgl. u.a. die Beträge von Hauschildt zum Innovationsmanagement und von Brockhoff zum Technologiemanagement in: Hauschildt, Jürgen, Grün, Oskar (Hrsg.): Ergebnisse betriebswirtschaftlicher Forschung, a.a.O., S. 295 bwz. S. 327.

[26] Vgl. zum Stand der Diskussion: Albach, Horst (Hrsg.): Unternehmensethik. Konzepte-Grenzen-Perspektiven, Zeitschrift für Betriebswirtschaft, Ergänzungsheft 1/1992, 1992.

[27] Vgl. dazu den Übersichtsaufsatz von Kieser, Alfred: Organizational Culture, in: Handbook of German Business Management, a.a.O. Sp. 1575-1581.

A. III

Klaus Brockhoff
Leistungen der Betriebswirtschaftslehre für
Wirtschaft und Gesellschaft

Aus: Anton Egger, Oskar Grün, Reinhard Moser, Hrsg.,
Managementinstrumente und -konzepte; Entstehung, Verbreitung und Bedeutung für die Betriebswirtschaftslehre,
S. 27-61

Schäffer-Poeschel Verlag, Stuttgart 1999

A. Rahmenvorstellungen für die Beurteilung von Leistungen S. 28
I. Zielwandel nach einhundert Jahren?

Die Betriebswirtschaftslehre blickt in diesem Jahre auf das erste Jahrhundert zurück, das nach der Gründung von Handelshochschulen im deutschen Sprachraum vergangen ist. Diese haben der Entwicklung des Faches zur Wissenschaft starke Impulse gegeben. Eine Leistungsbeurteilung könnte deshalb an der Frage ansetzen, welche Erwartungen an die Gründung der Handelshochschulen gerichtet waren.

Relativ prägnant wurde dies in der Denkschrift zur Gründung der Handelshochschule in Leipzig ausgedrückt. Hier heißt es: „Wenn nun auch der deutsche Kaufmann wegen mancher guter Eigenschaften im Auslande geschätzt wird, so hat man doch in unserem Handelsstande selber das Gefühl, dass seine heutige Ausbildung mit den wachsenden Verkehrsverhältnissen, dem Fortschreiten der industriellen Technik, der immer mehr zunehmenden Bedeutung der socialpolitischen Verhältnisse und dem immer schwieriger werdenden Kampfe um das Dasein nicht gleichen Schritt hält. In noch stärkerem Masse empfindet man es im deutschen Handelsstande schmerzlich, dass bei der Leitung unseres Staatslebens, im Reiche wie in den einzelnen deutschen Staaten, der Einfluss des Kaufmanns ein zu geringer ist. Man hofft beiden Übelständen am besten durch eine noch gediegenere Ausbildung und Erziehung unserer jungen Kaufleute für die Zukunft abhelfen zu können" (Raydt, 1897, S. 3). Stärker exportorientiert hat man - nach dem Scheitern verschiedener Vorläuferorganisationen seit den Zeiten Maria Theresias - bei der Gründung der „Exportakademie" in Wien argumentiert (Schmid, 1916; Oberparleiter, 1948). Ähnlich wie in Leipzig wurde wohl in Aachen gedacht oder in Philadelphia, wo auf Initiative des Stahlfabrikanten Wharton 1881 eine Handelshochschule entstand, in Chicago, wo sich eine Handelsfakultät bildete, oder am Dartmouth College, wo 1888 die Amos Tuck School gegründet wurde.

Sieht man zum einen davon ab, daß die betriebswirtschaftliche Forschung nicht als eigenständiges Ziel der Errichtung der Handelshochschulen genannt wird, und zum anderen von der - weniger als dreißig Jahre nach der Reichsgründung verständlichen - eher merkantilistisch-nationalen Ausrichtung der Idee, so kommen uns die Begründungen vertraut und auch aktuell vor. Es könnte der Anschein entstehen, als sei kaum etwas erreicht worden.

Betrachtet man die großen Ausbildungsanstrengungen in der seit diesem Memorandum vergangenen Zeit, so ist die Aktualität der Formulierung in erster Linie deshalb gegeben, weil die Anforderungen an das Fach wenigstens ebenso schnell gestiegen sind, wie seine Leistungen, vielleicht sogar schneller. Das ist auch nicht verwunderlich. Bringt die Betriebswirtschaftslehre eine Erkenntnis hervor, die sie den hier formulierten Zielen näherbringt, so wird diese mit zunehmender Verbreitung zum Basiswissen, aus dem eigenständige Wettbewerbsvorteile nicht mehr zu erlangen sind. Notwendigerweise entsteht damit wieder der Eindruck, daß die Bewältigung der dem Unternehmer gesetzten Ziele neues Wissen erfordert. Die Betriebswirtschaftslehre verfolgt also ein bewegliches, immer wieder höher gestecktes Ziel, wofür Veränderungen der Rahmenbedingungen betrieblicher Entscheidungen und eine Annäherung der Forschung an die zur Zielerfüllung in der Vergangenheit formulierten Anforderungen ursächlich sind. Das macht auch die Beurteilung von Leistungen schwerer als in Wissenschaften, in denen das Objekt ihrer Betrachtung sich durch Berücksichtigung des Ergebnisses früherer Forschung nicht verändert. S. 29

Heute wird gefordert, die betriebswirtschaftliche Betrachtungsweise und Methodik weit über den Bereich der Unternehmen und Betriebe hinaus auf das Management völlig anderer sozialer Institutionen auszudehnen, wie öffentliche Verwaltungen, Forschungszentren oder gemeinnützige Vereine. Das kann in vielen Fällen nicht ohne Anpassungen der Betrachtungsweise und der Methodik geleistet werden. Dies ist zum Gegenstand der Forschung geworden und hat Eingang in speziell auf solche Organisationen ausgerichtete Lehrprogramme gefunden, die teilweise sogar neben den Universitäten in darauf spezialisierten Hochschulen gepflegt werden.

Außerdem ist die Betriebswirtschaftslehre heute keine national orientierte Wissenschaft, weder hinsichtlich ihrer Gegenstände noch hinsichtlich des Prozesses der Wissensgewinnung. Die Internationalisierung ist dadurch gefördert worden, daß das gesetzte Recht des Rechnungswesens einen sehr viel kleineren Anteil an der gesamten Menge behandelter Gegenstände annimmt als dies zeitweise üblich war und viele betriebliche Tätigkeiten nationale Grenzen allenfalls als kalkülbeeinflussende Größen berücksichtigen, nicht aber als Barrieren. Der Wissensgewinnungsprozeß ist dadurch gekennzeichnet, neben den in der Muttersprache verfaßten Arbeiten zumindest noch diejenigen zu berücksichtigen, die in der aktuell dominierenden Wissenschaftssprache erscheinen. In beiden Sprachen wird Ergebnisse mitteilen, wer die Fachentwicklung beeinflussen möchte. Es wird noch darzustellen sein, daß dabei Defizite zu erkennen sind.

II. Leistungen für Dritte: Eine erstaunliche Frage?

Wenn von einer akademischen Disziplin Leistungen für Dritte verlangt werden und sie sich die Frage nach dem Nutzen der Leistungen für Dritte stellt, so ist dies unter mehreren Gesichtspunkten keineswegs selbstverständlich, sondern eher erstaunlich. Die Forderung und die Bereitschaft zur Erbringung solcher Leistungen hat die Betriebswirtschaftslehre nicht nur einmal der Kritik ausgesetzt. Das Fach versuchte zunächst genauer zu erkennen, für wen und mit welcher Perspektive Erkenntnisse zu gewinnen seien. Dies führte in eine anhaltende Auseinandersetzung um seine Bezeichnung (Albach, 1990, Sp. 248), die unnachahmlich von Kosiol zusammengefaßt wurde: „Von der bescheidenen Umschreibung als Handelstechnik und der ironischen Hinnahme des diffamierenden Vorwurfs einer wissenschaftlichen Kunstlehre geht der suchende Weg des Forschergeistes über die Überwindung der zu eng umrissenen Handelswissenschaft oder Handelsbetriebslehre und der schief formulierten Antithese einer eigennützig ausgerichteten Privatwirtschaftslehre hinweg bis zur umfassenden Sinngebung des Faches als Betriebswirtschaftslehre" (Kosiol, 1950, S. 2). Der Vorwurf einseitiger Interessenvertretung wurde durch die abwertende Aussage unterstrichen, daß Unternehmer „öde Profitmacherei" betrieben, wie es Lujo Brentano ausdrückte (Obst, 1928, S. 11f.). Damit wurde eine Vorstellung wiederbelebt, mit der sich auch schon Marperger auseinanderzusetzen Anlaß hatte (Marperger, 1714, S. 308ff.). Max Weber betrachtete - nachdem die Universität Zürich den ersten betriebswirtschaftlichen Lehrstuhl im Jahre 1903 errichtet und damit auch ein Signal zur Überwindung der „middle management"-Orientierung der Handelshochschulen (Albach, 1990, Sp. 247) gegeben hatte - das Fach als „wenig salonfähig", und die Vorstellung, mit einem seiner Vertreter in einer Fakultät zusammenzuarbeiten, löste bei ihm einen „Schauder" aus (Hayashima, 1986, S. 166). Zwar wurden dem von einem Teil der damals führenden Vertreter des Faches Argumente der institutionellen statt der persönlichen Orientierung, der Funktion des Gewinns im gesamtwirtschaftlichen Kreislauf oder der Integration anderer als der Unternehmerinteressen in das Lehr- und Forschungsprogramm entgegengehalten. Andere suchten nach einer gesamtwirtschaftlichen Orientierung des Faches. Kurz: das effektive und effiziente Management von Unternehmen war kein selbstverständlich anerkannter Gegenstand aka-

S. 30

demischer Lehre und Forschung.

Ganz ähnliche Kritik am Fach tauchte auch in jüngerer Zeit wieder auf. Wer zwischen 1968 und etwa 1975 einen Lehrstuhl innehatte, erinnert sich daran, daß das Fach und seine Vertreter gerade wegen der vermuteten Leistungen bei der Sicherung der Wettbewerbsfähigkeit von Unternehmen angegriffen wurden. Man konnte den Eindruck gewinnen, daß die Stärkung der Wettbewerbsfähigkeit der Unternehmen durch die Betriebswirtschaftslehre gerade nicht erwünscht wäre.

Daraus kann man entnehmen, daß die Leistungsbeurteilung dem Zeitgeist ausgesetzt ist. Da der kapitalismuskritische Zeitgeist sich [...] nicht durchsetzte, ist der darauf gegründete Argumentationsstrom der Kritik an der Betriebswirtschaftslehre (zunächst einmal wieder) verschwunden.

Auch aus einem zweiten Grunde ist die gestellte Frage erstaunlich. Sie verrät nämlich etwas über das Selbstverständnis des Faches. Dieses Fach stellt seine Leistungen für andere zur Diskussion. Es ist nicht selbstbezogen, auch nicht auf seine Forschung. Über das Erklärungsziel hinaus fragt die Forschung nach Folgerungen für die Anwendung des Wissens, dem Nutzen für die Praxis oder den „management implications", die heute in kaum einer Veröffentlichung fehlen dürfen. Daraus ist nicht nur einmal Kritik erwachsen, die die Wissenschaftlichkeit des Faches bestreitet. Auch zum Aufbau des Studiums, der Fähigkeit zur Integration von Neuem bei gleichzeitiger Elimination von Teilen des Alten, der spezialisierenden Einengung der vermittelten Sichtweisen gibt es Kritik (Müller-Merbach, 1987). Einen Leistungsaustausch kann man auch mit anderen Wissenschaften erkennen, seien es z.B. Philosophie, Wissenschaftstheorie, Logik, Mathematik, Rechtswissenschaften, Psychologie, Soziologie oder Ingenieurwissenschaften. Es kann hier offen bleiben, wer dabei eher gibt oder nimmt. Entscheidend ist, daß auf diese Weise Antworten auf Fragen aus dem Wirtschaftsleben besser als bei ausschließlich wirtschaftlicher Betrachtung möglich werden. Daß bei diesen wissenschaftlichen Grenzüberschreitungen auch modische Übertreibungen vorkommen ist hinzunehmen, solange wissenschaftlicher Wettbewerb als Korrekturinstrument wirksam ist. Dieser Wettbewerb verschiebt Grenzen zu Nachbarwissenschaften, was wegen der Nicht-Rivalität in der Nutzung des entstehenden Wissens die dramatischen Folgen von Grenzstreitigkeiten über materielle Güter nicht heraufbeschwören muß. S. 31

Zu den Leistungen zählt auch die Wissenweitergabe. Seit den Begründungen Marpergers (1715, S. 285ff.) oder den Forderungen Ludovicis (1768, S. 24f.) hat es lange gedauert, bis Institutionen zur Pflege einer wissenschaftlichen Betriebswirtschaftslehre entstanden. Universitätsadministratoren setzten dem Fach ebenso Hindernisse entgegen wie Vertreter anderer Fächer; selbst Vertreter der Praxis sahen im Studium der Betriebswirtschaftslehre eher ein Geschäftshindernis (Veblen, 1918, S. 27, 73, 204). In den letzten Jahren wollten einige das Fach wieder aus der Universität als einem Ort der Wissenschaftspflege verbannen und es allenfalls an Fachhochschulen zulassen (Brockhoff/ Hauschildt, 1993, S. 33). Dies ist schon in Anbetracht der unterschiedlichen Anforderungsprofile der Praxis an Absolventen von Universitäten und von Fachhochschulen nicht nachvollziehbar (Konegen-Grenier, 1994).

Ein weiterer Gesichtspunkt betrifft die Forschung, die auch als Grundlagenforschung zu pflegen ist. Hier zeigen sich auch Defizite in der Durchsetzung des Faches im Wissenschaftssystem. Das erkennt man daran, daß neben der Grundlagenforschung an Universitäten (und im Ausland auch an guten „business schools") in Deutschland auch heute noch keine Einrichtung besteht, in der - ähnlich wie an den sechs volkswirtschaftlichen Forschungsinstituten - eine breit angelegte Unterstützung bei der Formulierung wirtschaftlicher Rahmenbedingungen für betriebliches Handeln erfolgt oder in der - ähnlich wie in Max-Planck-Instituten - langzeitorientierte Studien ermöglicht würden. Solche Forschungen sind unter den heutigen Belastungen des Faches an den Universitäten nahezu unmöglich. Dabei soll an dieser Stelle zunächst noch dahingestellt bleiben, ob das Fehlen vergleichbarer Forschungseinrichtungen nur auf einer mangelnden Wahrnehmung betriebswirtschaftlicher Forschungsleistungen und Leistungspotentiale beruht oder solche Leistungen tatsächlich nicht nachweisbar sind.

Mit der Diskussion der Leistungen der Betriebswirtschaftslehre ist natürlich einerseits das Risiko verbunden, daß der Leistungsnachweis mißlingen könnte. Aber auch damit würde nicht selbstverständlicherweise das Fach als solches in Frage gestellt, sondern die Fähigkeiten seiner Vertreter bei der Auswahl der untersuchten Problemlagen, der Qualität der dafür entwickelten Lösungen und ihres Transfers. Andererseits würde ein gelungener Leistungsnachweis das Fach von der Existenzberechtigung zur Existenznotwendigkeit führen und seine Vertreter zu weiteren Leistungen anzuregen vermögen.

S. 32

III. Leitideen der Betriebswirtschaftslehre

Die Diskussion von Leistungen droht in einem Meer einzelner Hinweise, Fakten und Vermutungen unterzugehen. Deshalb scheint eine Überlegung dazu angebracht, was die Betriebswirtschaftslehre unabhängig von allen Einzelbeiträgen vermittelt. Selbst dabei ist eine Beschränkung des Blickfeldes erforderlich. Sehr weit nämlich müßte der Blick schweifen, wenn - wie im Jahre 1755 in Cambridge in einer Preisaufgabe - noch einmal zu untersuchen wäre, „auf was für eine Weise die Handlung und die bürgerliche Freyheit sich unterstützen und einander beystehen" (Ludovici, 1768, S. 26). Hier wird von drei Leitideen ausgegangen, aus denen heraus Leistungen der Betriebswirtschaftslehre entstehen. Es ist die Betrachtung einer zielorientiert handelnden sozialen Institution, der Verwendung knapper Ressourcen und der Optimierung unter Nebenbedingungen.

Die Betriebswirtschaftslehre gibt Empfehlungen und Hinweise darauf, wie knappe Ressourcen effizient und effektiv eingesetzt werden können, um grundsätzlich beliebige Ziele sozialer Institutionen zu verwirklichen. Traditionell steht dabei das Erfahrungsobjekt der wirtschaftlich selbständig handelnden Unternehmung im Vordergrund, in der die Gewinnmaximierung verfolgt wird. Auch andere Ziele können natürlich berücksichtigt werden. Die Einbettung der Unternehmen in Marktbeziehungen sorgt jedoch dafür, daß mit zunehmender Intensität des Wettbewerbs die Beliebigkeit der Unternehmensziele eingeschränkt wird, so daß bei vollkommenem Wettbewerb schließlich nur noch die Verfolgung der Gewinnmaximierung das Überleben des Unternehmens erlaubt. Die überwiegende Beschäftigung mit dieser Grenzsituation ist gerechtfertigt, weil damit das Unternehmen auch unter weniger stringenten Umweltbedingungen nicht in existentielle Schwierigkeiten gerät und weil der Wettbewerb als Leitbild der bestmöglichen Befriedigung von Konsumenteninteressen ein verfolgenswertes Ideal darstellt. Damit wird nicht zuletzt auch das „shareholder value"-Prizip gerechtfertigt. Dieses Ziel der Organisation ist mit den Zielen der handelnden Personen zu verknüpfen, wozu verschiedene Anreizmodelle und Aggregationsregeln diskutiert werden. Die im Unternehmen handelnden Personen sowie die Personen, für die Unternehmen Leistungen erstellen, verfolgen das Formalziel der Nutzenmaximierung. Dies läßt eine Fülle von Konkretisierungen zu, die in betriebswirtschaftlichen Dispositionen in Rechnung zu stellen sind und deren Erfassung sowie Beeinflußbarkeit

Gegenstand betriebswirtschaftlicher Forschung ist.

Die Bestimmung der Alternativenmenge, die Gegenstand der Optimierung sein soll, fällt heute ebenso schwer wie nach der Jahrhundertwende. Es sind nämlich nicht einfach gegebene Marktbeziehungen, durch die die Grenzen der Unternehmung bestimmt werden. Erstens sind Marktbeziehungen durch den Einsatz von Unternehmensressourcen beeinflußbar, also kalkülabhängig. Zweitens sind Ergänzungen von Marktbeziehungen durch nicht marktbezogene Koordinations- und Beeinflussungsinstrumente, wie Vermittlung von Kulturen oder Aufbau von Vertrauen, erkannt worden. Zwar macht die Berücksichtigung dieser Effekte Unternehmen nicht grenzenlos, aber sie stellt die Grenzen der Unternehmung zur Disposition des Unternehmers unter Berücksichtigung der Interessen anderer.

S. 33

Eine weitere Leitidee der Betriebswirtschaftslehre ist die der Optimierung. Betriebsleistungen können nur erwirtschaftet werden, wenn dazu Ressourcen eingesetzt und somit Kosten in Kauf genommen werden. Deshalb ist jeweils zu fragen, wo Grenzkosten und Grenzerlöse zum Ausgleich kommen, auch bei mehrperiodigen Problemstellungen. Die Beachtung der Idee der Optimierung ist schon deshalb wichtig, weil die Unternehmenspraxis und die Beratung häufig genug dagegen verstoßen. Ein Beispiel aus den letzten Jahren bildet die Forderung nach immer kürzeren Entwicklungszeiten für neue Produkte. Die Interdependenz dieser Forderung mit den Kosten einer Verkürzung der Entwicklungszeit und den bei einer Veränderung der Entwicklungsaufgaben eintretenden Erlöswirkungen ist dabei so in den Hintergrund getreten, daß gelegentlich unter das Optimierungsziel gezielt und getroffen wurde. Ein weiteres Beispiel bildet die Forderung nach einer Einbeziehung von Kunden in den Prozeß der Produktentwicklung, ohne daß auf die damit verbundenen Erlösrisiken und Kosten aufmerksam gemacht wird. Werden solche einseitigen Betrachtungen von Betriebswirten vorgetragen, so vermag man sie allenfalls „politisch" in dem Sinne zu verstehen, daß sie die Durchsetzung als notwendig erachteter Änderungsprozesse ermöglichen sollen.

Ein dritter, in den Gedanken der Optimierung zu integrierender Gesichtspunkt ist der der Aufrechterhaltung betrieblicher Aktivitäten durch die Berücksichtigung von Handlungsbeschränkungen. Hier ist insbesondere auf die Wahrung des finanziellen Gleichgewichts zu verweisen. Wegen der unterschiedlichen Urteile über künftige Entwicklungen kann nicht jede Investition, die dem finanzstarken Investor lohnend erscheint, auch für den finanzschwachen gleichermaßen akzeptabel sein. Außerdem sind nicht beliebig viele Ressourcen für ein Vorhaben zu mobilisieren. Das ist durch entsprechende Bedingungen im Optimierungskalkül zu berücksichtigen.

Wesentlich für die Arbeit im Rahmen der Leitideen ist, daß damit verbundene Phänomene definiert, klassifiziert, gemessen und - meist erst durch wiederholten Gebrauch - standardisiert werden. Damit werden Grundlagen für optimale Entscheidungen gewonnen und die Verständigung in und außerhalb des Faches erleichtert. Zwei Beispiele illustrieren diese Funktion. Erstens: Im Vorwort zu seinem Buch „Der Kontenrahmen" drückt Schmalenbach seine Freude darüber aus, daß „der Kontenrahmen, dessen Anwendung im Anfang sich auf den Kreis meiner in der Praxis stehenden Schüler beschränkte, in kurzer Zeit sich weit darüber hinaus verbreiten konnte" (Schmalenbach, 1935, S. III). Zweitens: Die Definition des „leitenden Angestellten" ist noch im Betriebsverfassungsgesetz vom 15. Januar 1972 rudimentär. In die Novelle von 1988 hat der Gesetzgeber Vermutungen für die Eigenschaft des „Leitenden" eingeführt, die in dieser Form einer empirischen Untersuchung entnommen werden konnten (Witte/Bronner, 1974). S. 34

Die skizzierte Sichtweise der Betriebswirtschaftslehre ist natürlich abstrakt und bedarf der Präzisierung und fallweisen Konkretisierung, z.B. durch Berücksichtigung der Unsicherheit oder der ungleichen Verteilung von Wissen. Sie wird erwähnt, um den Rahmen der eigenen Sichtweise zu verdeutlichen, der dann Leistungen von Versäumnissen abzugrenzen hilft. Andere Rahmenvorstellungen können zu abweichenden Ergebnissen führen. Beispielsweise gilt dies für Entwürfe spezifischer Unternehmensethiken, vor allem wenn diese auf die Berücksichtigung der Einbettung betrieblichen Handelns in eine Wettbewerbsumwelt verzichten. Eine der hier vertretenen vergleichbare Position wurde von Dieter Schneider formuliert (1990) und in der darauf folgenden intensiven Debatte überzeugend vertreten.

[...]

C. Leistungen durch Forschung S. 39

I. Einzelne Erfolgsbeispiele

Die Betriebswirtschaftslehre hat durch die Behandlung bedeutender gesellschaftlicher Probleme „zu sich als Wissenschaft" gefunden, wie es Gutenberg (1957) formulierte; die von ihm erwähnten Fragestellungen (die Eliminierung der Geldwertschwankungen aus dem Rechnungswesen, die Entdeckung der Kosteneinflußfaktoren mit ihrer Einbettung in das System der Kostentheorie und die Behandlung der Unsicherheit in absatzwirtschaftlichen Entscheidungen) sind schon an anderer Stelle behandelt und bis in das kommende Jahrhundert hinein fortgeschrieben worden (Albach, 1993; Brockhoff, 1987). Dieser Gedankengang wird hier nicht wieder aufgegriffen oder fortgesetzt.

Anknüpfend an die oben genannten Leitideen könnten Forschungsbeiträge festgestellt werden: die Fortschritte in der empirischen und normativen Zielforschung, vor allem im Hinblick auf multikriterielle Entscheidungen, wären ebenso zu nennen wie die Einbeziehung neuer Ressourcen wie Wissen und Umweltgüter in die Produktions- und Investitionsplanung oder wie die großen theoretischen und technischen Fortschritte in der Optimierung von Ressourceneinsätzen. In diese Rahmenvorstellungen konnten immerhin auch völlig neue Fragestellungen aufgenommen werden. Beispiele sind die Umweltökonomik oder das später noch erwähnte Technologie- und Innovationsmanagement. [...]

Der Einsatz neuer Techniken hat im Rechnungswesen die diagnostischen Möglichkeiten deutlich verbessert. Als erstes Beispiel sei darauf verwiesen, daß sich aus den Gedanken Bauers zur Ableitung einer Bewegungsbilanz (Bauer, 1926) die Kapitalflußrechnung entwickeln konnte. Die noch Anfang der sechziger Jahre, auch mit Blick auf die USA, als „nicht rühmlich" bezeichneten „cash flow statements" (Engelmann, 1962) haben sich doch schnell durchgesetzt, so daß schon in der Mitte der sechziger Jahre ihre Verbreitung bei etwa einem Drittel größerer Aktiengesellschaften festzustellen war (Busse von Colbe, 1966). Zu diesem Zeitpunkt konnten ihr Informationsgehalt genauer beurteilt und ihre Analyse detailliert vorgenommen werden.

S. 41

Ein weiteres, neueres Beispiel bietet die auf Diskriminanzanalysen oder neuronalen Netzen aufbauende vorausschauende Krisendiagnose aufgrund von Jahresabschlüssen (Hauschildt, 1988; Baetge, 1989). Die so gewonnenen Erkenntnisse sind auch in die banküblichen Prozeduren der Kreditwürdigkeitsprüfung und Hinweise zur Selbstanalyse von Unternehmen eingeflossen (Deutsche Bank, 1989). Sie dienen nicht nur den Banken und damit der Sicherung der Einlagen der Bankkunden, sie dienen durch ihren warnenden Charakter auch den betroffenen Unternehmen selbst. Heute lassen sich Steuerberater regelmäßig in das Instrumentarium einweisen.

Das interne Rechnungswesen hat durch Entwicklung der Grenzplankosten-, Einzelkosten-, Deckungsbeitrags- und der Prozeßkostenrechnung die Entscheidungsgrundlagen des Managements ganz erheblich verbessert. Die von Schmalenbach angeregte Grenzplankostenrechnung (Schmalenbach, 1899), die vor allem von Plaut ausgebaut und in Unternehmen eingeführt wurde (Plaut, 1992), hat durch die Aufnahme in Standardsoftware (im Hinblick auf SAP R/2 und R/3 sowie M120 der Plaut-Gruppe vgl. Müller, 1994) sehr breite Anwendung in der Praxis gefunden. Ähnliche Beobachtungen können für Riebels relative Einzelkosten- und Deckungsbeitragsrechnung gemacht werden (Sinzig, 1994). Diese Entwicklungen werden damit teilweise sogar weltweit S. 42
verbreitet, ohne daß den Nutzern der Ursprung in der betriebswirtschaftlichen Forschung bewußt ist.

Der Einfluß neuer Vorstellungen aus dem betriebswirtschaftlichen Rechnungswesen auf die Gesetzgebung wird freilich immer noch als zu gering beklagt (Kommission Rechnungswesen, 1979), eine Klage, der auch Vertreter anderer Funktionsbereiche mit Bezug der ihr Fachgebiet betreffenden Regelungen zustimmen.

[...]

II. Zur Durchsetzung betriebswirtschaftlicher Neuerungen

Wie in anderen Wissenschaften auch, man denke an die Medizin, ist die Behandlung und Lösung von Forschungsproblemen nicht synchron mit der erstmaligen Problemwahrnehmung. Es kommt zu einer Divergenz zwischen einem Sachverhalt und einer darüber formulierten, faktisch determinierten wahren Aussage (Chmielewicz, 1979, S. 106ff.). Insbesondere Natur- und Ingenieurwissenschaften haben sich aus dem gleichen Grunde in den letzten Jahren mit der Forderung konfrontiert gesehen, sich bei der Wahl der Forschungsthemen stärker an den Bedürfnissen der Wirtschaft auszurichten, auf vorgegebene Themenkataloge einzugehen oder Ergebnisse von Forschungsprospektionen zu berücksichtigen. Daraus verspricht man sich eine bessere Nutzung, eine höhere Effektivität der öffentlich geförderten Forschung. Anlaß für die Forderungen war der Verlust von Marktanteilen bei Gütern der Spitzentechnik und der gleichzeitige Rückgang privat sowie öffentlich finanzierter Forschung. Täglich wird gegenüber Universitäten und Forschungsinstitutionen die Forderung größerer Praxisrelevanz erhoben, also Effektivitätssteigerung durch die Wahl anderer Forschungsthemen nahegelegt.

Dem wäre wenig entgegenzusetzen, wenn die Betriebswirtschaftslehre ihre Forschung ausschließlich an den in der Vergangenheit aufgetretenen und erkennbar werdenden Problemen ausrichtete. Dies tut sie aber nicht. Es wird auch als Gefahr angesehen, wenn sie allein diese Ausrichtung der Symptombekämpfung suchen würde. Die Betriebswirtschaftslehre muß auch im Hinblick auf künftig mögliche Probleme tätig werden, wobei ihr wegen der Unmöglichkeit sicherer Vorhersage auch ein Irrtum beim Relevanzurteil zugebilligt werden muß. Freilich müßte belegt werden, daß nicht ausschließlich Irrtümer vorkommen.

S. 43

Für dieses Problem langfristig orientierter Forschung werden zwei Beispiele gegeben, die unterschiedliche Aspekte beleuchten.

(1) Als Albach im Jahre 1970 formulierte: „Die Forschungsplanung wird zur institutionalisierten Antriebskraft des Wandels in der Wirtschaft" (Albach, 1970, S. 23), lagen zwar bereits Arbeiten zur Organisation, Funktion und Abrechnung unternehmerischer Forschung und Entwicklung vor, und mikroökonomisch orientierte Ausführungen zur Neuproduktqualität konnten gelesen werden. Der Institutionalisierung des Technologie- und Innovationsmanagement an einer Universität stellte sich aber noch 1978 in Anhörungen zu einem entsprechenden Gutachten eine Industrie- und Handelskammer entgegen, weil ihre Vertreter vom Nutzen eines solchen Studien- und Forschungsschwerpunktes nicht zu überzeugen waren. Daß nach der Förderung eines Forschungsschwerpunktes durch die Volkswagen-Stiftung von 1984 bis 1987, nach einem Schwerpunktprogramm der Deutschen Forschungsgemeinschaft von 1986 bis 1992, nach der ersten Einrichtung eines Studienfaches „Innovationsmanagement" an der Universität Kiel im Jahre 1984, nach dem Start eines Graduiertenkollegs „Betriebswirtschaftslehre für Technologie und Innovation" an derselben Universität im Jahre 1990 und dem Entstehen spezieller Lehrstühle an Universitäten im deutschen Sprachraum in den achtziger und neunziger Jahren die Betriebswirtschaftslehre damit eines der heute meist diskutierten Themenfelder zu spät bearbeitet hätte, kann ihr nach diesen Hinweisen kaum vorgeworfen werden. Der Aufwand für die Erschließung dieses Arbeitsgebiets ist - verglichen mit anderen Fächern - darüber hinaus bescheiden gewesen.

In diesem Falle werden die Erkenntnisse auch schnell in die Praxis umgesetzt, nachdem diese ihre ursprüngliche - und bei Fachfremden immer noch verbreitete - Zurückhaltung aufzugeben begann.

Die Förderung eines Graduiertenkollegs weist auf eine Erfolgsbedingung hin, die bisher viel zu selten in der betriebswirtschaftlichen Forschung genutzt wird. Die gemeinsame, koordinierte Anstrengung vieler Wissenschaftler, um den Zugang zu einem Problem zu erschließen und Beiträge zu seiner Lösung zu erarbeiten, kann Synergien freisetzen, Kompetenzzentren entwickeln, Interdisziplinarität fördern, Nachahmung stimulieren und die Einbindung in internationale Wissensnetzwerke erleichtern.

(2) Die schnelle Aufnahme wissenschaftlicher Erkenntnisse durch die Anwender gelingt nicht immer. Dies belegt das zweite Beispiel. Im Jahre 1985 veröffentlichte Porter sein Wert(schöpfungs)kettenmodell, in dem die Verknüpfung primärer und unterstützender Aktivitäten zur Erzielung von Wettbewerbsvorteilen und damit auch hohen Gewinnspannen ausführlich erläutert wurde (Porter, 1985, bes. S. 37). In der Unternehmensanalyse soll untersucht werden, mit welchen Kosten die einzelnen Aktivitäten Beiträge zur Wertschaffung durch Befriedigung von Kundenbedürfnissen leisten. Dieser Ansatzpunkt ist in der Literatur zum strategischen Management häufig aufgegriffen worden, findet sich in Gutachten von Unternehmensberatern und hat das Denken mancher Manager beeinflußt. Dazu hat die leicht verständliche Präsentation des Konzepts durch ihren Autor vermutlich stark beigetragen.

S. 44

Ersetzt man nur einen Wortbestandteil im „Wertkettenmodell", nennt es also „Wertumlaufmodell", so landet man wie mit einer Zeitmaschine im Jahre 1928 bei Nicklisch. Seinen 60 Jahre vor Porter veröffentlichten Vorstellungen ist allerdings keine ähnliche Resonanz zuteil geworden. Auch Porter bezieht sich nicht auf Nicklischs, freilich schwer lesbare Darstellungen (Nicklisch, 1928; Nicklisch 1932). Dabei enthält der Ansatz von Nicklisch wesentliche Elemente des späteren Wertkettenmodells und geht insbesondere im Hinblick auf die Betrachtung eines Ertragsverteilungsprozesses über dieses Modell hinaus. Als primäre Aktivitäten im Ertragserzielungsprozeß Nicklischs werden insbesondere Beschaffung, Herstellung und Absatz genannt; die beiden letztgenannten finden sich auch bei Porter, während die Einordnung der Beschaffung überzeugender bei Nicklisch gelöst erscheint als bei Porter, wo ihre primäre Aktivität auf die Beschaffungslogistik reduziert ist und die übrigen Aktivitäten als unterstützend angesehen werden. Als unterstützende Aktivität im Sinne Porters nennt Nicklisch die Verwaltung des Betriebes, wo Porter auf Unternehmensinfrastruktur und Personalwirtschaft verweist. Beide Autoren sehen die Verknüpfung von Wertketten in einem Wertsystem bzw. von Betriebsprozessen in einem Unternehmen vor. Auch ohne Detailbetrachtung sind damit genügend

Gemeinsamkeiten der Modelle vorgestellt worden.

Wie ist es zu erklären, daß eines dieser Modelle eine große praktische Wirkung entfaltet, während das andere vergessen scheint? Aus den Antworten auf diese Frage könnten Vorgehensweisen abgeleitet werden, um die Wirkung der betriebswirtschaftlichen Forschung zu erhöhen und damit ihre Leistung zu steigern. Mögliche Antworten könnten sein: Erstens, das Ziel von Nicklischs Erörterungen ist weniger fokussiert als das bei Porter. Nicklisch ringt nicht zuletzt um das Problem einer gut begründeten Einordnung gewinnorientierter betrieblicher Tätigkeit in einen volkswirtschaftlichen Rahmen, während Porter auf die Schaffung von Wettbewerbsvorteilen zielt. Zweitens, die Klarheit der Darstellung erscheint zumindest aus heutiger Sicht, worin eine systematische, aber nicht zu beseitigende Urteilsverzerrung liegen mag, bei Porter eher gegeben. Drittens nehmen Porters Vorstellungen drängende Probleme von Unternehmern und Managern in einer Wettbewerbswirtschaft auf, während sich die Unternehmens- und Betriebsleiter bei der Lektüre von Nicklischs Ideen mit dem Problem der Scheingewinneliminierung aus den inflationär aufgeblähten Bilanzen, der Betriebserhaltung in der Weltwirtschaftskrise und kurz nach der Lektüre mit der Durchsetzung einer Planwirtschaft konfrontiert sahen. Antworten auf die dadurch entstehenden Herausforderungen sind der Wertlehre Nicklischs nicht unmittelbar zu entnehmen. Viertens ist zu konstatieren, daß Porters Werke nicht nur im englischen Original gelesen werden können, sondern schnell in viele andere Sprachen übersetzt wurden. Das ist für Nicklisch nicht festzustellen. Fünftens stellt die Interaktion vor allem amerikanischer, aber weltweit operierender Beratungspraxis mit Hochschullehrern führender „business schools" und ihren Ergebnissen eine andere Situation her, als sie hinsichtlich der Verbreitung neuer Ideen in der Zwischenkriegszeit bestand. S. 45

Vielleicht ist es nicht ganz falsch, wenn zusammenfassend zu fordern ist, daß das Marketing für die Dienstleistung „betriebswirtschaftliche Forschung" und ihre Ergebnisse mit Blick auf globale Märkte viel bewußter, professioneller und aggressiver betrieben werden muß, wenn vergleichbare Durchbrüche erzielt werden sollen. Eine neue betriebswirtschaftliche Idee entspricht einer Innovation. Die Durchsetzung von Innovationen kann durch die Gestaltung von Diffusionsbedingungen angeregt werden. Beispielhaft kann man an den von Rogers (1983) herausgearbeiteten Kriterien eine Übereinstimmung mit den bisher genannten Erfolgsbedingungen oder Mißerfolgsursachen ablesen. Für Erfolge kommt es darauf an, Ideen mit optimalem Neuigkeitsgrad zu präsentieren, ihre Vorteilhaftigkeit dem Anwender nahezubringen, die Komplexität gering zu halten, Kompatibilität mit den übrigen Erkenntnissen des Management herzustellen, den versuchsweisen Einsatz zu ermöglichen und die Erfolge beobachtbar zu machen. Einige dieser Bedingungen erfordern „konzertierte Aktionen" von Forschungsteams, andere die Kundenorientierung. Komplexe, wenig kompatible, revolutionäre Neuheiten setzen sich nur schwer durch.

Das angeregte Vorgehen erfordert auch „Marketingbudgets" für die Forschung und besondere Fähigkeiten. Selbst wenn diese von Wissenschaftlern erlernt werden können, ist doch vermutlich durch Spezialisierung und Arbeitsteilung eine höhere Leistung zu erreichen. Dies erfordert auch eine Systematisierung der Zusammenarbeit zwischen der Wissenschaft und der Wirtschaftsjournalistik, aus der Kontakte zu Beratern und Unternehmen erwachsen können. Die Bedeutung eines Innovationsmanagement für betriebswirtschaftliche Ideen ist um so größer, als die bisher geschilderten Fälle nicht einzigartig sind (Bühner, 1997, behandelt in diesem Sinne die Diskussion um das shareholder value-Prinzip oder Schweitzer, 1997, historische Wurzeln der Prozeßkostenrechnung).

Zur wissenschaftstheoretischen Sicht der Dinge kurz zurückkehrend ist festzustellen, daß nicht nur wegen der Zeit- und Raumgebundenheit betriebswirtschaftlicher Aussagen diese einen beobachteten Sachverhalt nicht treffen müssen. Es ist auch möglich, daß die drei im Widerstreit stehenden Kriterien für wissenschaftliche Aussagen, nämlich Wahrheit, Neuheit und Informationsgehalt (Chmielewicz, 1979, S. 130ff.), zum Zeitpunkt der Formulierung einer Aussage nicht überprüfbar sind. Faßt man Neuheit und Informationsgehalt zu einem Konstrukt „Nützlichkeit" zusammen, so zeigt die Gegenüberstellung mit dem Kriterium der Wahrheit im einfachsten Falle vier Situationen für Forschungsaussagen (vgl. Abb. 1). Nicht alle Forschungsaussagen sind wahr und nützlich. Selbst wenn diese „Lichtblicke" auftreten, ist ihre Akzeptanz nicht gesichert. Darauf wurde schon hingewiesen. Unwahre und unnütze „Trugbilder" können in die Irre leiten, wer sich auf sie verläßt. Wahre und unnütze Aussagen werden oft schnell als solche erkannt, auch wenn solche „Trivialitäten" mit beachtlichem publizistischen Aufwand vorgetragen werden. Mit ihnen ist keine nähere Beschäftigung erforderlich. Die unwahren, aber nützlichen Aussagen, das „Blendwerk", stellen ein erhebliches Problem dar, falls ihre Unwahrheit nicht schon bei ihrer Präsentation zu erkennen ist. Das ist wegen der eingangs erwähnten

S. 46

Umweltabhängigkeit und der raum- und zeitbedingten Gültigkeit mancher betriebswirtschaftlicher Forschungsergebnisse nicht leicht festzustellen. Ein Teil der Forschung richtet sich deshalb auch auf eine Überprüfung solcher Aussagen, z.B. durch das System des „peer review". Es ist zur Förderung der Forschung dienlich und auszubauen. Es ist in Deutschland möglicherweise zu zögerlich und mit zu geringer Einbindung internationaler Experten entwickelt worden.

Das Schema hat über die Beurteilung der Forschung hinaus auch eine pragmatische Bedeutung in der Beurteilung betrieblicher Praxis. Auch dazu trägt die Betriebswirtschaftslehre bei. Noch ungeschrieben ist die Geschichte derjenigen forsch auftretenden Unternehmer, die durch nützliche, aber unwahre Aussagen kurzfristige Geschäftserfolge erzielen; sie stützen ihr Vorgehen häufig sogar durch explizite vorgetragene Kritik an vermeintlich überholten, unwahren Aussagen der Betriebswirtschaftslehre. Es ist zwar nur eine Frage der Zeit, bis das Blendwerk als solches erkannt wird, doch sind bis dahin Informationsasymmetrien oder auch nur eine Selbsttäuschung opportunistisch genutzt worden.

Abb. 1: Vier Typen von Forschungsaussagen

	Unnütze Aussage	Nützliche Aussage
Wahre Aussage	Trivialität	Lichtblick: Gewünschte Forschungsaussage
Unwahre Aussage	Fata morgana oder Trugbild: Im Ergebnis unakzeptable Forschung	Blendwerk: Zeitweise akzeptiertes Ergebnis

[...]

E. Schlußbemerkung S. 49

Sind die vor hundert Jahren an die Betriebswirtschaftslehre gestellten Forderungen erfüllt worden? Hier wurden Argumente vorgetragen, die die Frage klar zu bejahen gestatten. Das Bündel der Forderungen ist durch wachsende Komplexität betrieblicher Fragen, den Austausch mit Nachbardisziplinen und die Internationalisierung des Forschungsprozesses noch gewachsen. Lehre und Forschung in der Betriebswirtschaftslehre sind daher zu neuen Anstrengungen veranlaßt worden: nicht allein, weil unwahre Aussagen zu korrigieren, unnütze Aussagen durch nützliche zu ersetzen sind. Vor allem die breite Akzeptanz betriebswirtschaftlicher Forschungsergebnisse eliminiert immer wieder ursprünglich damit verbundene Wettbewerbsvorteile. Zu ihrer Wiedergewinnung werden immer wieder neue Ansätze erforderlich.

[...]

Literatur S. 57

Albach, H., Unternehmerische Phantasie im Zeitalter des Computers und der Planung, in: ders., Die Herausforderung des Managements im internationalen Vergleich, Wiesbaden 1970, S. 11-26.

Albach, H., Business Administration: History in German-Speaking Countries, in: Grochla, E. et al., Handbook of German Business Management, Vol. 1, Stuttgart/Berlin et al. 1990, Sp. 246-270.

Albach, H., Betriebswirtschaftslehre als Wissenschaft. Entwicklungstendenzen in der modernen Betriebswirtschaftslehre, Zeitschrift für Betriebswirtschaft, Ergänzungsheft 3/1993, S. 7-26.

Bauer, W., Die Bewegungsbilanz und ihre Anwendbarkeit, insbesondere als Konzernbilanz, Zeitschrift für handelswissenschaftliche Forschung, 20. Jg., 1926, S. 485-544.

Brockhoff, K., Marketing durch Kundeninformationssysteme, am Beispiel des Gebrauchtwagenhandels, Stuttgart 1987. S. 58

Brockhoff, K., Hauschildt, J., Plädoyer für eine bedürfnisgerechte Differenzierung der Ausbildung in der Betriebswirtschaftslehre, in: Die Zukunft der Betriebswirtschaftslehre in Deutschland, Zeitschrift für Betriebswirtschaft, Sonderheft 3/1993, S. 27-40.

Bühner, R., Der Shareholder Value im Spiegel traditioneller betriebswirtschaftlicher Bilanzansätze, in: Küpper, H.-U., Troßmann, E., Das Rechnungswesen im Spannungsfeld zwischen strategischem und operativem Management. Festschrift für Marcell Schweitzer zum 65. Geburtstag, Berlin 1997, S. 27-41.

Busse von Colbe, W., Aufbau und Informationsgehalt von Kapitalflußrechnungen, Zeitschrift für Betriebswirtschaft, 36. Jg., 1966, Ergänzungsheft 1, S. 82-114.

Chmielewicz, K., Forschungskonzeptionen der Wirtschaftswissenschaft, 2.A., Stuttgart 1979.

Deutsche Bank AG (Hrsg.), db-report. Unser Unternehmensanalyse-Service, Frankfurt 1989.

Engelmann, K., Betriebswirtschaftlich-theoretische Entwicklungstendenzen in den USA, Die Wirtschaftsprüfung, 15.Jg., 1962, S. 309-312.

Friese, M., Cierpka, R., Erfolg in Studium und Beruf. Befunde einer empirischen Untersuchung und deren Konsequenzen für die Universitätsausbildung, in: Froböse, M., Kaapke, A., Marketing als Schnittstellenwissenschaft und Transfertechnologie. Festschrift zum 60. Geburtstag von Hans Hörschgen, Berlin 1996, S. 353-373.

Gutenberg, E., Betriebswirtschaftslehre als Wissenschaft, Kölner Universitätsreden, Nr. 18, Krefeld 1957. S. 59

Hauschildt, J., Hrsg., Krisendiagnose durch Bilanzanalyse, Köln 1988.

Hayashima, A., Max Weber und die Deutschen Handelshochschulen, Kwansei Gakuin University Annual Studies, Vol. 35, 1986, S. 143-176 (zitiert nach Schneider,

D., Betriebswirtschaftslehre, Bd. I: Grundlagen, München, Wien 1993).

Kohl, H., Küller, H.-D., Hrsg., Betriebswirtschaftslehre und Gewerkschaften, Düsseldorf o. J. (1979).

Kommission Rechnungswesen im Verband der Hochschullehrer für Betriebswirtschaft e.V., Reformvorschläge zur handelsrechtlichen Rechnungslegung, Die Betriebswirtschaft, 39.Jg., 1979, S. 1-40.

Konegen-Grenier, C., Die Anforderungen der Wirtschaft an das Studium der Betriebswirtschaftslehre, Wirtschaftswissenschaftliches Studium, 1994, 4/S. 207-211.

Konegen-Grenier, C., List, J., Die Anforderungen der Wirtschaft an das BWL-Studium. Ergebnisse einer Unternehmensbefragung, Köln 1993.

Kosiol, E., Wegbereiter der Betriebswirtschaftslehre, Berlin, Stuttgart 1950.

Ludovici, C.G., Grundriß eines vollständigen Kaufmanns-Systems nebst den Anfangsgründen der Handlungswissenschaft..., 2.A., Leipzig 1768.

Marperger, P. J., Nothwendige und nützliche Fragen über die Kauffmannschaft, Leipzig, Flensburg 1714.

Marperger, P. J., Erste Fortsetzung seiner so nothwendig als nützlichen Fragen über Kauffmannschaft, Leipzig, Flensburg 1715.

Müller, H., Prozeßkonforme Grenzplankostenrechnung als Plattform neuerer Anwendungsentwicklungen, Kostenrechnungspraxis, 1994, S. 112-119. S. 60

Nicklisch, H., Grundfragen für die Betriebswirtschaft, Stuttgart 1928.

Nicklisch, H., Die Betriebswirtschaft, 7.A., Stuttgart 1932.

Oberparleiter, K., Geschichte der Exportakademie und der Hochschule für Welthandel, in: 50 Jahre Hochschule für Welthandel in Wien, Wien 1948, S. 5-12.

Obst, G., Kaufmännische Betriebswirtschaftslehre, in: ders., Das Buch des Kaufmanns, 7.A., Bd. II, Stuttgart 1928, S. 1-579.

o.V., Theorie und Praxis im Streitgespräch. Professoren diskutieren mit Dr. Hans Dichgans, Der Volkswirt, 19. Jg., 1965, S. 1426-1428, mit Beiträgen von H. Albach, W. Kilger, W. Wittmann.

Pieper, R., Business Schools in den USA. Mythen und Fakten. Berlin 1989.

Plaut, H.-G., Grenzplankosten- und Deckungsbeitragsrechnung als moderne Kostenrechnungssysteme, in: Männel, W., Handbuch Kostenrechnung, Wiesbaden 1992, S. 203-225.

Porter, M., Competitive Advantage, New York 1985.

Raydt, H., Zur Begründung einer Handels-Hochschule in Leipzig. Denkschrift im Auftrag der Handelskammer zu Leipzig, Leipzig 1897.

Rogers, E. M., Diffusion of Innovations, 3rd ed., New York, London 1983.

Rüthers, B., Waffenschmieden gegen die Arbeiterbewegung? Was Gewerkschaftsführer über Universitäten und Interessenpluralismus reden, Frankfurter Allgemeine Zeitung, 6.12.1980, S. 15.

Schmalenbach, E., Buchführung und Kalkulation im Fabrikgeschäft, Deutsche Metall-Industrie-Zeitung, 15.Jg., 1899, S. 98-99, 106-107, 115-117, 124-125, 130-131, 138-139, 147-148, 156-157, 163-165, 171-172; wieder abgedruckt unter dem Titel: Buchführung und Kalkulation im Fabrikgeschäft, Leipzig 1928.

Schmalenbach, E., Der Kontenrahmen, mit dem Anhang: Kontenpläne und Kontentabellen, 4.A., Leipzig 1935.

Schmid, A., Geschichte der k.k. Exportakademie, in: Die k.k. Exportakademie in Wien. Zur Erinnerung an die Eröffnung des neuen Akademiegebäudes im Herbst 1916. Wien 1916, S. 11-29. S. 61

Schneider, D., Unternehmensethik und Gewinnprinzip in der Betriebswirtschaftslehre, Zeitschrift für betriebswirtschaftliche Forschung, 42. Jg., 1990, S. 869-891.

Schweitzer, M., Prozeßorientierung der Kostenrechnung, in: Kötzle, A., Strategisches Management, Stuttgart 1997, S. 85-110.

Sinzig, W., Relative Einzelkosten- und Deckungsbeitragsrechnung im SAP-System, Kostenrechnungspraxis, 1994, S. 52-54.

Veblen, T., The higher learning in America, a memorandum on the conduct of universities by business men, New York 1918.

Welge, M.K., Fessmann, K.-D., Effizienz, organisatorische, Handwörterbuch der Organisation, 2.A., Stuttgart 1980, Sp. 577-592.

Witte, E., Bronner, R., Die Leitenden Angestellten. Eine empirische Untersuchung. München 1974.

A. IV

Dieter Schneider
Managementfehler durch mangelndes
Geschichtsbewußtsein in der Betriebs-
wirtschaftslehre

Aus: Zeitschrift für Unternehmensgeschichte,
29. Jg., Stuttgart 1984, S. 114-130

Franz Steiner Verlag, Wiesbaden, Stuttgart 1984

Problemstellung S.114

Viele Praktiker und viel zu viele betriebswirtschaftliche Hochschullehrer vertreten die Auffassung: Weil die Techniken des Managements modern sein müßten, seien die jeweils neuesten angelsächsischen Managementmethoden bzw. -moden zu übersetzen und zu lernen. Das frühere, geschichtlich Überkommene könne sich im Konkurrenzkampf nicht halten; es sei antiquiert und werde deshalb zu Recht vergessen.

[...]

Zweck dieses Beitrags ist es, die weit verbreitete Auffassung von der Nutzlosigkeit der Wissenschaftsgeschichte für den Betriebswirtschaftler und damit auch für die Unternehmensführung in Frage zu stellen.

I. Der Denkstil von der geschichtslosen Managementwissenschaft

Die Sichtweise, daß dem Betriebswirtschaftler Geschichtsbewußtsein und insbesondere die Kenntnis, wie sich die von ihm benutzten Techniken und Theorien entwickelt haben, nichts nütze, sei der Denkstil von der geschichtslosen Managementwissenschaft genannt. An jeweils zwei Beispielen aus der heutigen Planungs- und Kostenlehre sei dieser Denkstil belegt.

1. Beispiel: In der Planungstheorie lernt man heute, mit Zustandsbäumen und Entscheidungsbäumen umzugehen. Zustands- und Entscheidungsbäume kamen erst durch Übersetzung des angelsächsischen Managementschrifttums in die betriebswirtschaftlichen Lehrbücher der letzten 20 Jahre.

Das heißt aber nicht, daß man in der Planung anhand von Zustands- und Entscheidungsbäumen eine neuzeitliche Errungenschaft sehen darf. Um eine logische Entscheidung bei alternativen Zukunftslagen zu erläutern, wählt der stoische Philosoph Chrysippos im 3. Jahrhundert v. S.115
Chr. das Beispiel eines Hundes, der beim Jagen einer Beute an eine Stelle kommt, wo der Weg sich dreiteilt. Der Hund versucht, die Fährte auf zwei Wegen zu erschnüffeln und folgt dann ohne Zögern und ohne erneutes Schnüffeln dem dritten; denn wenn von einer vorgegebenen Anzahl von Möglichkeiten alle bis auf eine ausgeschlossen werden, muß die verbleibende die richtige sein.[1] Wenn schon in der Antike Hunde ihre Entscheidungen an Zustandsbäumen ausrichteten, dann stellt sich doch die Frage: Warum wurde dieses einfache Planungskonzept in der Betriebswirtschaftslehre bis nach 1960 nicht gelehrt und mußte erst aus dem angelsächsischen Managementschriftum übersetzt

werden?

2. Beispiel: Das, was heute die Methode der kritischen Werte bzw. Sensitivitätsanalyse heißt, ist im wesentlichen auch erst im Gefolge der Methoden der Unternehmensforschung in den letzten 20 Jahren Allgemeingut geworden.

Jedoch bietet genau das in aller methodischen Sauberkeit *Johann Heinrich von Thünen*, der durchgängig in der Geschichte volkswirtschaftlicher Lehrmeinungen wegen seiner Methode des isolierten Staates gelobt wird.[2] Heute pflegt man von Partialmodellen und ceteris paribus Analyse zu reden. Aber er ist offenbar von den Betriebswirten kaum oder nur unter einseitigem Blickwinkel gelesen worden. Selbst *Erich Gutenberg*, der 1922 seine Dissertation über *Thünen* veröffentlichte, geht auf *Thünens* Ausführungen über Planungsrechnungen zur Sensitivitätsanalyse nicht ein.[3] Allerdings stand zur Zeit seiner Dissertation *Gutenberg* der Anwendung mathematischer Techniken noch sehr zurückhaltend gegenüber, entgegen den späteren Auflagen seiner „Grundlagen der Betriebswirtschaftslehre", in denen, vermutlich durch den Einfluß seiner Schüler, gerade diese Optimierungstechniken einen breiten Raum gewinnen.

3. Beispiel: Im Schrifttum zur Kostenrechnung wird gemeinhin der Eindruck erweckt, als sei die Plankostenrechnung eine Weiterentwicklung der Istkostenrechnung. Plankostenrechnung sei im wesentlichen erst nach dem zweiten Weltkrieg und hier wiederum aus dem amerikanischen standard costing ins deutsche betriebswirtschaftliche Schrifttum eingedrungen.

Doch es trifft nicht zu, daß die Plankostenrechnung im wesentlichen erst nach dem zweiten Weltkrieg als Weiterentwicklung der Istkostenrechnung entstanden ist. Die Plankostenrechnung mit sauber ausgearbeiteter Ursachenanalyse für das Abweichen des Ists vom Soll ist *historisch* vor dem Ausbau der Istkostenrechnung entstanden. Schon in grauer Vorzeit wurde von der geistlichen und später der weltlichen Obrigkeit in Plänen festgehalten, was die Untertanen zu tun haben. Diese Techniken wurden zum Soll-Ist-Vergleich ausgangs des 18. Jahrhunderts in Betrieben deutscher Fürsten weitergeführt. So veröffentlicht der Herzoglich-Braunschweigisch-Lüneburgische Verwaltungsdirektor *Fredersdorff* 1802 eine praktische Anleitung zu einer guten Eisenhütten-Ökonomie, in welcher er nicht nur Produktionsplan, Absatzplan und Finanzplan eines Eisenhüttenwerkes beschreibt, sondern auch eine ausgebaute Plankostenrechnung mit Ursachenanalyse für die Abweichung des Ists vom Soll darstellt.[4]

S.116

4. Beispiel: Fast jeder Student der Wirtschaftswissenschaft kennt diejenige Ausbringungsmenge, bei der die Erlöse erstmals die Gesamtkosten decken, unter dem Namen break-even-point. Aber die Namensgebung täuscht über die Entstehungsgeschichte.

Im Jahre 1822 beschreibt der Bergassessor *von Oeynhausen*[5] in Dortmund nicht nur eine erste Investitionsrechnung für Steinkohlenzechen, sondern zugleich die Berechnung der kostendeckenden Ausbringung. Das ist 80 Jahre vor den break-even-charts des amerikanischen Ingenieurs *Henry Hess*[6], auf den wohl der Name break-even-point zurückgeht, und 90 Jahre vor der Berechnung der kostendeckenden Ausbringung unter dem Namen „toter Punkt" durch einen der Gründerväter der Betriebswirtschaftslehre, *Johann Friedrich Schär*.[7]

Noch weitere Beispiele aus der Organisations-, Produktions-, Absatz- oder Finanzierungslehre[8] könnten den bekannten Satz nahelegen: „Alles ist schon einmal dagewesen." Statt dessen sei die gewichtigere Frage beantwortet: Welche Folgen ergeben sich für ein Fach, das sich mehrheitlich als Managementwissenschaft versteht, daraus, daß diese frühen Ansätze zur Planung, Planungsrechnung und Wirtschaftlichkeitskontrolle nicht in die Lehrbücher von Anfang an eingedrungen sind, sondern erst nach dem zweiten Weltkrieg aus dem angelsächsischen Managementschrifttum übersetzt wurden?

II. Unternehmens- und gesellschaftspolitische Folgen des Denkstils S.117 von der geschichtslosen Managementwissenschaft

Bei etwas mehr wissenschaftsgeschichtlichem Interesse hätten die Grundlagen heutiger betriebswirtschaftlicher Planung, Plankostenrechnung und Investitionsrechnung über ein halbes Jahrhundert früher gelehrt werden können.

Falls die heute gängigen Techniken zur Unternehmensführung der Praxis tatsächlich etwas nützen, dann ist nicht auszuschließen, daß z.B. manche Unternehmungen mit den heutigen Planungstechniken und Kontrollinstrumenten die Weltwirtschaftskrise anfangs der dreißiger Jahre besser bewältigt hätten. Natürlich wäre es mehr als gewagt zu folgern: Vor mehr als einem halben Jahrhundert hätten bessere betriebswirtschaftliche Techniken die aus der Weltwirtschaftskrise ab 1929 folgende Entwicklung zum Nationalsozialismus und damit den zweiten Weltkrieg verhindert. Aber der Marxist *Alfred Sohn-Rethel*[9] hat 1970 z.B. eine wirtschaftsgeschichtliche Zwangsläufigkeit des Nationalsozialismus behauptet, weil das Auseinanderklaffen von Betriebsökonomie und Marktökonomie in den zwanziger Jahren den völligen Bankrott der kapitalistischen Produktionsweise zeige, so daß keine andere Alternative bestanden habe, als eine kapitalistische Produktion unabhängig vom Markt nach rein betriebsökonomischen Notwendigkeiten weiterzuführen. Deshalb scheint es angebracht entgegenzuhalten, daß es damals mit der Betriebsökonomie so weit nicht hergewesen ist. Planungs- und Kontrolltechniken aus der vorindustriellen Zeit bzw. den Anfängen der Industrialisierung waren in Vergessenheit geraten und wurden erst *nach einer Kehrtwendung zur Marktwirtschaft* durch den Import aus gerade kapitalistisch gebliebenen Ländern „wiederentdeckt". *Friedrich von Hayeks* „Wettbewerb als Entdeckungsverfahren"[10] zeigt sich bei zahlreichen Managementtechniken als „Wiederentdeckungsverfahren" guter Einfälle kluger fürstlicher, kameralistischer Verwalter.

Daraus ist zu folgern: Gerade das Selbstverständnis von der Betriebswirtschaftslehre als einer geschichtslosen Managementwissenschaft führt nicht zu einer zeitgemäßen Lehre von der Unternehmensführung, weil es der Praxis Jahrzehnte zu spät hilft.

Mit dem Denkstil von der geschichtslosen Managementwissenschaft gekoppelt sind Fehlurteile über die Anwendbarkeit einzelner rechnerisch-mathematischer Techniken, die das Erforschen unternehmenspolitisch bedeutsamer Fragen zum Teil jahrhundertelang verzögert haben. Hierzu drei Beispiele:

1. Wegen seiner ersten ausführlichen Darstellung der doppelten Buchhaltung gilt der Franziskanermönch *Luca Pacioli* als Vorläufer der Betriebswirtschaftslehre.[11] Übersehen wird bei dieser Einstufung des Mönchs *Luca*, daß nur die schon aus der Antike überlieferte einfache Buchhaltung einen wirtschaftlichen Zweck hat: Aufzeichnung des Ists als Mittel zur Kontrolle, daß jedoch der zusätzliche Zweck der doppelten Verbuchung allein rechentechnischer, also mathematischer Natur ist. S.118

Die doppelte Verbuchung dient allein der Kontrolle von Rechenfähigkeiten. Das war ein wichtiger technischer Fortschritt damals, denn Rechenkenntnisse bilden jahrhundertelang einen Engpaß unter den menschlichen Fähigkeiten. Und sie werden es dank Mengenlehre und Taschencomputer in der Schule bald wieder sein.

Bis ins 18. Jahrhundert gilt die doppelte Buchhaltung als Wissenschaft, und sie ist ein Teil der angewandten Mathematik: eine Methode zum Aufdecken von Additionsfehlern. Sie ist nicht ein Teilbereich des einzelwirtschaftlichen Denkens, obwohl spätere Generationen das Gegenteil lehren. *Max Weber* und *Werner Sombart* behaupten sogar einen Zusammenhang zwischen doppelter Buchhaltung und Geist des Kapitalismus.[12]

Um ihre Behauptung zu widerlegen, genügt ein Blick in *Luca Paciolis* vielgerühmte Schrift über die doppelte Buchhaltung.

Paciolis Darstellung bleibt in allen wirtschaftlichen Fragen weit hinter der damaligen kaufmännischen Praxis zurück. So erwähnt er keine Inventur, obwohl Inventuren schon im römischen Recht über ein Jahrtausend zuvor verlangt werden. Er kennt keinen Jahresabschluß, obwohl die Großkaufleute in Florenz schon ein Jahrhundert vor *Pacioli* in mehr oder weniger regelmäßigen Abständen Jahresabschlüsse anfertigen. *Luca Pacioli* erwähnt keine Kostenrechnung, obwohl Verteilungen der Gemeinkosten bereits bei dem Großkaufmann *Datini* aus Prato ein Jahrhundert zuvor nachgewiesen sind.[13] *Paciolis* Aussagen zur Bewertung in den Handelsbüchern sind blanker Unsinn. Er sagt z.B.: Erhöhe den Wertansatz, damit Dir der Gewinn besser gelinge.

2. Der Überschätzung der Rechentechnik der doppelten Buchhaltung steht gegenüber, daß z.B. die Wahrscheinlichkeitsrechnung jahrhundertelang (bis in die letzten 25 Jahre) nicht auf Anwendungsmöglichkeiten für die Unternehmensführung überprüft wird. Die Darstellungen der Geschichte der Buchhaltung und der Handelswissenschaft versäumen z.B., darauf hinzuweisen, daß *Luca Pacioli* sich an anderer Stelle seines Mathematiklehrbuchs durchaus um die Lösung eines zukunftweisenden betriebswirtschaftlichen Problems bemüht hat, allerdings dabei gescheitert ist.[14]

S.119

[...]

3. Juristische bzw. gesellschaftspolitische Probleme, [...], gaben mehrfach den Anstoß zu einzelwirtschaftlichen Forschungen, lange *vor* Entstehung der akademischen Betriebswirtschaftslehre. Als die Betriebswirtschaftslehre diese Forschungsthemen neu entdeckte, wurde an *Ideen* zur Problemlösung *nichts* hinzugefügt. Statt dessen veranlaßte die Lust am Optimierungsrechnen als Spielart des Denkstils von der geschichtslosen Managementwissenschaft, daß nur alter Wein in neue Schläuche gefüllt wurde. Ein Beispiel aus der Investitionslehre mag das belegen.

S.120

Die Berechnung von Ertragswerten bzw. Kapitalwerten verwendet Zinseszinsen, die nach kirchlichem und Pandektenrecht als Wucher verboten waren, in romanischen Ländern bis ins 19. Jahrhundert, im Bürgerlichen Gesetzbuch noch heute. Ob Zinseszinsen Wucher sind, ist zweifelsohne ein gesellschaftspolitisches Problem.

Eine ins einzelne gehende juristische und ökonomische Rechtfertigung für die Abzinsung mit Zinseszinsen liefert erstmals *Gottfried Wilhelm Leibniz* 1682.[16] Er weist nach, daß aus drei selbstverständlichen Rechtssätzen für die vorzeitige Tilgung einer Schuld die Kapitalwertrechnung folgt. Zinseszinsen sind eine Folge der Wiederanlage freigesetzter Gelder aus Investitionen. Deshalb mußte die Diskussion, ob Zinseszinsen Wucher sind, zur Entdeckung der Wiederanlageprämissen in Investitionsrechenverfahren führen.

Nach Vorarbeiten des Mathematikers *von Clausberg* und des hessendarmstädtischen Kameralisten *Kröncke* findet der sächsische Armeeleutnant *Friedrich Löhmann* 1829 in einer späteren Auseinandersetzung mit *Leibniz*ens Begründung die finanziellen Unterstellungen der Kapitalwertrechnung im einzel-nen heraus,[17] also rund 125 Jahre vor *Lorie* und *Savage*, die heute meist als grundlegende Quelle zitiert werden.[18]

Der bekannteste deutsche Wirtschaftswissenschaftler um 1960, *Erich Schneider*, hat demgegenüber das Gewicht der finanziellen Unterstellungen bei den Investitionsrechenverfahren nicht erkannt, wie seine Gleichsetzung von Kapitalwertmethode und interner Zinsfußmethode in seiner „Wirtschaftlichkeitsrechnung" und bei seinen Ausführungen zum Einfluß der Besteuerung auf die Investitionen zeigen.[19] Im deutschen Sprachraum zog sich die Diskussion über die Wiederanlageprämissen bis um 1980 hin: Ein eindeutiger Beleg, wie sehr in der Betriebswirtschaftslehre die Lust am Rechnen das Nachdenken über die Anwendungsvoraussetzungen von Kalkülen verdrängt hat. Dies geschah trotz des Lippenbekenntnisses zur Entscheidungsorientierung und zur angewandten Wissenschaft, die ja wohl mit als erstes die Anwendungsvoraussetzungen von Kalkülen erforschen müßte.

S.121

[...]

Was aber ist die Ursache für das mangelnde Geschichtsbewußtsein in der Betriebswirtschaftslehre?

S.124

III. Eine Ursache des fragwürdigen Geschichtsbewußtseins in der Betriebswirtschaftslehre

S.125

In den Anfängen der deutschsprachigen Betriebswirtschaftslehre um 1912, als zwei Nationalökonomen, *Weyermann* und *Schönitz*,[21] ganz im Sinne von *Max Weber* eine wertfreie, nicht auf Handlungsempfehlungen, sondern auf Erklärungen einzelwirtschaftlicher Zusammenhänge gerichtete Theorie fordern, spricht sich der einflußreichste der ersten

Generation betriebswirtschaftlicher Hochschullehrer, *Eugen Schmalenbach*, gegen erklärende Theorie und für eine auf unmittelbare praktische Anwendbarkeit gerichtete Lehre aus: für eine Betriebswirtschaftslehre als Managementwissenschaft.[22]

Vermutlich brauchbare Handlungsempfehlungen kann man zwar allein durch Beobachtung gängiger Praxis lernen. Handlungsempfehlungen, die durch Argumente gestützt sind, bei denen das Für und Wider einzelner Gesichtspunkte überzeugend abgewogen werden kann, sind aber ohne vorangehende erklärende Theorien nicht möglich. Bereits *Albrecht Daniel Thaer*[23] (der Lehrer *Heinrich von Thünens*) hat dies 100 Jahre vor *Schmalenbach* erläutert. An dem *Schmalenbach*schen Fehlverständnis von wissenschaftlichem Arbeiten leidet die Betriebswirtschaftslehre noch heute. Man übersieht einfach: Wer eine Wissenschaft anwenden will, muß erst einmal eine Wissenschaft haben. Zuerst sind Erklärungen, also empirische Gesetzmäßigkeiten zu erarbeiten, ehe begründete Handlungsempfehlungen für die Praxis gegeben werden können.

Demgegenüber folgt das Wissenschaftsverständnis von der „angewandten" Wissenschaft dem traditionslosen angelsächsischen Managementdenken und drängt auf eine rasche Vermarktung entscheidungslogischer Rechentechniken und verhaltenswissenschaftlicher Experimentergebnisse, ohne zuvor die wirtschaftlichen Anwendungsvoraussetzungen hierfür herauszuarbeiten, z.B. wann die Wahrscheinlichkeitsrechnung für Entscheidungen oder Lernkurven für die Produktpolitik oder ein Risikozuschlag zum Kalkulationszinsfuß in der Investitionsrechnung angewandt werden dürfen: alles Probleme, die gerade den viel anschaulicher denkenden historischen Schöpfern solcher Ideen geläufig waren.

Geschichtsbewußtsein bei der Lehre dieser Probleme und der Theorien zu ihrer Lösung hätte nicht die mathematische Technik oder das verhaltenswissenschaftliche Laborexperiment in den Vordergrund gerückt (wie es heute noch viele Lehrtexte in der Organisationslehre oder im Marketing tun), sondern die engen Anwendungsvoraussetzungen für viele Kalküle einerseits, verhaltenswissenschaftliche Hypothesen andererseits, hervorgehoben. S.126

Statt dessen verführt der Denkstil von der geschichtslosen Managementlehre dazu, modisches Wissen mit neuen Erkenntnissen zu verwechseln, selbst wenn nur alter Wein in neuen Schläuchen geboten wird. Mangels wissenschaftsgeschichtlicher Kenntnis wird das nur nicht wahrgenommen.

Zumindest für einzelne Teilbereiche der Betriebswirtschaftslehre gilt eine abgewandelte Bergsteigerweisheit: Wer Tag und Nacht um die Beratungsgunst der Praxis im Tale des Alltäglichen buhlt, versäumt leicht den morgendlichen Aufstieg zum Gipfel neuer Erkenntnis. Und wenn er aufbricht, ohne früher erforschte Steige und Routen zur Kenntnis zu nehmen, wird er häufig zur Umkehr genötigt sein. An die Stelle des Selbstverständnisses von der Betriebswirtschaftslehre als „angewandter" Wissenschaft, welche die wirtschaftstheoretische Grundlagenforschung in mehreren Bereichen schleifen läßt, sollte eine Rückbesinnung auf das Gebot einzelwirtschaftlicher Theorienbildung als Schwerpunkt betriebswirtschaftlicher Forschung treten, so wie es dem Denkstil *Riegers* gegenüber *Schmalenbach*, *Gutenbergs* gegenüber *Mellerowicz* bis *Heinen* und *Wöhe* entsprochen hat.

Allerdings sind auch die neueren Ansätze zu einer Rekonstruktion der Betriebswirtschaftslehre als Theorie der Unternehmung derzeit noch durch mangelndes Geschichtsbewußtsein belastet.

Methodische Grundlage für das, was bislang als Theorie der Unternehmung bezeichnet wird, ist zum einen eine „Produktionsorientierung"[24].

Zum anderen steht die bisherige Theorie der Unternehmung unter dem Blickwinkel einer „Entscheidungsorientierung". Die Entscheidungsorientierung äußert sich entweder in einer entscheidungslogischen Sicht, die sich mit der Produktionsorientierung in weiten Bereichen deckt. Es werden Optimumbedingungen herausgearbeitet, von „Grenzerlös gleich Grenzkosten" bis hin zu Einzelanwendungen der Unternehmensforschung. Oder die Entscheidungsorientierung wird verhaltenswissenschaftlich verstanden und stellt dann Anspruchsanpassungen oder Anreiz-Beitrags-Behauptungen an die Stelle der entscheidungslogischen Optimierung.[25]

Produktionsorientierung und Entscheidungsorientierung sind jedoch Sichtweisen, die eher die Tätigkeiten Robinson Crusoes als eines heutigen Unternehmens erklären können; denn Unternehmen sind S.127

a) zwischen unsicherheitsbelasteten Absatz- und Beschaffungsmärkten eingezwängt und

b) keinesfalls von einem festen Datenkranz umschlossen, sondern zum einen politisch-gesellschaftlichem Druck ausgesetzt und inexakter Rechtsetzung (vom Bilanz- und Steuerrecht bis zum Arbeitsrecht) unterworfen; zum anderen versuchen Unternehmen, einzeln oder gemeinsam, diesen Datenkranz zu beeinflussen.

Wer bei diesen Beobachtungstatbeständen eine methodische Grundlage für eine Theorie der Unternehmung sucht, der wird eine „Marktorientierung" der Betriebswirtschaftslehre in dem Sinne anstreben, daß neben Markthandlungen auch Existenz und Aufbau von Unternehmungen durch eine Markttheorie erklärt werden, soweit diese zugleich Grundlage für eine Lehre von der Wirtschaftsordnung, d.h. der Institutionen bzw. Organisationsformen wirtschaftlicher Entwicklung, sein kann.

Zu einer solche Institutionen, wie die Unternehmung als Organisation, erklärenden Markttheorie gibt es heute Ansätze. So erheben der verfügungsrechtliche (property-rights-)Ansatz und der Transaktionskostenansatz die Unternehmung als Organisation zum wirtschaftstheoretischen Problem. Beide Ansätze sind nicht neu. Der verfügungsrechtliche Ansatz findet sich z.B. vorgeprägt in den Arbeiten zur Organisation der Produktion und zu den Unternehmungsformen bei *Lorenz von Stein* und *Albert Schäffle* vor über hundert Jahren. Ein noch deutlicheres Beispiel bildet der Transaktionskostenansatz von *Coase, Williamson* u.a., dessen Kerngedanken, einschließlich einiger m.E. tödlicher Gegenargumente, bereits bei *von Mangoldt* 1855 stehen.[26] Aber beide vernachlässigen die Funktionen des Unternehmers für die wirtschaftliche Entwicklung. Demgegenüber betont das Marktprozeßdenken der Modern Austrian Economics die Unternehmerrolle im Wettbewerb, übersieht jedoch bislang die Unternehmung als Organisation.

Damit offenbart sich eine Forschungsaufgabe: *die Erklärung der Unternehmung als Organisation (des „Betriebes") aus Funktionen des Unternehmers für die wirtschaftliche Entwicklung.*[27] Diese neueren Ansätze zu einer Theorie der Unternehmung hätten schon zu Beginn der akademischen Betriebswirtschaftslehre bei etwas mehr Geschichtsbewußtsein aufgegriffen und entwickelt werden können. So ist der Gedanke, das Entstehen einer hierarchischen Unternehmensorganisation aus der Unternehmerfunktion der Abnahme der Unsicherheit im Einkommenserwerb von anderen, zu erklären, z.B. schon vor rund 150 Jahren von Adolf Friedrich Riedel entwickelt worden, der als Aufgaben der Unternehmensführung säuberlich trennt zwischen A. der Kombination von Produktionsfaktoren, was er „Geschäftsorganisation" nennt, „B, ... dem Geschäfte einen Plan zu unterlegen, welcher die beste Art von Anwendung der Productionsmittel verspricht (Speculation)", und C. der beständigen „Leitung und Beaufsichtigung des Geschäftes", mit In-

S.128

spection bezeichnet.[28]

Der Stammvater einer Erklärung der Unternehmung als Organisation aus Unternehmerfunktionen ist freilich noch älter. Vor kurzem jährte sich dessen 250. Todestag; denn am 14. Mai 1734 wurde *Richard Cantillon*, Pariser Bankier irischer Abstammung, in seinem Londoner Haus von seinem Koch und drei anderen Dienstboten ermordet, beraubt und sein Haus angezündet. Wie weit die Risiken bei der Beschäftigung von Arbeitnehmern reichen können, wurde damit dem Manne schlagend zum Schicksal, der als erster die Unsicherheit bei allem Wirtschaften und die Rolle des Unternehmers als desjenigen beschrieben hatte, der die unvermeidbare Unsicherheit über den Einkommenserwerb anderer Personen, z.B. seinen Arbeitnehmern, zeitweise abnimmt. Ob jemand zur Führung seines Unternehmens Kapital brauche oder Unternehmer für seine eigene Arbeitskraft ohne jedes Kapital sei, er habe stets ein unsicheres Einkommen. Aber wer andere Personen beschäftigte, verringere für diese die Unsicherheit im Einkommenserwerb, solange sie Lohn beziehen. *Cantillon* trennt so zwischen dem Risiko übernehmenden Unternehmer und demjenigen, der die Unsicherheit beim Einkommenserwerb nur in geringerem Maße tragen will und deshalb Lohnempfänger wird.[29]

Diese Trennung scheint heute fruchtbarer als das ein halbes Jahrhundert später von *Adam Smith* durchgesetzte mechanistische Bild, das eine Klasse von Kapitalisten einer Klasse von Arbeitern gegenüberstellt. Noch schrecklichere Vereinfacher des ökonomischen Denkens machten daraus die Produktionsfaktoren Kapital und Arbeit, die in einem gesellschaftlichen Klassengegensatz stünden. Jene Schablonendenker waren gezwungen, um ihr Vorurteil für einen zwangsläufigen Ablauf der gesellschaftlichen Entwicklung zu halten, das kennzeichnende Merkmal allen menschlichen Handelns, die Unsicherheit über die Folgen, zu unterdrücken, ja zu leugnen.

S.129

Nicht zuletzt wegen dieser Übervereinfachung konnte sich der behauptete Gegensatz zwischen Kapital und Arbeit zu politisch machtvollem Getöse entwickeln, sei es in Form eines unversöhnlichen Klassengegensatzes oder eines versöhnlichen Aufeinanderzuschreitens, das sowohl die Leitidee für partnerschaftliche Sozialromantik als auch z.B. für das Vermögensbeteiligungsgesetz Ende 1983 gebildet hat. Mangelndes Geschichtsbewußtsein einer Wissenschaft fördert übervereinfachende Sichtweisen bis hin zu jahrhundertealtem Fehlverständnis gesellschaftlicher Zusammenhänge.

Mangelnde betriebswirtschaftliche Kenntnisse fördern andererseits eine Überschätzung der Unternehmensgeschichte für die Unternehmenspolitik. So ist z.B. von *Lindenlaub*[30] als erster Grund für die historische Abstinenz der Betriebswirtschaftslehre ein Gegensatz zwischen deren Beschäftigung mit Messungsvorschriften und erfahrungswissenschaftlichen Problemen konstruiert worden. Das erscheint in dreifacher Hinsicht verfehlt. Hier wird erstens übersehen, daß Fragen der Messung über Bilanz und Kostenrechnung über die Jahrhunderte hinweg ein erfahrungswissenschaftliches Problem von Teilen der Geschichts- und Wirtschaftswissenschaften bilden; so fand im August 1984 der Fourth International Congress of Accounting Historians in Pisa statt. Zweitens ist jener Grund bezüglich der Betriebswirtschaftslehre des Rechnungswesens unzutreffend, weil diese der Geschichte bisher starke Aufmerksamkeit gewidmet hat: von ihren Anfängen bis hin zu den jüngsten Kontroversen über die Beeinflussung der gegenwärtigen Bilanzsteuerrechtsprechung durch historische betriebswirtschaftliche Bilanzauffassungen.[31] Der behauptete Gegensatz ist drittens auch in der Sache falsch: Die Beispiele in Teil I und II sind zugleich als Widerlegung des ersten Grundes von *Lindenlaub* anzusehen.

Lindenlaubs zweiter Grund (die Geschichtswissenschaft habe bisher versäumt, müsse sich aber „um die Bereitstellung handlungsrelevanten und das heißt nomologischen Wissens bemühen",[32]) setzt der bisher vernachlässigten Geschichte der Betriebswirtschaftslehre einen Imperialismusanspruch der Geschichtswissenschaft entgegen, der ihrem Ansehen bei Betriebswirtschaftlern nur schaden kann: Könnte eine Wissenschaft von der Unternehmens-Geschichte tatsächlich „allgemeine Hypothesen über die Erfolgsbedingungen von Unternehmen" bilden, träte sie nicht nur in Konkurrenz, sondern an die Stelle der Betriebswirtschaftslehre.

S.130

Hypothesen, die diesen Namen verdienen, werden nicht aus der Geschichte, sondern sie sind aus bzw. in Theorien abgeleitet: Hypothesen setzen Lösungsideen für Problemstellungen voraus, entfaltet in Strukturkernen (z.B. Modellen) und angereichert durch empirische Musterbeispiele, die deckungsgleich mit der entfalteten Lösungsidee (z.B. in Form einer Modellaussage) sind. Hypothesen sind versuchsweise Verallgemeinerungen der durch Musterbeispiele empirischer Einzelfälle ansatzweise bestätigten Explikationen einer Lösungsidee. *Lindenlaubs* fünf Hypothesen erfüllen diesen Anspruch nicht; zum Teil beruhen sie zudem auf dem inzwischen (Fn. 24, 25) widerlegten Transaktionskostenansatz von *Coase* und *Williamson*.

Was Unternehmensgeschichte bieten kann, ist, aus der Fülle ihres Erfahrungswissens bestätigende oder widerlegende Musterbeispiele zu einzelnen betriebswirtschaftlichen Theorien beizutragen. Dadurch dient sie sowohl der betriebswirtschaftlichen Wissenschaft als auch der Managementpraxis.

Anmerkungen

1. Nach F. N. David, Games, Gods and Gambling, London 1962, S. 23.
2. Vgl. Johann Heinrich von Thünen, Der isolierte Staat in Beziehung auf Landwirtschaft und Nationalökonomie. 2. Aufl., Erster Teil, Rostock 1842, Zweiter Teil, Rostock 1850 (Nachdruck Jena 1921), S. 231 f.
   Johann Heinrich von Thünen, geb. 24.06.1783 bei Jever, gest. 22.09.1850, Gutsbesitzer auf Tellow in Mecklenburg.
3. Vgl. Erich Gutenberg, Thünen's Isolierter Staat als Fiktion. München 1922, zum folgenden S. 118; dazu Dieter Schneider, Geschichte betriebswirtschaftlicher Theorie. München - Wien 1981, S. 165.
4. Vgl. Leopold Friedrich Fredersdorff, Praktische Anleitung zu einer guten Eisenhütten-Oeconomie, Vertiefung der Eisenhütten-Ertrags-Anschläge oder jährlichen Hütten-Etats und zur zweckmäßigen Einrichtungen der Betriebs- und Handlungs-Rechnungen. Pyrmont 1802.
5. Vgl. von Oeynhausen, Ueber die Bestimmung des Kapitalwerhes von Steinkohlen-Zechen. In: Archiv für Bergbau und Hüttenwesen, Bd. 5 (1822), S. 306–319, hier S. 313.
6. Vgl. Henry Hess, Manufacturing: Capital, Costs, Profits and Dividends. In: Engineering Magazine, Vol. 26 (1903), S. 367–379; zitiert nach R. H. Parker, Management Accounting: an Historical Perspective. London 1969, S. 62 f.
7. Vgl. Johann Friedrich Schär, Allgemeine Handelsbetriebslehre. I. Teil, Leipzig 1911, S. 134-139.
   Johann Friedrich Schär (1846-1924), Schweizer Dorfschullehrer, der sich zum ersten Professor der Handelswissenschaft an der Universität Zürich (1903) und später an der Handelshochschule Berlin hinaufarbeitete.
8. Vgl. die entsprechenden Kapitel in Schneider, Geschichte (Fn. 3).
9. Vgl. Alfred Sohn-Rethel, Geistige und körperliche Arbeit. Frankfurt am Main 1970, S. 144.
10. Vgl. Friedrich August von Hayek: Der Wettbewerb als Entdeckungsverfahren. In: Kieler Vorträge, Neue Folge 56, hrsg. von Erich Schneider, Kiel 1968; wiederabgedruckt in: Freiburger Studien. Gesammelte Aufsätze von F. A. von Hayek. Tübingen 1969, S. 249-265.
11. Vgl. Luca Pacioli, Summa de Arithmetica, Geometria, Proportioni et Proportionalità. Venedig 1494 (italienisch), 1523 (lateinisch). Deutsche Übersetzung in: Ernst Ludwig Jäger, Lucas Pacciolli und Simon Stevin, nebst einigen jüngeren Schriftstellern über Buchhaltung. Stuttgart 1876, S. 8-106; sowie sprachlich sorgfältiger bei Balduin Penndorf, Luca Pacioli. Abhandlung über die Buchhaltung 1494. Stuttgart 1933. Die Schreibweise des Namens Pacioli schwankt zwischen Paccioli,

Paciolo, Paciolus usw.; vgl. Raymond de Roover, Paciolo or Pacioli? In: The Accounting Review, Vol. 19 (1944), S. 68 f.; R. Emmett Taylor, The Name of Pacioli. Ebenda, S. 69-76.

[12] Vgl. Max Weber, Die protestantische Ethik und der Geist des Kapitalismus (1905) Sonderdruck Tübingen 1934; Werner Sombart, Der moderne Kapitalismus, 2. Bd.: Das europäische Wirtschaftsleben im Zeitalter des Frühkapitalismus. Erster Halbband. München-Leipzig 1928, S. 118-120.

[13] Vgl. im einzelnen Schneider, Geschichte (Fn. 3), S. 96 f., und die dort genannten Quellen; zum folgenden Penndorf, Luca Pacioli (Fn. 11), S. 105.

[14] Vgl. Pacioli, Summa de Arithmetica (Fn. 11), fol. 197r; zitiert nach Ian Hacking, The Emergence of Probability. Cambridge u.a. 1975, S. 50.

[15] [...]

[16] Vgl. G[ottfried] W[ilhelm] Leibniz, Meditatio juridico-mathematica de interusurio simplice. In: G. W. Leibniz, Mathematische Schriften, hrsg. von C. I. Gerhardt, Bd. VII: Die mathematischen Abhandlungen, Hildesheim 1962 (Nachdruck der Ausgabe Halle 1863), S. 125-132.

[17] Christlieb von Clausberg, Demonstrative Rechenkunst Leipzig 1732, 2. Aufl., Leipzig 1748, S. 1164; zitiert nach Moritz Cantor, Vorlesungen über Geschichte der Mathematik. Dritter Band, 2. Aufl., Leipzig 1901, S. 519; [Klaus Kröncke], Betrachtungen über den Kapitalwerth eines Waldes, dessen Naturalertrag ausgemittelt ist, vorzüglich in Hinsicht der Veranschlagung desselben zur Versteuerung. In: Allgemeiner Kameral-Korrespondent, Erlangen 1813, in einer breiten Aufsatzfolge, beginnend mit Nr. 55 (S. 241), Friedrich Löhmann, Handbuch für juridische und staatswirthschaftliche Rechnungen. Leipzig 1829, S. 248-250.

[18] Vgl. James H. Lorie, Leonard J. Savage, Three Problems in Rationing Capital. In: The Journal of Business. Vol. 28 (1955), S. 229-239.

[19] Vgl. Erich Schneider, Wirtschaftlichkeitsrechnung. 1. Aufl., Bern - Tübingen 1951, 7. Aufl. 1968, z.B. S. 40, 130; ders., Kritisches und Positives zur Theorie der Investition. In: Weltwirtschaftliches Archiv, Bd. 98 (1967), S. 314-348, hier S. 316, 340.

[20] [...]

[21] Vgl. M. Weyermann, H. Schönitz, Grundlegung und Systematik einer wissenschaftlichen Privatwirtschaftslehre und ihre Pflege an Universitäten und Fach-Hochschulen. Karlsruhe 1912, z.B. S. 48-50.

[22] Vgl. Eugen Schmalenbach, Die Privatwirtschaftslehre als Kunstlehre. In: ZfhF, Jg. 6 (1911/12), S. 304-316.

[23] Vgl. Albrecht Daniel Thaer, Grundsätze der rationellen Landwirtschaft. 1. u. 2. Bd., Berlin 1809, 3. Bd. 1812, 5. Aufl. 1853, hier 1. Bd., S. 22.

[24] Vgl. Erich Gutenberg, Grundlagen der Betriebswirtschaftslehre, Band 1: Die Produktion. 1. Aufl. 1951, 23. Aufl., Berlin - Heidelberg - New York 1979, S. 9, 461; Horst Albach, The Nature of the Firm - A Production-Theoretical Viewpoint. In: Zeitschrift für die gesamte Staatswissenschaft, Bd. 137 (1981), S. 717-722.

[25] Vgl. zur entscheidungslogischen Sicht für viele Günter Wöhe, Einführung in die Allgemeine Betriebswirtschaftslehre. 14. Aufl., München 1981, S. 4; zur verhaltenswissenschaftlichen Sicht die auf Herbert A. Simon, Theories of Decision -

Making in Economics and Behaviorial Science. In: The American Economic Review, Vol. 49 (1959), S. 253-283, oder Richard M. Cyert and James G. March, A Behavioral Theory of the Firm. Englewood Cliffs 1963, aufbauenden Arbeiten, z.B. Edmund Heinen, Zum Wissenschaftsprogramm der entscheidungsorientierten Betriebswirtschaftslehre. In ZfB, Jg. 39 (1969), S. 207-220, bes. S. 208-210.

26 Vgl. H. von Mangoldt, Die Lehre vom Unternehmergewinn. Leipzig 1855, S. 51 f., 54 f., 61; vgl. zu den Verläufern des verfügungsrechtlichen und des Transaktionskostenansatzes Dieter Schneider, Unternehmer und Unternehmung in der heutigen Wirtschaftstheorie und der deutschsprachigen Nationalökonomie der Spätklassik. In: Studien zur Entwicklung der ökonomischen Theorie V, Schriften des Vereins für Socialpolitik, Band 115/V.

27 Vgl. Dieter Schneider, Unternehmer (Fn. 24); ders., Erklären Lieb-Coase-ungen mit einem „Marktversagen" die Existenz von Unternehmungen? In: Betriebswirtschaftslehre und Nationalökonomie, hrsg. von Günther Schanz. Wiesbaden 1984.

28 A. F. Riedel, Nationalöconomie oder Volkswirthschaft. Erster Band, Berlin 1838, Zweiter Band 1839, S. 9 f.
Adolf [nach Allg. Deutscher Bibliographie, Bd. 28, S. 514; Adolph nach National Union Catalog, Vol. 494, S. 412 f.] Friedrich Johann Riedel, geb. 05.12.1809 zu Biendorf (Mecklenburg), gest. 08.09.1872. 1836 a.o. Professor der Staatswissenschaften in Berlin. 1838 Vorstand des Geheimen Ministerialarchivs, 1849-1855 Parlamentarier, 1868 zum Historiographen der Brandenburgischen Geschichte ernannt, bekannt als Erforscher der Geschichte des preußischen Staatshaushalts.

29 Vgl. Richard Cantillon, Essai sur la Nature du Commerce en Générale (um 1725), gedruckt London 1754. Lebensdaten nach der Einleitung Friedrich A. von Hayeks zur deutschen Übersetzung: Abhandlung aber die Natur des Handels im allgemeinen. Jena 1931, S. LIX f.; Unternehmerbegriff S. 36 f.

30 Vgl. Dieter Lindenlaub, Unternehmensgeschichte. In: ZfB, Jg. 53 (1983), S. 91-123, hier S. 96.

31 Vgl. zur älteren Entwicklung Dieter Schneider, Entwicklungsstufen der Bilanztheorie. In: WiSt 1974, S. 158-164; ders., Die vernachlässigten Begründer der klassischen Bilanzdiskussion (I); ebenda, S. 288-292; II, S. 584-588; III, WiSt 1975, S. 40-44; IV, S. 541-545; ders., Der Gewinnbegriff vor der Betriebswirtschaftslehre und die Substanzerhaltungsdiskussion heute. In: ZfbF, Jg. 28 (1976), S. 724-743; zur jüngsten Diskussion z.B. Manfred Eibelshäuser, Immaterielle Anlagewerte in der höchstrichterlichen Finanzrechtsprechung. Wiesbaden 1983; Adolf Moxter, Wirtschaftliche Gewinnermittlung und Bilanzsteuerrecht. In: Steuer und Wirtschaft, Jg. 60 (1983), S. 300-307; Dieter Schneider, Der Einkommensbegriff und die Einkommenssteuerrechtsprechung. In: Finanzarchiv 1984.

32 Lindenlaub (Fn. 30), S. 113, das folgende Zitat S. 96.

B. Betriebswirtschaftliches Denken auf dem Weg durch die Zeit

„Eine Wissenschaft entwickelt sich nicht nur in großen, weithin sichtbaren Schritten. Wissenschaftlicher Fortschritt ist ein inkrementeller Prozeß"[1]. Diese Aussage wurde auch auf die Betriebswirtschaftslehre bezogen. So bescheiden sie klingt, so wenig trifft sie dann zu, wenn man an die wiederholt beschrittenen, die Um- und Irrwege denkt, die wegen Unkenntnis früherer Erkenntnisse eingeschlagen wurden. Es scheint, daß in der Geschichte von Innovationen, auch wissenschaftlichen Neuerungen, die Darstellung konsequenten Fortschritts überwiegt. Auch die hier präsentierte Auswahl von Darstellungen betriebswirtschaftlichen Denkens zeichnet in der Mehrzahl der Beiträge ein solches Bild. Es ist aber ein durch das generell akzeptierte Fortschrittsparadigma verzeichnetes Bild. Die Aufforderung zu kritischer Prüfung von Neuerscheinungen auf ihren Neigkeitsgrad ist gerade vor diesem Hintergrund besonders wichtig.

Darstellungen und Untersuchungen guter Wirtschaftsführung von Handelsgeschäften, Hauswirtschaften, Landgütern und Staatswirtschaften sind seit dem Altertum zu finden und reichen bis in die jüngste Zeit. Darauf haben auch Lehren aufgebaut. In einem der wenigen Lehrbücher zur „Geschichte der Betriebswirtschaftslehre" gibt Bernhard Bellinger (1920 -) einen knappen[2] und hier noch einmal verkürzten Überblick über die frühen Entwicklungsphasen. Zunächst wird deutlich, daß die rechnerische Trennung von Privathaushalt und Betrieb keine Selbstverständlichkeit war. Sodann ist die Interdependenz von wirtschaftlicher Tätigkeit, ihrer Verbesserung und ihrer Lehre erkennbar. Ein theoretischer Kern ist in der für Kontrollzwecke nützlichen doppelten Buchhaltung zu erkennen. Weitgehend unbemerkt vom Handlungswissen der Zeit blieben offenbar kluge Erörterungen des Unsicherheitsproblems oder die aus rechtlichen Gründen vorgetragene und gegen das religiös begründete Zinseszinsverbot argumentierende Begründung der Kapitalwertrechnung durch Gottfried Willhelm Leibniz (1646 - 1716)[3]. Der Beitrag von Bernhard Bellinger endet hier mit den Hinweisen auf betriebswirtschaftliche Aspekte der Kameralwissenschaft des 18. Jahrhunderts, die in der Zeit nach der Aufklärung eine Trennung ökonomischer von metaphysischen und ethischen Aspekten versucht[4].

Die Betriebswirtschaftslehre wird als Universitätsdisziplin von Paul Jacob Marperger (1656 - 1730) gefordert. Er ist ein Merkantilist, Lehrer und Regierungsberater. Marperger „hat an die 70 zum Teil recht umfangreiche Werke verfaßt, von denen sich nicht ganz die Hälfte mit der Handlungswissenschaft beschäftigen. Ein ihm zeitlich näherstehender Kritiker, der Kameralist G. H. Zinke, dürfte seiner Bedeutung am gerechtesten werden, wenn er sagt:

Wer sich auf die Handlung legen und ein wenig gründlich und nicht nur Pfennig-Krämer-haftig die Theorie zugleich mit der täglichen Ausübung der Geschäfte im Gewölbe und Kontor verknüpfen will, kann diese (Marpergerschen) Schriften nicht entbehren, zumal wir sonst nichts Rechtes von Handlungssachen in deutscher Sprache haben. ...Mit Einem Wort, sie enthalten den zusammengetragenen Stoff und die Baumaterialien in sich, von der Handlungswissenschaft ein vollständiges und ordentlich zusammenhängendes Lehrgebäude aufzurichten und diese so weitläufige Wissenschaft in einen gründliche Lehrbegriff zu bringen"[5].

Marperger hat auch die erste lexikalische Zusammenstellung des Stoffes geliefert in seinem Kaufmannsmagazin, das 1710 in erster, 1765 in 6. Auflage erschien. Weitere Lexika folgten. Sie entsprachen einem Bedürfnis der Zeit, die - nicht zuletzt durch die Entwicklung der Kameralwissenschaften - erschöpfende, in sich geschlossene Darstellungen der Handlungswissenschaft brauchte. Sie konnten am ehesten in lexikalischer Stoffanordnung gegeben werden."[6]

Eine reizvolle Vorstellung will sich einstellen: In der königlichen Akademie der Wissenschaften zu Berlin trafen sich am 26. März 1711 ihr Gründer Leibniz und ihr Mitglied Marperger. Es wäre eine schöne Gelegenheit gewesen, Theorie und praktisches Handeln der „Kauffmannschaft" zu erörtern. Dies hätte die Geburtsstunde der akademischen Betriebswirtschaftslehre werden können, doch fand wohl keine solche Diskussion statt.

Die von Marperger dargestellte Handlungswissenschaft verfiel allerdings. Rudolf Seyffert (1893 - 1971) vermutet, daß die Praxis eher an „Rezepten" als an wissenschaftlichen Untersuchungen interessiert war und sie solche Untersuchungen mangels eigener akademischer Bildung nicht würdigen oder nutzen konnten. Das ist ein schönes Beispiel für die Notwendigkeit von Identifizierungs- und Absorptionspotentialen als Voraussetzung für die Aufnahme von Neuerungen. Heute wird dies primär im Hinblick auf technisch-naturwissenschaftlichen Wissenstransfer diskutiert. Schließlich seien die Handelsschulen eher an der Lehre volkswirtschaftlicher Fragen und betriebswirtschaftlicher Techniken interessiert gewesen. Die Kameralwissenschaft habe ebenfalls Bezüge zur Volkswirtschaftslehre gesucht und gefunden[7]. Man kann sich vorstellen, daß so ein Ausbildungsdefizit entstand, da die fortschreitende wirtschaftliche und technische Entwicklung im 19. Jahrhundert[8] höhere Anforderungen an erfolgreiche Unternehmensführung stellte.

Diesen Anforderungen sollten, so argumentierten aufgeschlossene Praktiker, durch eine Ausbildung an Handelshochschulen entsprochen werden. Diese Idee wurde vielerorts gleichzeitig diskutiert. In Leipzig gelang 1898 eine Gründung, die auf Vorüberlegungen zurückging, die von Hermann Raydt

(1851 - 1914) zusammenfassend vorgetragen wurden. Der Lehrplan zeigt das Übergewicht der Volkswirtschaftslehre und die Beschränkung auf betriebswirtschaftliche Techniken. Darin erkennt man die „middle management"-Orientierung, von der Horst Albach (1931) in seinem Beitrag spricht. Daß die Anforderungen an eine erfolgreiche unternehmerische Tätigkeit auch eine entsprechende theoretische Ausbildung erfordern, war keineswegs unumstritten (und ist bis in unsere Zeit in regelmäßigem Rhythmus Gegenstand der Auseinandersetzung). Der erste an der Universität Zürich bestellte Universitätsprofessor für Betriebswirtschaftslehre, Johann Friedrich Schär (1846 - 1924), verteidigt die Notwendigkeit einer solchen Ausbildung. Zugleich gibt er einen systematischen Überblick über das Lehrgebiet und spricht sich für eine betriebswirtschaftliche Forschung aus. Der Vergleich des Lehrplans für die Handelshochschule Leipzig bei Raydt mit der Fachsystematik von Schär zeigt eine bedeutende Ausweitung des Verständnisses der Betriebswirtschaftslehre, wenn man so will: eine Verwissenschaftlichung der Anschauungen vom Gegenstand des Faches, in sehr kurzer Zeit.

Der Aufnahme der Betriebswirtschaftslehre an Universitäten standen erhebliche Widerstände entgegen, die erst langsam überwunden werden konnten. Neben emotionalen Reaktionen waren dafür auch Divergenzen in den Wertorientierungen der neuen Wissenschaft bedeutsam, die alle Positionen zwischen dem Streben nach einem volkswirtschaftlichen Gemeinwohl und einzelwirtschaftlicher Gewinnerzielung annehmen konnten. Einige Passagen aus Wilhelm Riegers (1878 - 1971) „Einführung in die Privatwirtschaftslehre" belegen eine Richtung der scharf und intensiv geführten Auseinandersetzungen. Schließlich setzte sich „Betriebswirtschaftslehre" auch als Fachbezeichnung durch. Diese war schon seit 1835 bekannt.[9]

Wilhelm Rieger plädierte dafür, daß Unternehmen sich dem Markt als Richtinstanz für ihre Tätigkeit zur erfolgreichen Teilnahme am Wirtschaftsleben unterwerfen sollten. Über den Markt werde auch ihr volkswirtschaftlicher Beitrag erfaßt und ihre Tätigkeit gelenkt. Diese Vorstellung scheint besonders schwer verständlich und sehr flüchtig. Immer wieder geht sie verloren, führt dann zu krisenhaften Fehlentwicklungen und muß wiederentdeckt und wiederbelebt werden. Das zeigt sich bei dem Vergleich mit den folgenden Beiträgen dautlich.

Das Mißtrauen in die Marktkräfte und das Vertrauen in eine gesamtwirtschaftliche Planung, zumindest durch branchenweise Kartellierung unter Erfassung auch der mittleren und kleineren Betriebe, der Ersatz des Wettbewerbs durch volkswirtschaftliche Gerechtigkeits- und Wertvorstellungen sind Elemente eines Denkens, das Hans Nicklisch (1876 - 1946) formuliert. Das ist schwer nachzuvollziehen, wenn man sich den Titel seines Lehrbuchs vergegenwärtigt: „Allgemeine kaufmännische Betriebslehre als Privatwirtschaftslehre des Handels (und der Industrie)"[10], oder berücksichtigt, daß Eugen Schmalenbach (1873 - 1955) Vorstellungen von einer gemeinwirtschaftlichen Wirtschaftlichkeit auf der Wirkung des Wettbewerbs als Koordinations- und (in dynamischer Sicht) Gewinnausgleichsmechanismus beruhten. Die Stellung der Betriebswirtschaftslehre sieht Heinrich Nicklisch in einer arbeitsteiligen Wirtschaft von der Volkswirtschaftslehre deutlich unterscheidbar und mit dem politischen Auftrag versehen, „die Betriebsgemeinschaft als Glied des Volksganzen zu betrachten, den Gemeinnutz über den Eigennutz zu stellen"[11]. Daraus werden Folgerungen gezogen, die sich vom Marktmechanismus abkehren. Sie sind politisch-ideologisch determiniert.

Die Veränderungen im Denken von Heinrich Nicklisch sind als ein Weg vom Liberalismus zum national geprägten Idealismus beschrieben worden. Als äußerer Einfluß darauf wurde der erste Weltkrieg angesehen und die geistige Grundlage in der Philosophie und der Wirtschaftstheorie von J.G. Fichte (1762-1814) gesehen.[12] Nicklisch entwickelte eine Theorie der Unternehmung und nicht des Unternehmers, eine Forderung nach Gemeinsinn und Überwindung des Eigennutzes, damit eher eine Kooperations- als eine Wettbewerbswirtschaft, wobei die Bedrohung der Nation – wie durch Napoleon bei Fichte – den äußeren Anlaß für die Forderung der Bündelung der Kräfte zu geben scheint.

Mit erkennbarer Mühe - und bis 1948 erfolglos - plädiert demgegenüber Ludwig Erhard (1897 - 1977) schon in der Zeit des Nationalsozialismus dafür, daß der Staat sich auf die Schaffung einer Marktordnung beschränken solle, die den Unternehmen ein „Fundament der gedeihlichen Entwicklung" bereitstellt. Der Markt „als der ökonomische Ort ..., in dem sich die mannigfachen Strömungen wunsch- und willensmäßiger Art zu wirtschaftlichen Größen und Realitäten verdichten", darf für Ludwig Erhard nicht dem Vergessen anheimfallen, obwohl für seine Ordnung Gruppen und Gemeinschaften aktiv werden sollen. Dieser Gedanke ist heute überwunden. Er war eine Äußerung, die sich programmatisch in einem Gegensatz zum zentralplanerischen Durchdringen der Wirtschaft stand. Im Ordo-Liberalismus wird später eine reifere Formulierung der Gestaltungsbedingungen einer funktionsfähigen Wirtschaft gefunden. Der Beitrag von Ludwig Erhard zeigt im Vergleich mit dem vorausgehenden, daß das betriebswirtschaftliche Denken der Epoche nicht gleichgerichtet war.

Anmerkungen

[1] Horst Albach, 60 Jahre ZfB [Zeitschrift für Betriebswirtschaft] - Meilensteine der Betriebswirtschaftslehre, Zfb-Ergänzungsheft 2/91, S. VII.

[2] Eine andere knappe Schilderung gibt Rudolf Seyffert, Betriebswirtschaftslehre, ihre Geschichte. In: Handwörterbuch der Betriebswirtschaft, Bd. l, Stuttgart 1926, Sp. 1198-1220.

[3] Vgl. bei Dieter Schneider, Allgemeine Betriebswirtschaftslehre, 3. A., München/Wien 1987, S. 231ff., 334ff.

[4] Ebenda, S.79.

[5] G. H. Zinke, Leipziger Sammlungen II, S. 422, zitiert nach Weber, Literaturgeschichte der Handelsbetriebslehre, S. 48.

[6] Rudolf Seyffert, Betriebswirtschaftslehre, ihre Geschichte, a.a.O., Sp. 1205.

[7] Ebenda, Sp.1211f.

[8] Vgl. dazu beispielsweise: Wilhelm Treue, Gesellschaft, Wirtschaft und Technik Deutschlands im 19. Jahrhundert, 2.A., Stuttgart 1977.

[9] Dieter Schneider, Geschichte der Betriebswirtschaftslehre, in: Michael Lingenfelder, 100 Jahre Betriebswirtschaftslehre in Deutschland, München 1999, S. 1-29, verweist auf Edward Baumstark (1807 – 1889) und seine "kameralistische Encyclopädie" von 1835.

[10] Leipzig 1912.

[11] Heinrich Nicklisch, Betriebswirtschaftslehre und Nationalsozialismus, Die Betriebswirtschaft, 26. Jg., 1933, S. 305-307.

[12] Tetsuhiko Mori, Die Lehre von Heinrich Nicklisch vor dem Hintergrund des deutschen Idealismus, Journal of Humanities and Social Sciences, Vol. 6, 1999, S. 221-242.

B. I

Bernhard Bellinger
Geschichte der Betriebswirtschaftslehre

C.E. Poeschel Verlag, Stuttgart 1967

[...]

2. Alte Geschichte (ca. 3000 v. Chr. bis ca. 1600 n. Chr.)

Zur alten Geschichte der Betriebswirtschaftslehre möchten wir die wissenschaftlichen Beiträge zählen, die in den Zeitraum zwischen etwa 3000 v. Chr. bis etwa 1600 n. Chr. fallen. In dieser Spanne vor Beginn der Neuzeit gelang es, einzelne soziale Beziehungen im betriebswirtschaftlichen Bereich durch die Buchhaltung zu erfassen und zu quantifizieren, bestimmte Verfahrenstechniken zu entwickeln, zu generell gültigen Prinzipien erfolgreichen Wirtschaftens vorzustoßen, die theoretischen Grundlagen gesicherter Erkenntnisse zu entdecken, das kaufmännische Rechnen mit indischen Zahlzeichen zu entwickeln, Grundsätze der Geschäftspolitik aufzustellen und für Forschungszwecke rationale und kausale Betrachtungsweisen einzuführen.

S. 10

S. 11

2.1 Erfassung und Quantifizierung einzelner sozialer Beziehungen durch die Buchhaltung - Entwicklung lehrbarer Verfahrenstechniken

Etwa in der Zeit 3000/2900 v. Chr. entstand in dem Gebiet zwischen Euphrat und Tigris bei den Sumerern aus anfänglichen Punkten, Strichen und Marken betriebswirtschaftlicher Abrechnungen und Listen die wohl früheste Schrift. Sie umfaßte bis zu 2000 Bildzeichen, die nach kurzer Zeit auf 560 Bildzeichen reduziert wurden.[1] Eine der ersten schriftlichen Lebensäußerungen des Menschen überhaupt, die wir kennen, ist ein Buchhaltungsbeleg: ein mit archaischer Schrift und Zahlen bedecktes Tontäfelchen von 4 x 11 cm Größe aus einer Tempelwirtschaft.[2] Die damaligen Buchhaltungen entstanden aus wirtschaftlichen Alltagsbedürfnissen. Die älteste erhaltene Fabrikbuchhaltung ist die des Tempels Dublal-mach in Ur aus der Zeit 3000/2900 v. Chr., die aus einem fortlaufend geführten Inventar und einer monatlichen Gewinn- und Verlustrechnung bestand.[3] Sie fußte auf einem Kontenplan, der sogar Kostenstellen für die tempeleigenen Spinnereien und Webereien enthielt. Die Lohnbuchhaltung umfaßte die Namen von 1197 Sklaven in Keilschrift, für die Leistung und Lohn festgehalten wurden.

Die wissenschaftliche Leistung der Erfinder dieser Buchhaltungen und des Schreibens lag erstens darin, daß sie es zuwege brachten, Nachrichten zu speichern. Der ursprüngliche Informationsaustausch zwischen Menschen war bis dahin allein auf das Sprechen und bestimmte Gesten und damit auf den unmittelbaren Kontakt zwischen den Menschen begrenzt. Die einzige Möglichkeit, Nachrichten über weite Räume zu befördern, lag in dem Boten, der die Nachricht mündlich überbrachte. Aber auch bei ihm war die Speicherung, nämlich das Gedächtnis des Boten, die Grundvoraussetzung.

Die weitere wissenschaftliche Leistung ist zweitens darin zu sehen, daß es gelang, bestimmte soziale Beziehungen eindeutig anzusprechen und zu messen. Mit ihrer Erfassung in der Buchhaltung wurde es möglich, sie zu unterscheiden, fortlaufend zu registrieren, zu vergleichen und im Hinblick auf ein rationales Verhalten in der Zukunft auszuwerten. Die Erfindungen des Schreibens, des Rechnens und der Buchhaltung dürften zu den hervorragendsten wissenschaftlichen Leistungen des Altertums zählen.

S. 12

Ein weiteres Ergebnis betriebswirtschaftlicher Betätigung dieser Zeit lag in der Entwicklung organisatorischer Verfahrenstechniken. Sie treten uns nicht nur in den damaligen Karteien, den Siegelrollen, welche die Unterschriften zu ersetzen vermochten, den Wirtschaftsbüchern, Geschäftsurkunden, Aufträgen, Quittungen, jährlichen Inventuren und anderen unmittelbar gegenüber. Sie ergeben sich außerdem indirekt aus den damaligen Rechtsordnungen. Schon die älteste bekannte Rechtsordnung, die des *Urnamus von Ur*, enthielt eine Preisordnung für Grundwaren wie Getreide und Öl, Lohn- und Zinsbestimmungen, ein Sklavenrecht, Ersatzpflichten, eine Haftpflicht bei der Vermietung von Kindern, Protokollvorschriften und anderes.

Im Jahre 2000 v. Chr. läßt sich in Ägypten ein hoch entwickeltes Geschäftswesen feststellen, in dem Wirtschaftsbücher, Geschäftsurkunden und Mindestorganisationen vorgeschrieben waren. Schreibbüros und Handelsschulen entstehen. Das Verfahren der Dreiecksgeschäfte wurde damals zum ersten Male beschrieben. 1728 v. Chr. wurde in Babylonien die Buchführungspflicht für Kaufleute eingeführt. Bei den Babyloniern zur Zeit des Königs *Hammurabi*, den Assyrern in Ninive, der großen Handelsstadt, und den syrischen Aramäern, deren Sprache in der damaligen Zeit die allgemeine Kanzlei- und Handelssprache war, gab es bereits weibliche Sekretärinnen. Auf diese Zeit geht die erste Büroorganisation zurück.

Die kaufmännische Ausbildung erforderte damals etwa 10-14 Jahre. Der Kaufmann gehörte zu den gebildeten Ständen. Er mußte schreiben und rechnen können und über die bestehenden Gesetze in den verschiedenen Ländern orientiert sein. Von Berufs wegen unternahm er weite Reisen und besaß dadurch die Gelegenheit, aus den wiederholten Kontakten mit den gebildeten Schichten anderer Städte und Länder zusätzliche Fachkenntnisse und Bildung zu erwerben. Auf diese Weise bürgerten sich die wichtigsten kaufmännischen Verfahrenstechniken wie Schreiben, Rechnen, Buchhaltung, Organisation, Reiseplanung, Geschäftsabschluß, Währungsumrechnungen, Zahlungsverkehr und andere verhältnismäßig schnell in dem Mittelmeerraum ein. [S. 13]

Die damaligen Kenntnisse sind zum Teil in den verschiedenen Büchern der Lebensweisheit enthalten, so beispielsweise in der Priestergeheimlehre in Ägypten (etwa 2000 v. Chr.), in der Weisheitslehre des Königs *Amanemhêt*, in dem Weisheitsbuch des *Amenope*, aus dem Jahre 1193 v. Chr. und im Buch der Lebensweisheit von *Jesus Sirach* aus der Ptolemäerzeit nach Alexander dem Großen, wo es unter anderem heißt: „Schäme dich, die Buchführung zu vernachlässigen!" oder: „Was du übergibst an Zahl oder Gewicht und die Ausgaben und Einnahmen, alles schriftlich!"[4] Im wesentlichen geschah aber damals die Weitergabe solchen Wissens mündlich.

2.2 Griechische Kunstlehren

Griechische Gelehrte behandelten betriebswirtschaftliche Fragen unter anderem im Rahmen der Lehre von dem „Oikos". Unter „Oikos" wurde dabei nicht nur das Hauswesen eines Bürgers verstanden, sondern gegebenenfalls auch sein Gesamtbetrieb. Der Begriff konnte in solchen Fällen neben mehreren örtlich getrennten landwirtschaftlichen Gütern auch Handelsbetriebe, Werkstätten und das gesamte übrige Vermögen wie beispielsweise den Besitz an Häusern, Grundstücken und Sklaven umfassen. Mit diesem Gegenstandsbereich beschäftigte sich eine eigene Kunstlehre, die den gleichen Rang wie etwa die Heilkunde oder die Baukunst besaß. Neben einer allgemeinen Lehre vom Wirtschaftsbetrieb gab es noch eine spezielle Wirtschaftslehre, deren Gegenstand der landwirtschaftliche Betrieb war.

2.2.1 Xenophons Lehre von dem landwirtschaftlichen Betrieb

In „*Xenophons* Oikonomikos"[5] ist uns der vollständige Text einer landwirtschaftlichen Betriebslehre überliefert worden, der etwa von 385-370 v. Chr. entstanden sein dürfte. [...]

Theoretisch bedeutsam ist, daß Xenophon [...] den Gesamtbetrieb in den persönlichen Haushalt einerseits und den Produktionsbetrieb andererseits unterteilt und für beide eine Wirtschaftslehre für notwendig hält. [S. 14]

[...] Xenophon behandelt die Notwendigkeit, Überschüsse anzustreben und auf die Vermehrung des Reichtums bedacht zu sein. Er schildert die Anforderungen an den Eigentümer und den Verwalter, die notwendigen Eigenschaften für die Erfüllung dieser Anforderungen (vor allem Gesundheit, geschickte Verhandlungstechnik, Fachkenntnisse, Urteilsfähigkeit und Kenntnisse in der Menschenführung) und faßt die erforderlichen allgemeinen Fachkenntnisse anschließend nochmals zusammen.

[...]

2.2.2 Aristoteles' Lehre vom Wirtschaftsbetrieb

Aristoteles (384-322 v. Chr.) unterschied vier Formen der „Hauswirtschaft": die königliche, die provinzielle, die städtische und die private. Zu letzterer heißt es bei ihm: „Die vierte und letzte Wirtschaftsform ist die private. Diese ist ohne Regel und vielseitig, weil sie nicht nur auf ein Ziel ausgerichtet ist, und sie ist die kleinste, weil in ihr Einkünfte und Aufwendungen gering sind. Die wichtigste Einnahme zieht sie aus der Landwirtschaft, die zweitwichtigste aus den übrigen regelmäßigen Verrichtungen, die dritte aus dem Geldertrag. Dazu kommt ein Gesichtspunkt, der für alle Wirtschaftsformen wichtig ist und nicht nebensächlich behandelt werden darf, besonders aber für die Privatwirtschaft, daß nämlich die Ausgaben nie die Einnahmen übersteigen dürfen."[6] Damit wurde ein wesentliches Merkmal und eine wichtige Nebenbedingung betriebswirtschaftlicher Tätigkeit definiert, nämlich das Prinzip der ständigen Zahlungsbereitschaft.

Aristoteles geht von zwei Produktionsfaktoren aus, der Arbeit und dem Kapital. Bei ihm ist der Mensch „das notwendigste und wertvollste, zugleich das wirtschaftlichste unter den Besitztümern". Er unterscheidet Aufseher und Arbeiter und behandelt diese beiden Arten von Arbeitskräften getrennt. [...]

Dem Kapital gegenüber empfiehlt Aristoteles vier Arten der Einstellung, die der „Hauswirt" haben sollte: „Er muß imstande sein, zu erwerben und zu sichern, weil ihm ohne dies der Erwerb nichts nützt ... Ferner muß er das Vorhandene zur Geltung bringen und nutzen können; denn um deswillen bedürfen wir des ersten. Drittens muß der Besitz eingeteilt sein und der ertragreiche Teil größer sein als der unergiebige. Endlich müssen die Arbeiten so verteilt sein, daß sie nicht alles zugleich aufs Spiel setzen."[7]   S. 16

Bei diesen vier Einstellungen handelt es sich um vier Grundprinzipien der betriebswirtschaftlichen Betätigung. Bemerkenswert ist, daß in das erwerbswirtschaftliche Prinzip unmittelbar das Prinzip der Sicherung gegen Risiken eingeht. Die Einstellungen zwei bis vier stellen nur eine Ergänzung des erstgenannten Prinzips dar. In der Einstellung zwei ist im wesentlichen gesagt, daß das einmal Erworbene wiederum gewinnbringend investiert werden müßte. Die Einstellung drei bedeutet, daß die ertragreichen Kapitalanlagen überwiegen müßten, womit gleichzeitig eine Verteilung der Risiken gefordert ist. Die Einstellung vier ist eine Warnung vor Entscheidungen, welche den Betrieb als Ganzes aufs Spiel setzen könnten.

[...]

2.3 Aufbau der theoretischen Grundlagen gesicherter Erkenntnisse   S. 17

Die Arbeiten von Aristoteles bildeten den Abschluß einer fast 300-jährigen Entwicklung. Diese begann etwa mit *Thales von Milet* (625 - 545 v. Chr.), einem Philosophen, der einem alten Handelsgeschlecht entstammte. Den Kaufleuten des Altertums und der Antike war es zunächst um Rezepte für erfolgreiches Handeln gegangen. Sie sammelten daher Beispiele für bestimmte Techniken und bewährte Verhaltensweisen. Sehr schnell gelangten jedoch die Gelehrten der damaligen Zeit - wie auch auf anderen Wissensgebieten - zu der Einsicht, daß Rezepte nur in speziellen Fällen anwendbar sind. Sie suchten daher nach Methoden, mit deren Hilfe sie zu generell gültigen Erkenntnissen gelangen könnten. Solches Wissen müßte es erlauben, aus ihm auch für eine Vielzahl spezieller Probleme Lösungen zu finden. Es würde zu weit führen, diesen faszinierenden Übergang von deskriptiver zu präskriptiver Forschung im einzelnen wiederzugeben. Ein kurzer Überblick über die damalige Entwicklung der Erkenntnistheorie[8] fördert jedoch das Verständnis der unterschiedlichen Richtungen, auf die sich die Betriebswirtschaftslehre unserer Zeit zurückführen läßt.

Zunächst glaubte man, die sinnliche Wahrnehmung könne als wesentliche Erkenntnisquelle dienen. Dieser Auffassung wurde bald entgegengehalten, daß sich das Wesen der Dinge nicht empirisch, sondern nur durch das Denken erfassen lasse. *Empedokles* von Agrigent (etwa 490 - 430 v.Chr.), *Anaxagoras* aus Klazomenae (um 500 - 428 -v. Chr.) und *Demokrit* aus Abdera (etwa 460 - 360 v. Chr.) versuchten eine Lösung des Konfliktes zwischen sinnlicher und rein verstandesmäßiger Erkenntnis. Sie glaubten schließlich, sie in dem von ihnen entwickelten mechanistischen Materialismus gefunden zu haben.

Auf diese erste theoretische Periode folgte die Zeit der ersten Aufklä-   S. 18
rung im fünften Jahrhundert v. Chr., die Sophistik. Die Sophisten, auf

deutsch Lehrer der Weisheit, waren die Begründer der Dialektik, das heißt der Methode, gesprächsweise Erkenntnisse zu entwickeln. [...]

Im speziell kaufmännischen Bereich waren sie die Erfinder der Verhandlungstechnik und damit des systematisch aufgebauten Verkaufsgesprächs. Der große Erfolg griechischer Kaufleute in der damaligen Zeit dürfte nicht zuletzt auf ihre spezielle Ausbildung in der Dialektik und der Verhandlungstechnik zurückzuführen sein.

Die methodischen Grundlagen der Betriebswirtschaftslehre legten vor allem Sokrates, Platon, Aristoteles und Epikur. *Sokrates* von Athen (469 - 399 v. Chr.) begründete die sogenannte Abstraktion, indem er bestimmte Taten vergleichend nebeneinander stellte, das Gleichartige und Wesentliche ermittelte und es von dem Zufälligen trennte. So brachte er den Begriff zur vollen Klarheit. *Platon* von Athen (427 - 347 v. Chr.) entwickelte diese Methode zu seiner Ideenlehre weiter. Nach ihm war der Begriff das einzige, was im Wandel der Erscheinungen feststehe und von allen Menschen in gleicher Weise gebildet werden könne. Daher schien ihm der Begriff allein allgemeine Gültigkeit zu besitzen und Gegenstand wahrer Erkenntnis zu sein. Die letzte Aufgabe der Wissenschaft sah er darin, Begriffe in ein geordnetes System zu bringen, in dem immer höhere und allgemeinere Begriffe die niederen und engeren überfassen. Dabei galt ihm der Begriff des Guten als der höchste Begriff.

[...]

Aristoteles, der zwanzig Jahre lang Schüler Platons war, stellt sich demgegenüber auf den Boden der Erfahrung. Er findet die Verwirklichung der Begriffe in den realen Dingen selbst. Seine Hauptgedanken sind, daß das Allgemeine im Einzelnen immanent sei, und daß sich daher das Einzelne wie die Gesamtheit zu immer höheren Formen entwickelten. Ebenso wie Platon sieht auch er den Unterschied zwischen den wahrnehmbaren Gegenständen und dem „wahrhaft Seienden".[9] Im Gegensatz zu Platon gewahrt er jedoch, daß man die Idee (Form) nicht von den Dingen getrennt betrachten könne; erst „in ihrem Zusammentreten (ergeben sie) die Wirklichkeit".[10]

S. 19

Aristoteles suchte die Gesetze zu finden, nach denen sich wissenschaftliches Denken vollziehen muß. Er forschte nach Methoden, die es erlauben, die Richtigkeit von Behauptungen zu beweisen. Die Ergebnisse seiner Arbeiten auf diesem Gebiet legte er in der Schrift „Organon" vor, mit der er zum Schöpfer der Logik wurde. Seine Lehren von dem Begriff, dem Urteil und dem Schluß haben sich bis heute erhalten.

Streng wissenschaftliches Denken kann nach ihm nur deduktiv sein.

[...]

Epikur aus Samos (341-270 v. Chr.) begnügte sich nicht damit, daß   S. 20
Wahrheit nur als die objektive Relation der Übereinstimmung von Begriff und Sache verstanden wurde. Er zielte vielmehr auf „das Wissen um diese Relationen".[11] Damit gelangte er zu einem induktiven Denken, das auf der Erfahrungswelt gründet. Das Denken und die Wahrheitsfindung betrieb er weniger allein um der Erkenntnis willen, sondern um auf einem wissenschaftlichen und exakten Weg zur Glückseligkeit zu gelangen.[12] Hierzu verwendete er das Wahrheitskriterium als Kontrollinstrument. Für ihn war es nur ein pragmatisches Mittel. Das Prinzip der Nützlichkeit erhielt damit die Stellung einer Leitmaxime.

2.4 Techniken und Verfahrensregeln des Mittelalters

Auf der Basis etwa dieses Erkenntnisstandes bauen die betriebswirtschaftlichen Forscher des Morgen- und Abendlandes in ganz verschiedener Weise die Disziplin weiter auf. Leider gingen infolge der unruhigen Zeitentwicklung viele betriebswirtschaftliche Schriften der Antike und des Mittelalters im Vorderen und Mittleren Orient verloren. Eine der ersten umfassenden Darstellungen ist ein Buch von *Ali Ad Dimisqi*, das zu deutsch „Das Buch des Hinweises auf die Schönheiten des Handels und die Kenntnis der guten und schlechten Waren und die Fälschungen der Betrüger an ihnen" hieß.[13] Dieses umfangreiche Werk aus dem 12. Jahrhundert enthält Abschnitte über die Preis- und Absatzpolitik, theoretische Untersuchungen über die Entstehung des Geldes, die Kalkulation von Waren, die Einsicht, daß der Marktpreis aus Angebot und Nachfrage zustande kommt, erklärt die Faktoren, von denen die Preise abhängen, und gründet darauf preispolitische, absatzpolitische und allgemeine geschäftspolitische Empfehlungen. Die Schrift behandelt außerdem die Arten des Erwerbs, die Klassen der Kaufleute, beschreibt kaufmännische Tätigkeiten, erörtert die Anwendung des Prinzips der Vermögenserhaltung und enthält eine bunte Blütenlese kaufmännischer Lebensweisheiten.

Die Erfolge der arabischen Kaufleute und des Islams ließen die westlichen Kaufleute und Gelehrten nicht ruhen. Ihre Suche nach den Wurzeln dieser Erfolge führte zu dem Ergebnis, daß sie zu einem wesentlichen Teil auf das Rechnen mit indischen Zahlzeichen nach dem Dezimalsystem, das mit der Null den Stellenwert einführte, zurückzuführen   S. 21
sein könnten. So bedeutete das im Jahr 1202 erschienene Buch von

Leonardo Fibonacci Pisano „IL LIBER ABBACI" geradezu eine Revolution, in dem Leonardo die Techniken des Rechnens mit diesen Zahlzeichen und insbesondere des kaufmännischen Rechnens darstellte.[14] Diese Verfahren brauchten jedoch etwa drei Jahrhunderte, um sich in den westlichen Ländern durchzusetzen.

Im damaligen Abendlande versiegte die betriebswirtschaftliche Literatur zeitweise fast vollständig. Dies lag teilweise daran, daß die Araber im Jahre 641 Ägypten erobert und damit den Westen von seiner einzigen Bezugsquelle für den Papyrus, den damals am häufigsten benutzten Schreibstoff, abgeschnitten hatten. Die in China erfundene Papierherstellung wurde - über chinesische Kriegsgefangene - erst wesentlich später bekannt.

Ein zweiter Umstand wog noch schwerer. Die unruhige Zeit der Völkerwanderung und die Ideenwelt des Mittelalters führten dazu, daß die damaligen Kaufleute ihre Erkenntnisse und Verfahren größtenteils geheimhielten. Der für sein eigenes Wohl und auf eigene Initiative tätig werdende Händler wirkte in den damaligen Städten als Fremdkörper, deren Bürger sich als eine lebendige Gemeinschaft verstanden. Der Gemeinschaft kam allein die Initiative im Wirtschaftsleben zu.[15] Der Kaufmann verhielt sich daher am besten so still wie möglich.

[...]

Schon die Ägypter hatten Buchhaltungen entwickelt, die in etwa unserem heutigen amerikanischen Journal entsprachen. Sie enthielten getrennt neben einer Einnahmenspalte mehrere Ausgabenspalten, die eine Aufgliederung nach Ausgabenarten oder nach Ausgabenstellen erlaubten. Diese Buchhaltungen wurden monatlich abgeschlossen, so daß sich ein Monatsgewinn oder -verlust ergab.

S. 22

[...]

Die älteste systematische Darstellung der doppelten Buchhaltung legte *Pacioli* im Jahre 1494 vor.[16] Dieser Arbeit war 1468 eine Handelsarithmetik vorausgegangen. Neben der neuen Technik war bei dieser Schrift der Umstand bedeutsam, daß Pacioli im Gegensatz zu den üblichen Buchhaltungen seiner Zeit den privaten Haushalt des Kaufmanns von dessen Wirtschaftsbetrieb trennte und den letzteren buchhalterisch verselbständigte. Er brachte damit eine Entwicklung zum Ausdruck, die darin bestand, daß sich der Erwerbsbetrieb des Kaufmanns von dessen privater Haushaltung löste. Das Ergebnis dieses Prozesses war die kapitalistische Unternehmung.[17]

Pacioli war Professor der Mathematik und lehrte von 1477 an in Perugia, Rom, Neapel, Venedig, Mailand, Florenz, Pisa, Bologna und zuletzt an der Sapienza in Rom. Seine „Summa" war als eine systematische Enzyklopädie der Mathematik nach ihrem damaligen Stande gedacht und in italienischer Volkssprache für diejenigen geschrieben, welche die mathematischen Wissenschaften „vernunftgemäß in Theorie und Praxis anzuwenden verstehen."

S. 23

Das 300 Seiten starke Werk gliedert sich in fünf Hauptteile: Arithmetik und Algebra - die Anwendung beider auf die kaufmännische Praxis - Buchführung - Münzen, Maße und Gewichte - reine und angewandte Mathematik. Der Inhalt des Traktates über die Buchhaltung umfaßt 36 Kapitel, die sich etwa nach folgenden Teilgebieten unterscheiden lassen: [1] Notwendige Dinge und Bücher, [2] Inventar, [3] Memorial, [4] Journal, [5] Hauptbuch, [6] Buchung wichtiger Vorfälle, [7] Übertragung, [8] Kontoauszug, [9] Stornieren, [10] Bilanz, [11] Schriftverkehr und Registratur.

Die Arbeit von Pacioli stellte eine theoretische Überhöhung der damals schon lange eingeführten doppelten Buchhaltung dar. Pacioli erkannte das Prinzip der Doppik und formulierte die doppelte Buchhaltung dem Sinne nach als Kalkül. Es gelang ihm, den gesamten quantifizierbaren Bereich kaufmännischer Tätigkeiten in ein abstimmbares, lückenloses und sogar praktikables System zu fassen. Sein Modell erlaubte es, nicht nur den wirtschaftlichen Stand und die Struktur einer Betriebswirtschaft zu jedem Zeitpunkt darzustellen, sondern auch deren Entwicklung in der Zeit wiederzugeben. Für den weiteren Aufstieg der Betriebswirtschaftslehre war diese wissenschaftliche Leistung von unschätzbarem Wert.

Die Kalkulationen waren zunächst einfach und stellten die wichtigsten Einnahmen und Ausgaben nachträglich gegenüber. Dabei wurden die verkauften Waren nach Menge und Wert einzeln aufgeführt und für sie angegeben, welche Beträge im einzelnen für das Material und den Transport aufgewendet und welche Einnahmen erzielt worden waren. Der daraus sich ergebende Überschuß mußte sämtliche übrigen Ausgaben decken.

Aus dieser Form der Nachrechnung entwickelte sich die überschlägige Vorkalkulation, deren Struktur sich aus der Schätzung des stufenweisen Vollzugs einzelner Geschäfte ergab. Der Endwert war daher nur über längere und schwierige Ableitungen zu ermitteln. Hierbei spielten die „bösen" Schulden eine besondere Rolle, weil der Ausfall oder das

Zweifelhaftwerden einer Forderung leicht den Gesamtgewinn eines Kaufmanns wieder aufzehren konnte.

Die Struktur der Kalkulation erfuhr über die Diskussion des „gerechten" Preises indirekt eine wissenschaftliche Analyse. *Augustinus* (354 - 430) hatte erkannt, daß die Aufgabe und Berechtigung des Handels in seiner Funktion des Mangelausgleichs liege. Der Händler bringe die Güter von dem Ort des Überflusses an den Ort des dringenden Bedarfes. *Alexander von Hales* (1186 - 1245) fand, daß der Händler keine unveränderte Sache verkaufe. Durch den Transport, die Risikoübernahme und andere Leistungen erfolge eine Werterhöhung. *Thomas von Aquin* (1225 - 1274) sah schließlich den Gewinn des Kaufmanns als Lohn für seinen Beitrag zur Güterversorgung an, sofern er für einen standesgemäßen Familienunterhalt, zur Unterstützung der Armen oder zum öffentlichen Nutzen verwendet werde. Auf diese Weise wurde auch der Gewinn zum werterhöhenden Kostenfaktor.

S. 24

Heinrich von Gent (1217 - 1293) untersuchte die Arten kaufmännischer Tätigkeiten, die eine Werterhöhung im Sinne Alexander von Hales' bewirken könnten. Er fand sie in der körperlichen Arbeit, dem Ausgleich zeitlich und räumlich bedingter Marktunterschiede und in der „ratio ementis", die vorliegt, wenn ein Kaufmann den wahren Wert einer Ware, die unter diesem Wert eingekauft werden kann, erkennt und diese Wertdifferenz nutzt. Der „gerechte" Preis soll nach den für das Handelsgut ausgeführten Leistungen des Händlers bemessen werden. Damit war das Kalkulationsprinzip der kostenorientierten Preisbildung formuliert, das noch heute für öffentliche Aufträge gilt.

Die späteren Scholastiker haben den Versuch unternommen, die im Preis abzugeltenden Funktionen näher zu bestimmen. *Duns Scotus* (1266 - 1308) fand, daß auch die Risikoübernahme und die Lagerfunktion im Preis abgegolten werden müßten. *Antonin von Florenz* (1389 - 1459) ging von der mehr theoretischen Betrachtungsweise seiner Vorgänger ab und versuchte, zunächst durch empirische Erhebungen die üblichen Aufwendungen des Kaufmanns festzustellen, für die jener einen Ersatz im Preise verlangen könne.[18] Er gliederte zu diesem Zweck die Aufwandsarten nach sechs Bereichen.[19]

1. *labor,* die kaufmännischen Arbeiten wie Ein- und Verkauf, das Aufstellen von Rechnungen, Inkasso, Buchführung und Kontrolle,

2. *damnum,* etwa im Sinne von Schäden, die an den Waren durch den Transport oder durch die Lagerung eintreten,

3. *pericula,* Risiken, die in der Marktsituation der Waren liegen; hierzu rechnete Antonin die Ausgaben für Versicherungen,

4. *expensae im eigentlichen Sinne,* die in etwa dem später eingeführten Begriff der „Regiekosten" entsprechen (Mieten, Löhne, Unterhaltskosten für die Angestellten, Porti und andere),

S. 25

5. *ingenium et ars,* die kaufmännische Tüchtigkeit, ein Kostenbestandteil, über den später die Lehre vom Kostenpreis ad absurdum geführt wurde,

6. *Aufwendungen für das eingekaufte Gut selbst,* die sich aus dem Einstandspreis und den Transportkosten zusammensetzten. Antonin war sich darüber im klaren, daß in solchen Fällen nur mit Aufwendungen gerechnet werden könne, die ein vorsichtiger und kluger Kaufmann benötigte.[20] In dieser Feststellung finden wir ein erstes Eingehen auf das Problem, daß man nur leistungsbedingte Aufwendungen für kalkulatorische Zwecke verwenden sollte und außerordentliche und betriebsfremde Aufwendungen ausschließen muß. Diese Grundüberlegungen liegen auch dem modernen Kostenbegriff zugrunde.

Die Lehre des Antonin von Florenz enthielt zwar kein eigentliches Kalkulationsbeispiel auf funktionaler Grundlage, stellte aber eine betriebswirtschaftliche Morphologie in funktionaler Sicht dar. Jeder Praktiker konnte überdies aus ihr unmittelbar ein allgemein anwendbares und lückenloses Kalkulationsschema für seinen speziellen Bereich entwickeln.

2. 5 Entwicklung einer Grundkonzeption von der Struktur wirtschaftlichen Handelns

Die christliche Philosophie unternahm in der Scholastik, beginnend etwa mit dem 9. Jahrhundert, den Versuch, „die festgelegten Glaubenssätze in ein philosophisch-theologisches Wissenschaftssystem überzuführen".[21]

[...]

Thomas von Aquin (um 1225-1274) gelang es, auf der Grundlage der aristotelischen Lehre ein eigenes philosophisch-theologisches System zu entwickeln. Bei seiner theoretischen Behandlung der Wirtschaft, die im Rahmen des gesamten Systems erfolgte, stützte er sich auf die Beziehungslehre des Aristoteles. Nach diesem sind bei jeder Beziehung

S. 26

Beziehungsträger (subjectum relationis), Beziehungsziel (terminus relationis) und Beziehungsgrund (fundamentum relationis) zu unterscheiden. Innerhalb der nach dieser Beziehungslehre in Frage kommenden Beziehungen ist das Wirtschaften eine relatio causalitatis mutua, nämlich eine gegenseitige Beziehung zwischen Mittel und Zweck, die zustandekommt durch ein Tätigwerden oder ein Erleiden.[22] In dieser Beziehung ist die wirtschaftliche Tätigkeit oder der Wirtschaftsbetrieb Beziehungsträger. Beziehungsziel ist das bonum commune, das Wohl der Gemeinschaft, das gleichzeitig das primäre Wirtschaftsprinzip der Scholastik darstellt. Beziehungsgrund ist die Eignung des Beziehungsträgers, das Beziehungsziel zu erreichen.

[...]

Die [...] Grundkonzeption von Thomas stellte eine imponierende wissenschaftliche Leistung dar, weil seine Erklärung des Wirtschaftens einerseits in seinem philosophisch-theologischen System fest verankert war, sie es andererseits aber erlaubte, dieses neue System zu verselbständigen und aus ihm generelle Lösungen für spezielle Fragen in quantitativen und qualitativen Bereichen betriebswirtschaftlicher Betätigung abzuleiten. Insofern wird man die Beziehungslehre des Thomas von Aquin als einen ersten Ansatz für eine umfassende Theorie der Betriebswirtschaft bezeichnen dürfen.

S. 27

2.6 Einbruch rationaler und kausaler Betrachtungsweisen

Etwa gleichzeitig mit dem Aristotelismus, den das Morgenland übermittelte, drang von dort auch die empirische Forschung in Medizin und Naturwissenschaft ein.[23] In diesem Zusammenhang hatte schon *Albertus Magnus* (1193 - 1280) auf die Bedeutung der Beobachtung und des Experimentes für wissenschaftliche Analysen hingewiesen. Seit Beginn des 15. Jahrhunderts stellten die Scholastiker ausgedehnte Beobachtungen wirtschaftlicher Verhältnisse an, um sie zur Grundlage ihrer wirtschaftsethischen Thesen zu machen und mit Hilfe der Ergebnisse solcher Analysen ihre bisherigen Erkenntnisse zu überprüfen. Den glänzenden Abschluß dieser Schule bildete *Ludwig Molina* (1535 - 1600), der entgegen seinen Vorgängern auf betriebswirtschaftliche Probleme eine rationale und kausale Betrachtungsweise anwendete.

Molina gewann seine Einsichten in die wirtschaftlichen Zusammenhänge, indem er systematische Marktuntersuchungen anstellte und gezielte Befragungen der Kaufleute durchführte.[24] Er wies nach, daß das Nehmen von Zinsen erlaubt sein müßte, wenn ein Kaufmann auf das eigene Geschäft verzichte und sein Kapital stattdessen ausleihe. Er spürte wesentliche Ursachen der Geldentwertung auf und entwickelte eine Geldlehre, die als Quantitätstheorie angesehen werden kann. Nach ihm sind die eigentlichen Preisbestimmungsgründe die Warenmenge, die Zahl der Käufer, die allgemeine Dringlichkeit des Bedarfs, Geldmenge und Geldbedarf sowie die Verkaufsart, das heißt die Umstände, unter denen verkauft wird. Er erkannte, daß die Kaufkraft des Geldes durch Veränderungen der Bargeldmenge, der Kreditmenge, der Warenmenge, der Zahl der Käufer und Verkäufer sowie der Stärke der Nachfrage beeinflußt werde. Seinem Modell fehlte nur noch die Umlaufsgeschwindigkeit des Geldes. Damit formulierte er die Erkenntnis von *Johannes Nider* (1380 - 1438), daß Angebot und Nachfrage die Hauptmomente der Preisbildung seien.

Molina hat nach Antonin von Florenz wohl am konsequentesten versucht, sich von dem Formalismus seiner Vorgänger zu lösen und mit Hilfe empirischer Forschungen zu einem wirklichkeitsnäheren Wissen zu gelangen, als dies bis dahin möglich war. Seine wesentliche Leistung in betriebswirtschaftlicher Sicht dürfte darin liegen, daß er - wenn auch nur für einen speziellen Bereich – Methoden der Marktforschung entwickelte, die Berechtigung des Handelsgewinns theoretisch erklärte, eine betriebswirtschaftliche Preistheorie entwickelte und auf deren Grundlage Probleme des Angebots- und Nachfragemonopols anging.

S. 28

[...]

3. Mittlere Geschichte (etwa 1600 bis 1900)

Als mittlere Geschichte wollen wir den Zeitraum bezeichnen, der damit begann, daß für die Betriebswirtschaftslehre die Voraussetzungen einer eigenständigen Wissenschaft gegeben waren, und der damit endete, daß diese Disziplin in den Hochschulen einen festen Platz erhielt. Der Anfang dieses Zeitraumes liegt etwa an der Schwelle zwischen Mittelalter und Neuzeit. Er fällt in eine Zeit, in welcher der Mensch die Lupe erfand und mit Hilfe des Mikroskops das ganz Kleine und mit Hilfe des Teleskops das ganz Große in der Welt entdeckte, Dinge im Mikro- und im Makrokosmos, die sich vorher jeder Beobachtung und auch jeder Vorstellung entzogen hatten. Von nun an richteten die Gelehrten zunehmend ihre Aufmerksamkeit auf die Natur und begannen, die Erforschung des menschlichen Innenlebens zu vernachlässigen. Das Zeitalter des Rationalismus begann. Eine radikale Emanzipation von allen weltanschaulichen, politischen und wirtschaftlichen Bindungen setzte ein.

S. 29

3.1 Erste Lehrsysteme der Betriebswirtschaftslehre im Rahmen der Handlungswissenschaften

Der Übergang vom Mittelalter zur Neuzeit brachte auch für die Betriebswirtschaftslehre umwälzende Neuerungen. Sie stieg auf von ihrem bisherigen Status einer Kunstlehre, welche die Kaufleute als ihr Geheimwissen hüteten, und einer Wissenschaft, die Teilgebiet verschiedener anderer Wissenschaften war, zu einer selbständigen Disziplin, die ihre Ergebnisse der Allgemeinheit zugänglich machte. Von nun an enthielten die Veröffentlichungen weniger Techniken als gerade das, was die damaligen Kaufleute für die wesentlichen Grundlagen ihrer Erfolge hielten: einen systematischen Überblick über das kaufmännische Gesamtwissen und geschäftspolitische Regeln. Eine der ersten Arbeiten dieser Art war ein Buch von *Benedetto Cotrugli* „Della mercatura et del mercante perfetto", das 1458 geschrieben und 1573 gedruckt wurde.[25] Es stützte sich noch auf das Gedankengut des Antonin von Florenz.

Viel weiter ging *Giovanni Domenico Peri*, der im Jahre 1658 seinen „Il Negotiante" vorlegte.[26] Von dieser Arbeit erschienen verschiedene Auflagen. Die Ausgabe von 1682 umfaßte bereits 700 Quartseiten. Das Ziel von Peri war es zunächst, für seine Söhne einen Wegweiser für die eigentliche Geschäftsführung zu schreiben. Die Zeitverhältnisse veranlaßten ihn dann, sein Buch zu veröffentlichen.

[...]

Der „Il Negotiante" gilt als erster Baustein zu einem späteren Lehrgebäude der Handlungswissenschaft. Peri hatte neben einer gründlichen Handelspraxis philosophische, theologische und juristische Studien betrieben. Bei seinen Ausführungen hielt er sich jedoch streng an eigene, bewährte Erfahrungen. Er gliederte seinen Stoff nach pädagogischen Gesichtspunkten. Deshalb begann er mit den Zwecken und dem Nutzen des Kaufmanns, handelte die kaufmännischen Grundtätigkeiten ab, schilderte den organisatorischen Aufbau und Ablauf eines Wirtschaftsbetriebes und erklärte nochmals die zuerst wiedergegebenen Grundtätigkeiten aus ihrer Anwendung an verschiedenen Arbeitsplätzen. Auf diese sehr geschickte Einführung folgten im zweiten Hauptteil Abstraktionen. Peri fragte nach dem Kaufmann an sich, seinen Rechtsbeziehungen und nach den Möglichkeiten von Gewinnen aus Geld- und Wechselgeschäften. Auf diese Theorien folgte im dritten Hauptteil die praktische Anwendung einschließlich der Kontrolle aller Erfolge durch

S. 30

die Buchhaltung. Den vierten Hauptteil bildete eine bunte Blütenlese aus Sondererfahrungen, die Peri im Laufe seines Lebens gesammelt hatte.

Das abschätzige Urteil über betriebswirtschaftliche Schriften der handlungswissenschaftlichen Periode und insbesondere über Peri[27] stammt aus der Feder fachfremder Autoren. Die Arbeit an dem heterogenen Tatsachenmaterial war damals recht schwierig, das infolge der unterschiedlichen Betriebsgrößen, der Inkonstanz der Verhältnisse in der Zeit und vor allem des Fehlens einer allgemeinen Lehre vom Wirtschaftsbetrieb besondere Anforderungen an den Wissenschaftler stellt. In dieser Situation waren die damaligen Arbeiten durchaus von wissenschaftlichem Erkenntniswert, zumal das Ausgangsmaterial und die wissenschaftlichen Arbeitsmöglichkeiten der Autoren eine bessere Bearbeitung kaum zuließen. Unter diesen Umständen war es auch richtig, das Ausgangsmaterial für eine theoretische Einsicht wiederzugeben und nach der eigenen theoretischen Arbeit bewährte Sondererfahrungen insoweit festzuhalten, als sie späteren theoretischen Arbeiten anderer Autoren vielleicht nützlich sein könnten.

S. 31

An zweiter Stelle nach Peri ist *Jacques Savary* (1622 - 1690) zu nennen. Er hatte eine gründliche kaufmännische Ausbildung erhalten, wurde Tuchgroßhändler, Verleger und Fabrikant, war später als Gutachter tätig und hatte als Mitglied des Conseil de la réforme maßgeblichen Einfluß auf den 1673 in Kraft getretenen Code de Commerce von Colbert in Frankreich. Von ihm wurden insgesamt 109 Gutachten veröffentlicht, so daß man ihn vielleicht auch als den ersten Wirtschaftsprüfer bezeichnen kann. Etwas beeinflußt von dem Aufkommen neuer Systeme einer empirischen induktiven Wissenschaft entwickelte er sein Buch „Le parfait négociant"[28], dessen erste Auflage 1675 erschien und das in den folgenden Jahrzehnten die handelswissenschaftliche Literatur wohl am stärksten beeinflußt hat. Er lehnte sich hierbei deutlich an Peri an.

Savary verfolgte mit seinem Buch ein doppeltes Ziel. Er wollte einerseits erklären, wie ein Kaufmann auf redliche Weise dauernd den größten Gewinn erzielen könnte, und andererseits darstellen, wie durch eine Erziehung des Einzelnen zu einem guten Wirtschafter und Staatsbürger eine Gesundung der darniederliegenden Wirtschaft herbeigeführt werden könnte. Die Lösung dieses Problems sah er darin, erwerbspolitische Grundsätze und Erfahrungsregeln für den Kaufmann auf Grund analytischer Beobachtungen herauszuarbeiten und eine systematische Kunstlehre zu entwickeln, in der Propädeutika nicht mehr enthalten waren.

[...]

Außer in seiner Systematik liegt der Wert des Buches von Savary in einer Fülle von bewährten Regeln erfolgreichen Handelns. Savary ist es gelungen, die wichtigsten kaufmännischen Bereiche seiner Zeit in eine systematische Ordnung zu bringen und aus der Fülle der Erscheinungen das jeweils wesentliche für ein erfolgreiches Verhalten herauszuschälen und darzustellen. Die zweite Auflage seines Buches von 1679 hatte bereits einen Umfang von 714 Seiten. Von Savary wurde auch das erste betriebswirtschaftliche Handwörterbuch geplant und in Arbeit genommen, das sein Sohn Jacques Savary des Brulons veröffentlichte.[29]   S. 32

Carl Günther Ludovici (1707 - 1778) wiederholte den Versuch von Savary, alles kaufmännische Wissen seiner Zeit zusammenzutragen und zu systematisieren, als erfahrener Hochschullehrer. Er war seit 1755 ordentlicher Professor der Weltweisheit und wurde 1761 Professor des aristotelischen Organon. Bis 1738 hatte er bereits 20 Veröffentlichungen aufzuweisen. Von 1742 bis 1756 legte er seine „Eröffnete Akademie der Kaufleute, oder vollständiges Kaufmanns=Lexicon" in fünf Bänden vor, dessen erste Auflage bereits 5112 Seiten umfaßte.[30]

Im Rahmen der gesamten Arbeit kam dem „Grundriß eines vollständigen Kaufmanns=systems" besondere Bedeutung zu, der 612 Seiten zählte. In ihm versuchte Ludovici, nach dem Stande der damaligen Wissenschaft die „Handlungswissenschaft" zu systematisieren und für die wesentlichen Bereiche seines Systems theoretische Aussagen zu finden. *Seyffert*, der sich um die betriebswirtschaftliche Geschichtsforschung besonders verdient gemacht hat, sagt sogar von diesem Werk: „Im Prinzip sind als kaufmännische Wissenschaften die gleichen aufgezählt, die auch heute noch im Regelfall das Handelshochschulstudium ausmachen".[31]   S. 33

Ludovicis System bestand aus drei Bereichen. In dem ersten Teil wurden die Handlung „an und vor sich", ihre Grundtätigkeiten und die Maßstäbe dieser Grundtätigkeiten erörtert. Der zweite Teil trägt die Überschrift „Von den Handlungsfähigen, und zur Handlung erforderlichen Personen". In ihm definierte Ludovici die zu verwendenden Begriffe und analysierte die Anforderungen und notwendigen Eigenschaften der kaufmännisch tätigen Personen. Der dritte Abschnitt geht auf die „Hülfsmittel zur Treibung der Handlung" ein, die in dem Standort, den Märkten, den Gebäuden, den Messen, dem Transportwesen, den Banken und verschiedenen Anlagegütern bestehen.

Ludovici erfaßte die gesamte ihm zugängliche Literatur, befragte eine große Zahl von Praktikern und machte sich erst dann an die wissenschaftliche Analyse des vorliegenden Materials. Mit welcher Sorgfalt und mit welchem Verantwortungsbewußtsein er dabei vorging, beweisen die vielen tausend Stichworte, die er auf den 4500 Seiten seines Lexikons bearbeitet hatte, bevor er zu seinem „Grundriß eines vollständigen Kaufmanns=systems" fortschritt. Seine „Handlungswissenschaft" umfaßt nicht nur den Handel, sondern auch beispielsweise das Manufakturen- und Fabrikwesen. Zu den notwendigen Kenntnissen des Kaufmanns zählte er unter anderem die „Vernunftlehre des Wahrscheinlichen".[32] Unter Berücksichtigung der obigen Veröffentlichung darf Ludovici als Begründer einer Deutschen Betriebswirtschaftslehre angesehen werden, deren Existenz damit spätestens im Jahre 1756 beginnt. Welche Bedeutung er dieser Disziplin beimaß, geht daraus hervor, daß er die Errichtung einer Kaufmannsakademie und ein „Lehramt der Kaufmannschaft" auf Universitäten, also die Einführung der Handlungswissenschaft als Hochschuldisziplin forderte.

Als Höhepunkt der systematischen Handlungswissenschaft wird die Arbeit von *Johann Michael Leuchs* (1763 - 1836) „System des Handels" anzusehen sein. Das Buch, das vier Auflagen erlebte, hatte schon in der ersten Auflage einen Umfang von 592 Seiten.[33] Leuchs begann mit dem Problem der Arbeitsteilung in der Wirtschaft und leitete daraus sein System des Handels ab, das sich in eine Privathandlungswissenschaft und eine Staatshandlungswissenschaft gliederte. Die Handelskunde behandelte er im dritten Abschnitt, betrachtete sie aber nicht mehr als Teil seiner wissenschaftlichen Darstellung.

S. 34

Innerhalb der Privathandlungswissenschaft brachte Leuchs eine Tauschhandelslehre, eine Wertbestimmungslehre, eine Handelslehre, eine Kontorwissenschaft und die Lehre des Wahrscheinlichen im Handel. Die Handelskunde umfaßt eine Warenkunde oder Warenbeschreibung, eine Handelsgeographie, eine Handelsgeschichte, eine Kontorgeschichte, die Literatur der Handelswissenschaft und einen Abschnitt über kaufmännische Erziehung.

Die Arbeiten von Leuchs unterscheiden sich grundsätzlich von denjenigen seiner Vorgänger, weil er in hervorragender Weise praktische Erfahrungen mit theoretischer Begabung verband. Sein Ziel war es, ein klares Begriffssystem aufzubauen und die Zusammenhänge der Mittel zu den Zwecken und der Zwecke zu den Mitteln zu bestimmen.[34] Wenig später heißt es dann: „Der Zweck des Handels ist der Gewinn".[35]

Leuchs hatte erkannt, daß der Kaufmann eine einheitliche Leitmaxime benötigte, die er bei jeder Entscheidung als Maßstab anlegen konnte. Er wurde sich bewußt, daß man bei wissenschaftlicher Betrachtung die Handlung an sich sehen müsse, also den Privatbereich des Kaufmanns außer Betracht lassen müsse. Er trennte die Handlungswissenschaft von der Handelskunde, wobei er in seiner wissenschaftlichen Methodik starke Einflüsse von Wolff zeigte.[36]

Der theoretische Ausgangspunkt von Leuchs waren der Tauschvorgang und die Größen, die bei ihm den Gewinn beeinflussen. Damit rückte die Kalkulation in das Zentrum seiner Betrachtung, bei der nach ihm hinsichtlich der Höhe künftiger Aufwendungen und Erträge Ungewißheit besteht. Folgerichtig führte er deshalb in die Handlungswissenschaft das Bewertungsproblem (18 Seiten) und die „Lehre des Wahrscheinlichen im Handel" (64 Seiten) ein. Leuchs hatte offenbar die Arbeiten von Fermat und Pascal gekannt und die auf sie folgende Diskussion des Wahrscheinlichkeits-Problems verfolgt. Insofern war sein Lösungsansatz originell. In welchem Umfange dieser Praktiker seine Studien betrieb, geht übrigens daraus hervor, daß seine Bibliothek 20000 Bände aus allen Wissensgebieten umfaßte.[37]

S. 35

3.2 Betriebswirtschaftliche Beiträge der Kameralwissenschaften

Der aufkommende Individualismus und Rationalismus hatte neben den Handlungswissenschaften, die im Grunde die Wissenschaft der Kaufleute war, die Kameralwissenschaft als eine Wissenschaft für Verwaltungsbeamte hervorgebracht. Als „Kameralisten" bezeichnet man Berater und Verwaltungsbeamte der deutschen Territorialfürsten und ihrer „Kammer" im 17. und 18. Jahrhundert, deren Aufgabe es war, die fürstlichen Einkünfte zu mehren. „Vor allem sollte die Wirtschaftsweise der zahlreichen verschiedenartigen Staatsbetriebe mit Hilfe von Grundsätzen, Lehren und Verfahrensregeln so gehoben werden, daß ... aus den Überschüssen der öffentlichen Erwerbsbetriebe möglichst große Ablieferungen für den ... allgemeinen Staatsbedarf gewonnen werden konnten."[38] Löffelholz hat dargelegt, daß die damalige Staatswirtschaft wie ein geschlossener Wirtschaftsbetrieb behandelt wurde, in dem der Staatsmann Betriebsführer war. Man habe „das Begriffsschema der kapitalistischen Betriebswirtschaft auf die Volkswirtschaft übertragen". Der Staatspolitiker habe wie ein Unternehmer danach gestrebt, den Reichtum seines Landes zu mehren und dessen Kapitalkraft durch möglichst hohe Gewinne zu stärken.[39]

[...]

Auf speziell betriebswirtschaftlichem Gebiet hat die Kameralwissenschaft einen Rechnungsstil entwickelt, der „Kameralistik" genannt wird.[40] Sie erkannte den Unterschied zwischen öffentlichen Erwerbswirtschaften und öffentlichen Haushaltswirtschaften. Ihr Ziel der Wirtschaftsrechnung öffentlicher Erwerbsbetriebe ist die Kontrolle der Wirtschaftsgebarung anhand des Erfolges. Demgegenüber ist die Wirtschaftsrechnung öffentlicher Haushaltswirtschaften darauf abgestimmt, darzustellen, inwieweit öffentliche Ausgaben aus ordentlichen Einnahmen gedeckt werden können. Damit sollen die Ursachen von Haushaltsüberschreitungen und -einsparungen erkenntlich gemacht und Grundlagen für den Ansatz künftiger Haushalte gelegt werden. Unter dieser Zielsetzung wurde eine Verwaltungsbuchführung auf finanzwirtschaftlicher Basis entwickelt, die zunächst die Einnahmen und Ausgaben einer Rechnungsperiode sowohl in chronologischer als auch in systematischer Rechnung erfaßte. Später gelang es, diese Nachrechnung weiter zu entwickeln und in sie auch zukünftige Einnahmen und Ausgaben einzuführen.[41]

S. 37

[...]

Anmerkungen

[1] Stein, W., Kulturfahrplan, die wichtigsten Daten der Kulturgeschichte von Anbeginn bis heute, völlig durchges. u. erw. Gesamtausgabe, 180 Tsd., Berlin 1964, S. 20 u. 22.
Schmökel, H., Ur, Assur und Babylon, 5. Aufl., Stuttgart 1955, S. 11.

[2] Stiegler, J. P., Fünftausend Jahre Buchhaltung, Stuttgart 1948, S. 7 f.

[3] Wooley, C. L., Vor 5000 Jahren, 3. Aufl., Stuttgart 1929, S. 88 ff.

[4] Hommel, E., Buchhaltung historisch gesehen, Stuttgart 1954, S. 7.

[5] Xenophon, Memorabilia and Oeconomicus, 7. Aufl., London 1959.

[6] Aristoteles, Über Haushaltung in Familie und Staat („Die Lehrschriften", hrsg. v. P. Gohlke), 2. Aufl., Paderborn 1953, S. 26 (Buch II, 10).

[7] Derselbe, Über Haushaltung in Familie und Staat, 1953, S. 22 (Buch I, 22).

[8] S. hierzu Friedlein, C., Lernbuch und Repititorium der Geschichte der Philosophie, 10. Aufl., Hannover 1958, S. 16 ff.

[9] Kropp, G., Von Lao-tse zu Satre, ein Gang durch die Geschichte der Philosophie, Berlin 1952, S. 48.

[10] Schischkoff, G. (Hrsg.), Stichwort „Aristoteles", in: Philosophisches Wörterbuch, Stuttgart 1961, S. 32.

[11] Heistermann, W. E., Erkenntnis und Sein, Untersuchung zur Einführung in das Wahrheitsproblem und seine geschichtlichen Ursprünge, Detmold 1951, S. 101.

[12] Schischkoff, G. (Hrsg.), Stichwort „Epikur", in: Philosophisches Wörter-buch, Stuttgart 1961, S. 134.

[13] Ritter, H., Ein arabisches Handbuch der Handelswissenschaft (Der Islam, Bd. 7), Straßburg 1916.

[14] Boncompagni, B., Il liber abaci di Lionardo Pisano, Rom 1857.

[15] Löffelholz, J., Geschichte der Betriebswirtschaft und der Betriebswirtschaftslehre, Stuttgart 1935, S. 65.

[16] Paciolo, L., Summa de Arithmetica Geometria Proportioni & Proportionalità, Venedig 1494; deutsch von B. Penndorf, Luca Pacioli, Abhandlung über die Buchhaltung 1494, Bd. II der Quellen und Studien zur Geschichte der Betriebswirtschaftslehre, Stuttgart 1933.

[17] Löffelholz, J., Geschichte der Betriebswirtschaft ..., 1935, S. 138.

[18] Leitherer, E., Geschichte der handels- und absatzwirtschaftlichen Literatur, Köln und Opladen 1961, S. 22 f.

[19] Vgl. Ilgner, C., Die volkswirtschaftlichen Anschauungen Antonins von Florenz, Paderborn 1904, S. 44 ff.

[20] Leitherer, E., Geschichte der handels- und absatzwirtschaftlichen Litera-tur, 1961, S. 23.

[21] Friedlein, C., Lernbuch und Repititorium der Geschichte der Philosophie, 1958, S. 103.

[22] S. Thomae Aquinatis, Duodecim Libros Metaphysicorum Aristoteles Expositio, Turin 1950 L. V., I. XVII, S. 1001 ff.

[23] Windelband, W., Lehrbuch der Geschichte der Philosophie, 14. Aufl., Tübingen 1948, S. 225.

[24] Höffner, J., Wirtschaftsethik und Monopole im 15. und 16. Jahrhundert, Jena 1941, S. 67-70.

[25] Leitherer, E., Geschichte der handels- und absatzwirtschaftlichen Literatur, 1961, S. 38.

[26] Peri, G. D., Il Negotiante, Genua 1638.

[27] Sombart, W., zitiert von Leitherer, E., Geschichte der handels- und absatzwirtschaftlichen Literatur, 1961, S. 41.

[28] Savary, J., Le parfait Négociant, Paris 1675.

[29] Savary des Brulons, J., Dictionnaire universel de commerce, d'histoire naturelle & des arts & métiers ..., Copenhague 1760.

[30] Ludovici, C. G., Eröffnete Akademie der Kaufleute, oder vollständiges Kaufmanns=Lexicon, Leipzig 1752, 1753, 1754, 1755 und 1756 (5 Bände).

[31] Seyffert, R., Über Begriff, Aufgaben und Entwicklung der Betriebswirtschaftslehre, 4. Aufl., Stuttgart 1957, S. 39. Vgl. hierzu auch: Derselbe, Einleitung „Carl Günther Ludovici und sein Hauptwerk, Die Akademie der Kaufleute", in: Quellen und Studien zur Geschichte der Betriebswirtschaftslehre, Bd. IV, Stuttgart 1932.

[32] Ludovici, C. G., Eröffnete Akademie der Kaufleute ..., Bd. 5, Leipzig 1756, S. 11.

[33] Leuchs, J.M., System des Handels, 1. Aufl., Nürnberg 1804, Neudruck als Bd. V der „Quellen und Studien zur Geschichte der Betriebswirtschaftslehre", hrsg. v. R. Seyffert, Stuttgart 1933.

[34] Ebenda, S. 4.

[35] Ebenda, S. 38.

[36] Vgl. Friedlein, C., Lernbuch und Repetitorium der Geschichte der Philosophie, 1958, S. 174 ff.

[37] Seyffert, R., Einleitung zu „Johann Michael Leuchs als Handelswissenschaftler" in: Quellen und Studien zur Geschichte der Betriebswirtschaftslehre, Bd. V, Stuttgart 1933, S. XI.
[38] Johns, R., Kameralistik, in: Handwörterbuch der Betriebswirtschaft, 3. Aufl., Bd. II, Stuttgart 1958, Sp. 293 ff.
[39] Löffelholz, J., Geschichte der Betriebswirtschaft ..., 1935, S. 223.
[40] Johns, R., Kameralistik, in: Handwörterbuch der Betriebswirtschaft, 3. Aufl., Bd. II, Stuttgart 1958, Sp. 2936.
[41] von Wysocki, K., Kameralistisches Rechnungswesen, Stuttgart 1965, S. 13 f.

B. II

Paul J. Marperger
Erste Fortsetzung seiner so nothwendig
als nützlichen Fragen über die Kauffmannschafft

Flensburg 1715 (Nachdruck: Wirtschaftsverlag
Bachem, Köln 1997)

[...]

Ob es nicht rathsam wäre / auff Universitäten öffentliche Professores Mercaturae zu verordnen / welche die Kauffmannschafft und alles / was in dieselbe hinein laufft / oder von solcher dependiret / dociren müßten. S.283

Biß hieher ist man in denen Gedancken gestanden / daß bloß allein Theologia (oder die Gottes-Gelartheit) Juris prudentia (die Rechts-Verständniß oder Auslegung der Gesetze) Medicina die Artzney-Kunst / und Philosophia, die Welt-Weißheit nur auff Universitäten der studirenden Jugens müßten vorgetragen und gelehret werden. Wie man dann solche vier Wissenschafften in so viel Facultates eingeschlossen / und zu jeder derselben besondere Professores verordnet. Was aber zu andern / in dem menschlichen Leben nöthigen Wissenschaften / sonderlich zur Kauffmannschafft und Oeconomie gehörig gewesen / das ist mehrentheils an die Philosophische Facultät / oder auch nachdem der Vorfall gewesen / an die Juristische verwiesen worden / welche beyde die Kauffmannschafft als Neben-Wercke / und Stück-weiß tractiret / und nur incidenter davon geredet / als etwan der Philosophus in der Lehre von der Politic, wann er auff die Constitution der Republiqven, deren Anwachs und Erhaltungs-Mittel / der Jurist aber auff solche Contractus gekommen / welche hauptsächlich die Kauffmannschafft angegangen / oder aus ihren beschriebenen Rechten haben decidiret werden müssen. In übrigen aber ist von dem / worinnen die Lehre einer recht nützlichen Oeconomia oder Haußhaltungs-Kunst / ingleichen die Geheimnisse der so grossen Nutzen bringenden Mercantie bestünde / altum silentium gewesen / ausser was in etlichen Dissertationibus und Disputantionibus geschehen / da zwar ein und andere Materia mercantilis ihren Umständen und Rationibus dubitandi & decidendi nach eruiret und ventiliret worden. Der ganze Cursus aber der Mercatur ist fecundum methodum analyticam negligiret / und weil es biß hieher nicht Styli gewesen / ausgelassen worden. S.284

Daß aber die Lehre von der Kauffmannschafft öffentlich auff Universitäten zu tractiren / von der höchsten Nothwendigkeit sey / solches beweisen wir mit folgenden Rationibus und Argumentis:

Denn was 1. zur Conservation und Auffnehmen der Civil- oder Bürgerlichen Societät gereichet / das muß nothwendig durch eine gute Lehr-Art / und aus andern Wissenschaften genommenen Lehr-Sätzen und Axiomatibus, denen Unwissenden gewiesen werden. Nun ist aber die Kauffmannschafft dasjenige / was dem Leib einer Republic Geist u(nd) Leben geben sollt / also gehöret sie auch billich / als eine sonder- S.285

bare Nutzbringende Wissenschaft / an solche Oerter / welche den Nahmen der hohen Schulen führen / damit sie daselbst öffentlich dociret und darüber gelesen werde.

2. Läst sich dieselbe nicht weniger als andere Studia und Künste in ihre Partes, und zwar also methodice eintheilen / daß erstlich durch einen leichten und geringen Weg die Praecognita darzu können angewiesen / folglich gewisse Institutiones nach denen darinn vorkommenden Objectis der Personen / Sachen / und Actionen formiret / hierauf weiter zu wichtigern in derselben sich ereignenden Vorfällen geschritten / und deren Erläuterung u(nd) Erklärung / nach den allgemeinen Rechten / oder besondern beschriebenen local Statutis, u(nd) hin und wieder regierenden Gewohnheiten / gegeben werden / daß also solches alles noch wohl die Mühe verlohnet / daß eine eigene Profession, der studirenden Jugend zum besten / davon ausgerichtet werde / zumahl wann man bedenckt / daß

3. Viel unter derselben künfftig ihres Orts, wo nicht judicando, doch advocando, in Kauff- und Handels-Städten sich gebrauchen lassen müssen / dabey ihnen dann / dieser edlen Wissenschaft gründliche Käntniß zu haben / von der höchsten Nothwendigkeit seyn will. *S.286*

4. Hat auch selbst die Theologia, Juisprudentia, Medicina und Philosphia in gar vielen Stücken von der Kauffmannschafft Nachricht und Erläuterung zu ziehen nöthig / da dann die (denen vorgemeldten Facultäten zugethane/) Studiosi sich ebenfalls gewisser von denen Professoribus Mercaturae haltender Lectionen [und zwar in Fällen / da es ihnen nöthig thäte] nützlich mit bedienen könten.

5. Ist bekannt / daß die Chirurgia, oder Wund-Arzney-Kunst / allbereit vieler Orten ihre Doctores und Lehrer habe / welche dieselbe öffentlich profitiren / und auch andere Lehrer und Doctores wieder in derselben creiren können. Warum solte dann nicht die edle Mercantie, an welcher doch das Auffnehmen und der Wohlstand ganzer Länder hänget / eines gleichen Rechts sich zu erfreuen haben.

6. Nicht weniger ist auch die Lehre von der Kauffmannschafft mit dem Natur- und Völcker-Recht so genau verbunden / daß diese beyde / ohne jener ihre gründliche Känntniß / nicht wohl erkläret werden können / zugeschweigen / was Historia, Geographia, auch selbst Philosophia, und die meisten Theile der Mathesia, vor eine genaue Verwandschafft mit derselben haben. *S.287*

7. Sehen wir / daß die meisten Fehler und Gebrechen / die bey der Kauffmannschafft vorfallen / daher rühren /weil diejenigen / die solche exerciren / von denen zur Welt-Weißheit und Politic, auch der Rechts-

Lehre dienenden Wissenschaften und Grund-Sätzen / keine rechte Känntniß haben / und daher ihre so kürzliche als wichtige Profession mehr nach Gutdüncken des irrigen Wahns / und übeleingeführter Gewohnheit / als nach Vernunfft-mäßigen Reguln / tractiren müssen / darinn sie dann denen auf der wilden See / bey dunckeler Nacht und harten Sturm-Wetter herum-schwebenden Schiffen / zu vergleichen / welche mit grossem Verlangen nach einem hell-leuchtenden Pharum, oder aufgesteckten Feuer-Zeichen sich umsehen / nirgend aber ein solches ansichtig werden können.

8. Würde eine solche neu-angerichtete Profession, die Kauffmannschafft öffentlich zu docieren / Anlaß zu einem förmlichen Kauffmanns-Recht geben / als an welchem es biß hieher in denen meisten Städten gefehlet / dadurch dann viel unnütze Processen (durch welche unsere teutsche Kauffmannschafft sehr gedrucket und ruiniret wird) würden können abgeschafft / und die hin und wieder noch fehlende Handels-Gerichte um so viel besser établieret werden. S.288

9. Würden die Universitäten selbst durch eine solche neu-angelegte Profession einen grossen Zugang gewinnen / indem viel Kauffleute ihre Söhne darnach zuschicken / und solche Collegia freqventiren lassen würden / welche ihnen mit der Zeit in der Profession, zu welcher sie destiniret seyn / Nutzen schaffen könten / und möchte hieran nicht hindern / daß solche zur Kauffmannschafft gewidmete Jugend kein Latein verstünde / nachdem man schon denen Politicis zu gefallen / (deren ihrer viel gleichfals von dieser Sprache nicht viel vergessen) angefangen / auf einigen teutschen Universitäten / über die Wissenschaft der Rechte / die Historiam oder Geschichts-Kunde / die Geographiam oder Erd-Beschreibung, und fast über alle Theile der Mathematic, teutsch zu lesen / selbst die Herren Professores Medicinae, wann sie denen Barbirer-Gesellen / sonderlich aber denen angehenden Feldscheerern / über die Anatomiam, oder Zergliederungs-Kunst des menschlichen Leibes lesen wollen können sich der Lateinischen Sprache nicht gebrauchen / sondern müssen teutsch reden / welches dann auch also bey der / die Kauffmannschafft studirenden Jugend / könte gehalten werden.

10. So könten auch / wann solcher Gestalt die Kauffmannschafft auf Universitäten öffentlich gelehret würde / derselben eine sonderbare S.289 neue Estime dadurch zuwachsen / und daß solche von unverständigen oder hochmüthigen Politicis (sonderlich von denen / die das Wort Pfeffer-Sack immer im Munde führen/) nicht mehr so verächtlich / als wie bißhero geschehen / gehalten würde / wann sie sehen / daß solche so

weit in Consideration käme / daß man auch auf hohen Schulen dieselbige zu dociren sich nicht entzöge / sonderlich würden ihrer viel / die jetzt von Müßiggang und Pflastertreten Profession machen / wann sie aus dem Punct der Historia hören solten / daß in Engeland die Cadets vornehmer Gräflicher und Adelicher Häuser / anderwärts aber Fürsten und Grafen sich auf die Kauffmannschafft legten / auch anderes Sinnes werden / und wann sonderlich bey Friedens-Zeiten im Krieg nichts mehr zu holen / lieber auff eine renommirte Handels-Art sich begeben / als bloß allein auff ihren Dörffern und Meyereyen bey der Vieh-Zucht und Acker-Bau sich auffhalten wollen.

11. Dadurch dann manches schönes Capital wieder in die Handlung kommen würde / welches biß hieher durch Verheyrathung reicher Kauffleut Töchter an Stands-Personen / Adeliche und Gelehrte entzogen worden. Was aber hieraus dem gemeinen Wesen vor ein Nutzen zuwachse / wann grosse Capitalia nicht in der Kisten verschimlen / sondern unter dem Publico rouliren / solches ist jederman bekannt / und wird noch täglich mehr durch den allenthalben anwachsenden Geld-Mangel offenbahr. S.290

12. Ist auch wohl zu mercken / daß / wie die Kauffmannschafft ohne dem ein so wichtiges Studium ist / welches mit allen andern Studiis und guten Künsten eine genaue / ja unauflößliche Verbündniß hat / (wie solches künfftig in unserm gelehrten Kauffmann zu vieler Verwundern bewiesen werden soll) also wird sie auch billich auf Universitäten tractiret / wo man die Anweisung solcher Künste und Wissenschafften gleich zur Seiten und bey der Hand hat / und bilde sich keiner ein / der einen Proffessorem Mercaturae alsdann abgeben will / daß ihme ein geringes Ampt an solcher Profession aufgetragen werde [...].

B. III

Herm(ann) Raydt
Zur Begründung einer Handels-Hochschule
in Leipzig

Denkschrift im Auftrag der Handelskammer Leipzig,
Leipzig 1897

Vorwort.

Die Frage, ob für eine Handels-Hochschule ein Bedürfnis vorliege, ist in jüngster Zeit vielfach erörtert worden. Für die Bejahung fällt wohl am meisten das Urteil des am 11. und 12. Juni d. J. hier in Leipzig abgehaltenen II. Kongresses für das kaufmännische Unterrichtswesen ins Gewicht, an dem sowohl hervorragende praktische Kaufleute aus den verschiedensten Gegenden Deutschlands als auch namhafte, auf dem Gebiete des kaufmännischen und technischen Unterrichts erfahrene Schulmänner beteiligt waren. Die endgültige Antwort kann aber nur die Erfahrung geben. Die Sache will versucht sein. S. III

Bei der Neuheit der Einrichtung erscheint es ratsam, mit aller Vorsicht vorzugehen: einen günstigen Boden auszuwählen, klein anzufangen, an Bestehendes anzuknüpfen, alle Massnahmen so zu treffen, dass die durch die Erfahrung gebotenen Änderungen ohne Schwierigkeit und ohne erhebliche Verluste ausgeführt werden können.

Ermutigt durch das überaus freundliche Entgegenkommen des seitherigen Rektors und der beteiligten Professoren der Universität, hat sich die Handelskammer zu Leipzig entschlossen, unter der Voraussetzung, dass sie bei der Königlichen Staatsregierung und bei den städtischen Körperschaften die gehoffte Unterstützung findet, einen Versuch in diesem Sinn ins Werk zu setzen. Dass unsere Stadt Sitz einer unserer grössten Universitäten und einer der ältesten Handels-Lehranstalten und zugleich eine der bedeutensten Handelsstädte des Binnenlandes ist, lässt sie vor anderen dazu geeignet erscheinen. Die nicht wegzuleugnende Gefahr der Beeinträchtigung des Zweckes durch äusserliche Geberden studentischen Wesens, die weder dem künftigen Leiter eines kaufmännischen Betriebs, noch einem künftigen Handelsschullehrer ziemen würden, ist hier geringer als vielleicht an irgend einer anderen deutschen Hochschule, sie ist aber bei Ausarbeitung des Planes fortwährend im Auge behalten worden. S. IV

Im übrigen ist der Plan so gefasst, dass weder ein Gebäude errichtet oder mit grossen Kosten ermietet, noch auch, soweit sich jetzt übersehen lässt, ausser einem Lehrer für Buchführung und Korrespondenz weitere neue Lehrkräfte berufen zu werden brauchen. Für alle Fälle ist aber die Handelskammer bereit, die Gefahr einer immerhin möglichen Überschreitung des Voranschlags für die beiden ersten Jahre zu tragen, dafern ihr die gehofften festen Zuschüsse aus Staats- und aus städtischen Mitteln zugesichert werden. Sie geht dabei von der zuversichtlichen Erwartung aus, dass, wenn der Versuch das Bestehen eines wirklichen Bedürfnisses herausstellt, die Königliche Staatsregierung, ihrem wohlverdienten Ruf entsprechend, die erforderlichen Mittel zur Förderung des Unterrichtswesens auch auf diesem Gebiete nicht versagen werde.

Die gegenwärtige Denkschrift, verfasst von dem neuen, seit Ostern d. J. hier thätigen Direktor der von der Handelskammer unterhaltenen Öffentlichen Handels-Lehranstalt, ist bestimmt, als Grundlage für die weiteren Verhandlungen zu dienen.

Leipzig, Anfang November 1897.

[...]

A. Einleitung. S. 3

Je mehr ein Volk aus sich selber heraustritt und mit den anderen civilisierten Nationen als gleichberechtigtes Glied an der Weltherrschaft teilnimmt, desto mehr hat sein Kaufmannsstand die Aufgabe, an innerer Tüchtigkeit mit dem der anderen Völker auf mindestens gleicher Stufe sich zu erhalten und durch gediegene Bildung sich die Bedeutung zu erringen, welche er gerechterweise zum Wohle des Ganzen beanspruchen darf.

Wenn nun auch mit Recht der deutsche Kaufmann wegen mancher guter Eigenschaften im Auslande geschätzt wird, so hat man doch in unsererem Handelsstande selber das Gefühl, dass seine heutige Ausbildung mit den wachsenden Verkehrsverhältnissen, dem Fortschreiten der industriellen Technik, der immer mehr zunehmenden Bedeutung der socialpolitischen Verhältnisse und dem immer schwieriger werdenden Kampfe um das Dasein nicht gleichen Schritt hält. In noch stärkerem Masse empfindet man es im deutschen Handelsstande schmerzlich, dass bei der Leitung unseres Staatslebens, im Reiche wie in den einzelnen deutschen Staaten, der Einfluss des Kaufmanns ein zu geringer ist. Man hofft beiden Übelständen am besten durch eine noch gediegenere Ausbildung und Erziehung unserer jungen Kaufleute für die Zukunft abhelfen zu können.

Dieses Bestreben des deutschen Kaufmannsstandes nach immer besserer und umfassenderer Bildung ist nicht nur an sich ein ehrenwertes, sondern wird es noch mehr dadurch, dass die an der Spitze der Bewegung stehenden Männer nicht nur die Förderung des einzelnen Standes, sondern klar bewusst vor allem das Wohl des ganzen Vaterlandes im Auge haben. Die Missgeschicke des deutschen Welthandels und die S. 4 Missgriffe auf dem Gebiete des Handels und Wandels empfindet der deutsche Kaufmann besonders schmerzlich nicht so sehr um des pekuniären Nachteils einzelner Standesgenossen willen, sondern der Hauptsache nach aus patriotischer Gesinnung. Es dürfte daher schon aus diesem Grunde das Streben des deutschen Kaufmannsstandes nach höherer Bildung und dadurch nach grösserem Einfluss die warme Unterstützung aller deutschen Regierungen und aller wahren Vaterlandsfreunde finden.

Die eben charakterisierten Bestrebungen werden in energischer Weise durch den deutschen Verband für das kaufmännische Unterrichtswesen gefördert, welcher unter der Leitung seines aussergewöhnlich thätigen und tüchtigen Vorsitzenden, des Syndikus Dr. Stegemann (Braunschweig), in den letzten Jahren eine rege und erfolgreiche Thätigkeit entfaltet hat; sie finden ihren Ausdruck hauptsächlich nach drei Richtungen, nämlich einmal, die kaufmännischen Fortbildungsschulen für Lehrlinge zu verbessern und zu vermehren, zweitens mehr eigentliche Handelsschulen zu errichten, wie eine solche als höhere Abteilung der öffentlichen Handels-Lehranstalt in Leipzig seit langen Jahren besteht und sich bewährt hat, und endlich **Handelshochschulen** in's Leben zu rufen, welche bisher im Deutschen Reiche gar nicht oder doch nur in schwachen Anfängen vorhanden sind.

Selbstverständlich sollen Handelshochschulen nicht für jeden Kaufmann die Stätte seiner Bildung werden; vielmehr werden es verhältnismässig nur sehr wenig junge Kaufleute sein, die von dieser Einrichtung Gebrauch machen können. Man soll aber, wie Böhmert in seiner jüngst erschienenen Denkschrift[1] über Handelshochschulen richtig bemerkt, „jeden Beruf nach seinen höchsten Aufgaben beurteilen". Für solche Kaufleute, die einmal berufen sind, Leiter grosser Geschäfte oder industrieller Unternehmungen zu werden, oder die sich dazu ausbilden wollen, für alle diejenigen, welche berufen sind, die Interessen des Kaufmannsstandes, sei es im In- oder Auslande, zu vertreten (Konsular-Beamte, Mitglieder von Handelskammern u.s.w.), für Juristen, die mit kaufmännischen Verhältnissen zu thun haben, für pensionierte Offiziere, die eine Stellung in kaufmännischen Betrieben, das Versicherungswesen eingeschlossen, annehmen wollen, und für alle hervorragend tüchtigen jungen Leute aus dem Kaufmannsstande ist die Handelshochschule ein Bedürfnis, und da wir uns, Gott Lob, im neuen Reiche mehr als früher derartiger Zustände erfreuen, welche eine grössere Bethätigung der Kraft des einzelnen Kaufmanns möglich machen, so müssen wir Handels-Hochschulen gründen, um den Handelsstand zu befähigen,

S. 5

an der Wohlfahrt des Vaterlandes und seinen kulturellen Aufgaben mit Erfolg an seinem Teile mitzuarbeiten.

Es kommt hinzu, dass es augenblicklich in Deutschland an Stätten mangelt, an denen sich tüchtige Handelslehrer in praktischer Weise ausbilden, bez. ihre sonstige Bildung richtig ergänzen können. Zu Handelslehrern eignen sich meines Erachtens in erster Linie studierte oder auch seminaristisch gebildete welche ihre Ausbildung in kaufmännischer Richtung ergänzt haben. Aber auch tüchtige Kaufleute können dazu recht geeignet sein, wenn sie in pädagogischer und didaktischer Hinsicht ihre kaufmännische Bildung vervollständigen. Für beide Kategorien wird eine gut eingerichtete Handelshochschule die beste Gelegenheit bieten, um sich für den in der modernen Zeit nicht leichten Beruf eines Handelslehrers auszubilden.

[...]

Es ergab sich nach eingehendster Erwägung [...], dass die Handelshochschule in Leipzig nicht direkt an die Universität anzugliedern, sondern am besten mit selbständiger Organisation von der Handelskammer unter Mitwirkung der Universität und der Öffentlichen Handelslehranstalt einzurichten sei [...]. Die Handelsstudenten würden zu den akademischen Vorlesungen der Universität als Hörer zuzulassen sein, während die notwendigen kaufmännischen, technologischen und sprachlichen Übungen an der Handels-Lehranstalt abgehalten werden sollen. S. 6

[...]

B. Zweck.

Die Handelshochschule zu Leipzig hat den Zweck, in einem zweijährigen Kursus erwachsenen jungen Leuten, welche sich dem Handelsstande gewidmet haben oder widmen wollen, neben einer tüchtigen Schulung des Geistes eine umfassende kaufmännische und allgemeine Bildung, und angehenden Handelslehrern die erforderliche praktische und theoretische Fachbildung als Ergänzung ihrer sonstigen Ausbildung zu geben. S. 9

Auch will die Handelshochschule zu Leipzig älteren und jüngeren Leuten aus dem Handelsstande und aus anderen Berufsarten Gelegenheit geben, in einzelnen Zweigen des kaufmännischen Wissens ihre Bildung zu erweitern. Hiernach zerfallen die Teilnehmer an der Handelshochschule in Studierende und Hörer.

[...]

C. Aufnahme-Bedingungen.

Als Studierende können aufgenommen werden:

1. Kaufleute, welche die Berechtigung zum einjährig-freiwilligen Dienst sich erworben und ihre Lehrzeit beendet haben.
   Diese würden an den eigentlichen kaufmännischen Übungen (s. D. II), wie Buchführung, Kontorarbeiten, falls sie in der Lehrzeit nach dieser Seite hin eine gute Ausbildung erlangt haben, sich nicht beteiligen, könnten dafür aber einige allgemein bildende Vorlesungen an der Universität mehr hören.

2. Abiturienten deutscher neunjähriger höherer Lehranstalten (Gymnasien, Realgymnasien, Oberrealschulen).
   Diese würden besonders stark zu den eigentlichen kaufmännischen S. 10 Übungen heran zu ziehen sein. Jedoch ist nicht gedacht, dass die kaufmännische Lehre ganz durch solche Übungen ersetzt werden kann. Wohl aber wird das erfolgreich absolvierte Studium zur Verkürzung der Lehrzeit beitragen können.

3. Abiturienten deutscher Lehrer-Seminare, welche die Wahlfähigkeitsprüfung (2. Lehramtsprüfung) bestanden haben.
   Aus den seminaristisch gebildeten Lehrerkreisen sind viele tüchtige Handelslehrer hervorgegangen, die sich durch Studium der Handelsfächer autodidaktisch weiter gebildet haben. Es durfte daher nicht richtig erscheinen, von vornherein für das Handelslehrer-Examen als Vorbedingung die Maturitätsprüfung einer neunjährigen höheren Lehranstalt zu verlangen.

4. Ausländer, wenn sie eine entsprechende Bildung nachweisen und das 20. Lebensjahr zurückgelegt haben. [...]

Als Hörer können zu einzelnen Vorlesungen und Übungen von der Direktion auch andere zugelassen werden, insbesondere Studierende der hiesigen Universität, in der Praxis stehende Kaufleute und Lehrer, Beamte u. s. w.

[...]

D. Lehrinhalte. S. 11

Der Lehrinhalt besteht aus: I. Vorlesungen und II. Übungen. Auch mit den Vorlesungen werden jedoch, soweit es angängig ist, Übungen verbunden.

I. Vorlesungen.

1. Theoretische und praktische National-Ökonomie, 2 Semester - 5 Stunden.
   Eingeschlossen wird gedacht: Münzwesen, Mass- und Gewichtskunde, Bank- und Börsenwesen, Handelspolitik, Handelsstatistik, Kreditwesen, Transport- und Versicherungswesen.

2. Finanzwissenschaft, 1 Semester - 4 Stunden.
   Eingeschlossen wird gedacht: Steuer-, Zoll- und öffentliches Kreditwesen.

3. Warenkunde und Technologie, 2 Semester - 3 Stunden.
   Die Warenkunde und Technologie könnte in der Handels-Lehranstalt gelesen und mit gelegentlichen Besichtigungen hervorragender Etablissements verbunden werden.

4. Handelsgeographie, 1 Semester - 2 Stunden.
   Eine gute Vorbildung in der elementaren Geographie wird hierbei vorausgesetzt. Besonderes Gewicht wird auf die Mitteilung leitender Gedanken gelegt, welche in Besprechungen, die mit den Vorlesungen organisch zu verbinden sind, auf Einzelfälle angewendet werden.

5. Wirtschaftsgeschichte mit besonderer Betonung der Handelsgeschichte, 1 Semester - 1 Stunde.

6. Allgemeine Rechtslehre, 1 Semester - 2 Stunden.

7. Handels-, Wechsel- und Seerecht, verbunden mit handelsrechtlichen Übungen, 1 Semester - 5 Stunden.

8. Konkursrecht, 1 Semester - 2 Stunden.   S. 12

9. Gewerbliche Gesetzgebung, Arbeiter-Versicherung, Versicherungsrecht, 1 Semester - 2 Stunden.

10. Völkerrecht, 1 Semester - 2 Stunden.

11. Kolonialpolitik, 1 Semester - 2 Stunden.

12. Pädagogische Vorlesungen für die angehenden Handelslehrer.

13. Allgemeine bildende Vorlesungen.

Die Vorlesungs - Verzeichnisse der Leipziger Universität bieten hierin eine grosse Auswahl. Nicht für alle Studierenden würden dieselben Kollegien zu empfehlen sein. Der Studiendirektor wird nach dem

Bildungsgange der Einzelnen auf eine richtige Auswahl hinzuwirken haben.

II. Übungen.

1. Kaufmännisches Rechnen und politische Arithmetik, 2 Semester - 6 Stunden.
   Hierzu gehört Zinseszins- und Renten-Rechnung, Berechnung der Annuitäten, der Tilgungspläne von Anleihen, Berechnungsarten der Versicherungs-Gesellschaften u. dergl.

2. Buchhaltung, deutsche Handels-Korrespondenz und andere Kontorarbeiten, 2 Semester - 6 Stunden. Im zweiten Studienjahr praktische kaufmännische Übungen.
   An diesen Übungen sollen sich nur solche Studierende und Hörer beteiligen, denen eine praktische kaufmännische Ausbildung fehlt. Ob die Einrichtung eines Masterkontors für die Handelshochschale sich empfiehlt, oder ob es möglich sein wird, die betreffenden Studierenden einige Stunden täglich im zweiten Stadienjahr auf hiesigen dazu geeigneten Kontoren zu beschäftigen, muss noch in weitere Überlegung gezogen werden.

3. Chemisch-technische Übungen, 2 Semester - 2 Stunden.

4. Franz. Handelskorrespondenz, 2 Semester - 2 Stunden.

5. Englische Handelskorrespondenz, 2 Semester - 2 Stunden.
   Die Kenntnis des Französischen und Englischen wird hierbei etwa   S. 12
   in dem Masse vorausgesetzt, wie sie eine Realschule im Sinne der preussischen Lehrpläne von 1891 ihren Abiturienten bietet.

6. Italienisch., 4 Semester - 2 Stunden.

7. Spanisch, 4 Semester - 2 Stunden.

8. Russisch, 4 Semester - 3 Stunden.

9. Stenographie, 2 Semester - 1 Stunde.

10. Gelegentliche Übungen an der Schreibmaschine.

Der Unterricht in 6. bis 10. ist so gedacht, dass die Direktion die Lehrkurse einrichtet und beaufsichtigt, wenn sich Teilnehmer genug finden. Auch die Einrichtung anderer fremdsprachlicher Kurse würde nicht ausgeschlossen sein, wenn sich das Bedürfnis dazu herausstellt.

E. Schlussprüfung.

Die Studierenden sind berechtigt, wenn ihnen ein hinreichend regelmässiger Besuch der Vorlesungen und Übungen testiert wird, an einer Schlussprüfung teilzunehmen. Sie erhalten dann ein Diplom mit Zeugnis in den einzelnen Fächern.

[...]

Verordnung

des Königlichen Ministeriums des Innern zu Dresden, die Begründung einer Handelshochschule betreffend, vom 14. Januar 1898.

Die Ministerien des Innern sowie des Kultus und öffentlichen Unterrichts erachten übereinstimmend die Begründung einer Handelshochschule in Leipzig für zweckmäßig und die in der Denkschrift des Professors Raydt dargelegten Grundsätze im Allgemeinen für eine geeignete Grundlage einer solchen Anstalt.

Das Ministerium des Innern, welchem die geplante Anstalt so lange unterstehen wird, als sie nicht eine selbstständige Verfassung ähnlich derjenigen der Universität oder der technischen Hochschule erhält, hat beschlossen, der Handelskammer, als der Unternehmerin der Anstalt, für diese eine jährliche Staatsbeihilfe von 5000 M bis auf Weiteres zu gewähren.

[...]

Bezüglich der weiteren Behandlung der Angelegenheit glaubt das Ministerium des Innern auf folgende Punkte besonders hinweisen zu sollen.

1) Dem Deutschen Verbande für das kaufmännische Unterichtswesen ist das Verdienst zuzuerkennen, daß er das Bedürfniß einer höheren kaufmännischen Ausbildung dargelegt und die Mittel zu Befriedigung dieses Bedürfnisses eingehend erörtert hat. Neben ihren guten Folgen haben diese Erörterungen aber auch die bedenkliche Wirkung ausgeübt, daß sie an einer Mehrzahl von deutschen Plätzen den Gedanken der Errichtung kaufmännischer Hochschulen wachriefen und die Gefahr einer Zersplitterung in der Ausführung des Gedankens veranlaßten.

Nach den Schriften des Verbandes und insbesondere nach dem Protokolle der Eisenacher Berathung vom 8. Octbr. v. J. haben sich nicht blos in Leipzig, sondern auch in Aachen, Hannover, Dresden und Frankfurt a. M. Bestrebungen nach Errichtung kaufmännischen Hochschulunterrichts gezeigt. Wenn auch diese Bestrebungen bisher nur in

Leipzig und Aachen der Verwirklichung nahe gerückt sind (in Aachen soll nach der Anmerkung auf Seite 39 des angezogenen Protokolles vom 1. October 1898 in Verbindung mit der technischen Hochschule eine Handelshochschuleinrichtung ins Leben treten), so wird doch der Handelskammer anheimgegeben, im Interesse des geplanten Versuches bei dem Verbande für das kaufmännische Unterrichtswesen dahin zu wirken, daß die Versuche bis auf Weiteres auf Leipzig und Aachen (Universität und technische Hochschule, Westen und Mitte Deutschlands) beschränkt bleiben. Versuche, die bei genügendem Zuflusse gelingen können, kommen durch Theilung des Zuflusses in die Gefahr des Mißlingens.

Aus diesem Gesichtspunkt würde es dem Ministerium des Innern bis auf Weiteres angezeigt erscheinen, den Gedanken der Angliederung einer Handelsabtheilung an die technische Hochschule Dresden nicht zu verfolgen.

2) Mit dem Anschlusse der Handelshochschule an die Universität wird die Möglichkeit eröffnet, daß gewisse ungünstige Besonderheiten unserer Hochschulen auch bei der Handelshochschulen Eingang finden. Hierzu gehören die bekannten Formen studentischer Geselligkeit, oder, wie es im Vorworte der Raydt'schen Denkschrift heißt, „die äußerlichen Geberden studentischen Wesens", die, obwohl sie nur von einer kleinen Zahl von Studenten in übertriebener und einseitiger Weise gepflegt werden, doch, weil sie sich vielfach vor der Oeffentlichkeit abspielen, häufig als allgemeine akademische Einrichtungen betrachtet und beurtheilt werden. Die Anschauungen über die Eintheilung der Zeit zwischen Arbeit und Genuß, über Trinksitten, über Pünktlichkeit („akademisches Viertel"), über die Nichterfüllung vertragsmäßiger Verpflichtungen gegen Handwerker („Manichäer"), welche in einzelnen, öffentlich besonders hervortretenden studentischen Kreisen herrschen und nicht blos in illustrirten Witzblättern den Hochschulen im Allgemeinen zugeschrieben werden, würden, wenn sie auch auf die Handelshochschule übergingen, das Vertrauen auf eine günstige Einwirkung dieser Anstalt in den Kreisen der Geschäftsleute sehr beeinträchtigen und vom Besuch der Handelshochschule abhalten.

Aus diesem Grunde hält es das Ministerium des Innern für geboten, daß der in Aussicht genommene Vorstand (Senat) der Handelshochschule dieser Gefahr von vornherein zu begegnen suche.

3) Ferner wird die Begrenzung der Ferienzeit der Handelshochschule den Gegenstand weiterer Erwägung bilden müssen. Nach der Bemer-

kung des Professors Dr. Loening-Halle (die Lehrdisciplinen der Handelshochschulen, S. 27) umfaßt an deutschen Universitäten durchschnittlich das Winterhalbjahr 16, das Sommerhalbjahr 14, das Jahr also 30 Unterrichtswochen. Wenn die verbleibenden 22 Wochen, welche 42 Proc. der Gesammtdauer eines Jahres ausmachen, lediglich auf Erholung verwendet werden sollten, so würde dies mit den kaufmännischen und sonstigen geschäftlichen Gewöhnungen in schroffem Widerspruche stehen und bei vielen Geschäftsleuten Bedenken gegen einen zweijährigen Besuch der Handelshochschule erregen. Von 104 Wochen wären nur 60 dem Unterrichte gewidmet.

Junge Kaufleute werden, ebenso wie junge Landwirthe, von der Ablegung der Schlußprüfung zumeist absehen. Der in der Nothwendigkeit des Bestehens einer Prüfung liegende Anlaß zur Arbeit in den Ferien würde mithin bei ihnen nicht wirksam werden.

[...]

Es wird daher, was in den Verhandlungen des Verbandes bisher wohl noch nicht berührt wurde, die Ausnützung eines Theiles der akademischen Ferien für die Ausbildung der Handelshochschüler ins Auge zu fassen sein.

Ministerium des Innern. v. Metzsch

Anmerkungen

[1] Handelshochschulen. Denkschrift von Dr. Victor Böhmert. Dresden, Verlag von O. V. Böhmert, 1897.

B. IV

Johann Friedrich Schär
Allgemeine Handelsbetriebslehre
I. Band

Verlag von G.A. Gloeckner, Leipzig 1911

[...]

§ 2. Die kaufmännischen Bildungsanstalten, insbesondere die Handelshochschule

3. Freilich fällt es niemandem ein, zu glauben, daß nun die Handelshochschule fertige Kaufleute erziehen könne. So wenig wie die die Universitäten verlassenden Studenten fertige Juristen, Ärzte, Theologen, Lehrer sind, die technischen Hochschulen fertige Ingenieure und Chemiker entlassen, so wenig wird es die Handelshochschule dahin bringen, ihren diplomierten Studenten die Praxis zu ersetzen. Nach wie vor wird der Weg zu hohen und höchsten Stellen im kaufmännischen Beruf durch die Praxis hindurchgehen müssen; erst sie macht den Kaufmann zum schlagfertigen, routinierten Rechner, Buchhalter, Korrespondenten, zum Manne des entschlossenen, raschen Handelns, zum Kenner der Menschen und der Waren, zum fertigen Kaufmann mit weltmännischem Blick. Allein das zugegeben, ist auch das andere unzweifelhaft richtig und durch die Erfahrung erwiesen, daß die praktische Handelslehre allein durchaus ungenügend ist, daß andererseits der diplomierte Handelshochschüler, der übrigens meist schon einige Jahre Praxis hinter sich hat, diese viel schneller erfaßt, mit Leichtigkeit sich allen vorkommenden Fällen und Anforderungen anpaßt, vermöge seiner geübten Denkkraft die Materie völlig durchdringt, die wirtschaftlichen Zusammenhänge zu erkennen vermag, und überhaupt den immer höher gehenden Anforderungen an den Kaufmann bei weitem mehr gewachsen ist.

S. 14

Überhaupt ist es heute im Zeitalter der Erfindungen und des Fortschritts nicht mehr angängig, einen unüberbrückbaren Gegensatz zwischen Theorie und Praxis zu konstruieren. Wer nach dem alten Goetheschen Schlagwort „von der grauen Theorie" und „dem grünen Lebensbaum der Praxis" die Notwendigkeit einer höheren theoretischen Ausbildung bekämpfen will, der übersieht vollständig die Entwicklung eines ganzen Jahrhunderts. Beweisen uns nicht alle Erfindungen auf dem Gebiete der Mechanik, der Metallurgie, Chemie, Elektrizität usw. in engster Verbindung zwischen Praxis und Theorie, daß die Praxis eben nichts anderes ist, als angewandte Theorie, und die Theorie nur die abstrakte Praxis ist. Ja noch mehr, daß die Praxis ihre Hauptfortschritte der Theorie verdankt. Macht nun etwa der Handel von diesem allgemeinen Gesetze eine Ausnahme? Ist er wirklich die einzige wirtschaftliche Tätigkeit, die nicht theoretisch behandelt werden kann, aus der Theorie

S. 15

nicht befruchtende Anregungen und neue Fortschritte erhalten könnte?

4. Freilich gibt es Leute, sogar Kaufleute, die diese Frage bejahen, und daher auch die Handelshochschule als eine Modekrankheit verwerfen. Wie wir schon erwähnten, sind dies meist solche, welche den Handel noch ganz einseitig als eine private Erwerbswirtschaft ansehen, deren einzige Aufgabe es ist, durch persönliche Geschäftsgewandheit und Klugheit möglichst viel Profit herauszuschlagen. Ihre Betriebslehre heißt: billig kaufen, teuer verkaufen, wenig Spesen. Ihre Handelskunst besteht im Vor- und Nachmachen. Die Handlung zu erlernen, braucht man nur das Talent, dem Chef seine Praktiken und Geschäftsgeheimnisse abzugucken. Dann ist nur noch ein wenig Glück nötig, und der Kaufmann ist fertig, der ebenso handelt, buchhandelt, denkt wie sein einstiger Chef. Für diese Gattung von Kaufleuten ist allerdings die Handelshochschule nicht nur ein überflüssiges, sondern sogar ein gefährliches Institut, weil es imstande ist, überlegene Konkurrenten heranzubilden. Diese Ablehnung der Hochschulbildung beruht auf einem doppelten Irrtum.

5. Angenommen, der Handel wäre eine rein privatwirtschaftliche Angelegenheit, so schließt das noch lange nicht die Möglichkeit, ja[11] Notwendigkeit einer theoretischen Ausbildung aus. Für den Kleinhandwerker ist eine tüchtige Berufsbildung nicht weniger nötig als für den Landwirt, und doch treiben beide privatwirtschaftliche Berufe. Die meisten Ingenieure und Chemiker, von denen man ein Höchstmaß von beruflicher Bildung verlangt, sind in privatwirtschaftlichen Unternehmungen tätig. In allen diesen Gebieten hat das niedere und höhere Unterrichtswesen mit den höchsten Erfolgen eingesetzt. Der Betrieb der Landwirtschaft, der mechanischen Werkstätten, der chemischen Laboratorien ist gerade durch die Wissenschaft, durch die Hochschule aufs Höchste ausgebildet worden. Die Wissenschaft ist es eben, die hier die besten Betriebsmethoden an die jungen Generationen überliefert, sie prüft, systematisiert, ausbaut und verbessert. Ganz dasselbe muß mit dem Handelsbetrieb geschehen. Bleibt er nach alter Vätersitte ein Geschäftsgeheimnis der Prinzipale, ein durch eigene Erfahrung erworbenes, nicht mitteilsames Geheimnis eines Handelschefs, so geht dies auch mit dem Tode des Trägers verloren. Das ist ein großer Verlust, nicht nur für die direkten Nachfolger, von denen ja viele nicht imstande sind, das väterliche Gut und Geschäft zu erhalten und fortzusetzen, sondern auch ein Verlust für die Gesamtheit. Auch im kaufmännischen Beruf müssen daher Theorie und Wissenschaft zu Hilfe gezogen werden, in ähnlicher Weise, wie es in der Landwirtschaft usw. geschehen

S. 16

ist.

6. Der Handelswissenschaft und ihrer Trägerin, der Handelshochschule, kommt die Aufgabe zu, die Kenntnisse, Fähigkeiten, Erfahrungen der kaufmännischen Praxis im weitesten Umfange zu sammeln; sie soll die Organisation der großen kaufmännischen Betriebe, deren im Laufe langjähriger Erfahrung herausgebildetes Rechnungs- und Kontrollwesen, die Beziehungen zu Lieferanten und Kunden, die Art, wie sie ihre Kunden gewinnt, erhält und vermehrt, die Bezugsquellen und Qualitäten der Waren und hundert andere Dinge, ja selbst die Geschäftsgeheimnisse kennen lernen. Je umfangreicher derartig gesammelte Kenntnisse sind, desto erfolgreicher kann die Wissenschaft an ihre Arbeit gehen, indem sie das Material nach wissenschaftlichen Grundsätzen verarbeitet, ergänzt, ausbaut; sie kann, stets wachsam auf die Änderungen, Umwälzungen und Fortschritte der Praxis, das Neue sammeln, kritisch beleuchten, in das System einordnen, die Ursachen von wichtigen Erscheinungen aufdecken, die wirtschaftlichen und sozialen Zusammenhänge aufsuchen. Sie kann aber auch Lücken und Fehler der Praxis nachweisen, ausfüllen bzw. verbessern; sie kann aus dem Ganzen ein vollständiges Lehrgebäude aufstellen, kurz gesagt, sich zur Wissenschaft entwickeln, so daß sie zu einem lebendigen Born wird, aus welchem der zukünftige Kaufmann die theoretischen Kenntnisse schöpft, die ihm den richtigen Weg in die Praxis weisen. So sind die Handelswissenschaften und ihre Pflegestätte, die Handelshochschule, dazu berufen, das ganze Gebiet des Handelsbetriebs zu erforschen, weiterzubauen und den Handel zu höchster Leistungsfähigkeit zu führen. Dann gehen aber auch die Schätze des Wissens und Könnens in diesem Gebiete nicht mehr verloren. Wir erhalten eine richtige Literatur. Wie die altansässigen klassischen Wissenschaften über eine mehrhundert- ja tausendjährige Literatur verfügen, aus welcher der Geist der Heroen aller Zeiten spricht, so wird in den Handelswissenschaften die Möglichkeit geschaffen, auch dieses Gebiet der geistigen, sozialen und wirtschaftlichen Entwicklung der Menschheit literarisch festzuhalten und der Nachwelt zu überliefern. S. 17

[...]

§ 3. Entwicklung des Lehrplans der Handelshochschule, insbesondere der Handelswissenschaften. S. 18

1. Die Handelshochschule soll ihrem Namen und den Intentionen ihrer Gründer und Förderer entsprechend eine Bildungsstätte für Kaufleute

bzw. für die Träger des Handels im weitesten Sinne des Wortes sein. Sie ist als eine selbständige Bildungsanstalt neben der Universität und der Technischen Hochschule aufzufassen, weil sie auch ganz selbständige Zwecke verfolgt, welche von denjenigen der genannten Hochschulen verschieden sind. Ist sie aber diesen Anstalten als besondere Fakultät oder innerhalb einer Fakultät als eine besondere Abteilung angegliedert, wie das in einigen Städten des Auslandes (Zürich) der Fall ist, so muß ihre Sonderstellung in bezug auf Zweck und Lehrkräfte volle Berücksichtigung finden. Ist sie selbständig organisiert, so ist sie keine Hochschule des Rechts oder der ökonomischen oder sozialen Wissenschaften, sondern nichts mehr und nichts weniger als eine Pflegestätte der Handelswissenschaften, die unstreitig auch zu den ökonomischen Wissenschaften gehören, mit dem Unterschied, daß sie im Gegensatz zu der Nationalökonomie privatökonomisch argumentieren. Daher hat die Handelshochschule die Handelswissenschaften ohne Rücksicht auf die in der Handelspraxis liegenden Nebenzwecke um ihrer selbst willen zu pflegen, der wissenschaftlichen Erkenntnis ihrer Spezialgebiete zu dienen, im Suchen und Erforschen der Wahrheit ihre Daseinsberechtigung zu dokumentieren. Indem aber die Handelshochschule die wissenschaftliche Erforschung der Erscheinungsformen des Handels ohne Rücksicht auf praktische Nebenzwecke zum obersten Prinzip erhebt und sich dadurch von den Fesseln einer bloßen Berufsschule freimacht, wird sie erst recht eine Schule und Wegleiterin für die Praxis, gleichwie die rein wissenschaftliche Pflege der Jurisprudenz, ohne eine Berufsschule für Richter zu sein, doch der einzig richtige Weg zur Heranbildung von Richtern ist. Hieraus ergibt sich auch der Grundcharakter ihres Lehrprogramms, in dessen Mittelpunkt ohne Zweifel die Erforschung des Handels, und zwar diesen im weitesten Sinne des Wortes genommen, gerückt werden muß.

S. 19

[...]

6. In unserer Tabelle [...] geben wir eine analytische Entwicklung und Zusammenstellung der verschiedenen Gebiete, die wir unter dem Sammelnamen „Handelswissenschaften" bezeichnen können.

S. 24

7. Aus dem Plan geht hervor, daß das Gebiet der Handelswissenschaften ein großes und weit verzweigtes ist, und daß ihre Bewältigung und volle Beherrschung eine mehrjährige und angestrengte Arbeit erfordert. Darin möchte der beste Beweis dafür gefunden werden, daß die

Hauptgebiete	Gruppen	Einzelne Fächer	S. 25
Handelswissenschaften im weitesten Sinne — A. Handelsbetriebslehre	I. Allgemeine Betriebslehre (Theoretischer Teil)	Allgemeine Handelsbetriebslehre. Betriebslehre des Welthandels Lehre von der kaufmännischen Organisation Zahlungsverkehr	
	II. Praktische Betriebslehre	Betriebslehre des Warenhandels Bankbetriebslehre Kaufmännische Betriebslehre industrieller Unternehmungen Spezialgebiete aus der praktischen Betriebslehre (Exporthandel, Buchhandel, Getreidehandel usw.; Elektrizitätsbranche, Chemische Branche usw.) Betriebslehre kaufmännischer Hilfsgewerbe (Transport, Versicherung, Auskunftei usw.)	
B. Rechnungswesen	III. Systematische Verrechnungswissenschaften	Einführung in die Buchhaltung und Bilanzkunde Systematik: Theorie und Praxis der Buchhaltung Spezialgebiete der Buchhaltung (Warenhandel, Banken, Industrie, Gesellschaftsformen usw.) Bilanzkunde und Bilanzkritik Kalkulatorische und statistische Buchhaltung	
	IV. Angewandtes Rechnen — a) Kaufmännische Arithmetik	Einführung in die kaufmännische Arithmetik und Algebra Zins-, Diskont- und Kontokorrentrechnung Geld-, Wechsel- und Effektenrechnung Kalkulation (kaufmännische und industrielle)	
	b) Politische Arithmetik	Zinseszins-, Renten-, Anlehens- und Amortisationsrechnung Versicherungsmathematik	

Hauptgebiete	Gruppen	Einzelne Fächer	S. 26
Handelswissenschaften im weitesten Sinne — C. Grenzgebiete der Handelswissenschaften	V. Geld, Bank, Börse, Kredit	Bankwesen, Banktechnik Handel in Wertpapieren (Börse) Wechselkunde und Wechselpraktikum Internationale Bankkunde Die Bank im Dienste des Kaufmanns Kapitalanlage und Vermögensverwaltung Zahlungsbilanz und Diskont Bank- und Diskontpolitik Entwicklungstendenzen im Bankwesen Der Kredit in Handel und Industrie	
	VI. Journalistik	Handelsjournalistik	
	VII. Versicherungswissenschaften	Allgemeine Versicherungslehre Besondere Versicherungslehre	
	VIII. Neue Entwicklungsformen in Handel und Industrie; Zeit- und Streitfragen	Einzelbilder aus Handel, Industrie und Verkehr Genossenschaftliche Organisation Kapitalistische Organisation (Kartelle, Syndikate, Trusts) Kaufmännische Propaganda - Warenhäuser - Kolonialfragen usw.	
	IX. Geschichte, Geographie, Naturwissenschaften	Handels- und Wirtschaftsgeschichte Handels- und Wirtschaftsgeographie Kolonialwesen Physikalisches und chemisches Praktikum Technologie und Warenkunde	
	X. Handelswissenschaften und Pädagogik	Handelsschulkunde Methodik der Handelsfächer Praktikum für Handelslehrer	

Handelshochschule kein Ort der beschaulichen Ruhe und des süßen Nichtstuns oder akademischer Auswüchse sein kann, sondern daß von Lehrern und Schülern das höchste Maß geistiger Anstrengung gefordert werden muß. Noch ein anderes ergibt sich aus dem Plan. Er zeigt wie alle verschiedenen Disziplinen nach der einen Seite auf wissenschaftlicher Basis beruhen, aus ihr in logisch geschlossener Reihe abgeleitet und begründet werden, wie sie aber nach der andern Seite in die verschiedensten Gebiete der kaufmännischen Praxis auslaufen und bestimmt sind, das Leben zu befruchten, die kaufmännischen Unternehmungen nach dem Prinzip der Wirtschaftlichkeit zu gestalten und den Handel aus der Stufe der einseitigen Erwerbswirtschaft zu einer wirtschaftlichen Funktion zu erheben. Nehmen wir noch dazu, daß parallel zu den Vorlesungen über die Handelswissenschaften die Seminarien gehen, wo der lebendige Kontakt zwischen Lehrer und Schüler hergestellt, diese zu Übungen und zu selbständigen Arbeiten angehalten und in die Methode wissenschaftlicher Forschung eingeführt werden; daß im ferneren dieses Seminar eine Sammelstelle für alle Fortschritte im Gebiete des Handels sein soll, dann wird jedermann, auch die bisherigen Gegner, die Überzeugung gewinnen müssen, daß die Handelshochschulen eine große und herrliche Mission zu erfüllen haben und berufen und in der Lage sind, Kaufleute im wahren Sinne des Wortes heranzubilden, den Handel zu fördern und die wirtschaftlichen Kräfte des Landes zu befruchten.

S. 26

[...]

B. V

Horst Albach
Business Administration: History in German-Speaking Countries

Handbook of German Business Management,
Vol. 1, S. 247-270

C.E. Poeschel Verlag Stuttgart 1990
Springer Verlag Berlin et al 1990

I. The Roots   S.247

1. The Era of the Business Schools

The history of business administration is, to a large extent, the history of middle management training. According to *Chandler* (1977), middle management evolved in the industrial revolution. In Germany it were the "officials" in the administrations of firms which constituted upper and middle management. They were responsible for ensuring compliance with accounting principles and the particular principle of organisation promulgated by top management. Supported by the chambers of industry and commerce, firms founded the *Handelshochschulen* (Business Schools) for the training of middle management. The first business school started in Leipzig in 1898. It was followed by Cologne and Frankfort in 1901, Aachen in 1903, Berlin in 1906, Mannheim in 1907, St Gallen in 1908, Munich in 1910, Königsberg in 1915 and Nuremberg in 1919. In addition there were the academies for business administration and public management, the first of which started at Essen in 1907. Their objective was the systematic training and further education of lower managers.

In designing their curricula the business schools offered different directions. In the German universities there was, on the one hand, a notable cameralistic tradition (*Wittmann* 1963). Many firms were of the opinion that the legalistic training of civil servants should also be the model for the training of a "firm's civil servants". Not least the practical experience which entrepreneurs had accumulated over half a century before the founding of business schools could also be channelled into training. The training in business schools represented a significant novelty. The curriculum of the first German business school, that of Leipzig, is informative in this regard (*Raydt* 1898; *Hasenack* 1941; *Großmann* 1950).

Almost all business schools lost their private character after the First World War. Defeat and inflation eroded wealth and weakened the willingness, and capacity, of firms to maintain the business schools financially. The state no longer acted only as a supervisory authority but also as their means of support. They partly preserved their character as business schools until after the Second World War and were partly annexed, pre-eminently as in the case of Cologne, as a university faculty for economic and social science. Today, business administration is recognised as a scientific discipline and represented in all universities in the Federal

Republic of Germany. There are at present more than [8]00 professors of business administration in Germany. This does not include professors of business administration in *Fachhochschulen* (Technical Colleges) [today: "Universities of Applied Science"].

2. The Name "Betriebswirtschaftslehre" S.248

Originally the name of the new academic discipline was a matter of contention. The name *Handelswissenschaft* (Theory of Trade and Commerce) gave the impression that the target group for the training were "shop clerks", employees of merchandising firms, who were responsible for finalising transactions in industrial goods in accordance with commercial rules and practice.

On the other hand, in choosing a name, some teachers at the new business schools desired to emphasise a contradistinction to mercantalism and political economy. Principally under the influence of *Wilhelm Rieger* the name *Privatwirtschaftslehre* (Private Sector Business Administration) thus emerged.

Not everybody who taught at a business school was a champion of private capitalism. On the contrary, among distinguished professors of political economy there was in Germany also a social movement which went by the name of *Kathedersozialismus* (Professorial Chair Socialism) (*Brentano* 1912) and which attained both scientific and political importance. The intention of the designation was much less a question of the private character of profit-making in contrast to public management, but of conveying that the management of the individual units of a market economy was the focal point of training. Thus the name *Einzelwirtschaftslehre* (Individual Unit Management Doctrine) was chosen in deliberate contrast to *Privatwirtschaftslehre* (Private Sector Business Administration).

Management in an individual economic unit cannot be conceived independently of the total economic context. That the management of firms ultimately serves societal welfare and raises general utility when it endeavours to increase the utility of the individual unit is however not captured by the name *Einzelwirtschaftslehre* (Individual Unit Management Doctrine). But for business economists like *Fritz Schmidt* and *Eugen Schmalenbach* precisely this was a central methodological perspective. Thus the name *Betriebswirtschaftslehre* (Business Administration) was introduced in order to make it clear that the new discipline wished to investigate the management of the firm as an individual cell in a market economy giving effect to the division of labour - regardless of whether the firm was privately or state-owned; and, regardless of whether, in the context of its social objectives, it pursued profit-maximisation, a break-even policy or macroeconomic efficiency.

3. The Family History of Business Administration

The history of the generations of business economists in colleges and universities who developed business administration as pioneers, who extended it methodologically and who integrated it into the general body of scientific knowledge, should be designated as the family history of business administration.

Johann Friedrich Schär (Berlin), *Walter Le Coutre* (Mannheim) and *Josef Hellauer* (Frankfurt) belong to the first generation of business economists who number among the pioneers at the newly founded business schools. The principal interests of *Le Coutre* (1922) and *Schär* (1911) were the questions of busisness accounting, especially the preparation of final accounts. This was due to the problem situation which the business economists encountered: what a balance sheet was supposed to be, what information content it had, and, when accounting was in order. At that time such questions had neither been practically resolved nor scientifically researched. The solution of these problems was, however, of great practical relevance. In the company promotions crisis of the late 19th century, the courts were repeatedly required to decide whether the bankruptcy of a firm was the consequence of adverse economic conditions and ultimately undeserved; or, whether, in resolving the firm's management problems, loans had been obtained surreptitiously by the fraudulent manipulation of accounts thereby rendering the bankruptcy fraudulent. Accounting theory was developed in an attempt to provide consistent answers to these questions.

S.249

It was *Hellauer* who recognised the need to give the new discipline a systematic framework. In his *System des Handelsbetriebes* (System of the Commercial Business) (*Hellauer* 1910) he outlined such a system which however had no enduring effect on the development of the subject.

In general *Heinrich Nicklisch* (Berlin), *Wilhelm Rieger* (Nuremberg), *Fritz Schmidt* (Frankfurt) and *Eugen Schmalenbach* (Cologne) are numbered among the second generation of business economists. In this generation, too, questions of business accounting constituted the main subject of research. The problems were no longer approached from a legalistic perspective. It became much more a matter of starting on economic problem areas using business administration methods. From the time that *Karl Marx* had expounded the thesis that capitalism would perish on its own dynamic, in particular from the permanent substitution of variable capital with fixed capital, students of economics had preoccupied themselves with the question of whether the validity of this law of fixed/variable capital substitution could also be demonstrated empirically. The first work on cost theory, which *Eugen Schmalenbach* conceived before the turn of the century during his period at Leipzig (*Schmalenbach* 1899), evolved from the pursuit of this question. *Schmalenbach* was not only interested in the manner in which the costs of plant and equipment and of personnel were recorded and charged, but also in the laws which determined cost levels. In his theory of cost determinants he distinguished between costs which depend upon the level of activity, the *variable costs,* and those which do not change in response to changing activity levels, the so-called fixed costs. The question of cost determinants was a typical scientific question. It went clearly beyond the descriptive and methodological efforts of the first generation of business economists.

Fritz Schmidt had experienced that, under inflationary conditions, the nominal profit computed by the business accounting system had lost its managerial function to the firm. He questioned the conditions which an accounting method must satisfy, in order to distinguish changes in the value of money from relative price changes, and which thereby facilitates the separation of real trading profit from paper profit. He also believed that in these researches he had uncovered the reasons for the industrial trade cycle: entrepreneurial behaviour which is erroneously aligned with nominal rather than real trading profit leads to cyclical movements in investment behaviour. Thus for him the cyclical movements of the economy were the consequence of an "accounting error" (*Schmidt* 1927) - a deceitful accounting system. S.250

The merit of *Heinrich Nicklisch* is to be seen less in his contribution to accounting theory (*Nicklisch* 1903, 1932), and also not in his ethically-based organisation theory (*Nicklisch* 1920) originating from harmonious thought, but in his attempt to outline a system of business administration built upon the laws governing the collaborative work of human beings within the firm. This model of a system of "normative business administration" exercised a lasting influence on business administration itself. The substance and methodological proximity of this model to the sociology of *Vierkandt* (1928, 1931) cannot be overlooked. Even if today the prevailing view is that this system has ultimately not proved itself to be viable (*Schanz* 1984), its significant didactic effects upon the subject as a whole cannot be gainsaid. They extend far into the design of working relationships within the firm. Even today work on questions of employee profit sharing cannot ignore the pioneering contributions of *Heinrich Nicklisch* to this subject (*Nicklisch* 1922, 1938).

The third generation of business economists had already been trained at a business school or university. That training was scientifically validated by means of a prescribed post-doctoral academic inaugural procedure (*Habilitalion*). The third generation was less inclined to research deeper, but with diminishing returns, in the traditional fields than to extend the subject-matter of business administration. Principally the so-called *Spezielle Betriebswirtschaftslehren* (Special Business Administrations) developed quickly during the era of the third generation of business economists. *Industriebetriebslehre* (Industrial Management) was developed as a doctrine of the institutional determinants of management in industrial firms (*Henzel* 1932, 1933; *Beste* 1933; *Mellerowicz* 1957). *Bankbetriebslehre* (Bank Management) investigated the instruments of bank asset transactions, especially industrial financing, but also bank liabilities and questions of bank accounting (*Walb* 1914, 1915; *Sommerfeld* 1923, 1927, 1931; *Hasenack* 1925). Starting with the work of *Hellauer, Handelsbetriebslehre* (Commercial Business Administration) constituted an analysis of trading functions and of the different stages of trading in the chain between producer and consumer. In commercial business administration, the traditional subject of "commodity knowledge", with which many of the newly-formed business schools had started, also unfolded (*Seyffert* 1951).

S.251

Alongside the institutional teachings, a doctrine of the different functions of the firm was developed. In this regard the *sales* functions, which were given particular impetus by the work of *Erich Schäfer* (1928), deserve special mention. *Schäfer* recognised that the direct sale of, especially manufactured, products needing explanation became increasingly important and that trade as a trade mediator became less significant. His research into the trading functions was especially relevant to sales preparation via market research, market observation and market analysis. Personnel management was also systematically worked up into a function within the firm. Questions of work-place social designs, of the design of working conditions, or partnership within the firm, and also of remuneration systems, were analysed (*Fischer* 1955). *Organisation theory,* which had received a mystical haze from *Heinrich Nicklisch,* was newly developed during the third generation of business administration. Organisational principles along the lines of those already to be found in the works of *Frederic Taylor* (1911) and *Henri Fayol* (1916) were first rebuilt. These principles were extended to a doctrine of principles of correct organisation (*Hennig* 1934; *Nordsieck* 1932, 1955; *Mellerowicz* 1929). *Herbert Simon* was not mistaken when he described this phase of organisation theory as "organisational mythology" (*March/Simon* 1958). But this generation also accomplished clear-headed analyses of the tasks of a firm, of delegation to levels of authority, of the organisation of its collaborative work, and of the scheduling of jobs within the firm (*Kosiol* 1962). More recent organisational doctrine in Germany was founded upon this work (*Bleicher* 1972; *Grochla* 1972, 1978, 1982; *Frese* 1980).

The work of the third generation of business economists was partly interrupted, and partly steered in other directions by the emergence of National Socialism and the ensuing war economy. It would certainly be wrong to gloss over the work of some business economists in the Third Reich. It would be equally wrong totally to discredit the work of business economists citing individual sentences from that period. In the development of the subject itself, the era of the "Thousand Year Reich" was too short to make an enduring, independent scientific contribution. In any case, neither the idea of the "committed economy", nor the idea of performance competition, nor the idea of the business cooperative which was tied to the socio-romantic train of thought of the twenties, proved to be the scientific foundations that were capable of bearing the load of a new business administration. Even the "Führer-Principle" (leader-principle) which was perceived by some in the organisational re-design of the public limited company, resulting from the 1934 *Aktiengesetz - AktG* (Companies Act), was not a typical National Socialist conception. Rather was it a false label for the autonomisation of management vis a vis shareholders, that had long been the *de facto* situation in many companies, and which the legislator now confirmed in order to remove the legal uncertainty in the relationship between shareholders and executive boards.

II. The System of Erich Gutenberg

The picture offered by business administration at the end of the twenties, which had changed little by the end of the Second World War, was one of fragmentation. The subject had decomposed into special disciplines, and the firm as a totality had fallen out of view. Thus, the system of business administration with which *Erich Gutenberg* appeared in 1951, was perceived as a revolution in the subject. In his system of business administration the business functional areas of production, marketing and financing were put in their total business context and their interdependence was made the subject of scientific analysis. The centre of *Gutenberg's* theory is the proposition that the firm is an economically autonomous unit, which, on its own responsibility, efficiently, combines factor inputs in satisfying the demand for the output of this combination process in order to optimise its economic objective function.

Gutenberg surmounted the system of business administration created by *Eugen Schmalenbach* in three decisive respects:

(1) He substituted the more general micro-optimality principle *(erwerbswirtschaftliches Prinzip)* for the general economic welfare objective *(gemeinwirtschaftliche Wirtschaftlichkeit)* of *Schmalenbach* which is only valid for a perfect goods market.

(2) He rooted the theory of variable costs in production theory. Whilst *Schmalenbach* was fascinated with fixed costs and took over the theory of variable costs from political economic doctrine, *Gutenberg* rejected the macroeconomic law of an S-shaped production function and substituted it with a type B production function with limitational factors of production. Simultaneously and independently of *Gutenberg* the activity analysis of *Koopmans* (1951) emerged in the USA. This is of course a more specific linear technology than assumed by *Gutenberg*.

(3) He rejected the perfect sellers' market assumption and, in the context of business administration investigated such imperfect goods markets as those characterised by polypolistic and imperfect oligopolistic conditions. He was the first to develop the theory of marketing mix, that is, the doctrine of the optimal combination of the instruments of price, promotion, product and distribution.

Gutenberg's system of business administration is based on five premises:

1. Firms behave in accordance with the micro-optimality principle *(erwerbswirtschaftliches Prinzip)*.
2. Firms procure factor inputs in a perfect factor market.
3. Firms procure their capital needs from a perfect capital market.
4. Firms sell their products in imperfect end-product markets.
5. The employees of a firm behave rationally. They all pursue the same personal objectives, and these can by synchronised with those of the firm.

More recent business administration has attempted,
- to substitute, or modify, the underlying premises of *Gutenberg's* system,
- to test *Gutenberg's* propositions empirically,
- to reconsider the societal legitimation of the firm.

III. More Recent Developments

1. The Criticism of the Premises Underlying Erich Gutenberg's System

a) The Micro-Optimality Principle

Eugen Schmalenbach propounded the view that firms endeavour to attain "general (macro-) economic efficiency" (*Schmalenbach* 1934). He attempted to measure this general (macro-) economic efficiency in cost accounting and in the balance sheet. But in fact *Schmalenbach* measured accounting profit in the balance sheet. A firm which sells in a perfectly competitive market maximises its profits when its marginal cost is equal to selling price. *Schmalenbach* proceeded from perfectly competitive sellers' markets. With his rate of marginal cost he required a price position on the marginal cost curve. Profit-maximising behaviour in such markets maximises general economic welfare. The invisible hand of competition causes the pursuit of individual profit to maximise general (macro-) economic efficiency.

Gutenberg stood the theoretical approach of *Schmalenbach* on its head. On the supply side, the theory of restricted supply was abandoned and the cost function reflecting the law of diminishing returns was substituted with one based on the *Gutenberg* production function (*Gutenberg* 1951). On the revenue side however, the theory of perfect

S.253

competition, with its law of one price, was substituted with the theory of imperfect competition with a double-kinked demand function (*Gutenberg* 1955). Viewed in this way, *Gutenberg*'s theory of the firm was a break with the prevailing theory in business administration. It was also significant for the formulation of the objective function. Unlike *Schmalenbach, Gutenberg* could no longer assume that the profit-maximising endeavours of individual firms would maximise general economic welfare because, in the case of monopolistic competition, which *Gutenberg* also explored, that is not self-evident. *Gutenberg* therefore substituted profit-maximisation with a more general objective function in the form of the micro-optimality principle. A feature of this principle is that it permits of profit maximisation, of the securing of a satisfactory profit, of the maximisation of market share subject to satisfactory profit distributions, of risk minimisation subject to an adequate profit level and of further objective functions. The micro-optimality principle is therefore sufficiently general to accommodate the modern conception as well as those of the neo-classical firm and of managerial capitalism.

S.254

In general it can be confirmed that the idea of the micro-optimality principle has proved true. All business decision models can be aligned with this objective. Every concrete objective function of an operational research model can be regarded as an application of the micro-optimality principle. Nevertheless, in recent years attempts have been made to abandon the micro-optimality principle as an objective of business activity.

The societal approach in business administration theory expounds the thesis that the pursuit of the micro-optimality principle implies a policy aligned with ownership interests and that it violates the interests of society, especially those of the consumer.

The so-called *Arbeitsorientierte Einzelwirtschaftslehre* (Labour-Oriented Business Administration Theory) propounds the view that the development of a self-contained theory that is aligned with the interests of employees is required. The central propositions of the labour-oriented theory of business administration are (*Projektgruppe im WSI* 1974):
- the micro-optimality principle serves solely the interests of capital;
- within the firm the individual is, according to the traditional view, solely a (passive) production factor;
- codetermination is a foreign body in traditional business administra-

tion doctrine.

Both the propositions of the societal approach in its socialist sense and the labour-oriented theory of business administration have subsequently proved themselves to be untenable. More recently business administration doctrine has turned its face to the theory of the state-owned enterprises. Here objective functions departing from the micro-optimality principle (socio-political objectives, satisfying demand, provide for the future) are assumed (*Lüder* 1982).

b) The Perfect Factor Market

In *Eugen Schmalenbach*'s system of business administration a distinction is made between constrained supply and unconstrained supply (*Schmalenbach* 1947). In the case of constrained supply, it is the rate of marginal revenue which should matter and not the rate of marginal cost. *Schmalenbach* had methodological problems in deriving the rate of marginal revenue operationally for business decisions. *Gutenberg* abandoned the assumption of constrained supply and assumed perfect factor markets in the sense of the law of one price. The prices of factor inputs are therefore given and independent of the level of output. With this assumption *Gutenberg* eliminated the "appraisal" (estimation) problem which, following *Schmalenbach*, had long been moved to the centre of business administration. He then proceeded to the laws of production, to the quantitative determinants of cost. S.255

Influenced by operational research, business administration in the Federal Republic of Germany thereupon gave up the assumption of perfect factor markets. In the case of the theory of the single product firm, new approaches led to an operationalisation of *Schmalenbach*'s rate of marginal utility. Marginal utility is equal to the sum of marginal cost and opportunity cost. The theory of opportunity cost was received by cost theory and resulted in a re-establishment of the theory of notional costs. Allowing for imperfections in the capital market proved to be particularly fruitful when business administration became pre-occupied with a theory of the multi-product firm. In the classical linear programming approaches perfectly competitive end-product markets and factor market rationing are assumed.

The theory of the optimal production programme has also influenced the evolution of cost theory. Computations with costs of limited capacities are today a component both of cost theory and of cost accounting. The consequences for the make or buy decision (*Ramser* 1979) and for the theory of transfer prices for deliveries between divisions that are independent profit-centres (*Albach* 1974) have been researched.

All of these models are of a static nature. But in recent years business administration has also become more pre-occupied with dynamic models. In this regard production scheduling should first be mentioned (*Mensch* 1963; *Seelbach* 1975; *Rehwinkel* 1978; *Küpper* 1981; *Paulig* 1984). This problem held a fascination for scholars of business not only because of its great practical significance but also because it is theoretically a model for the simultaneous optimisation of capacities, throughput rates, cost of exeeding completion times and inventory management.

A second direction in which dynamic business administration has unfolded is represented by the development of multi-period models of programme planning (*Hilke* 1978; *Backhaus* 1979). These models determine optimal temporal arbitrage in the case of imperfect factor markets and when there are internal capacity bottlenecks. The theory of inventory management in multi-product firms with intermediate inventories has, because of this development in more recent business administration doctrine, received a decisive stimulus (*Müller* 1972; *Assfalg* 1976; *Scholz* 1979; *Hollander* 1981).

S.256

At present the interest of business administration concentrates upon time-continuous models which, using the *Pontrjagin* maximum principle and the instruments of control theory, attempt to determine expansion or concentration paths for production capacity (*Stöppler* 1975; *Kistner/Luhmer* 1978; *Ludwig* 1978; *Stepan* 1977; *Feichtinger* 1982). The asset replacement problem has also been newly stated and solved in the context of this dynamic production theory (*Stepan* 1981; *Kistner* 1981).

c) The Perfect Capital Market

The explicit recognition of *rationalisalion* considerations in the planning of business investments resulted in *capital budgeting* theory (*Albach* 1962; *Haegert* 1971; *Swoboda* 1971). This theory has subsequently unfolded in various directions. Alongside independent, but in relation to limited funds competitive, investment proposals, interdependent projects have been introduced and the uncertainty characterising future cash flow streams has been allowed for explicitly (*Albach/Schüler* 1970; *Laux* 1971). The optimal mixture of risk policy instruments in the context of risk management has also been added to capital budgeting theory (*Albach* 1977). The theory of multiple goals has been linked to capital budgeting theory (*Fandel* 1972). There are now solutions for cases in which terminal value maximisation and the maximisation of withdrawals are regarded as equally-ranked, or possibly competing, objectives (*Seelbach* 1967; *Dreyer* 1975).

German business administration has not been uninfluenced by developments in capital market theory in the United States. Thus, in recent years, business administration has reverted to the old assumption of perfect capital markets whilst of course abandoning the assumption that the cash flow streams of capital projects and financing instruments are certain. The modern American financing theory indeed started from a *Keynesian* statement of the problem, namely, why, in addition to maintaining liquidity levels for transactions purposes, individuals also have a precautionary motive for so doing. However, the answer provided by *Tobin* (1965) to this question in the form of his separation theorem has, in the opinion of many German scholars of business administration, also proved itself to be fruitful in the context of capital budgeting and financing theory.

In more recent German business administration, insights have been gained above all into interest rate structure under conditions of market and arbitrage equilibrium and into price formation in capital markets (*Rudolph* 1979; *Wilhelm* 1985). That has also deepened the understanding of the cost of capital which should be taken into account in the investment decision. On the other hand, modern financing theory has provided no new knowledge for resolving the question of a firm's optimal capital structure. The central proposition of the *Modigliani-Miller* hypothesis (1958) has also not been finally settled in German business administration. S.257

Because the problems of raising risk capital become ever more important in practice, business administration currently takes other routes in attempting to develop propositions about optimal capital structure. On the one hand the theory of property rights can be mentioned in this regard and, on the other, information economics (*Ballwieser* 1978; *Schmidt* 1976). There is also work in the field of principal-agent theory. This always involves theoretical approaches which assume incomplete capital markets. The information economics proposition, that a high debt-equity ratio signals to outsiders that lenders with insider information have faith in a firm's long-term projections and, therefore, that a firm with a high debt ratio can be judged to be sounder than one having a low debt ratio, exemplifies the surprising conclusions that may be expected from these new approaches.

Capital market imperfections also play an important role in the control theory of the growth of the firm (*Ludwig* 1978). Here it is especially the institutional capital structure requirement which describes the imperfections of the capital market. Thus, firms can grow quicker when they are granted generous credit lines as opposed to a modest debt ratio or compliance with the golden financing rule. In the control theory growth model of the firm, the cost of capital is of course taken as given. No connection between capital structure rules and the cost of capital is assumed.

d) The Imperfect End-Product Market

In his theory of innovative competition, *Schumpeter* (1912) alluded to the fact that perfect competition is a conceptual model which does not admit of technological progress. Innovations however continually disturb market equilibrium. From his ideas, the theory of pure monopoly and sellers' competition emerged in Germany (*v. Stackelberg* 1934) and, in England and the USA, the theory of monopolistic or imperfect competition (*Chamberlin* 1933; *Sweezy* 1953). The question of the ultimate causes of price differences was answered by reference to locational, time, technical and personal preferences.

Gutenberg summarised these customer preferences in the notion of the goodwill *(akquisitorisches Potential)* of the firm vis-a-vis its customers. Such goodwill evolves from advertising, product quality and reliable delivery. It is confidence capital which has given rise to the conjecture that it could be exploited by a firm to demand improperly high prices. In the 'sixties and 'seventies work was therefore repeatedly undertaken on the double-kinked demand curve leading to the conclusions that goodwill:
- was derivable from spatial distances, and the transport costs necessary to overcome them, between firms and buyers (*Kilger* 1962); or
- that it could be explained by the cost of obtaining information and the cost of changing suppliers (*Albach* 1973); or, finally,
- that it was something like a capitalised risk premium reflecting the good product quality a buyer had enjoyed hitherto and facilitating a conclusion about the good quality of another product which he had not yet bought (*Sabel* 1973).

Goodwill is not only influenced by experience gained from the firm's other products. The strength of goodwill also depends upon the introduction of other sales policy instruments: advertising, product design, distribution and pricing policy. More recent German business administration has played a significant part in the determination of the optimal mixture of these instruments, i.e. of the so-called marketing mix (*Nieschlag/Dichtl/Hörschgen* 1971; *Kroeber-Riel* 1972; *Meffert* 1977). To be able to determine the optimal marketing mix (*marketing planning*), the reactions of buyers and competitors must be known. Considerable efforts have been devoted to the development of such reaction functions. These have also led to the development of a theory of buyer behaviour (*Müller-Hagedorn* 1984) which has subsequently gained a strong interdisciplinary character (*consumers*).

The theory of the multi-product firm has been extended to the question of the optimal sales mix (*sales management*). Here there are special problems because of the presence of interdependent demand functions. Product-mix optimisation under conditions of interdependent demand has been achieved be resorting to non-linear programming (*Albach* 1961) and has led to the recognition that cross-subsidisation between products may make below-cost selling optimal.

Serial demand interdependence has been accorded special interest in more recent business administration. Above all, considerable progress has been achieved in three large problem areas en route to a dynamic sales theory:
- in the diffusion theoretic formulation of the product life cycle (*Rogers* 1969);
- in the determination of an optimal price path throughout a product's life (*Simon* 1978, 1979) which includes skimming policy and penetration policy as special cases;
- in the determination of the optimal timing of market entry and exit in the case of innovative and imitative competition (*Schmalen* 1977; *Brockhoff* 1985).

e) Goal Congruence

In *Gutenberg*'s system of business administration, the business organisation as a source of its own problems was precluded by assuming that it functioned perfectly (*Gutenberg* 1929). The multiplicity and unity of interests and goals of employers, together with their limited rationality, are also excluded from *Gutenberg*'s analysis in that he assumes optimal decision-taking by everybody within the firm. Deviations therefrom can

S.259

be captured in the stochastic error term. The individuality of the employee within the firm, his ability to work with other people and his reactions to motivational stimuli introduced by the firm, are of no interest *per se* from a methodological standpoint and ultimately only to the extent that they determine labour productivity in the production process.

The criticism of these assumptions emanated from new directions in business administration which attempt to overcome the productivity-theoretic approach of *Gutenberg*'s system. Worthy of particular mention are:
- the decision theory approach,
- the systems theory approach,
- the coalition theory approach.

The decision theory approach (*Heinen* 1962, 1966, 1972) to business administration can be regarded as a synthesis of models of two business systems: of human-oriented and productivity-theoretic approaches. Decision-oriented business administration is, therefore, according to its protagonists, a comprehensive methodological approach which places human decisions at all levels of the business hierarchy, and in all constituent areas of management, at the centre of scholastic endeavour.

The decision-oriented approach acquired its fascination for scholars of business administration pre-eminently from a questioning of the conditions for optimal decisions in a firm based upon the principle of division of labour and responsibilities. Subsequently it became clear that the decision-theory approaches in business administration establish a theory of the management factor. The productivity-theoretic approach appears to be the more general. The decision theory approach to business administration does not replace it but establishes a constituent area rather better than was the case hitherto. The first attempts at a systematic integration of the decision-oriented theory of the management factor into the production function have provided interesting insights into the structure of the firm, its organisational structure, its span of control and its wages and salary structure (*Beckmann* 1978).

The systems theory approach (*Ulrich* 1968) places the steering mechanism of the firm at the centre of business administration theory. The steering is determined by objectives and problem-solving behaviour. Because the system is recognised as being extremely complex, it is not only top management which influences decision-making, goal setting and goal accomplishment, but all employees in a participative effort. *Ulrich* formulates the systems theory approach at three levels, namely the technical, social and societal. The systems theory approach has not yielded a formulation of propositions about the functional relationships subsiting between the elements and between the systems at each level. Hopes that the systems theory approach would facilitate the derivation of general propositions about the firm as a dynamic system have not yet been realised within the framework of this approach.

S.260

The coalition theory approach (*Kirsch* 1970; *Schanz, G.* 1977), put the utility function of each individual member of the organisation at the centre of the theory of the firm rather than its production function. So long as the stimuli which the organisation can give to individuals equate with the contribution it requires from the individual members, the firm is stable. The interests of a firm's employees are congruent only to the extent that the firm can be regarded as an efficient instrument for achieving its own objectives.

The coalition theory of the firm has been worked up into a system of propositions which explain the formation of groups within firms, facilitate predictions about the stability of organisations and permit judgements about the efficiency of personnel policy measures. Propositions about the macrostructure of the firm, management styles and motivational factors have also been achieved. Basing the theory of the firm on the individual utility functions of all employees, whilst neglecting the societal responsibilities of the firm to its final customers, does not seem convincing.

The productivity-theoretic approach emphasises the service function of labour as an object-related factor and production factor rather than the interests of the individuals in the system which must be brought into equilibrium with those of the other partners. The firm's task is to provide society with goods and services through the market by resort to the most economic use of factor inputs.

2. The Empirical Theory of the Firm

In current German business administration, a distinction can be made between two directions taken by the empirical theory of the firm, namely, the empirical theory of individual functional areas on the one hand and the empirical theory of the entire firm on the other.

In the area of decision theory, different aspects of business decision-making processes have been researched empirically. Worthy of special emphasis is the investigation of such top management decisions as the purchase of computers and the possible ways in which employees, managing directors, shareholders and the executive board can influence business policy (*Hauschildt* 1971; *Witte* 1973; *Grün* 1973).

Empirical investigations of production functions and cost behaviour are not only of recent origin. They can be traced back to the forties. Nevertheless, following the pioneering work on cost determinants and on the validity of the factor input function (*Pressmar* 1968), the empirical theory of the production function has evolved very rapidly and in manifold directions. In the meanwhile CES-production functions with log-*Hicks*-neutral technical progress and also frontier production functions have been empirically corroborated. Tests of *Putty-Clay* production functions and of duality-theoretic dynamic production functions have also been undertaken.

Empirical investment theory was established in Germany by *Gutenberg* (1959) with his investigation of the investment decisions of industrial firms. Extensions of this work (*Jacob* 1971) have sifted out a total of four investment motives (*Scheer* 1969): exploitation of technical progress, cautious growth aspirations, removal of business bottlenecks and competitive pressure. Other investigations have corroborated the neo-classical theory, namely, that the level of investment depends upon changes in sales volume, the cost of capital and the previous year's investment level (*Krelle* 1974, 1978).

In German business administration, marketing has been the subject of particularly intensive empirical enquiry (*Luhmer* 1978; *Bruse* 1980; *Wied-Nebbeling* 1983). Decisive reasons for this may be good, and continuously improving, data and the fact that the sales area of the firm has repeatedly been the subject of cartel law proceedings which, in turn, have placed detailed material from firms at the disposal of empirical researchers.

There is also German research on the double-kinked price-sales function (*Baatz* 1985; *Held* 1985). This work provides empirical support for the double-kinked demand curve. In addition, the effect of advertising has been examined both experimentally and econometrically (*Kroeber-Riel* 1982). The product life cycle has not only been clarified theoretically but has also been corroborated empirically (*Brockhoff* 1967; *Luhmer* 1978). It can be regarded as the basic model of the evaluation of the sales of a product. It is of course overlaid with the product-mix effect of a complementary and substitutive nature.

The improvement in information technology also played a significant role in empirical research in the sales area. Whereas previous investigations were based predominantly upon surveys on advertising expenditure undertaken by market research institutes, and more or less detailed surveys of firms, detailed data gained with the scanner are nowadays made promptly available. This has provided research in business administration in the sales area with new possibilities, which are at present being intensively used, in empirical examinations of sales-theoretic hypotheses.

Empirical tests of the capital-asset pricing model using German capital market data have also been carried out (*Reiß/Mühlbradt* 1979). In no case could the predictions of the model be corroborated. The German capital market is too imperfect to be correctly described with the capital-asset pricing model.

Using the information published in the annual accounts of listed German industrial companies that are included in the "Bonn sample", an econometric model of the firm has recently been developed (*Holzberg* 1978; *Maltzan* 1978; *Werhahn* 1978; *Geisen* 1979; *Bruse* 1980; *Albach* 1980; *Wanik* 1981; *Albach* 1983a, 1983 b, 1984a, 1984b; *Fischer* 1984; *Schleiter* 1985). In 15 behavioural equations, this model describes decisions in the constituent business areas of production, investment, inventory management, labour supply, cash management and financing. This model has subsequently been used to predict the development of profitability, growth and, above all, the investment activity of German industrial companies.

IV. Recent Work on the Societal Role of the Firm

In recent years the legitimacy of the firm as an institution in society has been questioned in three respects:

(1) Why is there a firm in a market economy? What societal coordinational tasks fall to it in the light of the fact that markets resolve the coordination of supply and demand by means of the price mechanism?

(2) What is the significance to society of firms which pursue profit?

(3) How can the manifold forms of state regulation, to which firms in our economic and social system are subject, be legitimised?

1. The Theory of Transaction Costs

The first question is answered in the context of the theory of transaction costs (*Bössmann* 1981; *Picot* 1982). A society creates firms as societal institutions because there are situations in which the coordination of supply and demand is more efficient within the firm than through the market. Put another way: the coordination of supply and demand by markets causes higher costs than when this takes place within one and the same firm. Such costs can be the risk to punctual regular supply, the risk relating to the actual level of costs, and also the risk of know-how transfer. The more recent work in German business administration also derives the societal legitimation of firms from, among other things, the fact that they supplement the market as a coordinational agency in a cost-efficient manner. To be sure some German scholars of business administration consider the transactions cost theory to be tautological and non-operational (*Schneider* 1985). However, the majority has, for some time, attempted systematically to comprehend transaction costs (*Windsperger* 1983) and to integrate them systematically into organisation theory.

2. The Societal Function of Profit

That, under perfect conditions, profits are indicators of social utility has already been proved in classical political economy. Influenced by the theory of property rights, discussion in modem German business administration has again questioned profit as a social indicator but in a more general context. To the extent that profits result from contractual restraints of action imposed on competitors, as in the case of patent rights, the economic function of such restraints is called into question. Especially the question of property rights for innovators and restraints on imitators has been researched (*Brockhoff* 1985). The intention is to determine that level of restraints upon imitators which stimulates the highest rate of innovation whilst simultaneously ensuring that the advantages of innovation are, through the ensuing competition, gradually enjoyed by customers in the form of falling prices. Property rights have an influence on the direction on innovation.

S.263

3. The Theory of Property Rights

The question of the societal legitimation of institutions is embedded in a more general theory which is frequently described as the economics of law (*Adams* 1980; *Neumann* 1983; *Schüller* 1983). Small groups of German scholars of business administration have recently devoted themselves to this interesting problem-area. They have not only examined the theory of property rights in the light of is basic relevance to business administration, but have also applied it to individual markets -

especially the capital market.

In pursuing the theory of property rights, business administration has found a new understanding and a new self-assurance. Criticism of firms in our present economic system of the kind that has frequently been expressed in recent years is countered nowadays with references to government failure. If the state decrees restraints of action which make it more difficult, or perhaps impossible, for firms to fulfil their tasks efficiently, an examination of the economic consequences of the system of property rights should be undertaken and not the abolition of the firm as an institution in society.

Bibliography

a) Introductory Reading

Albach, Horst (1986): Allgemeine Betriebswirtschaftslehre. In: Zeitschrift für Betriebswirtschaft, 56: 578-613.
Bellinger, Bernhard (1967): Geschichte der Betriebswirtschaftslehre. Stuttgart (Poeschel).
Löffelholz, Josef (1935): Geschichte der Betriebswirtschaft und der Betriebswirtschaftslehre. Stuttgart (Poeschel).
Schneider, Dieter (1981): Geschichte betriebswirtschaftlicher Theorie. München/ Wien (Oldenbourg).
Schönpflug, Fritz (1954): Betriebswirtschaftslehre. 2nd ed.: Das Methodenproblem in der Einzelwirtschaftslehre. Ed. by Seischab, H., Stuttgart (Poeschel).
Seyffert, Rudolf (1963): Über Begriff, Aufgaben und Entwicklung der Betriebswirtschaftslehre. Stuttgart (Poeschel).

b) Further Reading

S.264

Adams, Michael (1980): Ökonomische Analyse der Sicherungsrechte. Königstein i.Ts. (Athenäum).
Albach, Horst (1962): Investition und Liquidität. Wiesbaden (Gabler).
Albach, Horst (1973): Das Gutenberg-Oligopol. In: Koch, H. (ed.): Zur Theorie des Absatzes. Wiesbaden (Gabler), 9-34.
Albach, Horst (1974): Innerbetriebliche Lenkpreise als Instrument dezentraler Unternehmensführung. In: Zeitschrift fur betriebswirtschaftliche Forschung, 26: 216-242.
Albach, Horst (1977): Capital Budgeting and Risk Management. In: Albach, H./ Helmstädter, E./Henn, R. (eds.): Quantitative Wirtschaftsforschung. Tübingen (Mohr), 7-24.
Albach, Horst (1980): Average and Best Practice Production Functions in German Industry. In: Journal of Industrial Economics, 15: 55-70.
Albach, Horst (1983): Empirische Untersuchungen der Firmenentwicklung. In: Deutsche Forschungsgemeinschaft (ed.): Forschung in der Bundesrepublik Deutsch-

land. Weinheim (VCH Verlagsgesellschaft), 221-234.

Albach, Horst (1983): Investment Forecasts for German Industrial Corporations. In: Beckmann, M.J. et al. (eds.): Mathematische Systeme in der Ökonomie. Königstein i.Ts. (Athenäum), 27-40.

Albach, Horst (1984): Investment in Inventories. In: Hauptmann, H./Krelle, W./Mosler, K.C. (eds.): Operations Research and Economic Theory. Berlin/Heidelberg/New York (Springer), 3-13.

Albach, Horst (1984): The Rate of Return in German Manufacturing Industry: Measurement and Policy Implications. In: Holland, D.M. (ed.): Measuring Profitability and Capital Costs. Lexington, Mass./Toronto D.C. (Heath), 273-311.

Albach, Horst (1986): Innovatorischer und imitatorischer Wettbewerb in der Wirtschaftsordnung. In: Forschungsinstitut fur Wirtschaftsverfassung und Wettbewerb e. V. Köln (ed.): Neuorientierung des Wettbewerbsschutzes. Köln et al. (Heymanns), 95-106.

Albach, Horst/Schüler, Wolfgang (1975): Zur Theorie des Investitionsbudgets bei Unsicherheit. In: Albach, H./Schüler, W.: Investitionstheorie. Köln (Kiepenheuer & Witsch), 396-410.

Assfalg, Helmut (1976): Lagerhaltungsmodelle für mehrere Produkte. Meisenheim am Glan (Hain).

Baatz, Erlfried (1985): Unternehmensstrategien auf stagnierenden Märkten. Diss. Bonn.

Backhaus, Klaus (1979): Fertigungsprogrammplanung. Stuttgart (Poeschel).

Bänsch, Axel (1985): Käuferverhalten. München/Wien (Oldenbourg).

Ballwieser, Wolfgang (1978): Kassendisposition und Wertpapieranlage. Wiesbaden (Gabler).

Beckmann, Martin J. (1978): Rank in Organizations. Berlin/Heidelberg/New York (Springer).

Beste, Theodor (1933): Die optimale Betriebsgröße als betriebswirtschaftliches Problem. Leipzig (Gloeckner).

Bleicher, Knut (1981): Organisation. Wiesbaden (Gabler).

Böhm, Hans-H. (1960): Direct Costing und Programmplanung. München (Modeme Industrie).

Bössmann, Eva (1981): Weshalb gibt es Unternehmungen? In: Zeitschrift für die gesamte Staatswissenschaft, 137: 667-674.

Braun, Wolfram (1982): Ökonomie, Geschichte und Betriebswirtschaftslehre. Bern/Stuttgart (Haupt).

Brentano, Jujo (1912/1913): Privatwirtschaftslehre und Volkswirtschaftslehre. In: Bankarchiv, 12:1-6.

Brockhoff, Klaus (1967): A Test for the Product Life Cycle. In: Econometrica, 35: S.265 472-484.

Brockhoff, Klaus (1985): Die Produktinnovationsrate als Instrument der strategischen Unternehmensplanung. In: Zeitschrift für Betriebswirtschaft, 55: 451-476.

Bruse, Helmut (1980): Der Absatzbereich von Unternehmen. Diss. Bonn.

Chamberlin, Edward Hastings (1933): The Theory of Monopolistic Competition. Cambridge, Mass. (Harvard University Press).

Chandler, Alfred Dupont Jr. (1977): The Visible Hand. Cambridge, Mass./London

(Harvard University Press).

Coase, Ronald (1937): The Nature of the Firm. In: Econometrica, 4: 386-405.

Dreyer, Arend (1915): Nutzwertanalyse als Entscheidungsmodell bei mehrfacher Zielsetzung. Diss. Hamburg.

Fandel, Günter (1979): Optimale Entscheidung bei mehrfacher Zielsetzung. Berlin/Heidelberg/New York (Springer).

Fayol, Henri (1929): Allgemeine und industrielle Verwaltung. Berlin (Reinecke) [Administration industrielle et generale. 1916, Repr. Paris, o.V., 1966, dt.].

Feichtinger, Gustav (ed.) (1982): Optimal Control Theory and Economic Analysis. Amsterdam (North-Holland).

Fischer, Guido (1955): Partnerschaft im Betrieb. Heidelberg (Quelle & Meyer).

Fischer, Karl Heinz (1984): Die Messung von totaler Faktorproduktivität, Effizienz und technischem Fortschritt. Diss. Bonn.

Frese, Erich (1987): Grundlagen der Organisation. 3rd ed., Wiesbaden (Gabler).

Geisen, Bernd (1979): Das Finanzierungsverhalten deutscher Industrieaktiengesellschaften. Diss. Bonn.

Grochla, Erwin (1972): Unternehmungsorganisation. Reinbek b. Hamburg (Rowohlt).

Grochla, Erwin (1978): Einführung in die Organisationstheorie. Stuttgart (Poeschel).

Grochla, Erwin (1982): Grundlagen der organisatorischen Gestaltung. Stuttgart (Poeschel).

Großmann, Heinrich (1950): Aus der Entwicklungsgeschichte der Handels-Hochschule Leipzig (1898-1948). In: Zeitschrift für handelswissenschaftliche Forschung, 2: 30-39.

Grün, Oskar (1973): Das Lernverhalten in Entscheidungsprozessen der Unternehmung. Tübingen (Mohr).

Gutenberg, Erich (1929): Die Unternehmung als Gegenstand betriebswirtschaftlicher Theorie. Berlin/Wien (Springer).

Gutenberg, Erich (1951): Grundlagen der Betriebswirtschaftslehre. Vol. 1: Die Produktion. Berlin/Göttingen/Heidelberg (Springer).

Gutenberg, Erich (1955): Grundlagen der Betriebswirtschaftslehre. Vol. 2: Der Absatz. Berlin/Heidelberg (Springer).

Gutenberg, Erich (1959): Untersuchungen über die Investitionsentscheidungen deutscher industrieller Unternehmen. Köln/Opladen (Westdeutscher Verlag).

Gutenberg, Erich (1969): Grundlagen der Betriebswirtschaftslehre. Vol. 3: Die Finanzen. Berlin/Heidelberg/New York (Springer).

Haegert, Lutz (1971): Der Einfluß der Steuern auf das optimale Investitions- und Finanzierungsprogramm. Wiesbaden (Gabler).

Hasenack, Wilhelm (1925): Betriebskalkulation im Bankgewerbe. Berlin (Springer).

Hasenack, Wilhelm (1941): Die Handelshochschule Leipzig. Dresden (Limpert).

Hasenack, Wilhelm (1958): Wilhelm Rieger, Der Schöpfer einer geschlossenen Privatwirtschaftslehre. In: Betriebswirtschaftliche Forschung und Praxis, 10: 129-142.

Hauschildt, Jürgen (1977): Entscheidungsziele. Tübingen (Mohr).

Heinen, Edmund (1962): Die Zielfunktion der Unternehmung. In: Koch, H. (ed.): Zur Theorie der Unternehmung. Wiesbaden (Gabler), 9-71. S.266

Heinen, Edmund (1966): Das Zielsystem der Unternehmung. Wiesbaden (Gabler).
Heinen, Edmund (1972): Industriebetriebslehre. Wiesbaden (Gabler).
Held, Thomas (1985): Kurzfristige Preispolitik bei kapitalintensiver Produktion und unterausgelasteten Kapazitaten. Diss. Bonn.
Hellauer, Josef (1910): System der Welthandelslehre. Berlin (Puttkammer & Mühlbrecht).
Hennig, Karl Wilhelm (1934): Einfüihrung in die betriebswirtschaftliche Organisationslehre. Wiesbaden (Gabler).
Henzel, Friedrich (1932): Die Funktionsteilung in der Unternehmung (Analyse als Mittel betriebswirtschaftlicher Erkenntnis). In: Zeitschrift fur Betriebswirtschaft, 9: 193-209.
Henzel, Friedrich (1933): Marktpreis und Budgetierung. Berlin/Wien (Springer).
Hilke, Wolfgang (1978): Zielorientierte Produktions- und Programmplanung. Neuwied (Luchterhand).
Hollander, Rolf (1981): Zur Losgrößenplanung bei mehrstufigen Produktionsprozessen. Göttingen (Vandenhoeck & Ruprecht).
Holzberg, Bernd (1978): Das Lagerverhalten industrieller Unternehmen. Diss. Bonn.
Jacob, Herbert (1971): Investitionsplanung und Investitionsentscheidung. Wiesbaden (Gabler).
Jensen, Michael C./Meckling, William H. (1976): Theory of the Firm. In: Journal of Financial Economics, 3: 305-360.
Kilger, Wolfgang (1962): Die quantitative Ableitung polypolistischer Preisabsatzfunktionen aus den Heterogenitätsbedingungen atomistischer Märkte. In: Koch, H. (ed.): Zur Theorie der Unternehmung. Wiesbaden (Gabler), 269-309.
Kirsch, Werner (1971): Entscheidungsprozesse. Vol. 3: Entscheidungsprozesse in Organisationen. Wiesbaden (Gabler).
Kistner, Klaus Peter (1981): Produktions- und Kostentheorie. Würzburg/Wien (Physica).
Kistner, Klaus Peter/Luhmer, Alfred (1977): Die Dualitat von Produktionsplanung und Kostenverrechnung bei komplexen Produktionsstrukturen. In: Zeitschrift für Betriebswirtschaft, 47: 767-786.
Koopmans, Tjalling C. (ed.) (1951): Activity Analysis of Production and Allocation. New York (Wiley).
Kosiol, Erich (1962): Organisation der Unternehmung. Wiesbaden (Gabler).
Krelle, Wilhelm (1974): Erfahrungen mit einem ökonometrischen Prognosemodell fur die Bundesrepublik Deutschland. Meisenheim am Glan (Hain).
Krelle, Wilhelm (1978): Investitionsfunktionen. In: Albers, W. et al. (eds.): Handwörterbuch der Wirtschaftswissenschaft. Vol. 4, Stuttgart et al. (Fischer et al.), 275-293.
Kroeber-Riel, Werner (ed.) (1972): Marketingtheorie. Köln/Berlin (Bund).
Kroeber-Riel, Werner (1980): Konsumentenverhalten. 2nd ed., München (Vahlen).
Kroeber-Riel, Werner/Meyer-Hentschel, Gundorf (1982): Steuerung des Konsumentenverhaltens. Würzburg/Wien (Physica).
Küpper, Hans (1981): Ablauforganisation. Stuttgart (UTB).
Laux, Herbert (1971): Flexible Investitionsplanung. Opladen (Westdeutscher Verlag).
Le Coutre, Walter (1922): Grundzüge der Bilanzkunde. Leipzig (Gloeckner).

Le Coutre, Walter (1957): Totale Bilanz. In: Bott, K. (ed.): Lexikon des kaufmännischen Rechnungswesens. Stuttgart (Poeschel), 2555-2603.

Ludwig, Thomas (1978): Optimale Expansionspfade der Unternehmung. Wiesbaden (Gabler). S.267

Lüder, Klaus (1982): Betriebswirtschaftslehre und öffentliche Verwaltung. In: Zeitschrift für Betriebswirtschaft, 52: 538-554.

Luhmer, Alfred (1978): Eine theoretische Begründung der Albach-Brockhoff-Formel für den Produkt-Lebens-Zyklus. In: Zeitschrift für Betriebswirtschaft, 48: 666-671.

von Maltzan, Bernd (1978): Average-Produktionsfunktionen und Effizienzmessung über Frontier Production Functions. Diss. Bonn.

March, James G./Simon, Herbert A. (1958): Organizations. New York/London (Wiley).

Meffert, Heribert (1977): Marketing. Wiesbaden (Gabler).

Mellerowicz, Konrad (1929): Allgemeine Betriebswirtschaftslehre der Unternehmung. Berlin/Leipzig (de Gruyter).

Mellerowicz, Konrad (1957): Betriebswirtschaftslehre der Industrie. Freiburg i. Br. (Haufe).

Mensch, Gerhard (1968): Ablaufplanung. Köln/Opladen (Westdeutscher Verlag).

Modigliani, Franco/Miller, Merton H. (1958): The Cost of Capital. In: American Economic Review, 3: 655-669.

Möller, Hans (1941): Kalkulation, Absatzpolitik und Preisbildung. Wien (Springer).

Müller, Günter (1972): Simultane Lagerdisposition und Fertigungsablaufplanung bei mehrstufiger Mehrproduktfertigung. Berlin (Duncker & Humblot).

Müller-Hagedorn, Lothar (1984): Handelsmarketing. Stuttgart et al. (Kohlhammer).

Neumann, Manfred (ed.) (1983): Ansprüche, Eigentums- und Verfügungsrechte. Schriften des Vereins für Socialpolitik, vol. 140, N. F., Berlin (Duncker & Humblot),

Nicklisch, Heinrich (1903): Handelsbilanz und Wirtschaftsbilanz. Diss. Tübingen.

Nicklisch, Heinrich (1920): Der Weg aufwärts! Organisation. Stuttgart (Poeschel).

Nicklisch, Heinrich (1922): Wirtschaftliche Betriebslehre. 6th ed., Stuttgart (Poeschel).

Nicklisch, Heinrich (1932): Die Betriebswirtschaft. Stuttgart (Poeschel) [7th ed. of Allgemeine kaufmännische Betriebslehre als Privatwirtschaftslehre des Handels und der Industrie. Stuttgart (Poeschel) 1912].

Nicklisch, Heinrich (1938): Betriebsgemeinschaft. In: Nicklisch, H. (ed.): Handwörterbuch der Betriebswirtschaft. 2nd ed., Stuttgart (Poeschel), 774-778.

Nicklisch, Heinrich (1938): Ertragsverteilungsprozeß. In: Nicklisch, H. (ed.): Handwörterbuch der Betriebswirtschaft. 2nd ed., Stuttgart (Poeschel), 1611-1617.

Nieschlag, Robert/Dichtl, Erwin/Hörschgen, Hans (1971): Marketing. Berlin (Duncker & Humblot) [4th rev. ed. of Einführung in die Lehre von der Absatzwirtschaft. Berlin (Duncker & Humblot) 1968].

Nordsieck, Fritz (1932): Die schaubildliche Erfassung und Untersuchung der Betriebsorganisation. Stuttgart (Poeschel).

Nordsieck, Fritz (1955): Rationalisierung der Betriebsorganisation. Stuttgart (Poeschel) [2nd rev. ed. of Grundlagen der Organisationslehre. Stuttgart (Poeschel)

1934].

Paulig, Rudolf 1984): Kostenorientierte Reihenfolgeplanung in der Werkstattfertigung. Bern (Haupt).

Picot, Arnold (1982): Transaktionskostenansatz in der Organisationstheorie. In: Die Betriebswirtschaft, 42: 267-284.

Pressmar, Dieler B. (1968): Die Kosten-Leistungsfunktion industrieller Produktionsanlagen. Diss. Hamburg.

Projektgruppe im WSI (1974): Grundelemente einer arbeitsorientierten Einzelwirtschaftslehre. Köln (Bund).

Ramser, Hans Jürgen (1979): Eigenerstellung oder Fremdbezug von Leistungen. In: S.268 Kern, W. (ed.): Handwörterbuch der Produktionswirtschaft. Stuttgart (Poeschel), 435-450.

Raydt, Hermann (1898): Die Handelshochschule zu Leipzig. Leipzig (Gloeckner).

Rehwinkel, Gerd (1978): Erfolgsorientierte Reihenfolgeplanung. Wiesbaden (Gabler).

Reiß, Winfried/Mühlbradt, Frank W. (1979): Eine empirische Überprüfung der Validität des "market" und des "capital-asset-pricing" Modells für den deutschen Aktienmarkt. In: Zeitschrift für die gesamte Staatswissenschaft, 135: 41-68.

Robinson, Joan (1948): The Economics of Imperfect Competition. London (MacMillan).

Rogers, Everett M. (1969): Diffusion of Innovations. New York/London (Free Press).

Rudolph, Bernd (1979): Kapitalkosten bei unsicheren Erwartungen. Berlin/ Heidelberg/New York (Springer).

Sabel, Hermann (1973): Zur Preispolitik bei neuen Produkten. In: Koch, H. (ed.): Zur Theorie des Absatzes. Wiesbaden (Gabler), 415-446.

Schäfer, Erich (1928): Grundlagen der Marktbeobachtung. Nürnberg (Krische).

Schäfer, Erich (1966): Grundlagen der Marktforschung und Marktbeobachtung. 4th ed., Köln/Opladen (Westdeutscher Verlag).

Schär, Johann Friedrich (1911): Allgemeine Handelsbetriebslehre. Leipzig (Gloeckner).

Schanz, Günther (1977): Grundlagen der verhaltenstheoretischen Betriebswirtschaftslehre. Tübingen (Mohr).

Schanz, Günther (ed.) (1984): Betriebswirtschaftslehre und Nationalökonomie. Wiesbaden (Gabler).

Scheer, August-W. (1969): Die individuelle Investitionsentscheidung. Wiesbaden (Gabler).

Schleiter, Manfred (1985): Steuersystem und Unternehmenspolitik. Köln (Deubner).

Schmalen, Helmut (1977): Ein Diffusionsmodell zur Planung des Marketing-Mix bei der Einführung langlebiger Konsumgüter auf einem Konkurrenzmarkt. In: Zeitschrift für Betriebswirtschaft, 47: 697-714.

Schmalen, Helmut (1978): Marketing-Mix Entscheidungen im dynamischen Oligopol. In: Zeitschrift für Betriebswirtschaft, 48:1037-1060.

Schmalenbach, Eugen (1919): Selbstkostenrechnung. In: Zeitschrift für handelswissentschaftliche Forschung, 13: 257-299, 321-356.

Schmalenbach, Eugen (1925): Grundlagen der Selbstkostenrechnung und Preispolitik. 2nd ed., Leipzig (Gloeckner).

Schmalenbach. Eugen (1928): Buchführung und Kalkulation im Fabrikgeschäft. Leipzig (Gloeckner) [Unveränderter Nachdruck aus der Deutschen Metallindustriezeitung, vol. 15, 1899].

Schmalenbach, Eugen (1934): Selbstkostenrechnung und Preispolitik. 6th ed., Leipzig (Gloeckner).

Schmalenbach, Eugen (1947): Pretiale Wirtschaftslenkung. Bremen-Horn (Dorn).

Schmidt, Fritz (1927): Die Industriekonjunktur, ein Rechenfehler! Berlin (Spaeth & Linde).

Schmidt, Reinhard H. (1976): Empirische Kapitalmarktforschung und Anlageentscheidung. In: Zeitschrift für die gesamte Staatswissenschaft, 132: 649-678.

Schneider, Dieter (1984): Managementfehler durch mangelndes Geschichtsbewußtsein in der Betriebswirtschaftslehre. In: Zeitschrift für Unternehmensgeschichte, 29: 114-130.

Schneider, Dieter (1985): Die Unhaltbarkeit des Transaktionskostenansatzes für die "Markt oder Unternehmung"-Diskussion. In: Zeitschrift für Betriebswirtschaft, 55: 1237-1254.

Scholz, Karl H. (1979): Multi-Produkt-Lagerhaltung mit Regelmodellen. Königstein i.Ts. (Athenäum).

Schüller, Alfred (ed.) (1983): Property Rights und ökonomische Theorie. München (Vahlen). S.269

Schumpeter, Josef A. (1912): Die Theorie der wirtschaftlichen Entwicklung. Leipzig (Duncker & Humblot).

Seelbach, Horst (1975): Ablaufplanung. Würzburg (Physica).

Seyffert, Rudolf (1951): Wirtschaftslehre des Handels. Köln/Opladen (Westdeutscher Verlag).

Simon, Herbert A. (1957): Administrative Behavior. 2nd ed., New York (MacMillan).

Simon, Hermann (1978): Dynamics of Price Elasticity and the Product Life Cycle - An Empirical Study. Cambridge, Mass. (MIT-Working-paper, 1035-78).

Simon, Hermann (1982): Preismanagement. Wiesbaden (Gabler).

Sommerfeld, Heinrich (1923): Die Technik des börsenmäßigen Termingeschäfts. Berlin (Spaeth & Linde).

Sommerfeld, Heinrich (1927): Die betriebswirtschaftliche Theorie des Bezugsrechts. Stuttgart (Poeschel).

Sommerfeld, Heinrich (1931): Börsenverkehr und Börsengeschäft. Berlin (Spaeth & Linde).

v. Stackelberg, Heinrich (1934): Marktformen und Gleichgewicht. Wien/Berlin (Springer).

Stepan, Adolf (1977): Die Anwendung der Kontrolltheorie auf betriebswirtschaftliche Problemstellungen. Meisenheim am Glan (Hain).

Stepan, Adolf (1981): Produktionsfaktor Maschine. Wien (Physica).

Stöppler, Siegmar (1975): Dynamische Produktionstheorie. Opladen (Westdeutscher Verlag).

Sweezy, Paul M. (1939): Demand under Conditions of Oligopoly. In: Journal of Political Economy, 47: 568-573.

Swoboda, Peter (1971): Investition und Finanzierung. Göttingen (Vandenhoeck & Ruprecht).

Taylor, Frederick Winslow (1911): The Principles of Scientific Management. New York (Harper).

Tobin, James (1965): The Theory of Portfolio Selection. In: Hahn, F.H./Brechling, F.P.R. (eds.): The Theory of Interestrates. London/New York (Free Press), 3-51.

Ulrich, Hans (1968): Die Unternehmung als produktives soziales System. Bern/Stuttgart (Haupt).

Vierkandt, Alfred (1928): Gesellschaftslehre. 2nd rev. ed., Stuttgart (Poeschel).

Vierkandt, Alfred (1931): Gruppe. In: Vierkandt, A. (ed.): Handwörterbuch der Soziologie. Stuttgart (Poeschel), 239-253.

Walb, Ernst (1914/1915): Die Weiterbildung der Betriebslehre der Banken. In: Zeitschrift für handelswissenschaftliche Forschung, 9: 179-186.

Wanik, Bernd (1981): Die Lohnentwicklung deutscher Industrieaktiengesellschaften. Diss. Bonn.

Werhahn, Michael (1978): Kapazität und Arbeitsplätze. Diss. Bonn.

Wied-Nebbeling, Susanne (1983): Zur Preis-Absatzfunktion beim Oligopol auf dem unvollkommenen Markt. In: Jahrbücher für Nationalökonomie und Statistik, 198: 123-144.

Wilhelm, Jochen E.M. (1980): Kapitalmarkttheorie und Finanzentscheidung der Unternehmung. Habil. Bonn.

Williamson, Oliver E. (1975): Markets and Hierarchies. New York/London (Free Press).

Williamson, Oliver E. (1979): Transaction-Cost Economics. In: The Journal of Law and Economics, 22: 233-261.

Williamson, Oliver E./Ouchi, William G. (1981): The Markets and Hierarchies Program of Research. In: Joyce, W./van der Ven, A. (eds.): Perspectives on Organization Design and Behavior. New York (The Free Press), 347-370.

Windsperger, Josef (1983): Transaktionskosten in der Theorie der Firma. In: Zeitschrift für Betriebswirtschaft, 53: 889-903.

Witte, Eberhard (1973): Organisation für Innovationsentscheidungen. Göttingen (Schwartz). S.270

Wittmann, Waldemar (1963): Entwicklungsweg und Gegenwartsauftrag der Betriebswirtschaftslehre. In: Zeitschrift für handelswissenschaftliche Forschung, 48: 1-12.

Ziegler, Lothar J. (1980): Betriebswirtschaftslehre und wissenschaftliche Revolution. Stuttgart (Poeschel).

B. VI

Wilhelm Rieger
Einführung in die Privatwirtschaftslehre

Verlag der Hochschulbuchhandlung Kirsche & Co.,
Nürnberg 1928

[...]

Angebot und Nachfrage sind es also, die die Produktion regeln: Nur S. 5
was begehrt wird, kann auf die Dauer erzeugt werden. Hier haben wir
den Magneten, der die scheinbare Willkür der Moleküle in ein planvolles und systematisches Zusammenwirken und Ineinandergreifen
verwandelt.

Damit steht keineswegs in Widerspruch, daß in vielen Fällen die Herstellung von etwas Neuem erst das Begehren weckt, das sonst vielleicht für immer geschlummert hätte. Weil der einzelne Produzent Erfolg haben will, muß er sich unablässig bemühen, etwas zu finden, was besonders tauschfähig ist, was ihm die Gunst der anderen einträgt. Aber immer muß dieses Neue dem Urteil der Konsumenten unterworfen werden. Hier findet der große Ausleseprozeß statt, dessen Ausfall für Art und Umfang der Produktion entscheidend ist. Mit aller Zähigkeit wird hier unausgesetzt gerungen. An den Markt kommen aber nur die Güter, die den Kampf siegreich bestanden haben, nicht jene, die als unvermeidliche Opfer gefallen sind.

Wenn wir festgestellt haben, wie sich die Produktion regelt, so muß nunmehr die zweite Frage behandelt werden, wie der Austausch der hundertfältig verschiedenen Erzeugnisse vor sich geht.

[...]

Angebot und Nachfrage sind zu Kollektiverscheinungen geworden, S. 10
in denen die Meinung aller am Markte Beteiligten enthalten ist. Und
jetzt kann von einem ‚Preis' gesprochen werden; sein Bestehen ist an
die Geldrechnung und an den Markt gebunden. Mit ihm ist der Wert als
Wirtschaftsfaktor praktisch überwunden; in der verbundenen Wirtschaft
hat er keine Stätte mehr. Hier herrscht ausschließlich der Preis. Und es
läßt sich von ihm dies aussagen: Weil der Preis das Werturteil aller in
sich enthält und verkörpert, nennen wir ihn den objektivierten Wert.

Wir reden andauernd vom Preis. Damit meinen wir, auch wenn wir uns dessen nicht bewußt sind, den Marktpreis; denn einen anderen gibt es nicht. Deshalb ist es auch zulässig, vom Preis schlechthin zu sprechen. Der Wertbegriff gehört dem einzelnen Menschen an, der Preis ist stets eine Angelegenheit der Allgemeinheit und Öffentlichkeit. Das eben macht das Wesen des Preises aus, daß er nicht aus den jeweils isoliert gedachten Kaufakten zwischen zwei Individuen hervorgeht, sondern daß er sich als ideelle, dauernd korrigierte Resultante aller Kaufhandlungen ergibt und richtunggebend ist für das ganze Marktgebiet. Er ist der Kontrolle der Öffentlichkeit unterworfen und stellt das Ergebnis der Meinungen und Schätzungen sämtlicher an einer Ware interessierten Kreise dar. Diese breite Tragfläche gibt den Preisen verständlicherweise eine starke Tendenz zur Beharrung, die aus ihrer Versachlichung entspringt. Und mit der Größe des Marktes muß diese Tendenz zur Abschwächung der Preisschwankungen wachsen. Auch zeitlich sind die Tauschrelationen in Abhängigkeit geraten: Die Preise von heute sind von denen von gestern beeinflußt, wie sie ihrerseits die von morgen bilden helfen.

Der Markt ist in der Wirtschaftsgemeinschaft eine überaus wichtige Größe: Indem er alle Beteiligten umfaßt und zu Worte kommen läßt, wird er zu einem Forum der Wirtschaft, zum Richter in wirtschaftlichen Dingen. Er ist erste und letzte Instanz. Sein Urteil entscheidet, eine übergeordnete Stelle, an die man appellieren könnte, besteht nicht. Darin liegt aber dies beschlossen: Weil der Marktpreis sein Dasein dem Votum aller verdankt, kann einzig und allein er der ‚gerechte Preis' sein. [...]

[...] S. 14

Mit den privaten oder Einzelwirtschaften beschäftigt sich die Privatwirtschaftslehre. Und zwar kann sie sowohl die Erwerbs- wie auch die Verbrauchswirtschaften in den Kreis ihrer Betrachtungen ziehen. Aus mannigfachen Gründen wird sich freilich eine getrennte Behandlung empfehlen; denn beide Gebilde sind völlig verschieden gestaltet. Die Verbrauchswirtschaft wird alimentiert; ihre Aufgabe ist die sachgemäße Verwaltung und zweckmäßige Verwendung eines ihr zufließenden Einkommens. Die Erwerbswirtschaften hingegen haben Geldeinkommen zu schaffen, das sie eben den Konsumwirtschaften zur Verfügung S. 15
stellen.

In diesem Buche, mit dem wir eine Einführung in die Privatwirtschaftslehre zu geben beabsichtigen, werden wir uns ausschließlich mit den privaten Erwerbswirtschaften in Handel und Gewerbe befassen. Vornehmlich haben wir jene Gebilde im Auge, die als Träger und Exponenten der Geldwirtschaft und des Kapitalismus entstanden sind, und die wir als Unternehmungen bezeichnen. In der Landwirtschaft, auch im Handwerk und Kleingewerbe ist Naturalwirtschaft immer denkbar, sie hat sich dort auch am längsten erhalten. Bei den neu auftretenden Einzelwirtschaften ist sie völlig ausgeschlossen. Das Zusammenwirken vieler Menschen, die ausgiebige Verwendung von sachlichen Produktionsmitteln, die Herstellung von Produkten, die nur im Dienste einer ganzen Gemeinschaft gedacht werden können, lassen es als undenkbar erscheinen, daß hier ohne die Verrechnungsmöglichkeiten des Geldes gewirtschaftet wird. Der betriebliche Inhalt der Wirtschaften tritt unter diesen Umständen zurück; er ist nicht mehr das allein Entscheidende, wird überdeckt von den geldlichen und finanziellen Problemen. Und mit ihnen stellt sich zugleich die Notwendigkeit ein, die Rechnungsführung dem anzupassen und auf eine andere Basis zu stellen.

Es wäre nunmehr noch genauer zu erklären, was eine Unternehmung ist. - Daß sie eine Erwerbswirtschaft ist, ergibt sich bereits aus dem Gesagten: eine geschlossene wirtschaftliche Einheit, die zum Zwecke des Gelderwerbs für ihre Rechnung und Gefahr Güter herstellt oder vertreibt, oder die sich in der gleichen Absicht in einem Hilfsgewerbe betätigt. Sie muß auch auf reine Geldrechnung abgestellt sein.

Aber nun müssen die Besonderheiten hinzutreten, auf die oben hingewiesen wurde; denn unter diese weite Fassung können auch kleingewerbliche Betriebe, selbständige Handwerker usw. fallen. Das kann nicht unsere Ansicht sein, wir wollen ja das neue Phänomen charakterisieren, das aufgetaucht ist in der Wirtschaft, und das sich wesentlich von jenen unterscheidet. [...]

Wir können demnach als Unternehmung eine Erwerbswirtschaft nur S. 18 dann ansprechen, wenn durch sie derjenige, der sie unternimmt, also der Unternehmer, einer besonderen Gefährdung ausgesetzt wird. Und zwar muß diese sich aus der Stellung der Unternehmung in der Gesamtwirtschaft ergeben, muß aus ihrem Aufbau und ihrer Betätigung zwangsläufig hervorgehen. Sie muß in dem Wesen der Unternehmung begründet liegen, muß grundsätzlich mit ihr verknüpft sein. - Sie kann auch selbstredend nur geldlicher Natur sein, technische Risiken und leibliche Gefahren an sich scheiden aus. Sie müßten sich denn in finanziellen Mißerfolg umsetzen.

Um über diese wichtigen Zusammenhänge Klarheit zu erhalten, braucht man sich nur die Stellung und Betätigung der Unternehmung in der Volkswirtschaft zu vergegenwärtigen. Von dem Streben nach Erwerb beseelt, bietet sie der Wirtschaft, dem Markte, ihre Waren oder Dienste an, ohne von irgendeiner Instanz beauftragt zu sein, ohne die geringste Gewißheit zu haben, daß oder zu welchem Preis oder auf wie lange Zeit oder in welchen Mengen sie abgenommen werden. Sie kann sich nicht darauf verlassen, daß ihr die gemachten Aufwendungen ersetzt werden, geschweige denn, daß ihr ein Mehr, ein angemessener Gewinn, ein Lohn für die Arbeit des Unternehmers zugesichert wäre.

[...]

III. PRIVATWIRTSCHAFTSLEHRE UND BETRIEBSWIRTSCHAFTSLEHRE

S. 32

Nach den Ausführungen im vorigen Kapitel sollte es keiner besonderen Rechtfertigung mehr bedürfen, warum für dieses Buch der Titel Privatwirtschaftslehre und nicht Betriebswirtschaftslehre gewählt wurde: Es handelt ja nicht von den Betrieben oder von der Wirtschaft der Betriebe, sondern Gegenstand seiner Untersuchungen sind ausschließlich die privaten Erwerbswirtschaften, insbesondere die Unternehmung, die man allenfalls als eine besondere Art von Betrieb, nämlich als erwerbsorientierten Betrieb, bezeichnen kann.

Wohl aber dürfte eine Begründung dafür erwartet werden, warum diese Einschränkung vorgenommen wurde, deren Notwendigkeit von der überwältigenden Mehrheit der Fachgenossen durchaus in Abrede gestellt wird. Zwar wenn man die betriebswirtschaftliche Literatur durchsieht, wird man finden, daß sie sich fast ausschließlich mit der Unternehmung und ihren Problemen beschäftigt. Aber das geschieht nicht aus grundsätzlichen Erwägungen, sondern ist mehr eine Folge zufälliger Umstände. Nach der Betriebswirtschaftslehre ist die Unternehmung ein Betrieb wie andere auch, und alle Betriebe haben die gleiche wirtschaftliche Aufgabe zu erfüllen.

Es wäre an sich sehr zu begrüßen, wenn man sich über eine einheitliche Fachbenennung einigte, und gerne hätte ich mich angeschlossen, als man der Privatwirtschaftslehre, wie früher das Fach allgemein hieß, - wenigstens eine Zeitlang - den Rücken kehrte und zur Betriebswirtschaftslehre hinüberwechselte. Dies um so mehr, als sonst kaum noch jemand an der Privatwirtschaftslehre festhält. - Aber diese Rücksicht auf eine höchst wünschenswerte Übereinstimmung kann keinesfalls so weit getrieben werden, daß ihr die wissenschaftliche Überzeugung zum Opfer gebracht wird. Und diese meine Überzeugung geht dahin, daß es eine einheitliche Betriebswirtschaftslehre nicht gibt und nicht geben kann. Man hat den Namen auch nur gewählt, weil man einen besseren nicht gefunden hat, und verschiedenen Äußerungen ihrer Vertreter ist zu entnehmen, daß man seiner nicht so recht froh geworden ist.

Warum trotzdem der Wechsel in der Fachbezeichnung? - Das hatte tiefere Gründe: Man wollte vor allem deutlich zu erkennen geben, daß man von der ‚Profitlehre' abrückte. Denn als solche galt und gilt heute noch die Privatwirtschaftslehre. Es ist leicht zu beweisen, daß diese

S. 33

Meinung nicht richtig ist; aber darüber wird in späteren Abschnitten gesprochen. Hier soll untersucht werden, ob und inwieweit die Bezeichnung Betriebswirtschaftslehre in methodologischer Hinsicht gerechtfertigt ist oder nicht. -

Wenn wir sprechen von der Einzel- oder Privatwirtschaft, von der Volkswirtschaft, der Weltwirtschaft, so haben wir eine geordnete Reihe vor uns; es ist stets deutlich erkennbar, um welche wirtschaftende Einheit es sich handelt. Wenn die Bezeichnung Betriebswirtschaft sprachlich-logisch in diese Reihe hineinpassen soll, so muß es sich bei ihr um die Wirtschaft des Betriebes handeln, und Voraussetzung für ihre Rechtfertigung wäre demnach, daß es eine solche Wirtschaft als einheitlichen, deutlich abgegrenzten Begriff gibt.

Die Betriebswirtschafter werden dies bejahen; für sie zerfällt jede Volkswirtschaft in eine Anzahl von Betrieben, dies sind die letzten und kleinsten wirtschaftenden Einheiten. Hier dagegen wird die Behauptung aufgestellt, daß Betriebe an sich überhaupt keine wirtschaftenden Größen sind, daß sie im eigentlichen Sinne gar nicht wirtschaften. Vielmehr wird mit ihnen gewirtschaftet: sie sind Objekt, aber nicht Subjekt irgendeiner Wirtschaft. Sie sind rein technische Institutionen und bedürfen erst einer übergeordneten Instanz, einer wirtschaftlichen Idee, der sie eingegliedert werden müssen, damit man sie als Wirtschaftseinheiten ansprechen kann.

Es handelt sich, wie unschwer zu erkennen ist, um die Bedeutung des Wortes ‚wirtschaften'. - Aus vielen Äußerungen von Betriebswirten muß geschlossen werden, daß sie darunter das technische Tun, das Produzieren, den produktiven Verzehr von Stoffen und Kräften verstehen. Nur so ist es zu erklären, wenn Schmalenbach die Meinung vertritt, daß alle Betriebe vor die gleiche wirtschaftliche Aufgabe gestellt wären. Er beweist damit, daß er die Dinge technisch sieht; er glaubt, Produzieren sei an sich schon Wirtschaften. Aber das ist ein Irrtum. Keineswegs kann das Produzieren von irgend etwas schon als Wirtschaften bezeichnet werden; und auch dadurch wird dieses Tun nicht zum Wirtschaften, daß man dabei wirtschaftlich verfährt. Darin nämlich sieht Schmalenbach die für alle Betriebe gleiche wirtschaftliche Aufgabe. Aber da liegt offenbar eine Verwechslung vor: die wirtschaftliche (gleich technisch-rationelle) Ausführung irgendeiner Produktion ist zunächst ein technisches Problem, aber noch keineswegs eine Aufgabe im Sinne des Wirtschaftens, der Wirtschaft.

[...]

Die Einführung der Fachbezeichnung Betriebswirtschaftslehre hat weiterhin einen Nachteil im Gefolge gehabt. Dadurch, daß diese die Unternehmung nur als Betrieb aufgefaßt wissen will, hat sie dazu beigetragen, den bedeutsamen Unterschied zwischen diesen beiden Begriffen zu verwischen. Sicherlich hängt es damit zusammen, daß sie sich von dem Denken in Gütern nicht freimachen kann. Dafür werden wir in späteren Kapiteln genügend Beweise erhalten. S. 39

Es ist aber unter keinen Umständen zulässig, daß man Betrieb und Unternehmung als synonyme Begriffe gebraucht, da sie gar nicht der gleichen Ebene angehören: ‚Betrieb' bezieht sich auf die konkrete Gestalt, ‚Unternehmung' ist ursprünglich eine wirtschaftliche Idee. Betriebe hat es immer gegeben, in irgendeiner Form, solange Menschen auf der Erde wandeln, und wird es wohl immer geben. Die Unternehmung hingegen ist in ihrem Auftreten zeitlich begrenzt. Sie ist mit der kapitalistischen Wirtschaft entstanden, von der sie einen wichtigen Exponenten darstellt, und wird gegebenenfalls mit ihr zugrunde gehen. - In einer sozialisierten Wirtschaft kann es keine Unternehmungen geben, selbst wenn ihre Betriebe gänzlich unverändert von den neuen Besitzern übernommen werden. Denn ein neuer Geist, eine neue Zielsetzung wäre mit der Sozialisierung in die Gebäude und Hallen eingezogen, und darauf kommt alles an.

Es widerspricht auch allem Sprachgebrauch, wenn man die beiden Begriffe Unternehmung und Betrieb als gleichwertig verwendet oder zum mindesten nicht sorgfältig auseinanderhält. Im Leben macht man hier einen sehr deutlichen Unterschied; keinem Menschen fällt es ein, eine ‚Betriebs'-Störung in einem Elektrizitätswerk anders als technisch aufzufassen. Auch weiß man sehr wohl, daß ein Betriebsleiter oder ein Betriebsingenieur eine technisch umgrenzte Aufgabe hat, die ihn mit den finanziellen Fragen nicht in Berührung bringt. S. 40

Die Fachwissenschaft hätte alle Veranlassung, diesem Beispiele zu folgen. Statt dessen behandelt sie unter dem gleichen Namen Betriebswirtschaftslehre sowohl Probleme, die nur die Unternehmung, als auch solche, die alle Betriebe schlechthin berühren. Daneben laufen noch jene, die zwar sowohl die Unternehmung als auch ihren Betrieb angehen, aber jeweils in einem ganz anderen Sinn. Dadurch gehen eine Menge Feinheiten und Unterscheidungsmöglichkeiten verloren. Es sei einmal auf die Frage der Wirtschaftlichkeit hingewiesen, die später eine ausführliche Behandlung erfahren wird. Und muß ferner nicht die Betriebsbuchführung von der eigentlichen (Unternehmungs-, Geld-) Buchführung scharf getrennt werden? Besteht nicht zwischen der Kalkulation einer Unternehmung und der eines Betriebes ein wesentlicher Unterschied? - Auch wenn man von Reserven spricht, ist keineswegs gesagt, wie sie aufzufassen sind. In der Regel wird man darunter Reserven der Unternehmung verstehen; aber auch der Betrieb kann Reserven haben. Nur sehen diese ganz anders aus! - Und was hat der Betrieb mit den Problemen der Liquidität, der Sanierung usw. zu tun; wo ist der Betrieb, der sich mit der Frage der dynamischen oder nichtdynamischen Bilanz zu befassen hätte?

Wie läßt sich nun das Verhältnis von Unternehmung und Betrieb kennzeichnen? - Unternehmung ist - konkret aufgefaßt - der umfassendere Begriff; er umschließt den Betrieb plus leitende Idee: Gewinnstreben. - Man kann also gelegentlich Unternehmung sagen und dabei ihren Betrieb mit einschließen, aber niemals kann man Betrieb sagen und damit eine Unternehmung meinen. [...]

[...]

Überlegt man sich das alles, so muß man doch ernstlich daran zweifeln, ob die Betriebswirtschaftslehre gut beraten war, als sie an die Stelle der alten Fachbenennung die neue wählte. Denn während der alte Name nur unzulänglich war, ist der jetzige einfach unhaltbar. Es ist wirklich nicht angängig, daß man in einer wirtschaftswissenschaftlichen Disziplin alle Betriebe gleichsetzt. Wir haben nachgewiesen, daß ihre Zielsetzung und ihre Stellung in der Gemeinschaft ganz verschieden sein kann. - Den Betrieb als einheitlichen wirtschaftlichen Begriff herauszustellen - oder wie Hellauer sagt: „Das Wirtschaften mit Betrieben" -, ist unmöglich. Wenn man seine etwas weitherzige Interpretation des Wortes Betriebswirtschaftslehre schon in Kauf nehmen möchte, so ist immer wieder dies zu sagen: Es gibt kein einheitliches Wirtschaften mit Betrieben.

S. 42

[...]

V. VOM WESEN DER PRIVATWIRTSCHAFTSLEHRE.

S. 72

Daß die Privatwirtschaftslehre die Unternehmung in den Mittelpunkt ihrer Betrachtungen stellt, daß sie ferner zugibt, daß der Unternehmer nach Gewinn streben muß, und daß sie endlich die Unmöglichkeit bekennt, ihm dabei Grenzen zu setzen, hat ihr den Vorwurf eingetragen, daß sie eine Profitlehre sei: Privatwirtschaftslehre ist die Lehre von der Kunst, wie man Gewinne macht. - Es sollte nach dem, was [...] gesagt wurde, eigentlich nicht mehr nötig sein, über diese völlig unzutreffende

Vorstellung noch ein Wort zu verlieren. Aber sie ist eigentümlicherweise so stark verbreitet, daß es sich doch rechtfertigen lassen wird, wenn über sie im Zusammenhang nochmals gesprochen wird, umsomehr, als bei dieser Gelegenheit noch einige damit in Verbindung stehende Fragen methodischer und methodologischer Art angeschnitten werden können.

Die Privatwirtschaftslehre hat sich die Aufgabe gestellt, die Erwerbswirtschaft als Glied und Bestandteil der Volkswirtschaft zu erforschen und zu beschreiben, insbesondere die Unternehmung als vornehmsten und wichtigsten Typ. Sie hat zu zeigen, was eine Unternehmung ist, was dort vorgeht. Daß sie dabei auf technische Verschiedenheiten der Betriebe, auch wenn sie an sich wichtig sind, nicht oder nur gelegentlich eingehen kann, liegt auf der Hand: es kann sich hier nur um das Allgemeine handeln, um das, was ihnen allen gemeinsam ist, sie eben zu Unternehmungen stempelt. - Keineswegs ist es das Gewinnstreben an sich, was die Unternehmung für uns so interessant macht, sondern die Tatsache, daß wir in ihr ein höchst wichtiges und charakteristisches Glied der arbeitsteiligen Wirtschaft vor uns haben, das eine Untersuchung wohl rechtfertigt. Es wird auch behauptet, daß der ‚erwerbsorientierte Betrieb' sich von anderen Betrieben deutlich genug abhebt, daß eine besondere Betrachtung am Platze ist. Wesentlich ist für sie die Art und Weise, wie die Betriebe geldlich in die Gesamtwirtschaft eingegliedert sind. Das ist das Grundproblem.

Wenn nun in der Unternehmung nach Gewinn gestrebt wird, so muß die Privatwirtschaftslehre dies sagen, sie ginge ja sonst am Leben vorbei, und zwar in einem grundlegenden Punkte. Denn um des Ertrages willen - so behaupten wir - werden die Unternehmungen gegründet, und nach dem Ertrag müssen sie in ihrer Führung ausgerichtet werden, wenn anders sie bestehen wollen. - Vielleicht ist diese Meinung falsch; aber da die hier vertretene Lehre von ihrer Richtigkeit überzeugt ist, wie könnte sie diese in ihren Augen eminent wichtige Tatsache unterschlagen ? S. 73

Ob die Privatwirtschaftslehre damit ihre Jünger zum Gewinnmachen ertüchtigt, erscheint trotzdem recht zweifelhaft. Was sie will, ist jedenfalls ein anderes: sie versucht, Erkenntnis zu vermitteln über das, was wir Wirtschaft nennen; sie will nicht Anleitung und Rezepte zum praktischen Handeln geben; sie will auch nicht Wirtschaftsführer oder Unternehmer ausbilden, überläßt es vielmehr ganz dem Studierenden, was er mit der gewonnenen Einsicht in das Wirtschaftsleben anfangen will. Es ist ganz und gar nicht ausgeschlossen, daß angehende Vertreter von

Arbeitgebern ebensogut zu ihren Füßen sitzen wie zukünftige Gewerkschaftsführer. Denn beiden tut Erkenntnis dieser jetzt bestehenden Wirtschaft not, nicht zuletzt dann, wenn sie sie ändern wollen. Es wird keineswegs für Aufrechterhaltung der jetzigen Wirtschaftsverfassung plädiert - sie wird nur geschildert, und zwar ohne Rücksicht darauf, ob man sie billigt oder nicht. - Auch wenn wir damit zu Lehrern des Profitmachens würden, bliebe uns keine Wahl; denn oberstes Gesetz jeder Wissenschaft ist Wahrheit. Wenn wir einmal zu einer „veredelten" Wirtschaftsform übergegangen sind, wird man diesen Fortschritt mit gebührender Anerkennung registrieren, im übrigen aber die neue Wirtschaft mit der gleichen Gelassenheit beschreiben wie die vorhergegangenen.

Glücklicherweise ist indessen die Besorgnis wegen der Anleitung zum Profitmachen nicht tragisch zu nehmen. Es scheint ein seltsamer Seitensprung der Logik zu sein, der da Verwirrung anrichtet. Er wird nur verständlich, wenn man die Einstellung der Betriebswirtschafter zu den Problemen der Betriebe und der Wirtschaft überhaupt kennt. Sie wollen Einfluß gewinnen auf ihre Gestaltung, wollen sie mit starkem Betätigungsdrang nach ihren Ideen formen, die im wesentlichen auf die vorhin eingehend behandelte Rationalisierung und auf Ethisierung hinauslaufen: sie wollen die Wirtschaft verbessern. - So ist es ganz erklärlich, wenn sie sich nur schwer von der Vorstellung frei machen können, daß auch die Privatwirtschaftslehre sich praktische Ziele gesetzt hätte. Und da diese Lehre das Profitstreben anerkennt als eine für die ganze Wirtschaft ungemein wichtige Größe, liegt es für den Betriebswirtschafter sehr nahe, die Privatwirtschaftslehre anzusehen als eine Lehre, wie man Gewinn macht.

Aber die Privatwirtschaftslehre ist hier in einer äußerst günstigen Position. Da sie nur beabsichtigt, eine Beschreibung unserer Wirtschaft zu geben, da sie lediglich schildert, was sie an bemerkenswerten Erscheinungen in ihren Bezirken vorfindet, kann sie über alles, auch über das Profitstreben, mit völliger Harmlosigkeit und Unbefangenheit sprechen. Es wird ja niemandem der Rat erteilt, Unternehmer zu werden und nach Gewinn zu streben, noch wird im geringsten der Versuch unternommen, jemand dazu zu ertüchtigen - genau so, wie auch die Förderung der Rationalisierung anderen Instanzen überlassen wird.

S. 74

Die Angriffe, die ob dieser ‚weltabgewandten' Haltung von seiten der Betriebswirtschaftslehre erhoben werden, berühren uns nicht; es ist ja an anderer Stelle schon zum Ausdruck gebracht worden, daß gerade in diesem entscheidenden Punkte Betriebswirtschaftslehre und Privatwirtschaftslehre auseinandergehen. Aber es sollte auch für eine wissenschaftliche Auffassung Raum und Verständnis zu finden sein, die glaubt, daß die Theorie lediglich geistige Schulung vermitteln soll, die das Handeln aber vollkommen ihren Jüngern im Leben überläßt. Wenn die Wirtschaft also das Bedürfnis nach Rationalisierung fühlt, so mag sie diesem Verlangen nach Herzenslust gerecht werden. Aber die Theorie soll ihr nichts aufdrängen wollen - auch keine Rationalisierung. Denn die Motivationen der Lebenserscheinungen sind mannigfachster Art, und so muß immer dem Leben die Entscheidung überlassen bleiben, wie es sich weiter helfen will. Die Wissenschaft liefert das geistige Rüstzeug schlechthin - über seine Anwendung zu befinden ist nicht ihre Sache.

Wenn sich aus den dargelegten Gründen die Privatwirtschaftslehre frei weiß von dem Verdacht des Profitförderns, so scheint es doch angebracht, die Frage aufzuwerfen, warum denn das Gewinnstreben vielfach als etwas Entehrendes angesehen wird, und zwar gerade beim Kaufmann. Bei anderen Berufen ist man merkwürdigerweise nicht so empfindlich. Niemand wirft es dem Künstler vor; obwohl es dort fast befremdlicher ist, sieht man es als eine Selbstverständlichkeit an, daß die Prominenten recht ansehnliche Gagen beziehen und auch gelegentlich wacker darum kämpfen. Auch findet man es ganz in der Ordnung, daß ein bedeutender Arzt, ein vielbeschäftigter Anwalt hohe Einkünfte beziehen. Woher diese andere Einstellung gegenüber dem Unternehmer? Ja, wendet man ein, jene verdienen es durch angestrengte Arbeit. - Schön, und der Kaufmann? - Da drängen sich unwillkürlich die Vorstellungen von mühelosen Spekulationsgewinnen, von unlauteren Manipulationen und Kniffen aller Art auf: er macht Profit und beutet seine Volksgenossen aus. *S. 75*

Zu dieser einseitigen und schiefen Auffassung trägt sicher auch der Umstand bei, daß wir bei der Unternehmung von Gewinn sprechen, während anderwärts von Einnahmen und Verdienst die Rede ist. Das Wort ‚Gewinn' hat immer etwas Aufreizendes, mag auch hinter diesem Gewinn noch so viel harte Arbeit stecken. Man ist ordentlich versucht zu ergänzen: Lotteriegewinn, Spekulationsgewinn. - Wer aber die Wirtschaft nur einigermaßen kennt, der weiß, daß so einfach die Dinge denn doch nicht liegen. Nach Gewinn streben heißt noch lange nicht, ihn scheffelweise einheimsen. Damit ist nur die grundsätzliche Ausrichtung für das Handeln des Unternehmers gegeben, der tatsächliche Erfolg ist eine Sache für sich. - In den Tendenzen unserer Wirtschaft liegt es begründet, daß das Gros der Unternehmungen über einen Durchschnittsgewinn nicht hinauskommt. Die übrigen haben teils über-, teils unterdurchschnittlichen Ertrag. Und dann kommen noch jene, die mit Verlust arbeiten, oder die infolge der Verluste bereits stillschweigend vom Schauplatz abgetreten sind und daher allzu rasch und allzu leicht vergessen werden. - Auch die Unternehmer haben in der Regel ihr Päckchen Sorge zu tragen, und ganz gewiß ist es abwegig, allgemein von einem verächtlichen Profitmachen zu reden. Man gebe ihnen ein anderes Ziel!

Endlich muß auch noch die Vorstellung bekämpft werden, als ob das Streben nach Gewinn keinen Raum ließe für redliches Handeln, als ob von nichts Anderem die Rede wäre, als wie man die Kunden am leichtesten und unmerklichsten betrügen kann. Oder auch davon, wie man die Arbeitnehmer am gründlichsten ausbeutet - was allerdings heute im Zeitalter der sozialen Gesetzgebung und der Gewerkschaften nicht mehr so einfach ist. - Eine derartige Wirtschaft müßte sich notwendigerweise von selbst aufheben; ohne ein gewisses Mindestmaß von gegenseitiger Verständigung, von Ehrlichkeit und Zuverlässigkeit kann keine Gesellschaft bestehen. Und die Logik der Dinge schafft sich die notwendigen Voraussetzungen mit zwingender Gewalt - hier wie anderswo. Wenn sich die Zustände nicht überschlagen sollen, so muß überall das Maß von moralischen Qualitäten gegeben sein, das durch die Gestaltung der Formen vorausgesetzt wird. Es wäre ein ganz undenkbarer Zustand, daß etwa die Höhe des erreichten Gewinnes beim Unternehmer proportional ginge und abhängig wäre von seiner Gewandtheit in Kniffen und Täuschungsmanövern. [...]

B. VII

Heinrich Nicklisch
Die Betriebswirtschaftslehre im
nationalsozialistischen Staat

Aus: Die Betriebswirtschaft - Zeitschrift
für Handelswissenschaft und Handelspraxis, Heft 7, 26. Jg., S. 173-177

Schäffer-Poeschel Verlag, Stuttgart 1933

Die Betriebswirtschaftslehre hat bisher noch nicht zu erkennen S.173
gegeben, in welcher Weise sie an den Aufgaben des neuen Staates mitwirken will. Mit der vorliegenden Nummer unserer Zeitschrift werfen wir deshalb bewußt diese Frage auf. Sie ist ein Appell zur Mitarbeit und gibt zugleich in ihrem einführenden Aufsatz einen Aufriß der vordringlich zu lösenden Aufgaben des Faches. [...]

Was unter dieser Überschrift folgt, ist dem Sinne nach ein Aufruf an die Betriebswirtschafter, dem Führer des neuen Deutschland alle ihre Kräfte zur Verfügung zu stellen, die Ziele ihrer Forschung nach den Bedürfnissen der politischen Gestaltung zu setzen und in erster Linie die für diese maßgebenden Zusammenhänge klären zu helfen.

Ich knüpfe am besten an einen Vorgang am Ende einer meiner Vorlesungen an, in der der Leistungslohn als derjenige bezeichnet worden war, der überall, wo seine Anwendung möglich ist, auch angewendet werden müsse. Ein Student kam zu mir und bat mich, die Frage nach der Art der geeignetsten Lohnbestimmung noch einmal aufzuwerfen, und zwar unter Berücksichtigung der herrschenden Arbeitslosigkeit. Er ging von dem Gedanken aus, daß bei einer solchen Lage dasjenige Lohnsystem richtig sei, das zur Verteilung der Gesamtarbeit auf möglichst viele Beschäftigte führe. Sein Gedankengang führte auf den Zeitlohn. In der Ferne aber taucht in dieser Richtung eine Art zu arbeiten auf, die sich nach dem Satz regelt: „Leiste so wenig wie möglich, damit soviel Erwerbslose wie möglich Arbeit finden können." Es ist offensichtlich, daß in dieser Richtung die Gesundung der Wirtschaft nicht gefunden werden kann, so edel auch das verfolgte Sonderziel ist. Ich sage „in dieser Richtung", um damit auch den Übergang von dem einen Lohnsystem zum anderen zu treffen, durch den unseren Arbeitslosen lediglich die geringere Leistungsmenge, die auch bei noch ausreichender Leistung nach Zeitlohn zustande kommen kann, Platz schaffen soll.

Was uns hilft, kann nur die Arbeit nach dem Grundsatz: „Jeder leiste sein Bestes" sein. Das ist eine Unterstreichung des Leistungsprinzips. Dazu gehört auch für jede Leistung der gerechte Lohn.

Es ist der, bei dem berücksichtigt ist, daß der Leistende Glied eines S.174
Ganzen ist, das gedeihen muß, wenn er leisten und leben können soll. Hier klingt die Forderung der Pflege des gemeinen Nutzens auf. Für den einzelnen Leistenden geht diese aber über ein gerechtes Verhältnis zwischen Lohn und Leistung noch hinaus: Er muß für das Ganze ein übriges tun können; er muß für dieses bereit sein, auch ohne Gegenwert

zu leisten; er muß diese Hingabe bis zum Opfer steigern können. Das Ganze freilich muß, wenn es bestehen will, die Leistungen immer anerkennen; es muß immer bereit sein, die Taten seiner Angehörigen nach ihrem Wert zu belohnen. Es darf sich nie davon freimachen, das Leistungsprinzip im Verhältnis zu seinen Gliedern anzuwenden, wenn es vorwärts will. Gilt das auch vor allem im Verhältnis des einzelnen zu Nation und Staat, so doch entsprechend auch für jedes Ganze und seine Glieder innerhalb dieser. Auch für die Betriebe bedeutet es noch eine Verstärkung der Betonung des Leistungsprinzips, von der weiter oben schon die Rede war, und zwar in dem Sinne, daß es, vom Ganzen her gesehen, den gerechten Lohn einschließt. Dieser aber ist Leistungslohn auf einwandfreier Grundlage.

Dieses Lohnsystem hindert nicht, den Nöten der Arbeitslosen entgegenzukommen. Wie bekannt, ist es auf dem Wege der Kurzarbeit auch geschehen. Die Erscheinung, daß die Besserung der Lage an manchen Stellen der Wirtschaft etwas weiter fortgeschritten ist, als es in der Zahl der wieder eingestellten Arbeiter zum Ausdruck kommt, ist zum Teil darauf zurückzuführen.

Daß in den Arbeitsdienstlagern auch für Arbeiten, für die Akkord möglich wäre, die Form des Zeitlohns angewandt wird, ist eine besondere Frage. Sie hängt mit der Beschränktheit der Mittel gegenüber dem gesetzten Zweck und der Notwendigkeit starker Verteilung derselben zusammen, aber auch mit der Bedeutung, die die Leistungen im Lager zusätzlich für das weitere Fortkommen der Beteiligten haben. Hier wird der Arbeitende die Fähigkeit, auch ohne den sofort gezahlten vollen Gegenwert zu leisten, zu erweisen haben, und das Ganze wird nicht vergessen dürfen, daß es sich von der Notwendigkeit, den einzelnen nach seinen Leistungen zu werten, von sich aus niemals, auch hier nicht, befreien kann. Diejenigen aber, die auch in dieser Notzeit Erwerb haben, müssen ihrerseits den gemeinen Nutzen betonen, indem sie bereit sind, die Mittel mit aufzubringen, die für solche Einrichtungen notwendig sind. Das sollte eine Binsenwahrheit sein.

Aus der Bitte des Studenten und der Antwort, die darauf zu geben war, läßt sich alles Wesentliche für die Beurteilung der Lage der Betriebswirtschaftslehre im neuen Reich ableiten. Das Leistungsprinzip in der Wirtschaft ist eines der Prinzipien, auf denen das Betriebsleben beruht. In diesem letzten bestimmt sich alles, was die Art und die Menge der Leistung angeht. Diese Bestimmung wächst aus dem Zusammenspiel des inneren und des äußeren Wertumlaufs jedes einzelnen Betriebes heraus. Der erste ist dabei der Durchlauf der Werte durch den Betrieb mit dem dazugehörigen Rücklauf der Zahlmittel. Der zweite besteht in dem Lauf des Gegenwerts der Leistungen durch die Hand der Leistenden zurück zu den Stellen, in denen geleistet wurde. Dort werden auf diese Weise neue Leistungen ermöglicht. Es ist in der arbeitsteiligen Wirtschaft aber schwer, zu einer Übersicht der Dinge und Vorgänge zu kommen, weil die Leistungsgegenwerte von den Empfangsberechtigten nicht nur unmittelbar für ihren täglichen und periodischen Bedarf verwendet, sondern - insbesondere auf dem Wege über Sparkassen und Banken - auch den Betrieben für Produktionsmittel zur Verfügung gestellt werden und weil die Betriebe, in denen durch den Rückfluß der Leistungsgegenwerte auf dem einen oder anderen Wege neue Leistungen ermöglicht werden, in der Regel nicht unmittelbar dieselben sind, in denen die Beträge verdient wurden, so daß die Ermöglichung neuer Leistungen insoweit nur mittelbar erfolgt: dadurch, daß andere Betriebe befähigt werden, wieder Aufträge zu geben. Da der innere Wertumlauf sich nur auf der Basis des äußeren vollziehen kann, überträgt sich diese Unübersichtlichkeit auch auf ihn.

Die beiden Wertumläufe sind dauernd aufeinander abzustimmen, wodurch das Gedeihen der konsumierenden und der produzierenden Betriebe in der Wirtschaft erzielt wird. Das Betriebsleben und diese Aufgabe sind untrennbar verbunden. Sie ist eine der vornehmsten im Arbeitsbereich der Betriebswirte, zugleich eine, die heute wichtiger ist denn je.

Von diesem Standpunkt aus entfalten sich nun die Teilaufgaben. Da ist zunächst die Gestaltung des Leistungsvorgangs selber. Rationalisierung ist hier die Forderung nach wie vor. Aber es ist unsinnig, nur an den Verhältnissen des einen Wertumlaufs, des inneren, zu „bessern", ohne die Wirkung auf den äußeren gründlich zu studieren und zu beachten. Die beiden Umläufe werden sonst noch mehr auseinander gebracht als sie es schon sind. Verbessert ist kein Vorgang, soweit die „Rationalisierung" in ihm auch vorgedrungen sein mag, der das Stimmen, die Angepaßtheit, der beiden Wertumläufe bedroht. Ein Rationalisierungsvorgang kann als solcher immer nur dann anerkannt werden, wenn er das Stimmen der Wirtschaft fördert; soweit es nötig ist, nach Änderungen auch im anderen Wertumlauf. Diese müssen aber nicht nur möglich scheinen, sondern ihr rechtzeitiges Eintreten muß sicher sein. Wenn unsere Wirtschaftsführer diesen Zusammenhang beachtet hätten, wäre mancher Unsinn beim Rationalisieren unterblieben. Und wenn die große Zahl der Betriebswirtschafter nicht vergessen hätte, daß die Frage der Abstimmung bei Klein- und Mittelbetrieben günstiger liegt als bei großen, was auf die Art ihrer Willensbildung, die Ausdauer ihrer Willensträger und die Besonderheiten ihrer Ausstattung und ihres Wertumlaufs zurückzuführen ist, wäre der Großbetrieb wissenschaftlich weniger einseitig betont worden und die Wirtschaft hätte von der wissenschaftlichen Arbeit mehr gehabt. Aber es hat erst bis zu der Übersteigerung gehen müssen, die in den Steuergesetzen als Schachtelprivileg und als Begünstigung der teilweisen Liquidation der Konzerne gegeneinander brandet, und schließlich zu dem handfesten Kampf, den die nationalsozialistische Bewegung für den Mittel- und Kleinbetrieb führt, ehe hier Wandel eingetreten ist. Dieser Tadel ist gleichzeitig für die wenigen ein Lob, die mit ganzer Liebe den Zusammenhängen in den Klein- und Mittelbetrieben schon zu einer Zeit nachgegangen sind, als noch keine allgemeine Anerkennung zu erwarten war. S.175

[...]

Aus den Schwankungen der Konjunktur sind die Kartelle und kartellähnlichen Verbände erwachsen mit allen ihren Versuchen und Einrichtungen, die Unübersichtlichkeit der Marktbeziehungen zu ihrem Vorteil einzuschränken. Der Betriebswirt muß das betriebliche Leben in diesen Gebilden gründlich kennen, wenn er für die kommende Entwicklung der Wirtschaft gerüstet sein will. Er muß wissen, welche Mittel der Marktregelung von ihnen angewandt worden sind, aus welchen Gründen die Betriebe zu ihnen gegriffen haben, zu welchen Änderungen in ihnen selbst sie geführt haben und welche Wirkungen schließlich festzustellen gewesen sind. Alles Fragen, die noch eine ganze Menge betriebswirtschaftlichen Kraftaufwands erfordern. Dies gilt noch besonders von den Kartellen, die die Grenzen der nationalen Wirtschaften überschritten haben. S.176

Die Mittel, die Unübersichtlichkeit der Wirtschaft einzuschränken, hängen immer - auch dort, wo es nicht ausgesprochen wird - irgendwie mit Planung zusammen. Ich brauche auf dieses Gebiet nicht noch besonders hinzustoßen. Nur darauf sei ausdrücklich hingewiesen: die Betriebswirtschafter würden ihre Aufgabe nicht lösen, wenn sie sich auf diesem Gebiet nur mit den Methoden beschäftigten. Sie müssen auch die Materie selbst durcharbeiten.

Das Rechnungswesen als Sammlung von Methoden, die in der Kalkulation, der Buchhaltung und Planung und der Statistik angewandt werden können, ist gewiß wichtig. Aber es ist nur Werkzeug und Vorbereitung für die Durchformung der lebendigen Wirtschaft, damit sie stimme. Wehe dem Betriebswirtschafter, der geistig in den Methoden stecken bleibt. An´s Ziel muß er! Natürlich mit ihrer Hilfe. Die Entscheidungen fallen am Ziel. Es läßt sich schon jetzt erkennen, daß die deutsche Wirtschaft der Zukunft keine Planwirtschaft mit Anordnung und Vollzug im russischen Sinne sein wird, sondern - unter Rückbildung der Konzerne und Einschaltung der Mittel- und Kleinbetriebe - eine geplante Wirtschaft mit scharf kontrollierten Richtzahlen, in der die Anpassung und das Stimmen von der geistigen Mitarbeit jedes einzelnen, der an der Wirtschaft beteiligt ist, abhängt. Sie gilt es schaffen zu helfen.

Zu diesem Zweck bedürfen wir geistiger Grundlagen, die auch zur Zeit noch nicht überall zu finden sind. Um was es sich dabei handelt, läßt sich am besten an dem Aufkommen und an der Entwicklung der Kartelle zeigen. Sie verdanken ihr Dasein und die Bedeutung, die sie erlangt haben, der Unübersichtlichkeit der freien arbeitsteiligen Wirtschaft und dem Mangel an ausreichender Einordnung der einzelnen Wirtschaftenden. Von dem ersten war schon oben die Rede und soll im folgenden nicht weiter gesprochen werden. An das zweite aber schließt sich an, was noch zu sagen ist. Die Schwierigkeiten, aus denen die Kartelle entstanden sind, ergaben sich daraus, daß jeder drauflos wirtschaftete, als wenn er, er allein, das Ganze wäre. Entscheidende normative Zusammenhänge wurden in den Wind geschlagen. Der Grundsatz, der befolgt wurde, war im allgemeinen: „Eigennutz geht vor Gemeinnutz." Man darf sogar sagen, daß er in ein einziges Wort mit einer ganzen Anzahl von Ausrufungszeichen gefaßt werden kann: „Eigennutz!!!" Es muß hinzugefügt werden, daß eine Minderheit auch anders dachte. Sie hatte aber lediglich an dem Risiko, das sich aus der Handlungsweise der andern ergab, mit zu tragen. Die Kartelle selbst haben, obwohl sie ein Ausdruck genossenschaftlichen Geistes sind, nicht über diese geistige Einstellung hinausgeführt. Man kann es daran erkennen, daß sie es nicht fertiggebracht haben - jedes für seinen Geschäftszweig -, aus dem Rationalisierungsproblem ein gemeinschaftliches zu machen, in dem die gefährlichen Übertreibungen vermieden werden konnten.

[...]

Hier ist eine vollkommene geistige Umstellung nötig, die den einzelnen befähigt, die normativen Zusammenhänge zu achten und sich so, wie der Verlauf dieser es erfordert, einzugliedern. Sie muß auch das Unternehmertum von innen heraus umbilden: mit einem Geist erfüllen, der nicht mehr so sehr auf den Erwerb als auf die Aufgaben eingestellt   S.177

ist, die die Wirtschaft als Bedarfsdeckungswirtschaft stellt. Unternehmer dieser Art sind auch den öffentlichen Betrieben zu wünschen. Die Leitung der Kartelle in solcher Hand hätte an der Notwendigkeit, gemeinschaftlich zu rationalisieren, und an den Schwächen ihrer Preispolitik nicht so verständnislos oder ohnmächtig vorbeigehen können. Unternehmer mit dem Blick für normative Zusammenhänge und mit ausreichender Kraft der Einordnung brauchen wir. Mit ihnen wäre es möglich, die Außenseiterfrage bei den Kartellen ganz radikal zu lösen, indem, anschließend an den Aufbau der Stände, der Bereich der Zwangskartelle erweitert würde. Ob solche Unternehmer tätig wären, würde sich im Laufe der Zeit deutlich darin zeigen, daß die Konjunkturschwankungen, die durch die noch stärkeren Bindungen auf der Erzeugerseite unterdrückt würden, sich nicht auf der Seite des letzten Verbrauchs, in den Haushalten, in schwankenden oder steigenden Mängeln der Bedürfnisbefriedigung wiederfänden. Blieben Bedürfnisse, noch dazu in steigendem Maße, unbefriedigt, bewegten wir uns auf einen Zeitpunkt zu, wie nah oder fern er auch sein möge, an dem Unternehmer die Fesseln sprengen würden, in denen die Wirtschaft ihre Aufgabe, die Deckung des Bedarfs, so schlecht erfüllt. Wenn aber die Bindung ihren Zweck erreicht, die Übersichtlichkeit der Wirtschaft zu erhöhen, um die Deckung des Bedarfs immer vollkommener zu machen, so ist es der Geist des Unternehmertyps, dem seine Aufgabe und die Sicherung der Wirtschaft vor dem Erwerb steht, der es bewirkt hat.

Diesen Typ zu verbreiten darf kein frommer Wunsch sein, sondern es gilt, an die Arbeit zu gehen und mit allen Kräften an der Bewegung teilzunehmen, die sich diese gigantische Erzieheraufgabe gestellt hat. Gerade den Betriebswirtschaftern, die ja die Verhältnisse der Betriebsgemeinschaften zu betreuen haben, fällt ein Großteil der zu vollbringenden Leistung zu. Darum an die Arbeit und mit allen Kräften voraus!

B. VIII

Ludwig Erhard
Marktordnung und Betriebswirtschaft

Aus: Der praktische Betriebswirt – Die aktive betriebswirtschaftliche Zeitschrift, 17. Jg., S. 111-117

Deutscher Betriebswirte-Verlag,
Stuttgart, Berlin 1937

Über Fragen der Marktordnung und Marktregelung ist gerade in letzter Zeit so außerordentlich viel gesprochen und geschrieben worden, daß man sich wahrlich davor hüten sollte, diese reichlich abgegriffene Münze immer wieder in den Verkehr zu geben und damit schließlich doch nur erreicht, daß die Profile des Bildes immer verschwommener werden. Jeder in der praktischen Wirtschaft Stehende weiß heute durch Verordnungen und aus Erfahrung, daß die Aufgaben der Marktregelung im Sinne der unmittelbaren Preisbeeinflussung und Preisbindung den Kartellen zur Durchführung vorbehalten bleiben, während alle Maßnahmen zur Gewährleistung der Marktordnung in den Tätigkeitsbereich der Gruppen (gewerbliche Organisation) fallen. Wir haben es uns angesichts dieser herrschenden Übung schon nahezu abgewöhnt, über die logischen Inhalte der Begriffe Marktregelung und Marktordnung nachzudenken, und nehmen es als gegeben hin, daß mindestens im industriellen Sektor der Wirtschaft Marktregelung mit aktiver Preispolitilk gleichzusetzen ist, während [...] die Preisbindungen für landwirtschaftliche Produkte als eine marktordnende Maßnahme verstanden werden.

Es kommt uns hier gewiß nicht auf Wortklaubereien an, und man könnte über diesen terminologischen Widerspruch getrost zur Tagesordnung übergehen, wenn man demgegenüber tatsächlich den Eindruck gewinnen könnte, daß in den Kreisen der Wirtschaft selbst völlige Klarheit über das Wesen und die Aufgaben der Marktordnung bestünde. Mit der Bestimmung, daß Preisverabredungen jeglicher Art als Marktregelung anzusehen seien, gewinnt zwar die Politik der marktregelnden Verbände, also der Kartelle, ein sicheres Fundament, aber es bleibt zunächst völlig offen, welche engeren Funktionen die Gruppen als Träger der Marktordnung zu erfüllen haben. Selbstverständlich hat es seitens der Reichsgruppen nicht an Bemühungen gefehlt, diese Schalen mit lebendigem Inhalt zu füllen, und man handelte durchaus folgerichtig, wenn man sich die Erziehung der Mitglieder zu kaufmannischer Betriebsgebarung, d.h. also zu geordneter Buch- und Rechnungsführung, exakter Kalkulation u. dgl. mehr, besonders angelegen sein ließ. Die Berechtigung der Anschauung, daß durch Aufstellung von Branchenkalkulationen, Durchführung von Betriebsvergleichen und Verbandsstatistiken günstigere Voraussetzungen zur Befolgung anständiger Wettbewerbssitten geschaffen und damit wesentliche Störungsfaktoren des Marktgeschehens beseitigt werden können, ist sicher nicht zu bestreiten. Mittlerweile scheint man es allerdings vergessen zu haben, daß zwar dank dieser betriebswirtschaftlichen Schulung die

S.111

S.112

Kenntnisse und Erkenntnisse der einzelnen Betriebsführer hinsichtlich der Kostenverhältnisse im eigenen Betrieb und im Vergleich zu anderen gleichartigen Unternehmungen (branchenmäßiger Betriebsvergleich) allenthalben eine Bereicherung erfahren haben, aber daß damit noch keine Marktordnung verwirklicht, sondern nur vorbereitet werden kann. Als Betriebswirte stehen wir ja gewiß nicht in dem Verdacht, die betriebswirtschaftliche Schulung gering zu achten, und wir sind auf Grund mannigfacher Anschauungen auch nicht etwa der Meinung, daß auf diesem Gebiet nicht noch unendlich viel zu tun übrig bliebe, aber wir sind nicht einseitig genug, um in der geordneten Betriebsführung der Einzelunternehmungen zugleich eine Marktordnung verbürgt zu sehen. [...]

Die vorstehend bekundete positive Einstellung zu allen auf dem Gebiete der betrieblichen Ordnung und Rationalisierung angestrebten Maßnahmen kann uns aber nicht hindern, das Einseitige dieser Betrachtungsweise zu unterstreichen und immer wieder darauf hinzuweisen, daß die für das Schicksal der deutschen Wirtschaft entscheidenden Probleme nicht in der Betriebssphäre, sondern auf dem Markte zu lösen sind.

Es wäre müßig, sich mit jenen auseinandersetzen zu wollen, die im Markte nichts anderes sehen können als eine liberalistisch-kapitalistische Einrichtung, ohne sich der logischen Konsequenz klar zu sein, daß eine Beseitigung des Marktes notwendig zu einer kommunistischen Warenverteilung führen müßte. Und wer in den ehrlichen Bestrebungen, die schädlichen Auswüchse der ungebundenen Marktdynamik durch eine bewußte und sinnvolle Marktordnung zu meistern, nur den Versuch erkennt, „das unbeliebte Kartell durch eine mit populärem Eingangsschild verzierte Hintertür wieder hereinzulassen", kann in dieser fruchtlosen Negation zu jenem aktuellen Problem kaum etwas beisteuern. Die Aufgabe lautet jedenfalls eindeutig dahin, zwischen freier 'Wirtschaft in liberalistischem Sinne und kollektivistischer Planwirtschaft eine Synthese zu finden, die der deutschen Wirtschaftsstruktur Rechnung trägt und gleichzeitig der Forderung nach größter Wirt- S.113 schaftlichkeit und höchster Leistung gerecht zu werden vermag.

Es bedeutet nach unserem Dafürhalten einen Rückfall in liberalistisches Denken, wenn man dieses weitgesteckte Ziel durch innerbetriebliche Maßnahmen allein erreichen zu können glaubt. Wenn auch nicht zu bestreiten ist, daß gut geleitete und geordnete Betriebe Voraussetzung einer gesunden Wirtschaft sind und der Wirtschaftskörper im ganzen Schaden leidet, wenn seine Einzelzellen nicht die ihnen zukommenden Funktionen erfüllen können, so ist eine solche Betrachtungsweise doch nicht ungefährlich, weil sie dazu verleitet, die deutsche Wirtschaft als ein Summationsgebilde aus einzelnen Betriebswirtschaften aufzufassen. Nur wenn wir uns von dieser mechanistischen Betrachtungsweise zu lösen vermögen, überwinden wir das liberalistische Denken selbst. Der philosophische Grundsatz, daß das Ganze mehr ist als die Summe seiner Teile, gilt im besonderen Maße von einer modernen Gesellschaftswirtschaft, deren Markt (im transzendentalen Sinne) als der ökonomische Ort zu begreifen ist, in dem sich die mannigfachen Strömungen wunsch- und willensmäßiger Art zu wirtschaftlichen Größen und Realitäten verdichten. Würde sich dieses Marktgeschehen nur in einer mengenmäßigen Gegenüberstellung und Ausbalancierung von Angebot und Nachfrage erschöpfen, dann ließe sich sogar der Markt mechanisieren und rationalisieren, und wir wären aller Sorgen um eine Marktordnung enthoben. Solange sich aber die im Markte anbietenden und nachfragenden Menschen und Gruppen nicht rationalisieren lassen, so lange muß sich auch der Markt einem solchen Zugriff entziehen. Das aber besagt gleichzeitig, daß sich die reibungslose Ordnung des Marktes nicht zwangsläufig aus dem Vorhandensein betriebswirtschaftlich gut geleiteter Unternehmungen ableiten lasse, sondern daß vielmehr umgekehrt die Marktordnung das Fundament der gedeihlichen Entwicklung der Einzelwirtschaften darstelle. Die harmonische Ordnung der menschlichen und gesellschaftlichen Beziehungen ist aber nicht mehr allein als ein wirtschaftliches Problem zu begreifen, und es hat deshalb auch seinen guten Sinn, Wirtschaft und Wirtschaften als nur eine Äußerung des gesellschaftlichen Lebens, nicht mehr als Selbstzweck, gelten zu lassen. Wieviel weniger kann die Marktordnung dann erst als eine nur von der Seite der Betriebswirtschaft her zu lösende Aufgabe verstanden werden. Fast möchte man meinen, diese Feststellung sei als eine Selbstverständlichkeit überflüssig, wenn eben nicht die Praxis in recht erheblichem Umfange die Berechtigung dieses Vorhalts bewiese.

Der Betriebswirt (und noch mehr der Betriebswissenschafter) sieht sich jedenfalls einer ganz eigenartigen Situation gegenüber. Er, der jahrelang um Anerkennung seiner Leistung und um gerechte Würdigung der praktischen Bedeutung seines Wissenschaftszweiges für die Wirtschaft kämpfte und dabei allenthalben beträchtlichem Widerstand begegnete, sieht sich nun mit einem Male in den Mittelpunkt und vor Aufgaben gestellt, die, die engen Grenzen des Betriebes sprengend, gar nicht mehr allein betriebswirtschaftlicher Art sind. Während man sich vor noch gar nicht zu langer Zeit die kaufmännische Betriebsführung der Einzelunternehmungen nicht oder doch recht wenig angelegen sein ließ, herrscht, wie schon eingangs erwähnt, heute vielfach der Glaube vor, mit derlei Maßnahmen sogar das Problem der Marktordnung bewältigen zu können Während bis in die Spätzeit des Liberalismus hinein der Markt als Regulativ alles, der Betrieb wenig bedeutete, besteht heute die Gefahr, daß man die Betriebsordnung überschätzt und vor lauter Bäumen (Betrieben) den Wald (Markt) nicht mehr sieht. Bei näherer Beleuchtung gewinnt man zudem noch den Eindruck, daß diese bedenkliche Entwicklung gar nicht einmal so sehr bewußter Überlegung und zielstrebigem Wollen entspringt als vielmehr eine Art Vergeßlichkeit darstellt. In dem Bestreben, das Nächstliegende und erreichbar Erscheinende nach Kräften zu fördern, wird im Hinblick auf die Marktordnung der Weg für das Ziel gehalten und damit die betriebswirtschaftliche Schulung zum Selbstzweck erhoben.

[...] soweit die technische Fertigung reicht, ist der Unternehmer Herr   S.114
im Hause, und Sachen lassen sich ja auch unschwer in einen übersichtlichen mechanischen Ablauf bringen. Wesentlich komplizierter jedoch liegen die Verhältnisse auf der Absatzseite der Unternehmungen, denn an jenen Nahtstellen der Wirtschaft, wo sich die Willensmeinungen kreuzen, müssen notwendig auch Gegensätze in Erscheinung treten, die unter dem Aspekt der für jede Wirtschaft gültigen Zwecksetzung einer optimalen Güterversorgung des Volkes durch eine Ordnung dieser von Menschen und sozialen Gruppen getragenen Beziehungen - und das ist Marktordnung - auszugleichen sind. Eine so verstandene und, wie wir glauben, recht verstandene Marktordnung sprengt notwendig die Fesseln einer nur innerbetrieblichen Betrachtung und legt das Schwergewicht der erforderlichen Anstrengungen auf den Absatz. Daraus aber ergeben sich weitere Konsequenzen. Wenn an früherer Stelle darauf hingewiesen wurde, daß die Ordnung eines Betriebes (soweit es sich um die Erzeugung handelt) durch dessen Führer weitgehend sichergestellt werden kann, muß in bezug auf den Absatz der Einwand erhoben werden, daß in der heutigen Wirtschaft der Einzelunternehmer auch bei höchstem Verantwortungsbewußtsein nicht mehr in der Lage ist, für die Ordnung des Marktes eine gleiche Gewähr zu bieten. Man muß schon an den Selbstautomatismus der Wirtschaft glauben können, um heute noch an den Aufgaben der Marktordnung achtlos vorbeigehen zu können. Wer das aber nicht vermag, der erkennt aus dieser nun stark zugespitzten Problemstellung, daß Marktordnung nicht mehr in den Bereich

der Unternehmertätigkeit fallen kann, sondern zur Wirtschaftspolitik der Marktverbände, der Gruppen, gehört. Aus dem gleichen Grunde aber kann die Verantwortung für die Verwirklichung dieser Ordnung auch nicht von den Gruppen durch Empfehlungen betriebswirtschaftlicher Art wieder auf die Betriebe zurückübertragen werden, so sehr diese auch durch kaufmännische Betriebsgebarung den Gruppen die Arbeit auf diesem Gebiete erleichtern können.

[...]

Auf die Dauer jedoch wird man nicht umhin können, sich mit diesen entscheidenden Fragen auseinanderzusetzen, denn wir stehen nicht an, zu erklären, daß wir eine Marktordnung ohne Ordnung aller wirtschaftlichen Beziehungen als unmöglich erachten. Auch sind wir nicht der verschiedentlich anzutreffenden Auffassung, derzufolge die praktische Wirtschaft in ihren einzelnen Sektoren Ordnung schaffen und es der staatlichen Wirtschaftsführung überlassen solle, diese letzten Entscheidungen zu treffen. Wo immer es sich um dynamische Vorgänge wie in der Wirtschaft handelt, muß auch die Wirtschaftspolitik beweglich genug sein, um den jeweiligen Gegebenheiten Rechnung zu tragen, und deshalb ist es auch in hohem Maße zu begrüßen, daß der Staat als Träger des politischen Willens sich darauf beschränkt, die große Linie aufzuzeigen und es der gewerblichen Organisation überläßt, im Bereiche der Wirtschaft diesen Willen im einzelnen in die Tat umzusetzen. S.115

[...]

Jede Marktordnung bleibt Stückwerk, wenn es nicht gelingt, diese Absatzbeziehungen aus der mit Spannungen geladenen, nur gefühlsmäßigen Atmosphäre herauszuheben und in die klare, wenn auch kalte Luft der mehr rechenhaften Überlegungen zu verlegen. Der ungelöste irrationale Rest bleibt in der Wirtschaft auch damit noch groß genug. Es widerspricht aber der heutigen Wirtschaftsauffassung in stärkstem Maße, wirtschaftspolitische Entscheidungen zwischen Marktpartnern durch einen Machtkampf regeln zu wollen oder, was oft noch schlimmer ist, auszufeilschen. In der Gemeinschaft führen die einzelnen Wirtschaftsstufen, führen Industrie und Handel kein in sich abgekapseltes Einzelleben, das in sich geordnet werden könnte. Der Begriff der Gemeinschaft setzt auch in der Wirtschaft einen harmonischen Ausgleich zwischen allen wirtschaftlichen Schichten und Gruppen voraus, und man sollte darum nicht mehr länger an die Unversöhnlichkeit der Gegensätze glauben. S.117

C. Unternehmer-Vorstellungen

Die Frage, was einen Unternehmer auszeichnet, ist im Laufe der Zeiten sehr unterschiedlich beantwortet worden. Hier werden in fünf Beiträgen unterschiedliche, teilweise sogar kontroverse Antworten formuliert. Damit kann aber kein umfassendes Bild des Entstehens des Unternehmer-Begriffs, der Unternehmer-Eigenschaften und der Unternehmer-Funktionen gezeichnet werden. Paul Jacob Marperger (1656 - 1730) beschreibt persönliche Eigenschaften und durch Ausbildung erworbene Tätigkeiten, die den „Kauffmann" ausmachen. Auch heute findet man ganz ähnliche Anforderungskataloge, vor allem unter dem Gesichtspunkt der Sicherung ethisch gewünschter Verhaltensweisen[1]. Solche Kataloge von Fähigkeiten, Fertigkeiten und Verhaltensnormen reichen nicht aus, um die wirtschaftliche Existenz und die Entlohnung von Unternehmern zu begründen. Hierzu sind spezifische Leistungen oder Funktionen zu identifizieren, die von Unternehmern erbracht werden. Allerdings besteht keine Übereinstimmung über diese Leistungen oder Funktionen.

Vier Sichtweisen werden hier dargestellt. Für Richard Cantillon (1680 - 1734) übernehmen Unternehmer die Funktion, durch die Lohnzahlung den Angestellten für die Dauer der Anstellung ein sicheres Einkommen zu bieten, während sie selbst das Risiko ihres Geschäfts bis hin zum Konkurs (der dann allerdings auch die Anstellung der Angestellten beendet) übernehmen.

Johann Friedrich Schär (1846 - 1924) verweist darauf, daß „der Kaufmann" durch die Versorgung der Konsumenten mit den arbeitsteilig erzeugten Gütern eine „volkswirtschaftlich nützliche und unentbehrliche Arbeit" leistet, für die er ebenso honoriert werden müsse wie Ärzte ein Honorar für ihre Konsultationen beanspruchen. „Bei beiden bedingt im allgemeinen das Maß der von ihnen geleisteten Nützlichkeiten auch die Höhe des privaten Einkommens"[2].

Eine ganz andere Ansicht entwickelt etwa 200 Jahre nach Marperger Joseph A. Schumpeter (1883 - 1950). In der Aufdeckung und Realisierung von Innovationen werden Wettbewerbsvorteile („wirtschaftliche Führerschaft") durch Unternehmer ermöglicht. Es wird dargestellt, daß Unternehmertypen zu unterscheiden sind, die aufgrund unterschiedlicher Ausstattung mit Produktionsfaktoren, unterschiedlicher Aufgaben oder unterschiedlicher Herkunft in ihrem Verhalten und der Intensität der Durchsetzung von Neuerungen ungleich sind. Damit werden sie auch ungleich entlohnt werden. Wie es zur Durchsetzung von Neuerungen kommt, wird nicht wirtschaftlich, sondern psychologisch und wenig schlüssig begründet.

Dieter Schneider (1935) bietet eine Integration unter anderem auch der beiden von Schumpeter und Cantillon beschriebenen Arten von Unternehmerfunktionen mit weiteren an, indem er die Institution Unternehmung durch Cantillon begründet sieht, eine nach innen gerichtete Funktion der Erhaltung in

Schumpeters Darstellung vom Innovator erkennt und eine nach außen gerichtete Erhaltungsfunktion durch das Erzielen von Arbitragegewinnen, die auf Planung beruhen, ausgeübt wird.

Wie alle Definitionen wird auch die vom Unternehmer nach Zweckmäßigkeit gebildet. Soweit der Zweck in der Bildung von Unternehmensmodellen, also der Theorie liegt, ist die Definition nicht notwendigerweise ein getreues Abbild der Realität. Insbesondere der sogenannte „Schumpeter-Unternehmer" ist wirtschaftspolitischen Aktionen als Zielfigur unterlegt worden. Genauere Betrachtung schien zu zeigen, daß der „Unternehmertyp" der Schumpeterschen Theorie nicht mit demjenigen empirisch beschriebener Personen übereinstimmt, die als Unternehmer heute Neuerungen durchsetzen und dazu Elementarfaktoren kombinieren. „Hence, the modern innovative enterprise varies on every point from the image of the dynamic entrepreneur as drawn by Schumpeter"[3]. Mittellose Gründer von Software- oder Internet-Firmen kommen allerdings dem Schumpeterschen Bild nahe, was auch Albach 1999 beobachtete. Der Schumpeter-Beitrag hier zeigt schon eine Vielfalt von Unternehmertypen.

Das Streben nach möglichst sparsamen, mit wenigen Ausnahmen auskommenden Grundvorstellungen für die betriebswirtschaftliche Theorie läßt Erich Gutenberg (1887 - 1984) die genannten Ansätze (ebenso wie die Begründung der Unternehmerfunktion mit der Funktion der Kapitalüberlassung) ablehnen. Die Kombination elementarer Produktionsfaktoren erfordert einen dispositiven Faktor[4]. In Marktwirtschaften wird diese Leistung von Unternehmern erbracht. Schöpferische, an Schumpeters Innovator orientierte Funktionen werden hierbei nicht berücksichtigt. Schon John Bates Clark hatte in der Koordination von Arbeitskräften und Kapital eine wichtige Unternehmerfunktion gesehen[5].

Andere Autoren sehen die Definitionen durch bestimmte, zeitlich festgelegte Umweltbedingungen der Unternehmertätigkeit determiniert. Der Unternehmer im Sinne von Erich Gutenberg ist für Edgar Salin ein „entrepreneur of middle capitalism", der nach der Weltwirtschaftskrise von einem neuen Unternehmertyp, dem „late capitalist entrepreneur" abgelöst worden sei. Die Funktion der Risikotragung werde von ihm im Verlustfall um so leichter sozialisiert, je größer das von ihm geleitete Unternehmen sei[6]. Diese soziologisch orientierte Sicht ist selbst zeitgebunden. Sie läßt auch die Anreizsysteme für Unternehmer (und Manager als ihre Beauftragte) außer acht.

Anmerkungen

[1] Zum Beispiel die „Unternehmensleitlinien" verschiedener Großunternehmen bei Hartmut Kreikebaum, Grundlagen der Unternehmensethik, Stuttgart 1996, S. 291ff.

2 Johann Friedrich Schär, Allgemeine Handelsbetriebslehre, Leipzig 1911, S. 9.
3 Horst Albach, On the Re-Discovery of the Entrepreneur in Economic Policy Discussion, German Yearbook on Business History 1981, Berlin, Heidelberg, New York 1981, S. 11-26, hier S. 22.
4 Mit diesem Ansatz im historischen Kontext beschäftigt sich: Thomas Hermann, Zur Theoriegeschichte des dispositiven Faktos, Stuttgart 1994.
5 John Bates Clark, The Distribution of Wealth. A Theory of Wages, Interest and Profits. New York, London 1899.
6 Edgar Salin, European Entrepreneurship, Journal of Economic History, Fall 1952, S. 366-377.

C. I

Paul J. Marperger
Nothwendig und nützliche Fragen über die
Kauffmannschafft

Verlag Balthasar Otto Boßeck,
Leipzig und Flensburg 1714

[...]

Was ein Kauffmann sey? S. 49

Ein Kauffmann ist eine in einer Republic sehr nützliche / höchstnothwendige und unentbehrliche Persohn / welcher eines ehrlichen und untadelhafften Wandels / freundlicher und höfflicher Sitten und Gebehrden / wohl beredt und scharff von Judicio, geschwinder Resolution, guten Vermögens / unverdrossenen Fleiß / gesunder Leibes-Disposition, sonderlich aber von grosser Erfahrenheit in Commercien-Sachen seyn muß / welche Erfahrenheit er sich dadurch zu Wege bringen kann / wenn er in der Jugend / (so er nicht zum wenigsten einen guten Grund in der Lateinischen Sprache und denen studiis humanioribus geleget /) jedoch zur Rechnen-, Schreib- und Buchhalter-Schul gehalten worden / darneben den Zeiten das Leben eines guten Teutschen Autoris, der etwan von Commerciis, Welt- und Zeit-Geschichten / oder von der Geographie geschrieben / wie auch das Lesen der wöchentlichen Avisen oder Zeitungen sich angewehnet; ferner auf einen berühmten Contoir oder Schreib-Stuben / oder auch sonst in einer vornehmen Waaren-Handlung gedienet / und in solcher gesehen und gelernet / was in Kauffmännischen Scripturen und Brieffschafften / in Führung der Rechnung und Handels-Bücher / in Ausfertigung unterschiedliche Wechsel und Obligationen / in Ein- und Verkauff der Waaren / Untersuchung ihres Preißes und Qualitaeten / und was vergleichen mehr seyn möchte / vorkomme. Hierauff auch vornehmer Kauff-Leut Compagnien frequentiret / aus ihren Handels-Discursen profitiret / frembde Länder durchreiset / deroselben Sprachen und Handlungen sich bekannt gemacht / und endlich den seiner Zuhauß-Kunfft selbst Mittel / Vermögen und Capacitaet habe / eine eigene Handlung / sich / denen Seinigen / und dem Vaterland zu Nutz anzufangen.

S. 50

[...]

C. II

Richard Cantillon
Abhandlung über die Natur des Handels
im allgemeinen

(nach der französischen Ausgabe von 1755 ins
Deutsche übertragen von Hella Hayek...)

Verlag Gustav Fischer, Jena 1931

[...]

Der Unternehmer oder Kaufmann, der die landwirtschaftlichen Erzeugnisse vom Land in die Stadt bringt, kann dort nicht so lange bleiben bis er sie im kleinen, so wie sie verbraucht werden, verkauft, denn keine Familie in der Stadt wird es auf sich nehmen, alle Lebensmittel, die sie verzehren könnte, auf einmal zu kaufen, da sowohl die Anzahl der Mitglieder einer Familie als auch ihr Verbrauch sich vergrößern oder verkleinern oder mindestens die Art der Lebensmittel, die sie verbraucht, sich ändern kann; nur von Wein werden in den Familien Vorräte angelegt. Wie dem auch sei, der größte Teil der Einwohner einer Stadt, der nur von seinem täglichen Verdienst lebt und gleichwohl den größten Teil der Verbraucher darstellt, wird sich keinerlei Vorräte von Erzeugnissen des Landes anlegen können.

S. 33

Dies bewirkt, daß eine Anzahl Personen sich in der Stadt als Kaufleute oder Unternehmer niederlassen, um die Erzeugnisse des Landes von jenen zu kaufen, die sie hereinbringen, oder sie selbst auf ihre Kosten hereinschaffen zu lassen; sie zahlen dafür einen bestimmten Preis nach dem des Platzes, an dem sie sie kaufen, um sie im Groß- oder Kleinhandel zu einem ungewissen Preis weiterzuverkaufen.

S. 34

[...]

Diese Unternehmer können niemals die Größe des Verbrauchs in ihrer Stadt kennen, ja nicht einmal wissen, wie lange ihre Kunden von ihnen kaufen werden, da doch ihre Konkurrenten mit allen Mitteln danach trachten, die Kunden von ihnen zu sich abzuziehen; all dies verursacht so viel Unsicherheit unter all diesen Unternehmern, daß man täglich sehen kann, wie manche von ihnen zahlungsunfähig werden.

[...]

Alle diese Unternehmer werden Konsumenten und damit einer der Kunde des anderen; der Tuchhändler der Kunde des Weinhändlers, dieser der des Tuchhändlers; ihre Zahl in einem Staat paßt sich der ihrer Kunden oder deren Verbrauch an. Wenn in einer Stadt oder in einer Straße für die Anzahl der Personen, die dort Hüte kaufen, zu viele Hutmacher sind, müssen die, die den geringsten Zulauf haben, Bankrott machen; wenn zu wenige da sind, wird ihr Unternehmen so gewinnbringend sein, daß einige neue Hutmacher ermutigt werden, dort Läden zu eröffnen, und so passen sich die Unternehmer aller Art ihrer Zahl nach auf ihre Gefahr den Verhältnissen in einem Staate an.

S. 35

Alle anderen Unternehmer, wie diejenigen, die Bergwerke, Schaustellungen, Bauten usw. unternehmen, die Kaufleute zur See und zu Land usw., die Garköche, die Zuckerbäcker, die Schenkwirte usw., ebenso wie die, die in ihrer eigenen Arbeit Unternehmer sind und kein Kapital brauchen, um sich zu etablieren, wie die Handwerksgesellen, Kesselflicker, Flickschneider, Rauchfangkehrer, Wasserträger, leben in Unsicherheit und passen sich ihrer Zahl nach ihren Kunden an. Die Handwerksmeister, wie Schuster, Schneider, Tischler, Perückenmacher usw., welche ihrer Arbeit entsprechend Gesellen beschäftigen, leben in der gleichen Unsicherheit, weil ihre Kunden sie von heute auf morgen verlassen können; die Unternehmer in ihrer eigenen Arbeit in Kunst und Wissenschaft, wie Maler, Ärzte, Advokaten usw. existieren in der gleichen Unsicherheit. [...] S. 36

Man könnte vielleicht auch behaupten, daß alle Unternehmer versuchen, so viele ihres eigenen Standes zu überlisten wie sie können und ihre Kunden zu übervorteilen; aber das gehört nicht zu meinem Gegenstand.

Aus all diesen Überlegungen und einer Unzahl anderer, die man über diesen Gegenstand anstellen könnte, der alle Bewohner eines Staates umfaßt, kann man feststellen, daß alle Bewohner eines Staates, mit Ausnahme des Fürsten und der Grundeigentümer, abhängig sind; daß sie sich in zwei Klassen einteilen lassen, nämlich in Unternehmer und in Lohnempfänger, und daß die Unternehmer gewissermaßen einen unsicheren Lohn haben und alle anderen einen sicheren, solange sie ihn beziehen, wenn auch ihr Amt und ihr Rang recht verschieden sind. Der General, der einen Sold bezieht, der Höfling, der einen Gehalt empfängt, der Diener, der einen Lohn bekommt, fallen in diese Kategorie. Alle übrigen sind Unternehmer, ob sie nun zur Führung ihres Unternehmens Kapital brauchen oder ob sie Unternehmer in ihrer eigenen Arbeit ohne jedes Kapital sind, und man kann sagen, daß sie in Unsicherheit leben; selbst die Bettler und Diebe sind Unternehmer von dieser Art. Am Ende beziehen alle Einwohner eines Staates ihren Lebensunterhalt und ihre Vorteile aus dem Fonds der Grundeigentümer und leben in Abhängigkeit. S. 37

C. III

Joseph A. Schumpeter
Unternehmer

Aus: Handwörterbuch der Staatswissenschaften,
4. A., hrsg. v. L. Elster, Ad. Weber, Fr. Wiesner,
Bd. VIII, S. 476-487

Verlag Gustav Fischer, Jena 1927

III. Die Unternehmerfunktion

[...] Im Erkennen und Durchsetzen neuer Möglichkeiten auf wirtschaftlichem Gebiet liegt das Wesen der Unternehmerfunktion. Diese wirtschaftliche Führerschaft betätigt sich also an Aufgaben, die sich in die folgenden Typen fassen lassen: S.483

1. Die Erzeugung und Durchsetzung neuer Produkte oder neuer Qualitäten von Produkten,
2. Die Einführung neuer Produktionsmethoden,
3. Die Schaffung neuer Organisationen der Industrie (Vertrustung z. B.),
4. Die Erschließung neuer Absatzmärkte,
5. Die Erschließung neuer Bezugsquellen.

Immer handelt es sich um die Durchsetzung einer anderen als der bisherigen Verwendung nationaler Produktivkräfte, darum, daß dieselben ihren bisherigen Verwendungen entzogen und neuen Kombinationen dienstbar gemacht werden. Die Natur der dabei zu bewältigenden Leistung ist charakterisiert einmal durch die objektive und subjektive Schwierigkeit neue Wege zu gehen und sodann durch die Widerstände der sozialen Umwelt dagegen. Objekiv sind die Daten z. B. für Produktion und Absatz eines bisher nicht bekannten Fabrikates offenbar nicht in dem gleichen Sinn erfahrungsmäßig bekannt wie für eine Produktion und Absatzorganisation, die nur das wesentlich Gleiche zu tun gibt wie im Vorjahre. Die Daten müssen vielmehr geschätzt (zu erwartende Nachfrage z. B.) oder selbst erst geschaffen werden. Die Fehlerquellen sind infolgedessen nicht nur graduell, sondern wesentlich größer. Das Verhältnis zwischen vorgetaner und mechanisch zu wiederholender Tätigkeit einerseits und erst bewußt zu vollbringender neuer Leistung andrerseits ist ebenfalls nicht nur graduell, sondern wesentlich ungünstiger. Dazu kommt, daß es uns subjektiv schwerer fällt, Neues als Gewohntes zu tun, daß wir dabei nicht von demselben Gefühl fester Wirklichkeit gestützt sind und daß wir unsere Denk- und Handlungsgewohnheiten zu überwinden, uns vom Diktat der Routine zu befreien haben. Endlich widerstrebt unsere Umwelt ungewohntem Verhalten. Im jährlichen Kreislauf des Gewohnten kooperieren die Leute automatisch und in der Regel willig. Neuen Methoden widerstrebt der Arbeiter, neuen Produkten der Konsument, neuen Betriebsformen öffentliche Meinung, Behörden, Recht, Kreditgeber. Während es im Wesen der Routinearbeit in ausgefahrenen Bahnen liegt, daß ihr die durchschnittliche Intelligenz und Willenskraft der Individuen des betreffenden Volkes und der betreffenden Zeit gewachsen ist, so erfordert die Ueberwindung der eben erwähnten Schwierigkeiten Eigenschaften, die nur ein geringer Prozentsatz der Individuen hat, und daher bedarf es, um eine ganze Volkswirtschaft in solche neuen Bahnen zu ziehen und den Fond ihrer wirtschaftlichen Erfahrung neu zu gestalten, einer wirtschaftlichen Führerschaft durch diese Individuen. [...]

IV. Typen des modernen Unternehmertums.

Wirtschaftliche Führerschaft muß es in allen Organisationsformen geben. [...] Die verkehrswirtschaftliche Form der wirtschaftlichen Führerschaft ist die Unternehmerfunktion. Sie unterscheidet sich von den anderen durch ihre Einstellung auf das Eigeninteresse, durch die Art der Auslese des Führers und durch die Art, wie sich der letztere, der in dieser Organisationsform über keine Befehlsgewalt verfügt, die nötigen Produktionsmittel beschafft - durch Kauf auf dem Produktionsmittelmarkt, zu welchem die Geldmittel beizustellen, die ja in diesem Fall nicht aus laufenden Eingängen schon durchgeführter Produktion fließen können, die Grundfunktion des Kapitalisten ist. Allein die beiden erstgenannten Merkmale finden sich nicht immer rein in den vielgestaltigen Typen des Unternehmertums, von denen wir vier hervorheben wollen.

a) Der vorherrschende Typus der Konkurrenzzeit, der auch heute S.484 noch häufig ist, war der Fabrikherr und der Kaufmann. Er vereinigte so viele heterogene Funktionen in sich, die gleichwohl im Individuum zu einer Einheit zusammenwuchsen, daß das Wesentliche der Betrachtung oft völlig entschwindet. Vor allem war er in erheblichem Maß Kapitalist. Als solcher hatte er eine ganz bestimmte soziale Klassenstellung, die dem Unternehmer als solchem fehlt: Die Unternehmer als solche bilden keine soziale Klasse - was dem persönlichen Charakter ihrer Funktion entspricht -, wenngleich die erfolgreichen unter ihnen für sich und die Ihren eine Stellung in der Kapitalisten-, evtl. auch Grundherrenklasse begründen. Aber obgleich das auch damals so war und der Unternehmer sich auch damals sehr oft durch seine Schulden hindurch den Erfolg erstritt, so kam es häufiger als jetzt vor, daß sich ein Individuum, besonders aber im Laufe von Generationen eine Familie, zur Unternehmerposition emporarbeitete, wozu noch die Entstehung der Unternehmerposition aus andersgearteten Herrenstellungen (grundherrliche Fabriksgründung) kam. In größerem Maß als heute fiel daher Besitz und Unternehmerposition zusammen, so daß die letztere auch den Anschein der Vererblichkeit darbot - den Anschein nur, weil vererbter Besitz die Unternehmerrolle im hier umschriebenen Sinn wohl erleichtert, aber nicht schon (im Gegensatz zur Kapitalistenrolle) an sich bedeutet. Obgleich das an dem Wesen der Sache nichts ändert, so erklärt es doch den sozialen und psychischen Habitus dieses Typus und seiner Kultur. Er steht inmitten der bürgerlichen Wirtschafts- und Gedankenwelt, deren kräftigstes Element er bildet. Er verkörpert und erstrebt Ideale bürgerlicher Wohlanständigkeit, Geschäftstüchtigkeit, Lebensform. Er ist der Mann des Familiensinns und der Autokrat „seines" Betriebs, mit der Tendenz, jeden Eingriff von Gesetzgebung und Verwaltung nicht nur als unangenehm, sondern auch als sinnlos zu betrachten. Sein Eigeninteresse ist vor allem an der Fürsorge für Gegenwart und Zukunft der Familie und an arationaler Liebe zur Firma, sein soziales Gefühl am Moment der freiwilligen „Fürsorge" orientiert. Diese Dinge, sowie den Prozeß des Steigens und Sinkens der Unternehmerpersönlichkeit, richtiger Unternehmerfamilie, dieser Art überblicken wir heute zwar grundsätzlich besser als die Wissenschaft des 19. Jahrh., und insbesondere die sozialistisch gefärbte, es tat. Aber erst die beginnende Detailforschung wird uns volle Klarheit geben können, namentlich auch über die Frage, wieweit - zweifellos ist es, daß es in sehr weitem Maß der Fall war - dieser Unternehmertypus aus der Arbeiterschaft herauswuchs und im Grunde nur deren Oberschicht - eine sehr labile Oberschicht - darstellte.

Außerdem war dieser Typus Leiter der Unternehmung in laufendem Betrieb. Er war in der Regel sein eigener Techniker und Kommerzdirektor, oft auch in laufenden Angelegenheiten sein eigener Jurist, tatsächlich meist technisch und kommerziell vorgebildet, mitunter auch juristisch. Es ist wichtig festzuhalten, daß das gleichwohl nicht zur Unternehmerfunktion gehörte. Insbesondere ist es lediglich zufälliges Zusammentreffen, wenn der Unternehmer auch technischer Erfinder oder überhaupt der Plan, den er ins Werk setzte, seine geistige Schöpfung war. Daß sich alle diese Funktionen von der Grundfunktion des Durchsetzens neuer wirtschaftlicher Kombinationen trennen lassen, beweist der Umstand, daß sie sich auch praktisch davon getrennt vorfinden und oft gegen Sonderentgelt geleistet werden. Aber zum eben erörterten Typus als realer Erscheinung gehört dieses Element technischer und kommerzieller fachlicher Kompetenz ebenfalls.

b) Von diesem Typus unterscheidet sich der des modernen Industriekapitäns nicht nur durch das Fehlen solcher akzessorischer Funktionen, das ihn zu einem „reineren" Typus von Unternehmer macht. Seine Unternehmerstellung beruht in der Regel auf Besitz von oder Verfügungsgewalt über Aktienmajoritäten, in letzterem Fall schließlich auf persönlichem Einfluß auf die Kapitalisten und besonders Banken, die deren Besitzer sind. Sie kommt äußerlich meist in jenen Positionen zum Ausdruck, die die Entwicklung des Aktienrechts geschaffen hat (Präsident, leitender oder geschäftsführender Aufsichtsrat, administrateur delegué usw.). Ein Mann dieses Typus hat nicht notwendig eine Beziehung zu einer konkreten Fabrik oder Arbeiterschaft. Er lenkt nur die allgemeine Richtung der Geschäftspolitik seiner Gesellschaften, er macht Neues aus ihnen und mit ihnen, er entscheidet in gefährlichen Lagen. Er ist nicht einfach Vertreter seiner oder seiner Familie Interessen. Ist er es ausschließlich, so empfinden er selbst und andere das als inkorrekt. Er ist nicht der typische Bürger, der vor allem für seine Familie sorgt und dessen Motivation im Familienhause ankert. Das „Geschäft" tritt für ihn zurück hinter dem „Problem". Er steht der Arbeiterschaft charakteristisch anders gegenüber als der Fabrikherr und wenn er eine Gewerkschaft im Einzelfall oft als Gegner zu betrachten Gelegenheit hat, so könnte er seiner Arbeitsweise nach doch gar nicht ohne Arbeiterorganisationen auskommen. Sein Eigeninteresse ist nicht einfach am Gewinn als solchem, sondern an Macht, Leistung, Siegen wollen, Tatendrang orientiert. Er ist, wider Willen, der Pionier der Planwirtschaft. S.485

c) Da Unternehmer ist, wer die Unternehmerfunktion tatsächlich ausübt, so kann es auch ein „Direktor" sein, der durch Anstellungsvertrag in diese Position kommt. Obgleich in diesem Falle das Eigeninteresse im Sinn eines Zusammenhangs zwischen Erfolg und Geldgewinn nicht fehlt, handelt es sich hier doch um eine Zwischenform, die eben deshalb von besonderem Interesse ist. Neben dem Streben nach ausreichendem Einkommen handelt es sich hier vor allem um Orientierung an dem Ideal der guten Berufsleistung, am Beifall der Fachgenossen, Interessenten und der Oeffentlichkeit, persönlichem Ansehen, nicht mehr aber um den Unternehmergewinn als entscheidenden Faktor des Verhaltens. Lebensform und Lebenseinstellung richten sich danach, und weitgehende Gleichgültigkeit gegen die beteiligten kapitalistischen Interessen ist eine häufig zu beobachtende Folge. Der Aufstieg erfolgt auf einem Wege, der mit der Laufbahn eines öffentlichen Beamten oft mehr Aehnlichkeit hat als mit der des Fabrikherrn.

d) Der Idee nach rein auf die Unternehmerfunktion beschränkt wäre endlich der Typus des „Gründers" (promoter). Die soziale Heimatlosigkeit, die Beschränkung auf das Aufsuchen und Durchsetzen neuer Möglichkeiten, das Fehlen dauernder Beziehungen zu individuellen Betrieben sind diesem Typus vor allem eigen. Allerdings leistet er meist auch juristische und finanztechnische Arbeit, aber sie spielt eine nur untergeordnete Rolle. Bei alledem bringt es der oft niedrige soziale und moralische Status des Typus mit sich, daß Praxis und Wissenschaft ein Widerstreben zeigen, ihn als normales Element des modernen Wirtschaftslebens und insbesondere als einen wirtschaftlichen „Führer" anzuerkennen. Allerdings ist endlich, was so bezeichnet wird, oft nicht mehr als ein Vermittler. Dessen ungeachtet kann man sich die Unternehmerrolle als solche am besten an diesem Typus - dessen höherstehende Vertreter ja nicht so genannt werden - vor Augen führen.

[...]

C. IV

Dieter Schneider
Neubegründung der Betriebswirtschaftslehre
aus Unternehmerfunktionen

Annals of the School of Business Administration,
Kobe University, Kobe, Japan 1988, No. 32, S. 31-47

[...] S. 31

Gegenstand dieses Beitrags ist eine Neubegründung der Betriebswirtschaftslehre als einer Wissenschaft, die den einzelwirtschaftlichen Teilbereich des Wirtschaftssystems und seiner Ordnung untersucht. Der die Betriebswirtschaftslehre kennzeichnende Teilbereich der Wirtschaftstheorie läßt sich durch die Frage umschreiben: Wie verwirklicht sich innerhalb einer größeren (volks- bzw. weltwirtschaftlichen) Gemeinschaft die Organisation der gesellschaftlichen Produktions- und Konsumverhältnisse in Institutionen?

Mit Institutionen sind hier Märkte, Unternehmungen, Verbände, Behörden usw. gemeint, zu denen sich einzelne Menschen mit einem Teil ihres Wissens, Könnens und Vermögens und regelmäßig nur für eine S. 32 begrenzte Zeit zusammenschließen. Die Betriebswirtschaftslehre wird als Ergänzungstheorie der Institutionen verstanden. Das Leitbild, unter dem Entstehen und Wandel der einzelwirtschaftlichen Institutionen untersucht werden sollen, wird im Ausüben von Unternehmerfunktion gesehen.
[...]

II. Betriebswirtschaftslehre als Lehre von den Unternehmerfunktionen oder von der einzelwirtschaftlichen Planung? S. 36

In der Wirklichkeit herrschen Arbeitsteilung, Unsicherheit und Ungleichverteilung von Wissen, Wollen und Können. Wer dabei nicht auf Kosten anderer Menschen leben will, ist gezwungen, durch Einsatz seines Wissens, seiner Arbeitskraft und seines Vermögens Unsicherheiten beim Erwerb und der Verwendung von Einkommen zu verringern. Beschränkt auf den Einkommenserwerb sei folgende Sprachregelung gewählt: Jedermann ist im Hinblick auf die Unsicherheit im Einkommenserwerb Unternehmer seines Wissens, seiner Arbeitskraft und seines Vermögens. Als Unternehmer zu handeln heißt dabei: bestimmte Aufgaben (Unternehmerfunktion) zu erfüllen.

Wenn in einer Wirtschaftstheorie der Institutionen vom Unternehmer geredet wird, ist damit kein Mensch gemeint, der unter den Begriff Unternehmer im umgangssprachlichen Sinne fällt: weder ein geschichtlicher Wirtschaftsführer mit Namen Jakob Fugger, Friedrich Krupp oder Henry Ford noch irgendein lebender Konzernherr oder Manager eines sozialistischen Industrieministeriums. Unternehmer ist lediglich der Name für bestimmte Eigenschaften, die Menschen innerhalb einer Theorie über die Organisation der gesellschaftlichen Produktions- und

Konsumverhältnisse zugeschrieben werden.

Die Rolle, die der Unternehmer in einer Theorie spielt, erhält den Namen Unternehmerfunktion.

Für die Betriebswirtschaftslehre als Lehre von den Institutionen zur Verringerung von Einkommensunsicherheiten sind drei Unternehmerfunktionen hervorzuheben[1]:

1. Die Eigenschaft, durch die Märkte, Unternehmungen und weitere Institutionen errichtet werden: die Verringerung von Einkommensunsicherheiten als institutionen-begründete Unternehmerfunktion.
2. Die Eigenschaft, durch die Unternehmungen und weitere Institutionen sich gegenüber anderen Institutionen oder Einzelpersonen behaupten können: das Erzielen von Arbitrage- bzw. Spekulationsgewinnen als institutions-erhaltende Unternehmerfunktion nach außen, das heißt in Märkten. Da in der Wirklichkeit immer unter einer unvermeidbaren Rest-Unsicherheit gehandelt wird, werden die Begriffe Arbitrage und Spekulation gleichbedeutend verwandt.   S. 37
3. Die Eigenschaft, durch die Unternehmungen und weitere Institutionen in der Innenbeziehung zu ihren Mitgliedern die Aufgabe zu erfüllen hoffen, Einkommensunsicherheiten zu verringern: das Durchsetzen von Änderungen in wirtschaftlicher Führerschaft als institutions-erhaltende Unternehmerfunktion nach innen (unter den Mitgliedern der Institution). Als Mitglieder einer Institution Unternehmung (als „Unternehmungsbeteiligte") gelten dabei nicht nur die Eigentümer, sondern alle Personen und deren Koalitionen, die durch freiwillige Abstimmung ihrer gegenseitigen Wirtschaftspläne, also vertraglich, vom Ergebnis des gemeinsamen Handelns abhängige Einkommen erhalten.

Planung ist aus zwei Gründen keine eigenständige Unternehmerfunktion:

a) Jedermann wird beim Verfolgen einer jeden Aufgabe sinnvollerweise planen: sowohl der Arzt bei Problemen, wie eine Herzoperation durchgeführt werden soll, als auch der Konzertpianist, wie er den Fingersatz in einer schwierigen Klaviersonate wählen soll.
b) Da menschliches Handeln erst durch Institutionen vorhersehbar wird, setzt Planung das Bestehen von Institutionen voraus, mindestens einzelne Märkte als Institutionen, damit das Erzielen von Arbitragegewinnen denkmöglich wird.

[...]

Daß Wirtschaften heute noch ein Problem ist, liegt also gar nicht an   S. 38

der Güterknappheit; denn bekannte Knappheiten lassen sich über beliebig lange Zeiträume hinweg optimal auf ihre alternativen Verwendungsmöglichkeiten verteilen.

Daß Wirtschaften heute noch ein Problem ist, liegt ausschließlich daran, daß „ex ante"-Planungen durch „ex post"-Überraschungen widerlegt werden. Ursache hierfür ist die Begrenztheit des Wissens eines jeden Menschen über das, was ist, und vor allem über das, was von einer Entscheidung für einen Plan bis zum Vollzug des Planes am Planungshorizont sich alles ändern kann. Menschen können nicht wissen, welches Wissen ihnen zugehen wird. Wenn Sie, als Leser, wüßten, was ich Ihnen in diesem Beitrag schreibe, bräuchten Sie meinen Beitrag von vornherein nicht lesen. Keine Vorlesung, kein Buch, keine Schule könnte etwas lehren.

Da Menschen nicht wissen können, welches Wissen ihnen künftig zugehen wird, suchen sie bei ihrem jeweils vorhandenen Wissen Einkommensunsicherheiten zu verringern durch das Schaffen von oder ihre Mitwirkung in Institutionen.

[...] S. 39

In der frühen Menscheitsgeschichte entstanden nicht nur erste Märkte, sondern vor allem auch das Geldwesen aus dem Gedanken einer Verringerung von Einkommensunsicherheiten.[2] Ein allgemeines Tauschmittel schafft nicht nur Anpassungsfähigkeit an einen künftigen, noch nicht vorhersehbaren Bedarf. Mindestens so wichtig ist: Mit dem allgemeinen Tauschmittel entwickelt sich zugleich ein Vergleichsmaßstab, über den Angebots- und Nachfragemengen von Gütern unterschiedlichster Art gegeneinander abgewogen werden können.[3] So entsteht eine Recheneinheit, ein quantitativer Begriff, der erst die Unternehmerfunktion des Erzielens von Arbitragegewinnen möglich macht.

Jede Arbitrage bzw. Spekulation zwischen Beschaffungsmärkten und Absatzmärkten mittels Produktion setzt ein Planen anhand von Bewertungen, d.h. mit Hilfe von Austauschverhältnissen, voraus. Ehe eine menschliche Gemeinschaft Produktionen mit Hilfe zahlreicher Produktionsstufen (also über Kapitalbildung) planen kann, müssen Märkte als Institutionen und auf diesen Preise, ausgedrückt in einer allgemeinen Recheneinheit bestehen.

Durch unternehmerisches Handeln mit dem Zweck des Durchsetzens von Änderungen in bestehenden Institutionen als auch in Unternehmungen, Verbänden oder Parlamenten.

Damit stehen die drei Unternehmerfunktionen in folgender Beziehung zueinander: Grundlegend ist die Unternehmerfunktion einer Verringerung von Einkommensunsicherheiten. Die Unternehmerfunktion des Erzielens von Arbitragegewinnen bildet eine nachgeordnete Unternehmerfunktion, denn sie setzt die Existenz verschiedenartiger Märkte und damit eine erste Institutionenbildung mittels der Unternehmerfunktion einer Verringerung von Einkommensunsicherheiten voraus. Erst wenn Märkte und ein allgemeines Tauschmittel „Geld" bestehen, das zugleich als Recheneinheit für Arbitragegewinne und -verluste dient, wird Planung über Kombinationen artverschiedener Produktionsfaktoren zu Produkten möglich. Die Unternehmerfunktion des Durchsetzens von Änderungen setzt ihrerseits Planung voraus und kann deshalb der Unternehmerfunktion des Erzielens von Arbitragegewinnen nachgeordnet betrachtet werden. S. 40

Aus dieser Analyse über die Rangordnung der drei Unternehmerfunktionen folgt, daß die Unternehmerfunktion des Suchens nach Arbitragegewinnen, also das viel geschmähte Profitstreben, Voraussetzung für den dynamischen Aspekt von Hierarchie ist: das Durchsetzen von Änderungen in einer Organisation durch wirtschaftliche Führerschaft, also jene Eigenschaft, die nach Schumpeter hauptsächlich einen dynamischen Unternehmer auszeichnet.[4]

Nicht nur die kapitalistische, auch die sozialistische Wirtschaftsordnung muß das Ausüben von Unternehmerfunktionen pflegen,[5] sobald sie als Erfahrungsbestand zur Kenntnis nimmt, daß Unsicherheit und Ungleichverteilung von Wissen, Wollen und Können in jeder menschlichen Gesellschaft unvermeidbar sind.

[...]

Anmerkungen

[1] Zu den Wissenschaftlichen Quellen vgl. Dieter Schneider, Allgemeine Betriebswirtschaftslehre, 3. Aufl., München-Wien 1987, S. 7-11.

[2] Vgl. Carl Menger: Untersuchungen über die Methode der Sozialwissenschaften, und der politischen Oeconomie insbesondere. Leipzig 1883, S. 178.

[3] Dies betont Ludwig Mises: „Die Wirtschaftsrechnung im sozialistischen Gemeinwesen." In: Archiv für Sozialwissenschaften und Sozialpolitik, Band 47 (1920/21), S. 86-121, hier S. 95-99.

[4] Joseph A. Schumpeter: „Unternehmer." In: Handwörterbuch der Staatswissenschaften. 4. Aufl., Achter Band, Jena 1928, S. 476-487, hier S. 481-483.

[5] Vgl. János Kornai: Anti-Äquilibrium. Budapest-Berlin usw. 1975, Teil III.

C. V

Erich Gutenberg
Grundlagen der Betriebswirtschaftslehre

1. Band: Die Produktion, 7. Auflage,

Springer Verlag, Berlin, Göttingen, Heidelberg 1962

[...]

Geht man davon aus, daß die betriebliche Leistungserstellung in Fertigungsbetrieben, also die Produktion, in der Kombination von Elementarfaktoren besteht, dann bleibt noch zu untersuchen, wie diese Elementarfaktoren zu einer produktiven Einheit verbunden werden. Ganz offenbar vollzieht sich diese Kombination weder mechanisch noch organisch, sie geschieht vielmehr durch bewußtes menschliches Handeln nach Prinzipien. Die Person oder Personengruppe, die die Vereinigung der Elementarfaktoren zu einer produktiven Kombination durchführt, stellt einen vierten produktiven Faktor dar. Von seiner Leistungsfähigkeit ist der Erfolg der Faktorkombination nicht weniger abhängig als von der Beschaffenheit der Elementarfaktoren selbst. Diesen vierten zusätzlichen Faktor bezeichnen wir als „Geschäfts- und Betriebsleitung". Ihre Aufgabe besteht darin, die drei Elementarfaktoren zu einer produktiven Kombination zu vereinigen. S. 5

In marktwirtschaftlichen Systemen ist diese kombinative Funktion den „Unternehmern" übertragen. Hält man sich diese Tatsache vor Augen, dann bedeutet es offenbar eine gewisse Verkennung der Unternehmerfunktion im marktwirtschaftlichen System, wenn die Auffassung vertreten wird, die volkswirtschaftliche Aufgabe der Unternehmer bestehe in der Überlassung von Kapital an die einzelnen Unternehmen oder in der Übernahme des allgemeinen Unternehmungsrisikos oder in der Geschäftsführung der Unternehmen. Nicht diese Aufgaben als solche, so wichtig und bedeutsam sie im einzelnen unter betriebs- und volkswirtschaftlichen Gesichtspunkten sein mögen, stellen die besondere Aufgabe der Unternehmer dar, auch nicht die „Durchsetzung neuartiger Kombinationen", wie Schumpeter sagt. Die Kombination der elementaren Faktoren schlechthin ist die betriebswirtschaftliche und volkswirtschaftliche Aufgabe der Unternehmer in marktwirtschaftlichen Systemen.

Allein mit dieser Aufgabe läßt sich der Anspruch der Unternehmer auf „Unternehmergewinn" begründen. Er stellt eine Vergütung für die erfolgreiche Durchführung produktiver Kombinationen dar. Der Unternehmergewinn läßt sich mithin nicht auf eine der soeben genannten Teilaufgaben zurückführen. Es erscheint deshalb ganz und gar verfehlt, ihn als eine Art von Vergütung für die Geschäftsführung oder für die Übernahme von Risiken oder die Kapitalhergabe oder für außergewöhnliche Leistungen ansehen zu wollen. Er ist vielmehr eine Einheit, wie auch die Unternehmerfunktion in marktwirtschaftlichen Systemen S. 6

eine Einheit darstellt. Smith und Ricardo sehen in dem „Profit" noch ein Vergütung für die Kapitalhergabe. Erst von Mangoldt und Marshall bilden den dogmengeschichtlichen Ansatzpunkt für unsere Vorstellung vom Unternehmer, von der Unternehmerfunktion und vom Unternehmergewinn.

Die großbetrieblichen Unternehmungsformen haben die ursprüngliche unternehmerische Aufgabe verblassen lassen. Angestellte und abhängige Geschäftsführer haben oft die Leitung der Betriebe übernommen. Sie sind schon nicht mehr diejenigen, die die Unternehmen selbst gegründet, die ursprüngliche Kombination der produktiven Faktoren ins Werk gesetzt haben. Gleichwohl bleibt in marktwirtschaftlichen Systemen die Tatsache bestehen, daß es grundsätzlich Privatpersonen sind, denen die kombinativen Aufgaben zukommen. In Wirtschaftssystemen, in denen das Privateigentum an den Produktionsmitteln ganz aufgehoben ist, übernimmt es der Staat durch seine Beauftragten, die produktiven Faktoren zu betrieblichen Einheiten zusammenzufassen. Irgendeine Instanz muß diese Kombination ja doch vollziehen. Wie immer die Dinge im einzelnen liegen mögen - die Notwendigkeit, die Elementarfaktoren zu produktiven Einheiten, die wir Betrieb nennen, zu verbinden, besteht für jedes Wirtschaftssystem.

Diejenige Instanz also, die die Kombination der produktiven Faktoren in Werkstatt und Büro täglich vollzieht, sei es unter marktwirtschaftlichen oder planwirtschaftlichen Bedingungen, sei es in einem Wirtschaftssystem, welches das Eigentum an den Produktionsmitteln anerkennt oder ablehnt, bezeichnen wir als „Geschäfts- oder Betriebsleitung". Dieser ganz besonderen kombinativen Funktion wegen sollen daher die Arbeitsleistungen der mit der Geschäfts- und Betriebsführung betrauten Personen ans dem Elementarfaktor „Arbeit" ausgegliedert und dem vierten „dispositiven Faktor", der Geschäfts- und Betriebsleitung zugewiesen werden.

Mit diesem Faktor wird versucht, jenes Zentrum betrieblicher Aktivität zu treffen, das planend und gestaltend das gesamtbetriebliche Geschehen steuert. Im Grunde handelt es sich bei diesem Faktor um eine intensive Größe, die sich in kein rationales Schema einfangen läßt. „Intensive" Größe deshalb, weil dieser vierte Faktor vor allem den Träger jener Impulse bildet bzw. bilden sollte, die, wenn sie stark sind, auch unter ungünstigen Bedingungen zu betrieblichen Erfolgen führen. Die Antriebe können aber auch schwach sein, zu schwach vielleicht, um trotz günstiger äußerer und innerer Bedingungen einen Betrieb lebensfähig zu erhalten. Oft fehlt die Weite des Wurfes, die großes Können

S. 7

auszeichnet. Oft auch ist das Verhalten des vierten Faktors mehr passiver als aktiver Art, und selten nur steigert es sich zu ganz großem Format.

Wie dem im einzelnen auch sei - sofern es sich bei dem vierten Faktor um die Träger nicht quantifizierbarer, individueller Eigenschaften handelt, bleibt ein rational nicht weiter auflösbarer Rest. Er bildet eine im Grunde irrationale Wurzel eben dieses vierten Faktors.

Zum Wesen dieses Faktors gehört aber auch ein Merkmal ausgesprochen rationaler Art. Ohne planendes Vorbedenken bleiben alle noch so starken persönlichen Antriebe und alle noch so großen betriebspolitischen Zielsetzungen ohne Wirkung. „Planung" im weiteren Sinne bedeutet, den Betriebs- und Vertriebsprozeß, auch den finanziellen Bereich von den Zufälligkeiten frei zu machen, denen die Entwicklung der wirtschaftlichen und technischen Daten in den innerbetrieblichen und außerbetrieblichen Bereichen ausgesetzt ist. Die moderne betriebswissenschaftliche, betriebswirtschaftliche und absatzwirtschaftliche Forschung hat zur Entwicklung von Methoden geführt, die das bis dahin Unberechenbare weitgehend berechenbar gemacht haben. Damit sind neue Voraussetzungen für die betriebliche Planung in allen Bereichen der Unternehmen geschaffen. In Großbetrieben und in Betrieben mit verfeinerter Fertigung hat die Entwicklung zur Schaffung besonderer Planungsabteilungen (für den Bereich der Fertigung, des Absatzes und der Finanzwirtschaft) geführt. Diesen Abteilungen sind Aufgaben übertragen, die an und für sich und ursprünglich der Geschäfts- und Betriebsleitung selbst zustehen. Sind derartige organisatorisch verselbständigte Planungsabteilungen in einem Betrieb vorhanden, dann handelt es sich bei ihrer Tätigkeit um eine aus der Geschäftsführungsaufgabe des vierten Faktors abgeleitete Tätigkeit.

Faßt man die Planung als besonderen produktiven Faktor auf, dann muß man sich darüber klar sein, daß es sich in diesem Falle nicht um einen originären, sondern um einen derivativen Faktor handelt.

Zur Aufgabe der Geschäfts- und Betriebsleitung gehört aber nicht nur, das betriebspolitisch Gewollte in die rationalen Formen betrieblicher Planung umzugießen, sondern auch, das Geplante im Betriebe selbst durchzusetzen und zu verwirklichen. Zu diesem Zwecke überträgt die Geschäfts- und Betriebsleitung einen Teil ihrer Anordnungsbefugnisse auf Personen, denen die Aufgabe obliegt, das betriebliche Geschehen zu steuern und zu lenken. Hierbei können sie sich sachlicher Hilfsmittel bedienen. Diesen betrieblichen Lenkungsapparat bezeichnen wir als „Betriebsorganisation". Sie stellt gewissermaßen nur den verlängerten Arm der Geschäfts- und Betriebsleitung dar. Wir wollen sie gleichwohl als einen besonderen produktiven Faktor betrachten. Da aber die Träger dieser organisatorischen Aufgaben ihre Anweisungsbefugnisse aus dem obersten Direktionsrecht der Geschäfts- und Betriebsleitung ableiten, so kann die Betriebsorganisation kein originärer, sondern nur ein derivativer Faktor sein.

S. 8

Betrachtet man die Dinge so, dann zeigt sich, daß der dispositive Faktor gewissermaßen in drei verschiedenen Schichten wurzelt. Stellt man auf das personale Element in ihm ab, also auf die Stärke der Antriebe und auf die Kraft und Ursprünglichkeit der betriebspolitischen Konzeption, dann zeigt sich die irrationale Schicht, in der er wurzelt. Wird der dispositive Faktor vornehmlich unter dem Gesichtspunkte der Planung gesehen, dann bewegt man sich in jenem Bereiche rationaler Schemata, die planendes und vorausberechnendes Denken kennzeichnet. Sieht man aber in der Geschäfts- und Betriebsleitung die organisierende Instanz, dann zeigt sich der vierte Faktor als vornehmlich gestaltend-vollziehende Kraft.

So wurzelt also der dispositive Faktor in den drei Schichten des Irrationalen, des Rationalen und des Gestaltend-Vollziehenden.

Zusammenfassend können wir nunmehr sagen: das System der produktiven Faktoren besteht aus dem System der Elementarfaktoren: Arbeitsleistungen, Betriebsmittel, Werkstoff und aus dem vierten dispositiven Faktor, der Geschäfts- und Betriebsleitung.

Spaltet man von diesem Faktor Planung und Betriebsorganisation als produktive Faktoren ab, dann erhält man ein System, das nicht aus vier, sondern aus sechs Faktoren besteht, den drei Elementarfaktoren und den drei dispositiven Faktoren, von denen die beiden Faktoren Planung und Betriebsorganisation jedoch nur derivativen Charakter besitzen.

[...]

D. Einzelfragen der Betriebswirtschaftslehre

I. Wertorientierte Unternehmensführung

Die Vielfalt betriebswirtschaftlicher Probleme und der Wechsel der im Laufe der Zeit gewählten Schwerpunkte ihrer Behandlung kann auf engem Raum nicht erfaßt werden. Um trotzdem einen Eindruck davon zu vermitteln, wie sich Problembehandlungen entwickelt haben, werden einige exemplarisch herausgehoben.

Im Abschnitt I sind fünf Beiträge zur wertorientierten Unternehmensführung zusammengestellt worden. In den ersten drei Beiträgen wird nach einer Steuerung der Unternehmensprozesse gesucht, so daß es zu einer möglichst großen Wertsteigerung kommt. Jenseits dieser allgemeinen Formulierung werden Unterschiede in den Ansätzen deutlich. Der vierte Beitrag spürt im Rückblick selbst den Quellen des shareholder value-Gedankens nach.

In einer kurzen Arbeit aus dem Jahre 1927 wird von Hans Nicklisch (1876 - 1946) argumentiert, daß sich betriebliche Vorgänge in Prozesse gliedern lassen. Die Prozesse setzen Wertumläufe der Wirtschaft in Gang, indem sie einerseits die Werte der Produktionsfaktoren nutzen und andererseits die Werte der Produkte erzeugen. Die Forderung nach Wirtschaftlichkeit bedeutet, daß durch die erzeugten Produkte Werte in solcher Höhe geschaffen werden, daß wenigstens die Werte der Produktionsfaktoren gedeckt sind.

Derselbe Autor legt 1932 (in siebter Auflage) ein umfangreiches Werk vor, in dem die betriebliche Funktion der Bedarfsdeckung durch Kombination von Produktionsfaktoren auf komplizierte Weise werttheoretisch beschrieben wird. Das kann nur in kurzen Auszügen angedeutet werden. Hervorzuheben ist der Gedanke, daß Bedürfnisbefriedigung die Voraussetzung der Wertbildung ist. Die Wirtschaft muß auf Wertbildung hin orientiert sein (S. 73). Das erfolgt durch die Steuerung von Prozessen, die zur Wertbildung führen können. Das können Erzeugungsprozesse und Verteilungsprozesse sein.

Das Wertkettenmodell von Michael Porter (1948) wurde 1985 präsentiert und erhielt schnell einen prominenten Platz in der Literatur zum Strategischen Management. Der Wert der vom Unternehmen erstellten Leistungen (margin) soll aus Beiträgen von Aktivitäten (activities) erwachsen, die als nicht völlig voneinander unabhängige Prozesse aufzufassen sind. Die wirtschaftliche Prozeßgestaltung richtet sich jeweils an der Frage aus, ob einem Faktoreinsatz ein erkennbarer "value for the buyer" zugerechnet werden kann. Das ist die Grundbedingung für die Rechtfertigung des Faktoreinsatzes.

Die Verwandtschaft dieser Überlegungen mit denen Nicklischs ist trotz der Orientierung an den Prozeßkosten unverkennbar. Porter hat aber nicht auf Nicklisch zurückgegriffen, kennt diese Literatur vermutlich auch gar nicht.

Dasselbe gilt offenbar für eine große Zahl der Leser und Anwender von Porters Gedanken. Man kann daran die Frage knüpfen, warum Nicklischs Ideen nicht ebenso breit aufgegriffen wurden wie die Porters. Von der Klarheit der Darstellung über die erkennbare Umsetzbarkeit der Vorschläge bis zur sprachlich beeinflußten Breite der Diffusion des Ideenstroms können dafür viele Gründe aufgeführt werden[1].

Der vierte Beitrag dieser Sektion fällt schon deshalb auf, weil er ein Stück Geschichte der Betriebswirtschaftslehre schreibt. Rolf Bühner (1944) zeigt in dem hier wiedergegebenen Auszug, daß schon in zwei lange bekannten und verbreiteten Bilanztheorien die Grundgedanken des shareholder value-Prinzips enthalten sind. Dabei wird von der Prozeßorientierung abgegangen und auf die Gewinnermittlung zur Unternehmensbewertung durch die Bilanz abgestellt. Die Zweifel an der Eignung der Bilanz als Steuerungsinstrument der Unternehmensleitung[2], auf die auch Bühner hinweist, mögen eine partielle Erklärung dafür sein, warum die Forderung nach Wertmaximierung nicht im externen Rechnungswesen ihren Ursprung nahm. Die Kapitalmärkte bilden das Handeln des Management in Kurswerten ab. Die Finanzwirtschaft stellt diese Fähigkeit der Märkte in der pointierten Form der rationalen und unmittelbaren Informationsverarbeitung durch die Märkte in das Zentrum ihrer Aussagen zur Unternehmenssteuerung.

Der letzte Beitrag behandelt eine Fragestellung, mit der sich Betriebswirte immer wieder beschäftigt haben: Wie ist der Wert des Unternehmens zu messen und, als Grundlage dafür, wie ist die Wertveränderung einer Rechnungsperiode festzustellen? Die in Geldeinheiten durchgeführten Rechnungen werden durch Geldwertänderungen "gestört", womit das Bestreben zur Elimination dieser Störungen entsteht. Diesem Bestreben können Rechtsvorschriften oder Handelsbräuche entgegenstehen. Fritz Schmidt (1882 - 1950) zeigt einen Weg zur Lösung des Problems und argumentiert zugleich, daß der mit Geldwertillusionen belastete Gewinnausweis zur Verschärfung konjunktureller Schwankungen beitrage. Daß die Ermittlung des "scheingewinnlosen Gewinns", eines Gewinns "nach dem sich die Höhe der vom Marktergebnis abhängigen Einkommenszahlungen eines Betriebes richtet", als komplexen angesehen wird als bei Fritz Schmidt dargestellt, hat Dieter Schneider kurz zusammenfassend beschrieben[3].

II. Kosteneinflußgrößen

Der bestmöglichen Förderung der "gemeinwirtschaftlichen Wirtschaftlichkeit" sollte die Selbstkostenrechnung dienen, die Eugen Schmalenbach (1873 - 1955) erstmals 1899 veröffentlichte. Heute geläufige Begriffe und Analysegegenstände, wie variable oder fixe Kosten, wurden damit in die Betriebswirtschaftslehre eingeführt. Die systematische Erörterung der Gesamtkostenverläufe bei variabler Ausbringungsmenge oder Beschäftigung erfolgte durch Schmalenbach, neben anderem, hier erstmalig[4]. Sie ist nahezu unverändert in die Neuauflagen seiner Werke bis in die sechziger Jahre hinein übernommen worden.

Am Beispiel der Herleitung von Kostenkurven wird wissenschaftlicher Fortschritt deutlich. Die Darstellung von Fritz Rummel (1883 - 1953) benutzt schon eine formalisierende Sprache und erarbeitet mit der Mathematik tiefere Einsichten. Wesentlich weiter aber führt es, wenn man den Anschauungen Schmalenbachs die aus der Produktionstheorie hergeleitete Analyse von Erich Gutenberg (1897 - 1984) gegenüberstellt. Hier wird die Ableitung der Produktionsfunktion vom Typ B dargestellt, die in bewußter Abkehr vom Ertragsgesetz als produktionstheoretischer Grundlage entwickelt wurde. Sie kann unterschiedliche, auch S-förmige Verläufe der Kostenfunktion begründen helfen. Freilich hat die weitere Diskussion effizienter (kostenminimaler) Anpassungsformen an schwankende Ausbringungsmengen (intensitätsmäßig, zeitlich, kapazitativ) gezeigt, daß nur konvexe Kostenverläufe wirtschaftlich zu begründen sind[5]. Entscheidend ist die Beobachtung, daß bei Schmalenbach die Kosten sich in unmittelbarer Abhängigkeit von der Beschäftigungsmenge entwickeln, während bei Gutenberg ein Modell der Produktionsprozesse von den gewünschten Beschäftigungsmengen über Aggregatausbringungsmengen zu Faktoreinsatzmengen führt. Deren Bewertung und Aggregation determiniert die potentiellen Kosten. Die Auswahl der kostenminimalen Anpassungsmaßnahme führt zur Gesamtkostenfunktion bei alternativen Beschäftigungsmengen.

In der Gegenüberstellung der drei Beiträge werden Fortschritte im Verständnis und in der Differenzierung bei der Erfassung sowie Wiedergabe der realen Einflüsse auf die Kosten deutlich erkennbar.

III. Kundenorientierung

Bei der Behandlung absatzwirtschaftlicher Fragen stand traditionell die Preisbildung im Vordergrund. Außerdem war die Anbieterperspektive lange Zeit dominant. Eine kundenorientierte Sichtweise eines Bündels aufeinander abzustimmender absatzpolitischer Instrumente wird heute mit dem Begriff des Marketing bezeichnet. Zugleich entsteht damit der Eindruck, daß dies ein nach dem zweiten Weltkrieg in den USA entwickeltes Konzept sei. Tatsächlich sind auch bedeutende Beiträge in den USA entwickelt worden und wichtige Anstöße von den dortigen Forschungsergebnissen ausgegangen.

Allerdings waren auch schon in der Zeit zwischen den beiden Weltkriegen Ansatzpunkte zu einer marktorientierten Unternehmensführung zu erkennen. Lisowsky macht beispielsweise darauf aufmerksam, daß Qualität aus Kunden- und nicht aus Anbietersicht zu definieren sei[6]. Horst Kliemann (1896 - 1965) entwickelt den Gedanken der Marktsegmentierung. Durch eine segmentspezifische Gestaltung von Werbebotschaften soll das Marketing eines Produkts unterstützt werden. Das wird in Kliemanns Ausführungen nicht zuletzt auch anhand praktischer Beispiele plausibel gemacht.

Dem folgt ein Auszug aus einem Aufsatz von Harald Hruschka (1953). Diese Arbeit verdeutlicht, daß die Marktsegmentierung selbst zum Optimierungsproblem geworden ist, sie nicht zuletzt auch aus produktpolitischer Perspektive betrachtet wird, wobei letztlich eine simultane Lösung des Produktgestaltungs- und des Segmentierungsproblems in den weiterführenden Arbeiten angestrebt wird. Der Beitrag von Hruschka zeigt außerdem, wie sich die Betriebswirtschaft um die Berücksichtigung nur unscharf beschriebener Parameter in ihren Modellen bemüht. Die verschiedenen Problemformulierungen, die algorithmischen Alternativen und die Qualität der für über 1000 Personen, 14 Produkte und vier Verbrauchssituationen ermittelten Lösungen treten hier hinter der Demonstration der erweiterten Fragestellung und der methodischen Weiterentwicklung zurück.

IV. Organisationsprobleme

Obwohl Unternehmungen als Organisationen unmittelbar zu erkennen sind, sie eine Aufbauorganisation oder Organisationsstruktur haben und die Abläufe betrieblicher Tätigkeit organisiert werden, wird die betriebswirtschaftliche Behandlung von Organisationsproblemen erst relativ spät aufgegriffen[7].

Erich Gutenberg (1897 - 1984) kennzeichnet die Einrichtungen und Mittel zur Durchführung der zur betrieblichen Zielerreichung getroffenen Entschlüsse und Maßnahmen als Organisation. Er macht auf ihren Zusammenhang mit "betriebswirtschaftlichen Grundvorgängen" aufmerksam, die er behandelt. Dazu trifft er in isolierender Abstraktion die Annahme, daß die Organisation "vollkommen funktioniert". Dadurch werden Detailbetrachtungen ausgeklammert.

Im selben Jahr, als die Arbeit von Gutenberg erscheint, veröffentlicht Konrad Mellerowicz (1891-1984) ein Werk, das die Allgemeine Betriebswirtschaftslehre darstellt. Organisation ist hier die geplante, auf Zielerfüllung gerichtete Kombination der Produktionsfaktoren Arbeit und Kapital, unter Berücksichtigung von Umweltbedingungen und Gesetzmäßigkeiten. Hinsichtlich der innerbetrieblichen Organisation dominiert der Gedanke der Arbeitsteilung die naheliegende gleichzeitige Berücksichtigung der Vereinigung der Arbeitsergebnisse und der daraus folgenden Koordinationskosten. Die Argumentation ist an Erfahrung und Anschauung orientiert, sie verabsolutiert Aussagen und Tendenzen. Das zeigt der Satz: "Die Arbeitsteilung ist der Grund allen Fortschritts, zugleich der Grund des Wachstums der Betriebe und des Entstehens des 'Gesetzes der Zunahme der fixen Kosten', mit allen Wirkungen auf Konzentrations- und Monopolisierungspolitik.....".

Fritz Nordsieck (1906 - 1984) stellt die Aufgabe in den Mittelpunkt seiner Ausführungen, worunter er das "sozial-objektivierte Ziel, zu dessen Erreichung menschliche Arbeitsleistung notwendig ist", versteht. Er versucht durch schrittweise definitorische Festlegungen zu einer Organisationslehre zu kommen. Seine Einschränkung auf Daueraufgaben erscheint heute gerade im Hinblick auf die Bedeutung von Projektorganisationen verwunderlich.

Mit einem kurzen Auszug aus einer Arbeit von Helmut Laux (1939) zum Problem der Delegation wird dieser Abschnitt abgeschlossen. Die Arbeit zeigt, daß die organisatorische Frage als Optimierungsproblem begriffen und zu ihrer Behandlung die stark formalisierte Entscheidungstheorie herangezogen wird.

V. Investitionsrechnung

Vom Kostenvergleich zur simultanen Investitions- und Finanzplanung war es ein weiter Weg, auf dem auch noch die Bewältigung von Steuern und die Interdependenz mit Entscheidungen von Wettbewerbern bearbeitet werden sollten. Zur Abkürzung dieses weiten Weges werden hier Passagen aus der Einführung in ein Quellenbuch zur Investitionsrechnung von Horst Albach (1931) abgedruckt, in denen wichtige Wegstationen genannt und in einen wechselseitigen Zusammenhang gebracht werden.

Anmerkungen

[1] Vgl. dazu den Beitrag A. III.
[2] Horst Albach, Grundgedanken einer synthetischen Bilanztheorie, Zeitschrift für Betriebswirtschaft, Bd. 35, 1965, S. 21-31.
[3] Dieter Schneider, Allgemeine Betriebswirtschaftslehre, a.a.O., S. 433ff.
[4] Allerdings verweist Dieter Schneider auf eine frühere Quelle, in der bereits variable und fixe Kosten unterschieden werden: Dionysius Lardner (1793 - 1859): Geschichte der Be-

triebswirtschaftslehre, in: Michael Lingenfelder, 100 Jahre Betriebswirtschaftslehre in Deutschland, München 1999, S. 1-29.

[5] Klaus Dellmann, Ludwig Nastansky, Kostenminimale Produktionsplanung bei rein intensitätsmäßiger Anpassung mit differenzierten Intensitätsgraden, Zeitschrift für Betriebswirtschaft, 39. Jg., 1969, S. 239-268.

[6] Arthur Lisowsky, Qualität und Betrieb. Ein Beitrag zum Problem des wirtschaftlichen Wertens, Stuttgart 1928.

[7] Erich Frese, Organisationstheorie. Historische Entwicklung - Ansätze – Perspektiven, 2.A., Wiesbaden 1992, S. 79.

D. I

Wertorientierte Unternehmensführung

D. I.1

Heinrich Nicklisch
Der Betriebsprozeß und die Wertumläufe
in der Wirtschaft

Aus: Zeitschrift für Handels-Wissenschaft &
Handelspraxis, 20. Jg., Heft 6, S. 121-125

C. E. Poeschel Verlag, Stuttgart 1927

Der Ausdruck "Betriebsprozeß" ist binnen kurzer Zeit in die betriebs-   S.121
wirtschaftliche Literatur eingegangen. Aber sein Wesen ist noch nicht
voll eingesehen; auch in den neuesten Veröffentlichungen finden sich
Ausführungen, die an dem Sinn dieses Prozesses vorbeigleiten. Deshalb
soll hier in wenigen Sätzen noch einmal versucht werden, das Wesentliche zu zeigen.

Das Begriffswort "Betriebsprozeß" faßt alle Vorgänge, die sich in einem Betriebe vollziehen, um seinen Zweck zu verwirklichen, mit der Masse, die sie bewegen, und mit den Kräften, die sie hervorrufen, zu einer Einheit zusammen. Alle diese einzelnen Vorgänge sind Gliedprozesse. Eine ganze Reihe davon tauchen auf. Die überragenden sind: der Beschaffungsprozeß, der Produktionsprozeß (im engeren Sinne), der Prozeß des Absatzes und der Ertragsverteilungsprozeß. Untersucht man diese Gliedprozesse des Betriebsprozesses genauer, so stellt sich heraus, daß sie nicht alle Glieder gleichen Grades sind. Vom Produktionsprozeß im engeren Sinne, dem "kleinen", wissen wir, daß er darin besteht, daß wirtschaftliche Werte in die Betriebsleistung eingehen: Sachwerte und Leistungswerte. Wir wissen aber, daß auch im Absatzprozeß Leistungswerte notwendig sind, die keinen anderen Weg, als den in das Enderzeugnis hinein nehmen können; es bedeutet, daß auch dieser ein Produktionsprozeß ist, und zwar im gleichen Sinne wie der "kleine", von dem schon die Rede war. Das gleiche gilt vom Beschaffungsprozeß. Bei beiden kommt dieses ihr Wesen auch in der Kalkulation zum Ausdruck; insofern nämlich, als die Leistungswerte beider Gliedprozesse als Bestandteile des Gesamtaufwandwerts des Enderzeugnisses angesehen und behandelt werden müssen. Diese Übereinstimmung mit dem Wesen des Produktionsprozesses im engeren Sinne, des "kleinen", berechtigt vollauf dazu, die drei Prozesse als Produktionsprozeß im weiteren Sinne, als "großen", zusammenzufassen. Damit ist auch der gleiche Grad der Gliedschaft am Betriebsprozeß erreicht, der dem Ertragsverteilungsprozesse eigen ist. Bei der Betrachtung dieses letzteren zeigt sich nämlich, daß die Leistungswerte, die in ihm aufgewandt werden, Teile des allgemeinsten Aufwands sind, Betriebsprozeßaufwand, aber nicht mehr Produktionsaufwand im ganz genauen Sinne der drei ersterwähnten Prozesse; außerdem, was besonders wichtig ist, übernimmt er die Größe, die das Ergebnis des "großen" Produktionsprozesses ist, und löst sie auf: den Gegenwert der Betriebsleistung, den Ertrag. So erweist sich der Verteilungsprozeß als gleichrangig mit dem "großen" Produktionsprozesse.

Die Bedeutung dieser Glieder des Betriebsprozesses zeigt sich darin, daß durch sie zwei Wertumläufe der Wirtschaft, der innere und der äußere, hervorgerufen oder in Gang gebracht werden. Der innere besteht darin, daß durch den Produktionsprozeß Werte in die Unternehmung hineingezogen werden, auf die sich die Betriebsleistung aufbaut und die dann mit dieser durch ein anderes Glied des "großen" Produktionsprozesses wieder aus der Unternehmung hinausgestoßen werden. Diese Hin-Bewegung ist nicht denkbar ohne eine Her-Bewegung, die ihr entspricht: die Bewegung des Gegenwertes. Und beide Bewegungen sind in ihrer Beziehung zueinander nicht denkbar, ohne einen Rahmen und eine Mitte, ein Ganzes, dessen Lebensumlauf sie in ihrer Verbundenheit ausmachen, und ohne einen Bestand an Geldwert, durch den dieses Ganze erhalten und die Lücke in seinem Umlauf, die dadurch entsteht, daß die Gegenwertsbewegung im Zeitpunkt der Beschaffung der Werte die Kasse des Ganzen noch nicht erreicht hat, ja noch gar nicht einsetzen konnte, geschlossen wird.

S.122

Der zweite Wertumlauf, der äußere, vollzieht sich vom Gegenwerte der Betriebsleistung, dem Ertrage, aus und mit den Anteilen an diesem. Daraus ergibt sich schon, daß er erst durch den Ertragsverteilungsprozeß möglich gemacht wird. Durch die Ertragsverteilung entsteht Kaufkraft. Diese bedeutet Absatzmöglichkeit für die Erzeugnisse der Betriebe[1]. [...] Wenn dieser Umlauf sich wirtschaftlich vollziehen, zur vollen Auswirkung der Betriebe führen soll, muß die Ertragsverteilung wirtschaftlich erfolgen; eine Forderung, die gerade in der Gegenwart nicht laut genug erhoben werden kann [...].

[...]

Anmerkung

[1] Löhne und Gehälter sind Ertragsanteile.

D. I.2

Heinrich Nicklisch
Die Betriebswirtschaft

7. Auflage

C.E. Poeschel Verlag, Stuttgart 1932

Das Wertproblem als das betriebswirtschaftliche S. 34

In dem Teil "Allgemeines" ist als Sinn des Betriebslebens das Überbrücken des Raums zwischen den Bedürfnissen und ihrer Befriedigung verstanden. Die Betriebe sind als Form dieser Überbrückung bezeichnet. Dadurch ist das Problem der Betriebswirtschaft bereits eindeutig gekennzeichnet. Das ganze Leben des Betriebes, einschließlich seiner Formgebung, ist danach ein Beziehungsproblem, und zwar sind die Größen, zu denen andere in Beziehung zu setzen sind, die Bedürfnisse, und jene anderen, die zu ihnen in Beziehung gesetzt werden müssen, sind Sachen oder Rechte oder Leistungen, deren Besitz geeignet ist, die Bedürfnisbefriedigung zu sichern. Alle Dinge sind hier nur soweit von Interesse, als sie Eignung zur Befriedigung haben. Diese aber gehört zum Begriff vom Wert, dessen Sinn nur aus Beziehungen verschiedener Größen zueinander abgeleitet werden kann. Allerdings ist Eignung nicht mit Wert identisch, aber sie gehört als grundlegendes Merkmal zu ihm. Menge als solche ist hier uninteressant. [...]

Alle diese Erörterungen lassen zwischen dem Bedürfnis zu wirtschaften und seiner Befriedigung ein einziges großes Problem erkennen, das S. 35
nicht ein für allemal, sondern nur fortlaufend gelöst werden kann. Das gilt vor allem für das praktische Leben. Aber auch der Wissenschaft ist es immer wieder von neuem gestellt. Es ist das Problem des wirtschaftlichen Werts, dem alle Fragen der Wirtschaft als Glieder zugehören. Auch in der Betriebswirtschaft sind alle Fragen, die auftreten, mittelbar oder unmittelbar Einzelfragen dieses einen großen Problems, in dem alle Beziehungen, die durch die Notwendigkeit jener Überbrückung entstehen, ihren Ausdruck finden. Daraus erklärt sich die Überschrift des Kapitels: Das Wertproblem als das betriebswirtschaftliche. [...]

[...]

Die Grundlagen für die Wertbildung S. 38

Die Frage nach den Grundlagen führt uns unmittelbar zu den *Bedürfnissen, deren Befriedigung es notwendig macht, zu wirtschaften*. Die Knappheit von Befriedigungsmitteln als zu den Grundlagen gehörig anzusehen, wäre irrig. Bei ihr handelt es sich um die Bedingung, unter der sich Wert bildet. Entfällt diese, so gibt es für den Bereich, in dem es geschehen ist, keine Wertbildung mehr [...].

Wirtschaftlicher Wert bildet sich nur, wenn es Arbeit macht, die Be- S. 40
dürfnisbefriedigung zu sichern. Diese Arbeit kann nur zwei Gründe ha-

ben. Entweder muß der Raum zwischen der Eignung, die zur Verfü- S. 41
gung steht, und dem Ort der Konsumtion überwunden werden, was nur
durch Transport oder Reise möglich ist. Oder die Eignung muß erst erzeugt werden. Selbstverständlich sind auch Kombinationen jeden Grades zwischen beiden möglich, und es handelt sich in der Regel tatsächlich um solche. Die Bedingung, daß die Bedürfnisbefriedigung Arbeit
mache, kann nur wie folgt verstanden werden: Die Arbeitsleistung ist
der wesentliche Bestandteil des Grundes, aus dem sich als Wirkung ein
Wert ergibt, durch dessen Verwendung die Befriedigung bewirkt werden soll. Auf diese Weise finden wir die zwei Dinge gegenübergestellt
und ursächlich aufeinander bezogen, um die es sich hier handelt: die
Arbeit und den Befriedigungswert. Die Beziehung der beiden zueinander kann nicht anders verstanden werden, als daß der Befriedigungswert
einen Gegenwert für die Arbeitsleistung darstellt. [...]

Was bedeutet das alles nun für die *Wirtschaft selbständiger arbeits-* S. 73
teiliger Betriebe? Sie ist Wirtschaft. Deshalb muß Wert auch in ihr Erfüllung sein. Auch in ihr gibt es Wert nur, soweit durch Hervorge- S. 74
brachtes ein Bedarfsgesamt erfüllt wird. Auch in ihr ist das Erfüllende
ein Wertgesamt. Sie ist arbeitsteilig; deshalb ist auch in ihr die Über-
deckung mit abstraktem Wert nötig. Deshalb muß auch in ihr das spezifische Wertvolumen der Leistung des einzelnen und das spezifische
Volumen der einzelnen Arten von Befriedigungswert und Produkti-
onsmittelwert gefunden werden. Auch in ihr ist es nötig, die letzte Abstimmung der Wirtschaft zu erreichen, wenn nicht unmittelbar so mittelbar, wenn nicht gut, so doch so gut wie möglich. [...]

Die verschiedenen Prozesse, denen Werte unterworfen sind S. 94

Es kann sich dabei nur um den Verbrauch der Güter, um ihre Verteilung und um ihre Erzeugung handeln. Der Verbrauch ist hier voran-
gestellt, weil der Beginn und Ablauf auch der übrigen Prozesse von ihm
abhängt. In der ausführlicheren Darstellung, die nun folgt, stelle ich ihn
deshalb ebenfalls an die Spitze. Dort sollen dann die Ausführungen
über die Erzeugung folgen, weil sonst der Eindruck entsteht, als verliefe
der Weg der Darstellung rückwärts.

Beim *Verbrauch* stoßen wir gleich zu Anfang der Untersuchung auf
einen Gegensatz, dessen Klärung geeignet ist, über das Wesen dieses
Vorgangs selbst auch Klarheit zu schaffen. Was ist *Gebrauch*? Schließen sich die beiden Begriffe einander aus oder sind sie verwandt? Beim
Verbrauch wird eine Menge Wert ergriffen und durch die Befriedigung

eines Bedürfnisses absorbiert. Handelt es sich um einen Sachwert, so bleibt die Sache (Materie) ohne den absorbierten Wert zurück; sie wird aus dem Prozesse des Verbrauchs ausgeschieden. Hier schließen die Fragen der Verbrauchsabfälle an. Die Gesamtmenge wird in der Weise verbraucht, daß der Prozeß Teilmenge nach Teilmenge ergreift, bis von dem Wert nichts mehr übrig ist. Dabei wird der Wert in dem Prozeß regelmäßig so vollständig wie möglich und endgültig absorbiert. Ein Gebrauch von Gütern kann sich nur an Sachwerten vollziehen. Die Materie wird durch ihn aber nicht ergriffen, sondern nur der Wert. Es geschieht meist auch nicht durch einen einmaligen Vorgang, sondern durch eine ganze Folge, so daß auf jeden einzelnen Akt ein Wertanteil entfällt. [...]

Eine andere wichtige Unterscheidung ist die von Verbrauch und *Vorverbrauch*. Der erste ist nur bei Gütern möglich, die unmittelbar die Befriedigung der ursprünglichen Bedürfnisse sichern. Nur Befriedigungswerte können verbraucht werden. Nicht aber Rohstoffe, nicht Hilfsstoffe, nicht Halbfabrikate irgendwelcher Stufe. Diese werden auch nicht gebraucht, wenn sie im Prozeß benützt werden; vielmehr verhalten sie sich ähnlich, als wenn sie verbraucht würden. Aber ihr Wert ist am Ende nicht absorbiert, sondern erscheint in einem anderen Gut höheren Ranges: in einem Halbfabrikat oder in einem Fabrikat. Und der Prozeß ist keiner, in dem Güter verzehrt werden, sondern ein Erzeugungsprozeß. Dieses Geschehen endigt in fertigen Befriedigungswerten, die verbraucht werden. Es kann deshalb als Vorverbrauchen bezeichnet werden. Der Satz, daß es sich hier um Erzeugung handele, darf nicht so verstanden werden, als käme Vorverbrauch nur in abgeleiteten Betrieben vor, nicht aber in Haushalten. [...] S. 95

Es darf gesagt werden, daß Verbrauch und Vorverbrauch ebenso verschiedene Dinge sind wie Verbrauch und Gebrauch, daß aber Vorverbrauch und Gebrauch insofern ähnlichen Charakter haben, als beide innerhalb der gleichen Art von Prozessen, nämlich in der Werterzeugung, vor sich gehen. [...] S. 96

Die Ausführungen über die *Erzeugung* sind weitgehend schon beim Thema Verbrauch vorbereitet, was bei dessen beherrschender Stellung nicht zu vermeiden war. Erzeugung hat wie Verbrauch mit Einnahmen und Ausgaben von Geldwert zu tun. Hier muß einmal abstrakter Wert aus ursprünglichen Betrieben als Kapital der Erzeugungsbetriebe abgeleitet, dann dieses Kapital in das Wertgesamt umgewandelt werden, das als Geschäftsvermögen bezeichnet wird. Dieses ist der Wertkörper, aus S.100

dem die bezweckten Werte erzeugt werden sollen. Ob es geschieht, hängt davon ab, wie weit entgegenstehende Raum- und Zeitschwierigkeiten haben überwunden werden können und mit welchem Grade der Vollkommenheit die Harmonie der Wertverhältnisse, einschließlich der zugehörigen Leistungswerte, hat herbeigeführt werden können. Hier ist auf die Ausführungen in dem Kapitel über das Wesen des Werts zu verweisen. Mit der Erzeugung beginnt dann der regelmäßige Wertumlauf der abgeleiteten Betriebe. Er führt zum Erzeugnis und bei dessen Veräußerung zu Einnahmen allgemeinen abstrakten Werts zur Sicherung der Fortsetzung der Erzeugung, zu Ausgaben solchen Werts gegen Werte für individuelle Zwecke, vor allem konkrete, die das Wertgesamt, das Vermögen, wieder ergänzen. Damit dieser Umlauf gesichert sei, bedarf es offenbar einer Kapitalreserve, die groß genug ist, Lücken, die dadurch entstehen, daß Einnahmen sich verzögern oder ausfallen, wenigstens vorübergehend auszufüllen. An das, was über das Verhältnis zwischen Einnahmen und Ausgaben nach dem Gesetz der Erhaltung schon früher gesagt ist, muß hier erinnert werden. Ist am Ende des Lebens eines Betriebes die Summe der Ausgaben größer als die der Einnahmen, ist ein Teil des für den Betrieb abgeleiteten Kapitals verlorengegangen.

Der Prozeß der Erzeugung setzt sich aus dem Vorverbrauch von Sach- und Leistungswerten und aus dem Gebrauch von Gebrauchsgütern sowie aus der Nutzung von Grund und Boden, abstrakten Werten und allgemeinem abstrakten Wert zusammen. Der zusammenfassende Begriff für Vorverbrauchen, Gebrauchen und reines Nutzen ist Aufwenden. Die Werte, die auf diese Weise in das Erzeugnis eingehen, das entsteht, heißen aufgewandte Werte. Das Erzeugnis selber setzt sich, vom Aufwenden her gesehen, aus Aufwandswert zusammen. Der Bestandteil, der in ihm die eigenartigste Stellung einnimmt, ist der Wert der Nutzung. Über ihn ist schon unter "Verbrauch" gehandelt. Hier sei nur noch ein Vergleich angefügt, der weiterer Erklärung dienen kann. Beim Grund und Boden sowie bei allem, was abstrakt ist, wird in der Erzeugung nur der Nutzungswert übertragen; der Aufwandswert enthält nur ihn. Genau genommen ist es so, daß Boden und abstrakte Werte bei der Erzeugung von vornherein zurückbleiben. Ähnlich verhält sich die Materie, beweglich oder unbeweglich, in den Gebrauchsgütern. Die in den beweglichen Gütern, Roh- und Hilfsstoffen, weicht ab, aber die Abweichung ist verschieden groß. Aus den Hilfsstoffen bleibt sie schon im Erzeugungsvorgang selbst ebenfalls zurück; bei den Rohstoffen geht sie mit bis in den Verbrauch und scheidet gegebenenfalls erst in ihm

S.101

aus. Hieraus ergibt sich für den Aufwandswert, daß er den Wert der Materie nur bei solchen am Aufwand beteiligten Gütern enthalten kann, bei denen er in das Erzeugnis eingeht. Soweit sie zurückbleibt, ist für den Anteil des Guts am Aufwandswert entscheidend, wieviel Wert das Zurückbleibende repräsentiert.

Aufwandswert und Produktionswert ist dasselbe. Außerdem aber gibt es erzeugten, produzierten Wert, der von der Qualität der Betriebsleistung abhängig ist, die wieder auf den einzelnen Leistungen beruht, die im Betriebe hervorgebracht worden sind. Dieser produzierte Wert ist eine unbekannte Größe, bis die Entscheidung im Markt gefallen ist. So kommt es regelmäßig zu Unterschieden zwischen Aufwandswert und produziertem Wert. Wenn aber die spezifischen Wertvolumina der einzelnen Leistungen erst vereinbart zu werden brauchten, nachdem der Marktwert des Erzeugnisses ermittelt worden ist, würden solche Unterschiede verschwinden können. Das hätte für eine Größe, die in der Betriebswirtschaft und in der Betriebswirtschaftslehre zuweilen eine verhängnisvolle Rolle spielt, sehr schwere Wirkungen, weil ihr dadurch der Raum, in dem sie steht, entzogen werden würde. Ich meine die Größe "Gewinn", die den Raum zwischen dem Aufwandswert und dem Marktwert einnimmt. Auf sie werden wir später noch sehr eingehend zurückkommen müssen, so daß es hier nicht nötig ist, näher darauf einzugehen. [...] S.102

Der allgemeine abstrakte Wert, der Geldwert, aber ist nicht durch diesen oder jenen erzeugt, sondern durch die Entwicklung der Wirtschaft in eine arbeitsteilige entstanden [...]. Daß hier nicht von der bestimmten Summe Geldwerts gesprochen ist, die der einzelne Wirtschaftende im Vermögen hat, versteht sich nach allem was vorausgegangen ist von selbst.

Als Einleitung zu den Ausführungen über die *Verteilung* der Güter muß Ähnliches gesagt werden wie bei der Erzeugung. Es muß darauf hingewiesen werden, daß sie sowohl beim Verbrauch wie bei der Erzeugung mit eingeschlossen ist. Bei dem ersten als Voraussetzung wie die Erzeugung, bei der zweiten, weil sie selbst eine Art Erzeugung darstellt, weshalb ihre Betriebe ebenfalls als Erzeugungsbetriebe angesprochen werden können. Was in ihnen erzeugt wird, sind Leistungswerte, die den Gütern auf dem Wege der Verteilung zuwachsen. Das geschieht einmal im Aufwandswert; aber auch im produzierten Wert. Im letzten freilich nur, wenn die Leistungen zu erhöhten Marktwerten für die Güter führen. Dabei ist nicht an Werte in manipulierten Märkten gedacht, die durch Willkürlichkeiten gestört sind, sondern an ungestörte Marktgestaltung. Die Leistungen sind entweder Beförderung oder Lagerung oder Handel. Der letzte kann dabei nicht allein auftreten, sondern bedarf der Verbindung mit Beförderungs- und Lagerbetrieben. Die Aufgabe, S.103 die durch diese Verbindung der Leistungen gelöst werden kann, besteht in der Überführung der Güter an Orte und in Zeiten mit höherem Marktwert. Hieraus gerade ergibt sich der höhere produzierte Wert, der die Erhöhung des Aufwands durch die Leistungen des Handels, der Beförderung und Lagerung möglich macht.

Zum Schluß dieses Kapitels muß nun noch gesagt werden, daß, wenn das Gut auf dem Wege zum Verbraucher durch die Erzeugung hindurch von einer Hand in die andere gleitet, und schließlich sein Ziel erreicht, es in jedem der selbständigen Betriebe, denen es zugehört, den Wert hat, der sich aus dessen Verhältnissen ergibt. Das gilt, weil jedesmal zwischen den Betrieben eine Marktabmachung stattfindet. Aber alle diese Wertungen hängen doch davon ab, wie der einzelne der Betriebe von sich aus und aus seinen Verhältnissen heraus die kommende Wertung der Verbraucher beurteilt. Wie im Falle der Verbrauchsgüter, gehts hier auch in dem der Vorverbrauchs- und Gebrauchsgüter.

Das Netz der Wertbeziehungen in der Wirtschaft

In arbeitsteiliger Wirtschaft verbindet das Wertproblem die Betriebe, denn es ist dort ein gemeinschaftliches Problem. In dieser Verbindung stehen sowohl die Haushalte wie die abhängigen Betriebe. Die Grundlage sind die ursprünglichen Bedürfnisse. Das verbindende Mittel ist die Leistung derer, die haushalten, in den abgeleiteten Betrieben und ihr Gegenwert, der, zunächst abstrakt, ein Recht auf einen Teil der insgesamt geleisteten Werte darstellt. Als Leistung ist hier, wie schon in den letzten Kapiteln auseinandergesetzt ist, auch die Überlassung von Nutzungen und beweglicher Materie anzusehen.

[...]

D. I.3

Michael E. Porter
Wettbewerbsvorteile (Competitive Advantage)
Spitzenleistungen erreichen und behaupten

Campus Verlag, Frankfurt 1992, S. 49-80

[...]

Kapitel 2 - Wertkette und Wettbewerbsvorteile S. 59

Wettbewerbsvorteile lassen sich nicht verstehen, solange man ein Unternehmen als Ganzes betrachtet. Sie erwachsen aus den vielen einzelnen Tätigkeiten des Unternehmens in den Bereichen Entwurf, Fertigung, Marketing, Auslieferung und Unterstützung seines Produkts. Jede dieser Tätigkeiten kann einen Beitrag zur relativen Kostenposition eines Unternehmens leisten und eine Differenzierungsbasis schaffen. Ein Kostenvorteil kann, zum Beispiel, aus so grundverschiedenen Quellen wie einem kostengünstigen Verteilungssystem durch den Handel, einem sehr wirtschaftlich arbeitenden Montageverfahren oder der überdurchschnittlichen Auslastung des Außendienstes erwachsen. Differenzierung kann sich aus ähnlich grundverschiedenen Faktoren ergeben, wozu die Beschaffung qualitativ hochwertiger Rohstoffe, ein reaktionsschnelleres Auftragserfassungssystem oder überragende Produktgestaltung gehören.

Um die Ursachen von Wettbewerbsvorteilen zu untersuchen, sind systematische Methoden zur Untersuchung aller Aktivitäten eines Unternehmens und deren Wechselwirkung erforderlich. In diesem Kapitel stelle ich die *Wertkette* als analytisches Instrument vor. Die Wertkette gliedert ein Unternehmen in strategisch relevante Tätigkeiten, um dadurch Kostenverhalten sowie vorhandene und potentielle Differenzierungsquellen zu verstehen. Wenn ein Unternehmen diese strategisch wichtigen Aktivitäten billiger oder besser als seine Konkurrenten erledigt, verschafft es sich einen Wettbewerbsvorteil.

Die Wertkette eines Unternehmens ist in einen breiteren Strom von Tätigkeiten eingebettet, den ich das in Abbildung 2 – 1 gezeigte *Wertsystem* nenne. Lieferanten haben Wertketten (*vorgelagerter Wert*), welche die für die Kette des Unternehmens gekauften Inputs schaffen und liefern. Lieferanten liefern nicht nur ein Produkt, sondern können auch die Leistung eines Unternehmens anderweitig beeinflussen. Außerdem durchlaufen viele Produkte auf dem Weg zum Abnehmer die Wertketten von Vertriebskanälen (*Vertriebskanalwert*). In den Vertriebskanälen werden zusätzliche Leistungen erbracht, die sich sowohl auf den Abnehmer auswirken als auch die eigene Tätigkeit des Unternehmens beeinflussen. Schließlich wird das Produkt eines Unternehmens Bestandteil der *Wertkette des Abnehmers*. Die eigentliche Differenzierungsbasis ist die Rolle, die ein Unternehmen und sein Produkt in der die Ab- S. 61

nehmerbedürfnisse bestimmenden Wertkette des Abnehmers spielt. Um sich Wettbewerbsvorteile zu verschaffen und sie zu behaupten, muß man nicht nur die Wertkette eines Unternehmens verstehen, sondern sie auch in das allgemeine Wertsystem einpassen können.

Abbildung 2-1: Das Wertsystem   S. 60

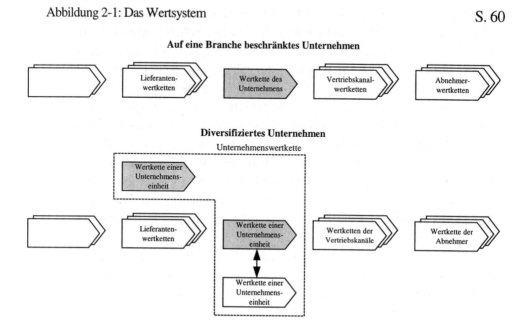

Die Wertketten der Unternehmen einer Branche unterscheiden sich   S. 61
infolge unterschiedlicher Geschichte, Strategien und Implementierungserfolge. Ein wichtiger Unterschied besteht darin, daß sich die Wertkette eines Unternehmens im Wettbewerbsfeld von der seiner Konkurrenten unterscheidet, was eine potentielle Quelle von Wettbewerbsvorteilen darstellt. Ein Unternehmen, das nur ein bestimmtes Branchensegment bedient, kann seine Wertkette maßgerecht auf dieses Segment zuschneiden, was im Vergleich zu den Konkurrenten zu einem Kostenvorsprung oder zur Differenzierung führen kann. Die geographische Erweiterung oder Verkleinerung der Märkte kann sich ebenfalls auf die Wettbewerbsvorteile auswirken. Das Ausmaß der Integration von Aktivitäten spielt eine Schlüsselrolle für die Wettbewerbsvorteile. Schließlich kann die Tätigkeit in verwandten Branchen mit aufeinander abgestimmten Wertketten durch Verflechtungen zu Wettbewerbsvorteilen führen. Ein Unternehmen kann die Vorteile eines breiteren Feldes intern nutzen oder dafür mit anderen Unternehmen Koalitionen bilden. Koalitionen sind langfristige Bündnisse mit anderen Unternehmen, bei

denen es zu keinen regelrechten Fusionen kommt, wie Arbeitsgemeinschaften, Lizenzvergaben und Liefervereinbarungen. In Koalitionen müssen dann die Wertketten mit den Koalitionspartnern abgestimmt oder geteilt werden, wodurch der Wirkungsbereich der eigenen Wertkette erweitert wird.

In diesem Kapitel wird die entscheidende Rolle der Wertketten bei der Ermittlung der Quellen von Wettbewerbsvorteilen erläutert. Als erstes werden die Wertkette und ihre Bestandteile beschrieben. Die Wertkette jedes Unternehmens setzt sich aus neun Grundtypen von Tätigkeiten zusammen, die charakteristisch miteinander verknüpft sind. An einer Modellkette wird gezeigt, wie eine Wertkette für ein bestimmtes Unternehmen aufgebaut sein kann, die seinen speziellen Tätigkeiten entspricht. Ich zeige auch, wie die Aktivitäten in der Wertkette eines Unternehmens miteinander und mit den Tätigkeiten seiner Lieferanten, seiner Vertriebskanäle und Abnehmer verknüpft sind und wie sich diese Verknüpfungen auf die Wettbewerbsvorteile auswirken. Dann zeige ich, wie das Aktivitätsfeld eines Unternehmens durch seinen Einfluß auf die Wertkette die Wettbewerbsvorteile verändert. In den nachfolgenden Kapiteln wird dann im einzelnen erläutert, wie die Wertkette als strategisches Instrument zur Analyse von relativer Kostenposition, Differenzierung oder Wettbewerbsfeld zu verwenden ist.

S. 63

Die Wertkette

Jedes Unternehmen ist eine Ansammlung von Tätigkeiten, durch die sein Produkt entworfen, hergestellt, vertrieben, ausgeliefert und unterstützt wird. All diese Tätigkeiten lassen sich in einer Wertkette darstellen, die in Abbildung 2 – 2 gezeigt wird. In der Wertkette eines Unternehmens und seiner Art, einzelne Tätigkeiten zu erledigen, spiegeln sich seine Geschichte, seine Strategie, seine Methoden zur Implementierung dieser Strategie und die wirtschaftlichen Grundregeln der Tätigkeiten selbst.[1]

Die für die Entwicklung einer Wertkette relevante Ebene sind die Unternehmenstätigkeiten in einer bestimmten Branche (die Unternehmenseinheit). Eine die gesamte Branche – bzw. den Sektor – umfassende Wertkette wäre zu allgemein, da sie die wichtigen Quellen von Wettbewerbsvorteilen nicht erhellen würde. Unternehmen der gleichen Branche können zwar ähnliche Wertketten haben, die Wertketten von Konkurrenten unterscheiden sich aber häufig. People Express und United Airlines sind beide in der Luftfahrt tätig, haben aber sehr unter-

S. 64

schiedliche Wertketten, die erhebliche Unterschiede im Schalterbetrieb, in den Richtlinien für die Flugzeugbesatzung und im Flugbetrieb aufweisen. Unterschiede in den Konkurrentenwertketten spielen als Ursache für Wettbewerbsvorteile eine Schlüsselrolle. Die Wertkette eines Unternehmens in einer Branche kann für verschiedene Artikel seines Produktprogramms, oder für verschiedene Abnehmer, geographische Bereiche oder Distributionskanäle etwas unterschiedlich ausfallen. Die Wertketten solcher Untereinheiten eines Unternehmens sind aber eng miteinander verknüpft und nur im Zusammenhang mit der Kette der Unternehmenseinheit verstehbar.[2]

Abbildung 2-2: Das Modell einer Wertkette   S. 62

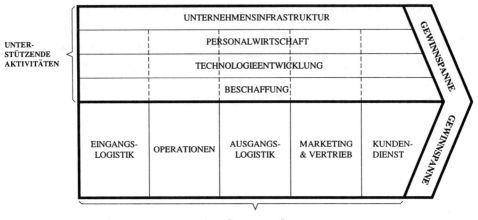

Im Wettbewerbsrahmen ist Wert derjenige Betrag, den die Abnehmer für das, was ein Unternehmen ihnen zur Verfügung stellt, zu zahlen bereit sind. Der Wert ist am Gesamtertrag zu messen, worin sich die für das Produkt eines Unternehmens erzielten Preise und die verkauften Stückzahlen spiegeln. Ein Unternehmen arbeitet gewinnbringend, wenn seine Wertschöpfung über den Kosten für die Erstellung des Produktes liegt. Für Abnehmer einen Wert zu schaffen, der über den dabei entstehenden Kosten liegt, ist Ziel eines jeden Strategietyps. Zur Analyse der Wettbewerbsposition ist der Wert anstatt der Kosten zu verwenden, da Unternehmen ihre Kosten oft bewußt steigern, um durch Differenzierung höhere Preise zu erzielen.   S. 64

Die Wertkette zeigt den Gesamtwert und setzt sich aus den *Wertakti-*

vitäten und der *Gewinnspanne* zusammen. Wertaktivitäten sind die physisch und technologisch unterscheidbaren, von einem Unternehmen ausgeführten Aktivitäten. Sie sind die Bausteine, aus denen das Unternehmen ein für seine Abnehmer wertvolles Produkt schafft. Die Gewinnspanne ist der Unterschied zwischen dem Gesamtwert und der Summe der Kosten, die durch die Ausführung der Wertaktivitäten entstanden sind. Die Gewinnspanne läßt sich auf sehr unterschiedliche Weise messen. Auch die Wertketten der Lieferanten und Vertriebswege enthalten eine Gewinnspanne, die zum Verständnis der Ursachen der Kostenposition eines Unternehmens unbedingt zu ermitteln ist, da die Lieferanten- und Vertriebsgewinnspanne Teil der Gesamtkosten für den Abnehmer ist.

Jede Wertaktivität setzt, um ihre Funktionen zu erfüllen, jeweils *gekaufte Inputs, menschliche Ressourcen* (Arbeitskräfte und Management) sowie *Technologie* in irgendeiner Form ein. Jede Wertaktivität verwendet und schafft auch *Informationen*, wie Abnehmerdaten (Auftragseingang), Leistungsparameter (Prüfverfahren) und Ausfallstatistiken. Wertaktivitäten können auch finanzielle Aktiva, wie Bestände und Außenstände, oder Verbindlichkeiten schaffen.

S. 65

Wertaktivitäten lassen sich in zwei allgemeine Typen, in *primäre* und *unterstützende* Aktivitäten, unterteilen. Primäre Aktivitäten, die in Abbildung 2–2, unterer Teil aufgezählt werden, befassen sich mit der physischen Herstellung des Produktes und dessen Verkauf und Übermittlung an den Abnehmer sowie dem Kundendienst. In jedem Unternehmen lassen sich die primären Aktivitäten in die fünf, in Abbildung 2–2 gezeigten Kategorien einteilen. Unterstützende Aktivitäten halten die primären Aktivitäten unter sich selbst gegenseitig dadurch aufrecht, daß sie für den Kauf von Inputs, Technologie, menschlichen Ressourcen und von verschiedenen Funktionen fürs ganze Unternehmen sorgen. Die gestrichelten Linien weisen darauf hin, daß Beschaffung, Technologieentwicklung und Personalwirtschaft sowohl mit bestimmten primären Aktivitäten zusammenhängen als auch die gesamte Kette unterstützen können. Die Unternehmensinfrastruktur steht nicht mit bestimmten primären Aktivitäten in Verbindung, sondern unterstützt die gesamte Kette.

Wertaktivitäten sind daher die einzelnen Bausteine des Wettbewerbsvorteils. Wie ein Unternehmen jede einzelne Aktivität ausführt, entscheidet, zusammen mit den ihr eigenen wirtschaftlichen Regeln, darüber, ob es im Vergleich zu seinen Konkurrenten kostengünstiger oder kostenintensiver arbeitet. Wie jede einzelne Wertaktivität ausgeführt wird, entscheidet auch darüber, was sie zur Befriedigung von Abnehmerbedürfnissen und damit zur Differenzierung beiträgt. Wenn man die Wertketten der Konkurrenten vergleicht, werden die Unterschiede deutlich, die für Wettbewerbsvorteile entscheidend sind.[3]

Eine Analyse der Wertkette statt der Wertschöpfung ist der richtige Weg zur Untersuchung der Wettbewerbsvorteile. Die Wertschöpfung (Verkaufspreis weniger Einkaufspreis der Rohstoffe) wurde gelegentlich zum Schwerpunkt der Kostenanalyse gemacht, weil man hier das Gebiet sah, in dem ein Unternehmen seine Kosten kontrollieren kann. Die Wertschöpfung ist aber keine brauchbare Basis der Kostenanalyse, weil hier unzutreffend zwischen Rohstoffen und den vielen anderen für die Aktivitäten einer Firma erworbenen Inputs unterschieden wird. Auch läßt sich das Kostenverhalten der Aktivitäten nicht verstehen, ohne gleichzeitig die Kosten für die verwendeten Inputs zu prüfen. Außerdem läßt die Wertschöpfung Verknüpfungen zwischen einem Unternehmen und seinen Lieferanten außer acht, die sich kostensenkend oder differenzierungssteigernd auswirken können.

S. 66

Wertaktivitäten ermitteln

Zur Ermittlung von Wertaktivitäten müssen technologisch und strategisch unterscheidbare Aktivitäten getrennt behandelt werden. Wertaktivitäten und Kontengliederungen stimmen selten überein. Kontengliederungen (z.B. Gemeinkosten, Fixkosten, Lohneinzelkosten) fassen Aktivitäten mit grundverschiedenen Technologien zusammen und trennen Kosten, die allesamt Teil der gleichen Aktivität sind.

Primäre Aktivitäten

In jeder Branche gibt es fünf Kategorien primärer Aktivitäten, die in Abbildung 2–2 gezeigt werden. Jede Kategorie läßt sich in eine Reihe unterschiedlicher, jeweils von der Branche und der Unternehmensstrategie abhängiger Aktivitäten unterteilen:
- *Eingangslogistik.* Tätigkeiten in Zusammenhang mit Empfang, Lagerung und Distribution von Betriebsmitteln für das Produkt, wie etwa Materialtransport im Betrieb, Lagerhaltung, Bestandskontrolle, Fahrzeugzuteilung und Rückgabe an Lieferanten.
- *Operationen.* Tätigkeiten in Zusammenhang mit der Umwandlung der Inputs in die endgültige Produktform, wie maschinelle Bearbei-

tung, Verpackung, Montage, Instandhaltung der Ausrüstung, Prüfverfahren, Drucken und Betrieb der Anlage.
- *Ausgangslogistik.* Aktivitäten in Zusammenhang mit der Sammlung, Lagerung und physischen Distribution des Produkts an die Abnehmer, wie Lagerung der Fertigwaren, Materialtransport, Einsatz der Auslieferungsfahrzeuge, Auftragsabwicklung und Terminplanung.
- *Marketing und Vertrieb.* Tätigkeiten zur Bereitstellung von Mitteln, durch die die Abnehmer das Produkt kaufen oder zu dessen Kauf verleitet werden können, wie Werbung, Verkaufsförderung, Verkaufsaußendienst, Angebote, Wahl und Pflege der Vertriebswege und Preisfestsetzung.
- *Kundendienst.* Tätigkeiten in Zusammenhang mit Dienstleistungen zur Förderung oder Werterhaltung des Produkts, wie Installierung, Reparaturen, Ausbildung, Ersatzteillieferung und Produktanpassung.

S. 67

Jede dieser Kategorien kann, je nach Branche, für den Wettbewerbsvorteil von entscheidender Bedeutung sein. Für ein Handelsunternehmen ist die Logistik des Wareneingangs und -ausgangs am wichtigsten. Für ein Dienstleistungsunternehmen, das seine Dienste, wie ein Restaurant oder Einzelhandelsunternehmen, auf eigenem Gelände bereitstellt, existiert die Ausgangslogistik so gut wie nicht, während die Operationen die entscheidende Kategorie darstellen. Für eine im Firmenkundenkreditgeschäft tätige Bank bilden Marketing und Vertrieb den Schlüssel zum Wettbewerbsvorteil, und zwar durch die Leistung des Kundenbetreuers und die Auflagen und Preise der Kredite. Für einen Hersteller von Sofortkopierern stellt der Kundendienst die entscheidende Basis von Wettbewerbsvorteilen dar. In jedem Unternehmen aber sind alle Kategorien primärer Aktivitäten bis zu einem gewissen Grad vorhanden und spielen für den Wettbewerbsvorteil eine gewisse Rolle.

Unterstützende Aktivitäten

Die im Wettbewerb in jeder Branche vorhandenen unterstützenden Aktivitäten lassen sich in vier Kategorien unterteilen, die ebenfalls in Abbildung 2-2 gezeigt werden. Jede Kategorie unterstützender Aktivitäten ist, wie bei den primären Aktivitäten, in eine Reihe einzelner Wertaktivitäten zerlegbar, die speziell in einer bestimmten Branche auftreten. Bei der Technologientwicklung, zum Beispiel, könnten zu den einzelnen Wertaktivitäten die Komponentenauslegung, die Auslegung der

Anlagencharakteristiken, die Betriebserprobung, die Verfahrenstechnik und die Wahl des Herstellungsverfahrens gehören. Ähnlich kann die Beschaffung in Tätigkeiten unterteilt werden, wie die Wahl neuer Lieferanten, die Beschaffung verschiedener Gruppen gekaufter Inputs, oder die ständige Leistungsüberwachung der Lieferanten. S.68

Beschaffung. Mit Beschaffung ist die *Funktion* des Einkaufs der in der Wertkette des Unternehmens verwendeten Inputs, nicht die gekauften Inputs selbst gemeint. Zu den gekauften Inputs gehören Rohstoffe, Hilfs- und Betriebsstoffe und andere Verbrauchswaren sowie Anlagegüter wie Maschinen, Laborausrüstung, Büroeinrichtung und Gebäude. Zwar werden gekaufte Inputs im allgemeinen mit primären Aktivitäten in Zusammenhang gebracht, sie sind aber in jeder Wertaktivität, einschließlich der unterstützenden Aktivitäten, vorhanden. Zum Beispiel stellen Laborbedarf und unabhängige Prüfdienste in der Technologieentwicklung übliche gekaufte Inputs dar, während die Dienste einer Wirtschaftsprüfungsfirma allgemein für die Infrastruktur des Unternehmens als Input gekauft werden. Wie für alle Wertaktivitäten gibt es auch für die Beschaffung eine »Technologie«, etwa Verfahrensregeln für Verkaufsverhandlungen, Qualifikationsregeln und Informationssysteme. [...]

Eine bestimmte Beschaffungstätigkeit läßt sich in der Regel einer bestimmten Wertaktivität oder sie unterstützenden Aktivitäten zuordnen, auch wenn eine Einkaufsabteilung oft viele Wertaktivitäten bedient und die Einkaufsrichtlinien für das ganze Unternehmen gelten. Die Kosten der Beschaffungsaktivitäten selbst sind normalerweise ein kleiner, wenn nicht unbedeutender Teil der Gesamtkosten, haben aber oft großen Einfluß auf Gemeinkosten und Differenzierung des Unternehmens. Verbesserte Einkaufsmethoden können sich erheblich auf Kosten und Qualität der gekauften Inputs sowie der anderen Aktivitäten in Zusammenhang mit Eingang und Verwendung der Inputs und auf das Verhältnis zu den Lieferanten auswirken. Bei der Schokoladenherstellung und der Versorgung mit elektrischer Energie, zum Beispiel, ist die Beschaffung von Kakaobohnen bzw. Brennstoff die bei weitem wichtigste Bestimmungsgröße für die Kostenposition. S. 69

Technologieentwicklung. Jede Wertaktivität ist an Technologie gebunden, ob nun an Know-how, an Arbeitsabläufe oder an in verfahrenstechnische Ausrüstung verkörperter Technologie. In den meisten Unternehmen wird eine sehr breite Palette von Technologien eingesetzt, die von der Dokumentenausfertigung und vom Gütertransport bis zu im Produkt selbst verkörperten Technologien reicht. Außerdem verwenden die meisten Wertaktivitäten eine Technologie, in der eine Reihe von unterschiedlichen Subtechnologien aus verschiedenen wissenschaftlichen Bereichen kombiniert werden. Die maschinelle Bearbeitung, zum Beispiel, umfaßt Metallurgie, Elektronik und Mechanik.

Die Technologieentwicklung besteht aus einer Reihe von Aktivitäten, die sich grob in Bemühungen um Produkt- und um Verfahrensverbesserung unterteilen lassen. Ich nenne diese Kategorie Technologieentwicklung statt Forschung & Entwicklung, weil F&E für die meisten Führungskräfte eine zu enge Bedeutung hat. Technologieentwicklung wird meistens mit der Konstruktionsabteilung oder der Entwicklungsgruppe in Zusammenhang gebracht. Normalerweise findet sie aber in vielen Teilen eines Unternehmens statt, auch wenn das nicht ausdrücklich anerkannt wird. Technologieentwicklung kann jede der zahlreichen, in Wertaktivitäten verkörperten Technologien unterstützen, unter anderem Bereiche wie Telekommunikation für die Auftragserfassung oder Büroautomatisierung im Rechnungswesen. Sie betrifft nicht nur die direkt mit dem Endprodukt verbundenen Technologien. Auch findet Technologieentwicklung in vielerlei Gestalt statt, von der Grundlagenforschung und Produktgestaltung bis zur Mediaforschung, Auslegung der verfahrenstechnischen Apparate oder Maschinen und Wartungsverfahren. Auf das Produkt und seine Merkmale bezogene Technologieentwicklung unterstützt die gesamte Kette, während andere Technologieentwicklungen bestimmten primären oder unterstützenden Aktivitäten zuzuordnen sind.

Technologieentwicklung ist in allen Branchen für den Wettbewerbsvorteil wichtig, in einigen spielt sie die Schlüsselrolle. Bei Stahl, zum Beispiel, bestimmt die Verfahrenstechnik eines Unternehmens als wichtigster Einzelfaktor den Wettbewerbsvorteil. [...]

Personalwirtschaft. Zur Personalwirtschaft gehören Tätigkeiten wie Rekrutierung, Einstellung, Aus- und Fortbildung und Entschädigung jedweder Art von Personal. Das Management der menschlichen Ressourcen unterstützt sowohl einzelne primäre und unterstützende Aktivitäten (z.B. die Einstellung von Ingenieuren) als auch die gesamte Wertkette (z.B. Tarifverhandlungen). Personalwirtschaftliche Aktivitäten finden in verschiedenen Teilen eines Unternehmens statt, was zu

S. 70

widersprüchlicher Unternehmenspolitik führen kann. Außerdem werden weder die Gesamtkosten der Personalwirtschaft noch die Vergleichswerte verschiedener personalwirtschaftlicher Kosten häufig richtig erkannt, wie dies bei den Gehältern im Vergleich zu Rekrutierungs- und Ausbildungskosten aufgrund von Arbeitskräftefluktuation der Fall ist.

Die Personalwirtschaft hat in jedem Unternehmen entscheidenden Einfluß auf Kenntnisstand und Motivation der Mitarbeiter, auf die Einstellungs- und Ausbildungskosten und damit auch auf den Wettbewerbsvorteil. In einigen Branchen spielt sie für den Wettbewerbsvorteil die entscheidende Rolle. Die führende Wirtschaftsprüfungsfirma der Welt, Arthur Andersen, zum Beispiel, verschafft sich mit der Art, wie sie ihre Zehntausende von Fachleuten rekrutiert und ausbildet, einen erheblichen Wettbewerbsvorteil. Die Firma Arthur Andersen hat ein früheres College-Gelände in der Nähe von Chicago gekauft und erhebliche Investitionen in die Kodifizierung ihrer Praxis und die Ausbildung ihrer Mitarbeiter aus der ganzen Welt getätigt, die in dem College regelmäßig in die im ganzen Unternehmen angewandten Methoden eingearbeitet werden. Da die Mitarbeiter des ganzen Unternehmens mit diesen Methoden vollkommen vertraut sind, können sie nicht nur alle Verpflichtungen effizienter wahrnehmen, sondern auch sehr viel leichter nationale und multinationale Klienten bedienen.

Unternehmensinfrastruktur. Die Infrastruktur eines Unternehmens besteht aus einer Reihe von Aktivitäten, wozu die Gesamtgeschäftsführung, Planung, Finanzen, Rechnungswesen, Rechtsfragen, Kontakte zu Behörden und staatlichen Stellen und Qualitätskontrollen gehören. Im Gegensatz zu anderen unterstützenden Aktivitäten trägt die Infrastruktur in der Regel die ganze Kette und nicht einzelne Aktivitäten. Je nachdem ob ein Unternehmen diversifiziert ist oder nicht, kann die Infrastruktur des Unternehmens in sich abgeschlossen oder zwischen Unternehmenseinheit und Muttergesellschaft aufgeteilt sein[4]. In diversifizierten Unternehmen sind Infrastrukturaktivitäten normalerweise zwischen den Ebenen Unternehmenseinheit und Gesamtunternehmen aufgespalten (zum Beispiel wird die Finanzierung oft auf der Gesamtunternehmensebene erledigt, während die Qualitätskontrolle auf der Ebene der Unternehmenseinheit erfolgt). Aber viele Infrastrukturaktivitäten finden sowohl auf der Ebene der Unternehmenseinheit als auch der des Gesamtunternehmens statt.

Manchmal wird die Unternehmensinfrastruktur nur unter dem Ge-

S. 71

sichtspunkt »Gemeinkosten« gesehen, sie kann aber eine wichtige Quelle für Wettbewerbsvorteile sein. In einem Telefonunternehmen, zum Beispiel, gehört das Verhandeln und die Kontaktpflege mit Aufsichtsbehörden unter Umständen zu den wettbewerbswirksamsten Aktivitäten. Ähnlich können geeignete Managementinformationssysteme die Kostenposition erheblich verbessern, während in einigen Branchen die oberste Geschäftsführung eine entscheidende Rolle bei Verhandlungen mit den Käufern spielt.

Aktivitätstypen

In jeder Kategorie primärer und unterstützender Aktivitäten gibt es drei Typen von Aktivitäten, die für die Wettbewerbsvorteile eine entscheidende Rolle spielen:
- *Direkte Aktivitäten.* An der Wertbildung für den Käufer direkt beteiligte Aktivitäten, wie Montage, maschinelle Teilebearbeitung, Außendiensttätigkeit, Werbung, Produktgestaltung, Arbeitskräfteeinstellung, usw.
- *Indirekte Aktivitäten.* Aktivitäten, welche die kontinuierliche Ausführung von direkten Aktivitäten ermöglichen, wie Instandhaltung, Terminplanung, Betrieb der Anlagen, Verkaufsverwaltung, Forschungsverwaltung, Unterlagen über Lieferanten usw.
- *Qualitätssicherung.* Aktivitäten, die die Qualität anderer Aktivitäten sichern, wie Überwachen, Güteprüfung, Testen, Kontrollieren, Anpassen und Überarbeiten. Qualitätssicherung ist kein Synonym für Qualitätskontrolle, da viele Wertaktivitäten zur Qualität beitragen. [...]

In jeder Firma gibt es direkte, indirekte und qualitätssichernde Wertaktivitäten. Diese drei Typen treten nicht nur bei den primären, sondern auch bei den unterstützenden Aktivitäten auf. In der Technologieentwicklung, zum Beispiel, verrichten die eigentlichen Laborteams direkte, die Forschungsverwaltung aber indirekte Aktivitäten.

S. 72

Die Rolle indirekter und qualitätssichernder Aktivitäten wird oft nicht richtig verstanden, was die Unterscheidung der drei Aktivitätstypen zu einem wichtigen Instrument der Diagnose von Wettbewerbsvorteilen macht. In vielen Branchen haben indirekte Aktivitäten einen großen und rasch wachsenden Kostenanteil und spielen durch ihre Auswirkung auf direkte Aktivitäten unter Umständen eine entscheidende Rolle für die Differenzierung. In den

Denkgewohnheiten der Führungskräfte vermischen sich häufig direkte und indirekte Aktivitäten, obwohl für sie oft unterschiedliche wirtschaftliche Regeln gelten. Zwischen direkten und indirekten Aktivitäten bestehen häufig Wechselwirkungen – ein höherer Wartungsaufwand senkt die Kosten für Maschinen. Oft werden indirekte Aktivitäten auch in »Gemeinkosten«- oder »Handlungsunkosten«-Konten zusammengefaßt, wodurch deren Kosten und ihr Differenzierungsbeitrag im Dunkeln bleiben.

Qualitätssichernde Aktivitäten sind auch in fast allen Teilen eines Unternehmens verbreitet, auch wenn man sich ihrer selten bewußt ist. Prüfen und Testen sind mit vielen primären Aktivitäten verknüpft. Außerhalb der Operationen sind sie zwar weniger augenscheinlich, aber genauso häufig. Die Gesamtkosten qualitätssichernder Aktivitäten können sehr hoch sein, wie neuere Untersuchungen der Qualitätskosten gezeigt haben. Qualitätssichernde Aktivitäten wirken sich oft auf Kosten und Wirkungsgrad anderer Aktivitäten aus, und die Art und Weise der Ausführung anderer Aktivitäten beeinflußt umgekehrt die erforderlichen Typen qualitätssichernder Aktivitäten. Daß qualitätssichernde Aktivitäten auch durch bessere Ausführung anderer Aktivitäten vereinfacht oder überflüssig gemacht werden können, ist eine Erkenntnis, die sich mit der Formel »Qualität kann kostenlos sein« umreißen läßt.

Die Wertkette definieren

Zur Diagnose von Wettbewerbsvorteilen muß die Wertkette eines Unternehmens im Wettbewerb einer bestimmten Branche definiert werden. Von der allgemeinen Kette ausgehend werden die einzelnen Wertaktivitäten in einem bestimmten Unternehmen ermittelt. Jede allgemeine Kategorie läßt sich in einzelne Aktivitäten unterteilen, wie das in Abbildung 2 – 3 für eine bestimmte Kategorie gezeigt wird. [...]   S. 73

Zur Definition relevanter Wertaktivitäten müssen Aktivitäten mit unterschiedlichen Technologien und ökonomischen Regeln getrennt behandelt werden. Allgemeine Funktionen, wie Fertigung oder Marketing, sind in Aktivitäten zu unterteilen. Dabei können der Produkt-, Auftrags- oder Papierfluß von Nutzen sein. Die Unterteilung von Aktivitäten kann bis zu einer immer stärkeren Eingrenzung noch voneinander unterscheidbarer Aktivitäten fortschreiten. Jede Maschine in einem Betrieb könnte, zum Beispiel, als einzelne Aktivität behandelt werden. Daher ist die Anzahl potentieller Aktivitäten oft recht groß.

Abbildung 2-3: Unterteilung eines Wertkettenmodells S. 74

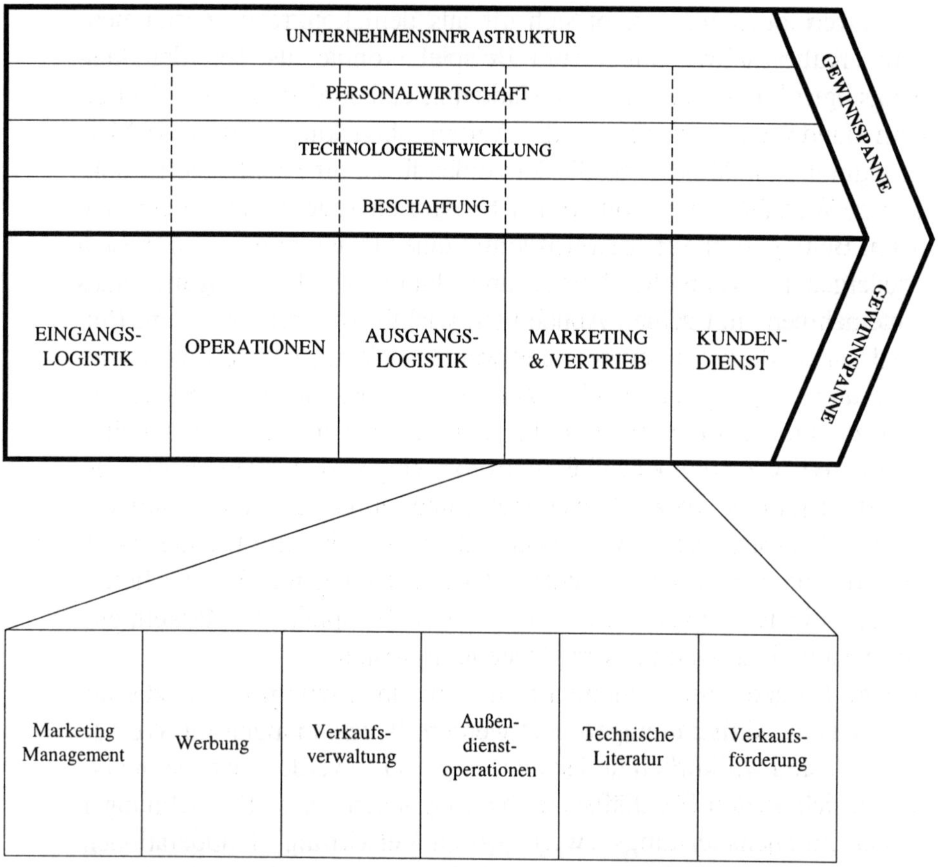

	UNTERNEHMENSINFRASTRUKTUR				
	PERSONALWIRTSCHAFT				
	TECHNOLOGIEENTWICKLUNG				
	BESCHAFFUNG				
EINGANGS-LOGISTIK	OPERATIONEN	AUSGANGS-LOGISTIK	MARKETING & VERTRIEB	KUNDEN-DIENST	GEWINNSPANNE

Marketing Management	Werbung	Verkaufs-verwaltung	Außen-dienst-operationen	Technische Literatur	Verkaufs-förderung

Wie weit diese Aufgliederung vorangetrieben werden sollte, hängt S. 73 vom wirtschaftlichen Zusammenhang der Aktivitäten und vom Zweck ab, für den die Wertkette analysiert wird. Auf diese Frage werde ich in späteren Kapiteln zwar zurückkommen, grundsätzlich ist hier aber zu sagen, daß Aktivitäten (1) mit unterschiedlichen wirtschaftlichen Zusammenhängen, (2) mit einem hohen Differenzierungspotential oder (3) mit einem erheblichen oder steigenden Kostenanteil voneinander abgegrenzt und getrennt behandelt werden sollten. Mit dem Konzept der Wertkette werden immer feinere Unterscheidungen bestimmter Aktivitäten herausgearbeitet, wenn sich aus der Analyse wettbewerbsrelevante Unterschiede ergeben; andere Aktivitäten werden zusammengefaßt, weil sie sich als irrelevant für den Wettbewerb erweisen oder ähnlichen wirtschaftlichen Regeln folgen.

Die Einordnung einer Aktivität in die richtige Kategorie erfordert Urteilsvermögen und ergibt sich oft aus dem konkreten Zusammenhang. Auftragsabwicklung, zum Beispiel, könnte als Teil der Ausgangslogistik oder als Teil des Marketing eingeordnet werden. Bei einem Handelsunternehmen ist die Auftragsabwicklung eher eine Marketingfunktion. Ähnlich erfüllt der Außendienst oft Kundendienstfunktionen, Wertaktivitäten sollten den Kategorien zugeordnet werden, die deren Beitrag zum Wettbewerbsvorteil eines Unternehmens am besten wiedergeben. Wenn die Auftragsabwicklung für den Umgang eines Unternehmens mit seinen Abnehmern wichtig ist, sollte sie, zum Beispiel, unter Marketing eingeordnet werden. Wenn für den Materialeingang und -ausgang die gleichen Anlagen und das gleiche Personal eingesetzt werden, sollten beide wahrscheinlich dementsprechend zu einer Wertaktivität zusammengefaßt und dort eingeordnet werden, wo die Funktion jeweils am wettbewerbsrelevantesten ist. Durch die Neudefinierung herkömmlicher Aktivitäten haben sich Firmen oft einen Wettbewerbsvorteil verschafft – Vetco, das Ausrüstung für Ölfelder liefert, benutzt die Einweisung der Kunden, zum Beispiel, als Marketinginstrument und zur Bildung von Umstellungskosten.

S. 76

Jede Tätigkeit eines Unternehmen sollte unter eine primäre oder unterstützende Aktivität eingeordnet werden. Bezeichnungen für Wertaktivitäten sind willkürlich und sollten so gewählt werden, daß sie die beste Einsicht in den Geschäftsbetrieb ermöglichen. Diese Bezeichnungen führen im Dienstleistungsgewerbe oft zu Verwirrung, da Operationen, Marketing und Kundenbetreuung häufig verknüpft sind. Die Einordnung der Aktivitäten sollte im allgemeinen den Arbeitsabläufen folgen, bleibt aber auch Ermessenssache. Oft werden in Unternehmen parallele Aktivitäten ausgeführt, mit deren Einordnung man die Fähigkeit der Führungskräfte zum intuitiven Erkennen der Wertkette fördern sollte.

Verknüpfungen innerhalb der Wertkette

Wertaktivitäten sind zwar die Bausteine von Wettbewerbsvorteilen, die Wertkette aber ist keine Ansammlung voneinander unabhängiger, sondern ein System interdependenter Aktivitäten. Wertaktivitäten sind innerhalb der Wertkette miteinander verknüpft. Verknüpfungen sind die Beziehungen, die zwischen einer Wertaktivität und den Kosten und der Durchführung einer anderen bestehen. Zum Beispiel kann der Kauf hochwertiger zugeschnittener Stahlblechtafeln die Fertigung vereinfachen und den Abfall verringern. In einer Schnellimbißkette kann die zeitliche Abstimmung von Werbekampagnen die Kapazitätsauslastung beeinflussen. Wettbewerbsvorteile ergeben sich häufig ebenso aus Aktivitätsverknüpfungen wie aus den einzelnen Aktivitäten selbst.

Verknüpfungen können auf zweierlei Weise zu Wettbewerbsvorteilen führen: durch Optimierung und Koordination. Verknüpfungen stellen oft einen Optimierungskompromiß zwischen Aktivitäten mit dem gleichen allgemeinen Ziel dar. Zum Beispiel können eine kostspieligere Produktgestaltung, strengere Materialspezifikationen oder eine verstärkte Prüfung während der Fertigung die Kundendienstkosten senken. Um des Wettbewerbsvorteils willen muß ein Unternehmen derartige Verknüpfungen als Teil seiner Strategie optimal gestalten.

Aus Verknüpfungen lassen sich auch erforderliche Koordinierungen erkennen. Für die pünktliche Auslieferung, zum Beispiel, kann die Koordinierung von Aktivitäten in der Fertigung, der Ausgangslogistik und im Kundendienst (z.B. Installation) erforderlich sein. Die Fähigkeit zur Koordinierung von Verknüpfungen führt oft zur Kostensenkung oder weiteren Differenzierung. Bessere Koordinierung kann, zum Beispiel, den Lagerhaltungsbedarf im ganzen Unternehmen senken. Verknüpfungen bedeuten, daß Kosten oder Differenzierung eines Unternehmens nicht nur das Ergebnis von Bemühungen um Kostensenkung oder Leistungssteigerung bei jeder einzelnen Wertaktvität sind. Weil man die Bedeutung von Verknüpfungen erkannte, hat sich die Einstellung zu Fertigung und Qualität – weitgehend unter dem Einfluß japanischer Praxis – in jüngster Zeit erheblich geändert.

S. 77

Es gibt zahllose Verknüpfungen, manche sind in vielen Unternehmen anzutreffen. Die augenscheinlichsten Verknüpfungen bestehen zwischen unterstützenden und primären Aktivitäten, die in dem Wertkettenmodell von Abbildung 2 - 2 durch gestrichelte Linien dargestellt sind. Zum Beispiel wirkt sich die Produktgestaltung in der Regel auf die Herstellungskosten eines Produkts aus, während Beschaffungsmethoden häufig die Qualität gekaufter Inputs und daher Fertigungskosten, Prüfkosten und Produktqualität beeinflussen. Schwerer erkennbare Verknüpfungen bestehen zwischen primären Aktivitäten. Zum Beispiel kann eine intensivere Güteprüfung eingehender Teile im späteren Fertigungsablauf die Kosten der Qualitätssicherung senken, während eine bessere Wartung oft die Ausfallzeiten einer Maschine verkürzt. Ein Auftragserfassungssystem im Dialogbetrieb kann die am Käufer erforderliche Verkäuferzeit verringern, weil das Verkaufspersonal Aufträge schneller plazieren kann und für Nachfragen und andere Probleme keine weitere Zeit zu verwenden braucht. Eine gründlichere Prüfung der Fertigwaren macht das Produkt draußen auf dem Markt zuverlässiger und senkt die Kundendienstkosten. Schließlich können häufige Auslieferungen an die Abnehmer Lagerhaltung und Außenstände verringern. Verknüpfungen zwischen Aktivitäten verschiedener Kategorien oder verschiedener Typen sind oft am schwersten zu erkennen.

Verknüpfungen zwischen Wertaktivitäten haben eine Reihe typischer Ursachen, unter anderem folgende:
- *Die gleiche Funktion läßt sich auf verschiedene Art und Weise erfüllen.* Zum Beispiel läßt sich die Übereinstimmung mit den Spezifikationen durch den Kauf hochwertiger Inputs, enge Toleranzbreiten im Fertigungsprozeß oder die Vollprüfung der Endprodukte erreichen.
- *Kosten oder Leistung direkter Aktivitäten werden durch intensivere Anstrengungen bei indirekten Aktivitäten verbessert.* Zum Beispiel verringert eine bessere Einsatzterminplanung (eine indirekte Aktivität) die Reisezeiten des Außendienstes oder die Zeiten der Auslieferungsfahrzeuge (direkte Aktivitäten); oder bessere Wartung verbessert die Toleranzen der Maschinen.
- *Aufgrund betriebsinterner Aktivitäten braucht ein Produkt draußen weniger Demonstration, Erklärung und Kundendienst.* Zum Beispiel kann eine Vollprüfung die Kundendienstkosten draußen wesentlich senken.
- *Qualitätssichernde Funktionen lassen sich auf verschiedene Weise erfüllen.* Zum Beispiel ersetzt die Güteprüfung eingehenden Materials die Gütekontrolle der Endprodukte.

S. 78

Verknüpfungen innerhalb der Wertkette sind zwar für den Wettbewerb von entscheidender Bedeutung, sie sind aber oft schwer zu erkennen und bleiben unbemerkt. Die Bedeutung der Beschaffung für Fertigungskosten und Qualität ist, zum Beispiel, vielleicht nicht offensichtlich. Das gleiche gilt für die Verbindung zwischen Auftragsabwicklung, Methoden der Fertigungsablaufplanung und Einsatz des Außendienstes. Verknüpfungen zu erkennen bedeutet, ununterbrochen nach Wechselwirkungen zwischen Wertaktivitäten zu suchen. Die oben erörterten typischen Ursachen von Verknüpfungen bieten eine Ausgangsbasis. Die Aufgliederung von Beschaffung und Technologientwicklung und deren Zuordnung zu bestimmten primären Aktivitäten erhellt unter anderem auch Verknüpfungen zwischen unterstützenden und primären Aktivitäten.

Um Verknüpfungen nutzen zu können, sind in der Regel Informationen oder Informationsflüsse erforderlich, durch die Optimierung oder Koordinierung stattfinden können. Daher sind Informationssysteme für die wettbewerbsorientierte Nutzung von Verknüpfungen oft von entscheidender Bedeutung. Neuere Entwicklungen der Informationstechnologie schaffen neue Verknüpfungen und steigern die Fähigkeit, alte zu nutzen. [...]

Vertikale Verknüpfungen S. 79

Verknüpfungen gibt es nicht nur innerhalb der Wertkette eines Unternehmens, sondern auch zwischen dieser und den Wertketten der Lieferanten und Vertriebswege. Diese Verknüpfungen, die ich vertikale Verknüpfungen nenne, ähneln denen innerhalb der Wertkette – die Art, in der Aktivitäten von Lieferanten oder Vertriebswegen ausgeführt werden, wirken sich auf Kosten und Leistung der Aktivitäten eines Unternehmens aus (und umgekehrt). Lieferanten erzeugen ein Produkt oder eine Dienstleistung, die ein Unternehmen in seiner Wertkette einsetzt, und auch an anderen Berührungspunkten beeinflussen die Lieferantenwertketten das Unternehmen. Zwischen den Aktivitäten in den Bereichen Beschaffung und Eingangslogistik eines Unternehmens und, zum Beispiel, dem Auftragserfassungssystem eines Lieferanten bestehen wechselseitige Beziehungen, während die Anwendungstechniker eines Lieferanten an den Technologieentwicklungs- und Fertigungsaktivitäten eines Unternehmens mitarbeiten. Die Produktmerkmale eines Lieferanten sowie seine anderen Berührungspunkte mit der Wertkette eines Unternehmens können erhebliche Auswirkungen auf dessen Kosten und Differenzierung haben. Zum Beispiel können häufige Lieferantenlieferungen den Lagerhaltungsbedarf eines Unternehmens verringern, geeignete Verpackungen der Lieferantenprodukte die innerbetrieblichen Transportkosten senken und die Prüfung beim Lieferanten die Eingangsprüfung für ein Unternehmen überflüssig machen.

Verknüpfungen zwischen den Wertketten eines Unternehmens und seiner Lieferanten ermöglichen es dem Unternehmen, seine Wettbewerbsvorteile auszubauen. Oft ist es möglich, zum Vorteil des Unternehmens und seiner Lieferanten, den Aufbau der Lieferantenwertketten so zu gestalten, daß Leistungen gemeinsam optimiert werden, oder die Koordinierung zwischen der eigenen Wertkette und der der Lieferanten zu verbessern. Bei Verknüpfungen mit Lieferanten handelt es sich um kein Nullsummenspiel, bei dem einer nur auf Kosten des anderen gewinnen kann, sondern um eine Beziehung, in der beide gewinnen können. Wenn die Lieferung von großen Mengen Schokolade an einen Konfekthersteller, zum Beispiel, in Tankwagen statt festen Riegeln vereinbart wird, spart eine Schokoladenfabrik die Kosten des Formens und Verpackens, während der Konfekthersteller die Kosten für Handhabung und Schmelzen des eingehenden Materials senken kann. Wie der Nutzen aus der Verknüpfungskoordinierung oder -optimierung zwischen einem Unternehmen und seinen Lieferanten verteilt wird, ist eine Funktion der Verhandlungsstärke der Lieferanten und spiegelt sich in deren Gewinnspannen wider. Die Lieferantenstärke ist zum Teil strukturbedingt und zum Teil eine Funktion der Einkaufsmethoden eines Unternehmens.[5] Daher sind *sowohl* die Koordinierung mit den Lieferanten *als auch* harte Verhandlungen über die Beuteverteilung für den Wettbewerbsvorteil wichtig. Das eine ohne das andere zu tun, hieße Chancen verpassen.

S. 80

Verknüpfungen mit den Vertriebskanälen ähneln denen mit Lieferanten. Vertriebskanäle haben Wertketten, die vom Produkt eines Unternehmens durchlaufen werden. Der Rohgewinnaufschlag auf den Verkaufspreis eines Unternehmens durch den Vertriebsweg (den ich Vertriebskanalwert nenne) macht oft einen erheblichen Teil des Endverbraucherpreises aus – bei vielen Konsumgütern, wie etwa Wein, sind das bis zu 50 Prozent des Endverbraucherpreises oder mehr. Die Vertriebskanäle vollziehen Aktivitäten wie Absatz, Werbung und Verkaufsauslagen, welche die Unternehmensaktivitäten ergänzen oder ersetzen können. Auch zwischen den Wertketten eines Unternehmens und denen der Vertriebskanäle gibt es in Bereichen wie Außendienst, Auftragserfassung und Ausgangslogistik zahlreiche Berührungspunkte. Ähnlich wie bei Verknüpfungen mit Lieferanten kann sich die Koordinierung und gemeinsame Optimierung mit den Vertriebskanälen kostensenkend oder differenzierungssteigernd auswirken. Auch bei den Vertriebskanälen ergeben sich die gleichen Fragen nach der Verteilung der Gewinne aus Koordinierung und gemeinsamer Optimierung.

[...]

Anmerkungen

[1] Das von McKinsey and Company entwickelte Systemkonzept greift die Idee auf, daß ein Unternehmen aus einer Reihe von Funktionen besteht (z.B. F&E, Fertigung, Absatz, Vertriebskanäle) und daß sich aus der Analyse der Ausführung jeder Funktion im Vergleich zu den Konkurrenten nützliche Einsichten ergeben können. McKinsey hebt auch hervor, daß sich durch die Bereinigung des Unternehmenssystems Wettbewerbsvorteile gewinnen lassen – eine wichtige Idee. Das Systemkonzept befaßt sich aber eher mit allgemeinen Funktionen als mit Tätigkeiten und unterscheidet weder zwischen einzelnen Aktivitätstypen noch zeigt es deren gegenseitige Beziehung. Auch wird weder eine eigentliche Beziehung zu Wettbewerbsvorteilen noch zum Wettbewerbsfeld hergestellt. [...]

[2] Die Vorstellung, daß strategische Geschäftseinheiten für die Strategieformulierung wichtige Gebilde sind, wird allgemein akzeptiert und findet sich in den Arbeiten vieler Wissenschaftler und Berater. Diese Geschäftseinheiten sind aber oft unzureichend definiert – ein Problem, das die Wertkettenanalyse aufdeckt und auf das ich unten zurückkommen werde.

[3] Nach wirtschaftstheoretischen Darstellungen haben Unternehmen eine Produktionsfunktion, welche die Umwandlung der Inputs in Outputs bestimmt. Die Wertkettentheorie sieht das Unternehmen als eine Ansammlung voneinander unterscheidbarer, aber miteinander verbundener Produktionsfunktionen, sofern Produktionsfunktionen als Aktivitäten definiert werden. Bei der Formulierung der Wertkette steht die Frage im Mittelpunkt, wie diese Aktivitäten Wert schaffen und was deren Kosten bestimmt, wobei das Unternehmen in der Frage, wie diese Aktivitäten, angeordnet und kombiniert werden sollen, beträchtlichen Spielraum hat.

[4] Auch auf der Gruppen- oder Sektorebene kann es Infrastrukturaktivitäten geben.

[5] Für die Erörterung einiger Strukturprobleme vgl. *Wettbewerbsstrategie*, Kapitel 1 und 6.

D. I.4

Rolf Bühner
Der Shareholder Value im Spiegel traditioneller
betriebswirtschaftlicher Bilanzansätze

Aus: Das Rechnungswesen im Spannungsfeld
zwischen strategischem und operativem Management,
Festschrift für Marcell Schweitzer, hrsg. v.
H.-U. Küpper, E. Troßmann, S. 28-41

Verlag Dunker & Humblot, Berlin 1997

I. Grundgedanken
S. 28

[...]

Rappaports wegweisendes Werk "Creating Shareholder Value" (vgl. Rappaport [Shareholder Value]) gilt als Auslöser für den Einzug des Shareholder-Value-Ansatzes in die Vorstandsetagen deutscher Unternehmen. Ausgehend von den USA, wo in den 80er Jahren aufgrund von sog. "Raiders" Restrukturierungen nach Shareholder-Value-Maßstäben erfolgten, erreichte der Shareholder Value den alten Kontinent. Die wertorientierte Unternehmensführung rückt die Interessen der Aktionäre an der Rentabilität ihrer Aktienanlage in den Mittelpunkt der unternehmerischen Entscheidungsfindung, was von anderen Unternehmenskoalitionären, wie z. B. den Arbeitnehmervertretern, als Einseitigkeit zum Teil scharf kritisiert wird. Auch die handelsrechtliche gläubigerorientierte Bilanzierung gerät mit in die Diskussion. Denn die Ausrichtung des Unternehmens an den Interessen der Aktionäre macht weniger einen gläubigerorientierten, vorsichtigen Gewinnausweis erforderlich als vielmehr den Ausweis des "tatsächlichen" Erfolgs für die Eigentümer im Jahresabschluß eines Unternehmens.

Idee und Konzeption des Shareholder Value sind aber keineswegs neu. Bestandteile des Shareholder-Value-Ansatzes lassen sich bereits in der Diskussion um Aufbau und Funktion der Bilanz finden, die bis in die 60er Jahre hinein intensiv geführt wurde. Dieser Beitrag betrachtet nun einige ältere Ansätze aus dieser Diskussion aus dem scheinbar modernen Blickwinkel des Shareholder-Value-Ansatzes. Zuvor werden die grundlegenden Elemente des Shareholder Value knapp erläutert, um den Vergleich mit den traditionellen Ansätzen zu erleichtern.

II. Elemente des Shareholder Value

Der Begriff Shareholder Value läßt sich im Deutschen mit Aktionärsvermögen wiedergeben (vgl. zu den folgenden Ausführungen Rappaport [Shareholder Value] 50 ff., Bühner [Management-Wert-Konzept] 35 ff.; ders. [Unternehmerische Führung] 9 ff.). Das Aktionärsvermögen wird durch Kursgewinne, Bezugsrechte und Dividendenzahlungen gesteigert. Die Entscheidung der Aktionäre, Anteile an einem Unternehmen zu halten oder zu veräußern, basiert in erster Linie auf der Erwartung zukünftiger Vermögenszuwächse. Der Aktionär beurteilt sein Engagement folglich anhand der ihm zukünftig zufliessenden Zahlungen, wobei er die Zahlungen, die zu einem späteren Zeitpunkt erfolgen,

S. 29

grundsätzlich niedriger bewertet als die Geldmittel, über die er bereits gegenwärtig verfügen kann. Das gesamte Aktionärsvermögen aus der Sicht des Unternehmens ergibt sich als heutiger Wert des Eigenkapitals aus der Differenz des Unternehmenswertes und des Werts des Fremdkapitals. Dabei steht der Unternehmenswert im Mittelpunkt des Shareholder-Value-Ansatzes. Ihn gilt es zu steigern, um für die Kapitalgeber attraktiv zu bleiben. Er ergibt sich als Barwert der Einzahlungsüberschüsse (Cash-flows) in der Planungsperiode. Die wesentlichen Bestandteile des Shareholder-Value-Ansatzes sind somit
- die zukünftigen Cash-flows aus der betrieblichen Tätigkeit
- die Planungsperiode und
- der Diskontierungsfaktor.

[...]

III. Elemente des Shareholder Value in traditionellen bilanztheoretischen Ansätzen S. 32

Verfahren zur Ermittlung des "wahren" Unternehmenswerts bzw. des "richtigen" Gewinns eines Unternehmens werden in der Betriebswirtschaftslehre seit langem diskutiert. Ausgangspunkt der Diskussion ist zumeist der handelsrechtliche Jahresabschluß, "der ein den tatsächlichen Vermögensverhältnissen entsprechendes Bild der Vermögens-, Finanz- und Ertragslage (...) zu vermitteln hat" (§ 264 Abs. 2 HGB). Daher werden im folgenden die Bilanztheorien [...] *Riegers, Kosiols/ Schweitzers* [...], die die Bilanzdiskussion maßgeblich beeinflußt haben, dahingehend untersucht, inwiefern sie den Shareholder-Value-Ansatz konzeptionell vorwegnehmen.

[...]

2. Heutiger Wert S. 34

a) Zahlungsorientierung

Rieger nimmt 1928 den Shareholder Value geradezu vorweg (vgl. Rieger [Privatwirtschaftslehre]). Den traditionellen Jahresabschluß als Instrument zur Wertermittlung lehnt er rundherum ab. Er bezeichnet ihn schlicht als eine Fiktion: "Wie kann man denn abschließen, wenn man mitten im Leben steht!" (Rieger [Privatwirtschaftslehre] 209). Ausschlaggebend für die Wertermittlung sind nach *Riegers* Meinung ausschließlich Zahlungsströme, wie auch der Zweck eines Unternehmens einzig in der Erzielung von Geldeinkommen für die Eigentümer, die Unternehmer, liegt (vgl. Rieger [Privatwirtschaftslehre] 44 und 213). Denn "Ausgangspunkt jedes Geschäfts ist eine Aufwendung in Geld, und entsprechend ist der Schlußstein, das Charakteristikum für die vollzogene Abwicklung, eine Einnahme in Geld. (...) Nur Geld ist begrifflich jenseits aller Schwankungsmöglichkeit. (...) In der ganzen Rechnung liegen nur die Punkte G und G' fest; sie allein machen eine Abrechnung möglich." (Rieger [Privatwirtschaftslehre] 203). Eine Bewertung zu Tageswerten (gemeint sind Wiederbeschaffungswerte) ist nach seiner Ansicht demnach völlig bedeutungslos (vgl. Rieger [Privatwirtschaftlehre] 213), weil sie eine Liquidation vortäuscht und gleichzeitig von der Annahme der Fortdauer des Unternehmens ausgeht (vgl. Gümbel [Bilanztheorie Riegers] 341). Zahlungsunwirksame Vorgänge werden so ausgeklammert. Diese Auffassung entspricht dem Shareholder-Value-Ansatz, der ausschließlich Cash-flows als Überschuß der "Einnahmen in Geld" über die "Aufwendungen in Geld" in die Wertermittlung einbezieht.

S. 35

b) "Eskomptierung" und Zukunftsorientierung

Für *Rieger* "kann es sich bei der Bewertung (...) nur darum handeln, das spätere geldliche Ende auf den Bilanztag zu eskomptieren." (Rieger [Privatwirtschaftslehre] 213). Diese Auffassung hat für die Bewertung eines Unternehmens eine zentrale Bedeutung *(Rieger* nennt seine Auffassung den "Kardinalsatz der Bewertung"; vgl. Rieger [Privatwirtschaftslehre] 213). Den so ermittelten Wert bezeichnet *Rieger* als den heutigen Wert. Dieser heutige Wert kommt dem Shareholder Value sehr nahe, auch wenn Rieger den Kalkulationszins für die "Diskontrechnung" (Rieger [Privatwirtschaftslehre] 229) wie auch Schmalenbach nicht konkretisiert. Den heutigen Wert in der Praxis zu ermitteln, hält *Rieger* ohnehin für unmöglich: "Man sieht, was alles dazu gehörte, richtige Bilanzen aufzustellen - es ist eigentlich nicht auszudenken! (...) Alles muß vorhergesehen werden, nicht nur der Warenumsatz und die Warenpreise, auch die Gebrauchsdauer der Anlagen usw. (...) Es kann dem Kaufmann unmöglich zugemutet werden, in die Zukunft zu sehen." (Rieger [Privatwirtschaftslehre] 219 f.). *Rieger* geht allerdings dabei auch von dem Anspruch aus, den heutigen Wert wissenschaftlich exakt zu ermitteln, was nur bei vollkommener Voraussicht möglich ist. Diese Auffassung steht konträr zum Shareholder-Value-Ansatz, der dem Unternehmer sehr wohl zumutet, in die Zukunft zu sehen, indem er die zukünftigen Zahlungsströme plant und prognostiziert.

c) Eigentümerinteressen

Auch wenn *Rieger* keinen konkreten Diskontierungsfaktor vorschlägt, in dem die Interessen der Kapitalgeber berücksichtigt werden, so stellt er doch die Eigentümer, und dabei ganz ausdrücklich auch die Aktionäre, als Unternehmer vor alle anderen Unternehmensbeteiligten. "(...) und zwar deshalb, weil sie es sind, die das Kapital beigebracht haben, weil auf ihnen in erster Linie das Risiko lastet, und weil endlich der Gewinn (...) als Dividende ihnen zugute kommt." (Rieger [Privatwirtschaftslehre] 124)

Rieger nimmt zudem einem häufig geäußerten Kritikpunkt am Shareholder-Value-Ansatz von vornherein den Wind aus den Segeln. Diese Kritik besagt, daß die Aktionärsorientierung im Shareholder-Value-Ansatz eine Orientierung an kurzfristigen Gewinnen nach sich ziehe. *Rieger* macht hingegen darauf aufmerksam, daß für die Unternehmenssteuerung nicht einzelne, evtl. auf Gewinnmitnahmen spekulierende Aktionäre ausschlaggebend sein können, sondern die Gesamtheit der Eigentümer, die den langfristigen Erfolg des Unternehmens anstrebt (vgl. Rieger [Privatwirtschaftslehre] 125).

S. 36

d) Fazit

Dieser kurze Überblick über *Riegers* Ausführungen zur Jahresbilanz zeigt, daß er mit seinem Verständnis vom heutigen Wert eines Unternehmens dem Shareholder Value bereits 1928 sehr nahe gekommen ist. Er verweist darauf, daß ein Unternehmen eine "untrennbare Einheit in der Zeit" (vgl. Rieger [Privatwirtschaftslehre] 237) sei. Die Bewertung eines Unternehmens kann nur erfolgen, wenn seine Geldwerdung als Ganzes simultan erfaßt wird (vgl. Gümbel [Bilanztheorie Riegers] 367). Diese Simultanität versucht der Shareholder-Value-Ansatz durch die Anwendung der Kapitalwertmethode herzustellen. Die Ähnlichkeit des *Riegerschen* Konzeptes mit der dynamischen Bilanz *Schmalenbachs* ist deutlich zu erkennen (worauf Rieger selbst hinweist; vgl. Rieger [Privatwirtschaftslehre] 211). Im Gegensatz zu *Schmalenbach* warnt *Rieger* jedoch "vor dem Laienglauben, so komplizierte Zusammenhänge wie den Grad finanzieller Zielrealisierung in der Globalgröße 'Periodengewinn' zuverlässig einfangen zu können." (Moxter [Gewinnermittlung] 203).

3. Pagatorische Bilanz

a) Zahlungsorientierung

Das Konzept der pagatorischen Bilanz geht zurück auf *Kosiol*. Sein Schüler *Schweitzer* hat unter anderem mit seiner Habilitationsschrift "Struktur und Funktionen der Bilanz", in der er eine Axiomatik für buchhalterische Abrechnungssysteme entwickelt, wesentlich zu ihrer Entwicklung beigetragen. Ausgangspunkt der Bilanzierung sind in diesem Konzept einzig Einzahlungen und Auszahlungen (vgl. Kosiol [Pagatorische Bilanz] 113; zwar werden hier die Begriffe Einnahmen und Ausgaben verwendet, gemeint sind aber Ein- und Auszahlungen im Sinne von Zahlungsströmen). Sie sollen "mittelbar der Abrechnung des Unternehmungsprozesses dienen" (Kosiol [Pagatorische Bilanz] 115). Der Unternehmensprozeß besteht im wesentlichen aus dem Austausch von Gütern und Leistungen innerhalb des Unternehmens und mit der Umwelt; seine Darstellung erfolgt mittels der Zahlungsströme, die den realen Güterströmen entgegenlaufen (vgl. Kosiol [Pagatorische Bilanz] 113 f.). Es werden in der pagatorischen Bilanz diejenigen Güter erfaßt, denen reale Zahlungsvorgänge entsprechen, alle Bilanzgegenstände sind somit als Zahlungen interpretierbar (vgl. Schweitzer [Pagatorische Bilanz] 1488). Zweck der pagatorischen Bilanz ist die Erfolgsermittlung, die von der Erfolgsverwendungsrechnung zu trennen ist (vgl. Schweitzer [Bilanz] 83). Die "richtige" Erfolgsermittlung, die seit *Schmalenbachs* Entwicklung der dynamischen Bilanz als der Hauptzweck der Bilanzierung gesehen wird, stellt dabei das zentrale Anliegen der pagatorischen Bilanzierung dar. *Schweitzer* und *Kosiol* sehen die Ermittlung des "richtigen" Erfolgs als Grundlage für die Steuerung des Unternehmens. Die pagatorische Bilanz ermittelt den Erfolg des Unternehmens als Überschuß der Einzahlungen über die Auszahlungen, indem sie sämtliche Bilanzpositionen zu ihrem Zahlungswert ansetzt. Dies bedeutet die konsequente Umsetzung des Anschaffungswertprinzips (vgl. Schweitzer [Bilanz] 172). Ausschließlich in Zahlungsströmen abbildbare Größen gehen in die Bilanzierung ein. Aus diesem Umstand leitet sich der Begriff der *pagatorischen* Bilanz ab. Hier werden also grundsätzlich wie beim Shareholder Value Cash-flow-Größen erfaßt und der Bewertung zugrunde gelegt.

S. 37

b) Zukunftsorientierung

Schweitzer weist darauf hin, daß "auch ein geplanter Unternehmungsprozeß zum Betrachtungsgegenstand erhoben und zahlenmäßig abgebildet werden kann." (Schweitzer [Bilanz] 52 f.) Zukünftige Cash-flows werden im Konzept der pagatorischen Bilanz insofern erfaßt, als der Zahlungsbegriff dahingehend erweitert wird, daß zukünftige Barbewegungen miteinbezogen werden (vgl. Kosiol [Pagatorische Bilanz] 132). Der expliziten Bezugnahme ausschließlich auf Zahlungsvorgänge liegt, wie auch der Konzeption der Dynamischen Bilanz, die "Vorstellung einer Kassenrechnung für die gesamte Lebensdauer einer Unternehmung (zugrunde), deren Ergebnis erst nach der Auflösung der Unternehmung in Gestalt einer Differenz zwischen sämtlichen baren Einnahmen und sämtlichen baren Ausgaben feststellbar ist." (Lechner [Analysen] 160). Die pagatorische Bilanz stellt eine Periodenerfolgsrechnung dar, die durch Zerlegung der Totalerfolgsrechnung möglich wird. Dabei werden die Zahlungen, die erst in der Zukunft erfolgen, in die Periodenerfolgsrechnung miteinbezogen. Dennoch fehlt auch hier die Bezugnahme auf einen Diskontierungsfaktor, der es ermöglicht, die zukünftigen Zahlungen auf den Bilanztag abzubilden.

c) Eigentümerorientierung

Der Erfolg des Unternehmens wird nach *Kosiols* Ansicht auf "den Unternehmer als Wirtschaftssubjekt bezogen" (Kosiol [Pagatorische Bilanz] 116). Der Unternehmenserfolg ist das Einkommen der Unternehmenseigner als Entschädigung für die Kapitalhergabe und stellt die Verzinsung des Eigenkapitals einschließlich der Risikoprämie dar. Der Überschuß des Unternehmens wird auf die Unternehmer übertragen und stellt deren Residualeinkommen dar (vgl. Kosiol [Pagatorsiche Bilanz] 125). Diese Betrachtung des Gewinns als Entschädigung für die Kapitalhergabe entspricht der Auffassung des Shareholder-Value-Ansatzes, daß das Unternehmen eine Mindestrendite für die Kapitalgeber erwirtschaften muß.

S. 38

d) Fazit

Es ist zu erkennen, daß auch die pagatorische Bilanz mit der auf *Schweitzer* zurückgehenden deutlichen Trennung von Erfolgsermittlung und -verwendung sowie der konsequenten Bezugnahme auf Zahlungsvorgänge einige wesentliche Aspekte des Shareholder-Value-Ansatzes vorwegnimmt. In diesem Zusammenhang ist auch die Interpretation des Unternehmenserfolgs als Entschädigung für die Kapitalgeber bemerkenswert, wenn auch diese Auffassung nicht in die Kon-

zeption der pagatorischen Bilanz weiter eingeht.
[...]

## IV. Zusammenfassung	S. 40

Der Überblick über einige ausgewählte ältere Ansätze zur Gewinnermittlung bzw. Unternehmensbewertung hat gezeigt, daß der Shareholder-Value-Ansatz keineswegs neu ist. Überlegungen zur "richtigen" Gewinnermittlung bzw. Unternehmensbewertung, die den Shareholder-Value-Ansatz konzeptionell vorwegnehmen, finden sich schon in Veröffentlichungen, die weitaus älter sind als die im Zusammenhang mit dem Shareholder Value allseits bekannten Werke der vergangenen Jahre. Hier ist besonders die pagatorische Bilanz *Kosiols* und *Schweitzers* hervorzuheben, die ein umfassendes und einheitliches Bewertungssystem darstellt.

Es ist zu erkennen, wie zeitlos wichtig die Ansätze zur Gewinnermittlung und Unternehmensbewertung in der Betriebswirtschaftlehre sind. Daher wird hier auch die Ansicht vertreten, daß es sich beim Shareholder-Value-Ansatz nicht um eine neuartige Management-Mode handelt, die bald wieder in Vergessenheit geraten könnte. Vielmehr betrifft dieser Ansatz die wesentlichen Elemente, die für die Unternehmenssteuerung und -existenzsicherung von so grundlegender Bedeutung sind. Der Verdienst des Shareholder-Value-Ansatzes neuerer Prägung ist es, den Unternehmen konkrete Handlungsempfehlungen zur Wertsteigerung zu geben.

Literatur

[...]
Bühner, Rolf: [Management-Wert-Konzept] Das Management-Wert-Konzept: Strategien zu Schaffung von mehr Wert im Unternehmen. Stuttgart 1990.
Bühner, Rolf: [Unternehmerische Führung] Unternehmerische Führung mit Shareholder Value. In: Der Shareholder-Value-Report: Erfahrungen, Ergebnisse, Entwicklungen. Hrsg. von R. Bühner. Landsberg/Lech 1994, S. 9-75.
Gümbel, Rudolf: [Bilanztheorie Riegers] Die Bilanztheorie Wilhelm Riegers, in: Zeitschrift für Betriebswirtschaft (36) 1966, S. 333-391.
Kosiol, Erich: [Pagatorische Bilanz] Pagatorische Bilanz. Berlin 1976.
Lechner, Karl: [Analysen] Neuere bilanztheoretische Analysen, in: Die Betriebswirtschaft (39) 1979, S. 155-163.
[...]
Moxter, Adolf: [Gewinnermittlung] Betriebswirtschaftliche Gewinnermittlung, Tübingen 1982.

Rappaport, Alfred: [Shareholder Value] Creating Shareholder Value. The new Standard for Business performance. New York 1986.

Rieger, Wilhelm: [Privatwirtschaftslehre] Einführung in die Privatwirtschaftslehre. Erlangen 1928; zitiert nach der 3. unveränderten Auflage 1964.

[...]

Schweitzer, Marcell: [Bilanz] Struktur und Funktionen der Bilanz. Berlin 1972.

Schweitzer, Marcell: [Pagatorische Bilanz] Pagatorische Bilanz, in: Handwörterbuch des Rechnungswesens. 3. Aufl. Hrsg. von K. Chmielewicz und M. Schweitzer. Stuttgart 1993, Sp. 1488-1502.

D. I.5

Fritz Schmidt
Die Industriekonjunktur – ein Rechenfehler!

Aus: Zeitschrift für Betriebswirtschaft,
2. Sonderheft

Industrieverlag Spaeth & Linde, Berlin, Wien 1927

[...]

V. Der Rechenfehler als Konjunkturursache.[1]   S. 61

1. Kreislauffremde und kreislaufverbundene Konjunkturursachen.

Bei der Betrachtung der Verkehrsvorgänge in der Volks- und Betriebswirtschaft sahen wir, daß die Verkehrsgleichung in ihrer fortlaufenden Gegenüberstellung von Kosten, Einkommen und Marktpreis der Produkte eine starke Bindung darstellt, die nicht ohne das Eingreifen anderer Kräfte verschoben werden kann. Aus der Verkehrsgleichung heraus dürften also der Tendenz nach Verschiebungen der Einkommen, Preise und Kosten nicht möglich sein, solange nicht Kräfte nachweisbar sind, die das Gleichgewicht stören. Es ist nun allgemein anerkannt, daß solche Störungen von außen, kreislauffremde Konjunkturursachen, ziemlich häufig sind, so wenn die Ernte besonders schlecht oder besonders gut ist, wenn große Streiks oder Aussperrungen die Produktion hemmen oder starke Verschiebungen in der Bevölkerungsziffer Schwierigkeiten in der Versorgung mit Arbeit, oder in der Beschaffung der notwendigen Arbeitskräfte verursachen. Indessen sind das alles keine unlösbaren Probleme der Konjunkturlehre, weil man die Ursachen der Veränderungen in der Wirtschaft deutlich sehen und ihre Auswirkungen einigermaßen abschätzen kann.

Ganz anders ist die aus dem Kreislauf selbst herauswachsende Konjunkturbewegung. Zwar sehen wir eine ganze Reihe von Symptomen, die in regelmäßiger Folge wiederkehren. Die Statistik zeigt die regelmäßigen Schwankungen des Geld- und Kapitalmarktes, der Güterwerte, des Wertes der Arbeit, der Betriebsgewinne und Umsätze, aber was die eigentliche Ursache dieser Erscheinungen ist, das wird heute noch stark umstritten. Jedenfalls muß, wenn wir die Ursache in den Ablaufverhältnissen des Kreislaufs selbst suchen, sein Verlauf nicht, wie bisher die Konjunkturforschung zu tun pflegte, nur oberflächlich an den am leichtesten faßbaren Stellen untersucht werden, sondern man wird dem dynamischen Ablauf des wirtschaftlichen Geschehens das Verfahren dynamischer Forschung gegenüberstellen müssen. Man muß also den Kreislauf des Einkommens und der Güter nicht nur bis an die Grenze der Unternehmung verfolgen, sondern bis durch die Unternehmung hindurch. Mittel dazu ist das Rechnungswesen der Unternehmung, gipfelnd in den beiden Systemen der Buchhaltung und der Kalkulation.

2. Arten und Ursachen der Wertveränderung. S. 62

Die Untersuchung des Rechnungswesens der Unternehmungen wird sich vor allem mit dem Problem der Wertänderung zu befassen haben. Wenn man von einer im Gleichgewicht befindlichen Verkehrsgleichung ausgeht, so kann eine Veränderung der Preise und Werte ohne Verschiebung dieses Gleichgewichtes nur eintreten, wenn entweder die Bedürfnisse der Konsumenten oder die Kosten der Einzelgüter sich ändern. Nehmen wir an, daß alles Übrige gleich bleibt, die Bedürfnisse der Konsumenten sich verändern, wie insbesondere die Mode es uns so häufig zeigt. Dann würden die Einkommen der einzelnen einkaufenden Personen in anderer Weise auf die vorhandenen Produkte verteilt als bisher. Im ganzen wäre die Einkommenssumme und damit die Kaufkraft gleichgeblieben, aber im Einzelmarkte erscheint ein Mehr oder Weniger gegenüber der Vorperiode. Die stärker begehrten Güter werden sich einer größeren Einkommenssumme gegenüber sehen, die geringer erwünschten finden weniger Kaufkraft als in der Vorperiode. Die Folge muß eine Preissteigerung für die stark begehrten und eine Preissenkung für die vernachlässigten Waren sein. Das Ergebnis dieser Preisbildung ist ein starker Druck auf die Produzenten, in Zukunft mehr Güter der begehrten Art und weniger der mit geringerer Nachfrage herzustellen. Der Konsument erzwingt durch Verschiebung seiner Nachfrage und die daraus herauswachsende Aenderung der Preise eine Aenderung der Produktion der Art nach. Was hier dargestellt ist, kennzeichnet eine Spezialkonjunktur, die das Gesamtbild der Verkehrsgleichung nicht verändert, denn einem im ganzen unveränderten Güterquantum steht ein unverändertes Quantum an Kaufkraft gegenüber. Verändert sind nur die Art der Waren und die Einzelpreise, der Durchschnitt aller Preise ist gleichgeblieben, und ein Generalindex würde auch keine Verschiebungen aufzeigen können, wenn er richtig errechnet wäre.

Gleichartig können die Wirkungen sein, wenn die Kosten einzelner Güter steigen, die anderer fallen, und zwar so, daß beide Bewegungen sich ausgleichen. Dieser Ausgleich ist nicht die Regel, vielmehr tendiert die Wirtschaft mehr zu allmählicher Verringerung aller Kosten.

Verschiebungen der Verkehrsgleichung im ganzen treten ein, wenn entweder das Güterquantum als Ganzes oder die Einkommensseite sich ändert. Im ersten Falle sind es Produktivitätsverschiebungen, die die Gütermenge verändern. Es ist die wirtschaftlich wertvolle Seite der technischen Entwicklung, daß mit jeder Verbesserung der Produktions-

und Arbeitsverfahren in den Unternehmungen für die gleichen Kosten ein größeres Quantum Produkt hergestellt werden kann. Die Folge ist ein Anwachsen der Gütermenge, die dem, wie wir annehmen, gleichgebliebenen Einkommen im Markte gegenübertritt. Um alle Erzeugnisse abzusetzen, müssen die Unternehmer ihre Verkaufspreise ermäßigen. Der Wert des einzelnen Gutes sinkt, obgleich die Einkommen gleich geblieben sind. Die Träger der Einkommen sind also imstande, ihre Lebenshaltung im gleichen Maße zu verbessern. Umgekehrt ist denkbar, daß die Kosten aller Güter in einem Zeitpunkt steigen. Das war der Fall, als der Achtstundentag plötzlich allgemein eingeführt wurde, ohne daß schon die Rationalisierung der Betriebe dahin geführt hatte, die Leistung pro Stunde entsprechend zu heben. Wenn nun infolge dieser Maßnahme die Kosten pro Stück stiegen, weil pro Arbeitstag mit gleichem Lohn weniger produziert wurde, so mußte auch bei gleichbleibenden Einkommen der Preis der Gütereinheit steigen und die Einkommensträger konnten ihre Lebenshaltung nicht auf der bisherigen Höhe halten.

S. 63

Das letzte Jahrzehnt hat in besonders wirksamer Weise auch die Wertveränderung gezeigt, die aus einer Veränderung der Einkommen entstehen muß. Aus dem Kreislauf wächst das als Einkommen heraus, was als Kosten zur Verrechnung kommt. [...]

3. Der Fehler der Betriebsrechnung.

Das Rechnungswesen der Unternehmer, aber auch der breiten Oeffentlichkeit, ist ganz auf der Fiktion von der Unveränderlichkeit des Wertes der Geldeinheit aufgebaut. Daß diese Voraussetzung keineswegs richtig ist, hat die jüngste Vergangenheit zur Genüge bewiesen. Produktivitätsänderung sowohl wie auch Veränderungen auf der Einkommenseite durch Inflation und Deflation, schließlich auch Zinsveränderungen können die Werte so stark beeinflussen, daß die Kaufkraft der gleichen Geldeinheit in zwei Zeitpunkten außerordentlich stark voneinander abweichen kann. [...] Wenn nun die Unternehmungsrechnung ohne Rücksicht auf solche Verschiebungen die Geldeinheit zum Eckstein ihres Rechnungswesens macht und alle geschäftlichen Erfolge an dieser Einheit mißt, muß eine Fehlrechnung entstehen. Es hat langer Zeit, selbst in der gigantischen deutschen Inflation, bedurft, ehe die Unternehmer wie die Behörden und die Oeffentlichkeit die Unhaltbarkeit dieser Rechnung eingesehen haben. Jetzt erleben wir ganz gleichartige Vorgänge in Frankreich und Belgien, die uns zeigen, daß diese Fehltradition im wirt-

S. 64

schaftlichen Denken von außerordentlicher Zähigkeit ist.

Prüfen wir nunmehr den Ablauf der Rechnung in der *Betriebskalkulation*. Diese Rechnung hat zunächst die Aufgabe, die Kosten eines Produkts festzustellen. Darauf baut sich bei allen Erzeugnissen, die nicht feste Marktpreise haben, die Bestimmung des Verkaufspreises auf, und schließlich ergibt dann die Differenz zwischen Kosten und erzieltem Preis für alle Produkte den Gewinn an dem Einzelumsatz. Bei allen Produkten, deren Preis erst durch die Kalkulation bestimmt werden soll, also allen, die auf Bestellung nach individuellen Bedürfnissen der Konsumenten anzufertigen sind, muß ein Fehler in der Kostenrechnung auch einen falschen Preis ergeben. In anderen Fällen, in denen der Preis durch den Markt gegeben ist, wird nicht dieser, wohl aber der zu errechnende Gewinn, der Einkommen ist, fehlerhaft und damit auch die Kaufkraftseite der Verkehrsgleichung.

[...]

Wenn im Beschaffungsmarkte zwischen dem Einkaufs- und dem Umsatztage die Preise steigen, so bedeutet das eine Mehrung des Wertes der Kostengüter, umgekehrt eine Minderung. Diese Wertänderung nach oben oder unten ist eine durch nichts mehr zu beseitigende Tatsache. Die Beschaffungswerte am Umsatztage sind Werte, die das Vermögen, gemessen an der Preislage des Beschaffungstages, repräsentieren, und die dort auch in Geld realisierbar sind. Die Wertänderung zwischen Einkaufs- und Umsatztag hat am realen Bestande des Unternehmungsvermögens nichts geändert, sie ist vollendeter Wertzuwachs oder vollendete Wertminderung, die am Umsatztage bereits eingetreten und schon Vermögensbestand geworden ist. *Wenn nun im Falle der Wertsteigerung im Beschaffungsmarkte der Unternehmer diesen Betrag als Gewinn betrachtet, so wandelt er Vermögen in Einkommen um.* Sein Einkommen, nämlich sein Gewinn, erscheint um die Wertänderung am ruhenden Vermögen zwischen Einkaufs- und Umsatztag zu groß. Er berechnet in dieser Höhe einen *Scheingewinn*, der in Wirklichkeit unentbehrlich ist, um das Vermögen auf seinem alten Stande zu erhalten, also auch nicht als Gewinn und Einkommen verzehrt werden darf. Wird der Scheingewinn wie Einkommen verbraucht, so muß das Rückwirkungen von Bedeutung ergeben. Das, was so als Gewinn ausgeschüttet worden ist, muß, wenn das Lager aufgefüllt werden soll, wieder als Kapital in die Unternehmung hereingezogen werden, also muß, wenn alle Unternehmungen gleichzeitig so handeln, eine überstarke Kapitalnachfrage entstehen. Weiter aber wird auch der Unternehmer, wenn er den

S. 65

Scheingewinn für echt hält, glauben müssen, daß seine Unternehmung eine höhere Rente abwirft, als es in Wirklichkeit der Fall ist. Glaubt er aber an die hohe Rente, so wird er auf dieser Grundlage leicht geneigt sein, den Betrieb zu erweitern, obgleich er vielleicht das Gegenteil tun sollte, weil er nicht mehr als den Wiederbeschaffungspreis für seine Güter erzielt, also ohne Gewinn arbeitet.

In dem Falle der Wertsenkung im Beschaffungsmarkte zwischen Einkaufs- und Umsatztag erscheint das Gut mit seinem Kostenwerte in der nominalen Rechnung zu hoch. Die Wertminderung ist vollzogen, auch wenn ein Umsatz nicht vorgenommen wird, der Ersatz der verkauften Güter kann auf der niedrigeren Wertbasis erfolgen. Setzt man aber für sie wie oben 100 Geldeinheiten ein, die im Betriebe zurückgehalten werden, während nur 10 M. als Gewinn und Einkommen ausgeschüttet wird, so heißt das Umwandlung von Einkommen in Vermögen, denn das reale Vermögen der Unternehmung ist nach vollem Umsatz aller Bestände doppelt so groß als vorher. *Der Betrag, der im Betriebe fälschlicherweise zurückgehaltenen Wertminderung am ruhenden Vermögen ist Scheinverlust, durch Einsetzung von Scheinkostenwerten.* Die Auswirkungen sind in diesem Falle, daß die Unternehmung in dem nicht ausgeschütteten Betrage Einkommen in Kapital verwandelt, das bei unverändertem Umfange der Geschäfte im Betriebe nicht voll beansprucht wird. Der Betrieb wird um die zurückgehaltene Wertminderung liquider, und da er das Geld nicht voll verwerten kann, wandert es zu den Banken, die, wenn infolge gleicher Wertbewegung für alle Betriebe, auch von allen Seiten Geldeinlagen gemacht werden, nur schwer noch Verwertung für die Ueberfülle finden und immer geringere Zinssätze zahlen und erhalten werden. Der Geld- und Kapitalmarkt wird durch die künstliche Vermehrung des Vermögens auf Kosten des Einkommens relativ flüssig.

S. 66

[...]

Auch die Bilanz der Unternehmung leidet unter ähnlichen Fehlern. Sie ist sowohl eine Rechnung des Vermögensbestandes - des Vermögens*wertes* zu sagen, verbieten die Gebräuche der Praxis - wie auch des Jahreserfolges. Die erste Rechnung finden wir in der als Bilanz bezeichneten Aufstellung aller Aktiven und Passiven, die letztere in der Erfolgsrechnung, die man auch Erfolgsbilanz nennen könnte, weil sie eine Gegenüberstellung aller Aufwendungen und Erträge darstellt, die im Dienste des Umsatzes während eines Abrechnungszeitraumes den Betrieb durchliefen. So gesehen ist die Bilanz dann nichts anderes, als ein Verzeichnis der noch nicht umgesetzten Vermögensteile, während die Erfolgsrechnung alle umgesetzten Vermögenswerte abrechnet.

Betrachten wir nunmehr die in der Praxis übliche Jahresrechnung, wobei die Erfolgsrechnung für uns im Vordergrunde stehen muß. Das deutsche Handelsrecht trifft für die Bewertung in der Bilanz in seinen §§ 40 und 261 folgende Anordnungen:

§ 40 HGB. Abs. 2/3. Bei der Aufstellung des Inventars und der Bilanz sind sämtliche Vermögensgegenstände und Schulden nach dem Werte anzusetzen, der ihnen in dem Zeitpunkte beizulegen ist, für welchen die Aufstellung stattfindet.   S. 67

Zweifelhafte Forderungen sind nach ihrem wahrscheinlichen Werte anzusetzen, uneinbringliche Forderungen abzuschreiben.

§ 261 HGB. Nr. 1 - 3. Für die Aufstellung der Bilanz kommen die Vorschriften des § 40 mit folgenden Maßgaben zur Anwendung:

1. Wertpapiere und Waren, die einen Börsen- oder Marktpreis haben, dürfen höchstens zu dem Börsen- oder Marktpreis des Zeitpunktes, für welchen die Bilanz aufgestellt wird, sofern dieser Preis jedoch den Anschaffungs- oder Herstellungspreis übersteigt, höchstens zu dem letzteren angesetzt werden;

2. Andere Vermögensgegenstände sind höchstens zu dem Anschaffungs- oder Herstellungspreis anzusetzen;

3. Anlagen und sonstige Gegenstände, die nicht zur Weiterveräußerung, vielmehr dauernd zum Geschäftsbetriebe der Gesellschaft bestimmt sind, dürfen ohne Rücksicht auf einen geringeren Wert zu dem Anschaffungs- oder Herstellungspreis angesetzt .werden, sofern ein der Abnutzung gleichkommender Betrag in Abzug gebracht oder ein ihr entsprechender Erneuerungsfonds in Ansatz gebracht wird.

Der § 40 ist maßgebend für die Einzelkaufleute und offenen Handelsgesellschaften. Er schreibt im Prinzip den Tageswert, den Wert, den die Vermögensteile am Bilanztage haben, vor. Nicht gesagt ist, welcher Tageswert es sein soll, der des Beschaffungs- oder der des Absatzmarktes. Wenn man nicht Umsatzgewinne, die noch unrealisiert sind, in die Rechnung einbeziehen will, muß man den Tageswert des Beschaffungsmarktes wählen. Die Praxis allerdings pflegt die Bestimmungen des § 40 als Höchstwertbestimmungen zu betrachten, die unterschritten werden dürfen. Der § 261 ist in erster Linie maßgebend für die Aktiengesellschaften. Er baut auf dem Anschaffungswert auf, also dem Wert, mit dem die Aktiven der Unternehmung in sie eintreten. Außerdem muß bei Gütern, die einen Börsen- oder Marktpreis haben, dieser eingesetzt werden, falls er niedriger ist. Hier vereinigen sich zwei Prinzipien, das des starren Anschaffungswertes und das seiner Herabsetzung bei niedrigerem Marktpreis. Diese Vorschrift führt dazu, daß bei Wertveränderung nach oben diese nur als Gewinn erscheinen kann, wenn die Waren verkauft sind, während Wertminderungen auch schon als Verlust erscheinen, ehe sie realisiert sind. Daraus ergibt sich für die Konjunkturbetrachtungen eine außerordentlich wichtige Erkenntnis. *Wertsteigerungen können nur allmählich als Einkommensvermehrung zur Auswirkung kommen, während sich Wertminderungen in voller Schärfe schon im Augenblick ihres Eintretens auswirken müssen. Die Steigerung des Volkseinkommens in dem Teil, der aus Unternehmergewinn fließt, wird sich bei Wertsteigerung allmählich in dem Maße auswirken, wie die Vermögensteile der Unternehmung umgesetzt werden, während eine Wertsenkung in vollem Umfange auch auf die ruhenden Vermögensteile verrechnet wird. In dieser Tatsache liegt zweifellos die wichtigste Ursache dafür, daß die Entwicklung der Hochkonjunktur allmählich, die der Krise aber plötzlich vor sich geht.*

In der Praxis pflegen die Unternehmer, auch wenn sie als Einzelkaufleute oder Handelsgesellschafter dazu berechtigt wären, die Vorschriften des § 40 so anzuwenden, daß sie mit denen des § 261 übereinstimmen. Man bilanziert also nicht mit Tageswerten, wenn diese über dem Anschaffungswerte liegen, sondern mit den Anschaffungswerten, um unrealisierte Wertänderung am ruhenden Vermögen nicht als Einkommen in Erscheinung treten zu lassen. Anderseits wird der Tages-Beschaffungswert bilanziert, wenn er niedriger ist als der Anschaffungswert. [...] S. 68

Den einfachen Weg, die Wertänderung am ruhenden Vermögen auch als solche auf einem besonderen Unterkonto des Kapitalkontos zu verbuchen, kennt der Kaufmann nicht. Wenn nun im Falle des Sinkens aller Werte, wie es die Krise kennzeichnet, die Gewinnrechnung durch unrichtige Verbuchung von Wertminderungen noch weiter und in stärkstem Umfange belastet wird, so muß der Durchschnitt aller für die Gesamtheit der Unternehmungen einer Volkswirtschaft ermittelten Gewinne um diese Wertminderungssumme geringer werden. Für viele Betriebe bedeutet dies vollen Wechsel von hohem Gewinn der Hochkonjunktur zu starkem Verlust in der Krise. Nur die zunehmende Ausgleichspolitik durch stille Reserven ermöglicht es, die Auswirkung dieser Rechnung etwas zu beschränken, indem die Scheingewinne aus Wertsteigerung in der Hochkonjunktur durch Legen stiller Reserven und die Scheinverluste um die gleichen Beträge durch Ausschüttung S. 71

stiller Reserven vermindert werden.

Aus diesem Beispiel ergibt sich mit voller Deutlichkeit, warum die Krise in ihrem Verlauf viel schärfer sein muß, als die aufsteigende Konjunktur. Die Unternehmer lassen als Scheingewinn in der steigenden Konjunktur nur die Wertsteigerung auf die umgesetzten Kostenteile, als Wertminderung in der Krise aber auch die Wertminderung auf einen großen Teil des ruhenden, noch nicht umgesetzten Vermögens in der Form von Scheinaufwand erscheinen, der mit dem Scheinaufwand nicht mehr vorhandenen Kostenwertes zusammen die Erfolgsrechnung so stark belastet, daß eine sehr starke Minderung des Betriebsgewinnes eintreten muß. Mindert sich aber der errechnete Betriebsgewinn im ersten Krisenjahre sehr stark, so wird das von größtem Einfluß auf die Gestaltung der Unternehmereinkommen sein. Sie werden um die verrechneten Scheinkosten zu klein, und die Kaufkraft des zirkulierenden Einkommens der Volkswirtschaft wird um diese Größe geringer. Die plötzliche Senkung der Rentabilität tötet allen Optimismus der Hochkonjunkturzeit völlig ab, jede Erweiterung der Betriebe, die sich jetzt als zum Teil überflüssig erweisen, weil das künstlich verringerte Einkommen die Produkte nicht mehr kaufen kann, wird unterlassen. Die Arbeitslosigkeit nimmt in erheblichem Maße zu und die Löhne sinken. Wichtig aber ist, was denn nun mit den im Betriebe zurückgehaltenen Scheinkosten, die ja vom Erlös gekürzt werden, geschieht. Sie werden zum Ersatz der umgesetzten Kostengüter nicht gebraucht, denn deren Werte sind ja gesunken, also braucht man auch zu ihrem Ersatz nur den Geldbetrag aufzuwenden, der ihrem Werte am Umsatztage, an dem man sie ja ersetzen kann, weil man Geld erhält, sei es auch nur mit Hilfe von Wechseldiskont oder dergleichen, entspricht. Alles Mehr ist echter Ueberschuß und könnte als Einkommen ausgeschüttet werden, ohne das Vermögen der Unternehmung irgendwie zu ändern. Da es aber irrtümlicherweise als Kostenersatz im Unternehmen zurückgehalten wird, hat man dort, wo eine Ausdehnung des Betriebes höchstens soweit in Betracht kommt, als es gilt, einmal in der Hochkonjunktur begonnene Erweiterungen fertigzustellen, keine Verwendung dafür. Die Unternehmung wird durch ihre falsche Rechnung, wie auch die Bemerkungen im Bericht der AEG zeigen, erheblich liquider, und diese überschüssigen Geldbeträge schlagen sich in Kürze als Bankguthaben nieder. Dort aber führt die Einseitigkeit dieses Vorganges zu einer schnellen Senkung des Zinses und der die Krise kennzeichnenden Geldflüssigkeit, die schon wieder die Grundlage für den neuen Aufschwung schafft, nachdem die Krankheit des Pessimismus überwunden ist.

S. 72

Damit haben wir den Rechenfehler eindeutig klargestellt, der die Ursache der Industriekonjunktur ist. In Zeiten steigender Werte verrechnen die Unternehmer die Wertsteigerung auf die Kostenteile zwischen Anschaffungs- und Umsatztag als Gewinn und damit als Einkommen, wandeln also Volksvermögen in Einkommen um und erhöhen damit die verfügbare Kaufkraft derart, daß aus ihr übermäßige *Nachfrage nach Gütern herauswächst, die neue Wertsteigerung bedingt. In der Krise wird die infolge übermäßiger Ausdehnung der Betriebe und ihrer Produktion eintretende Preissenkung durch die Verrechnung von Scheinkosten als Scheinvermögensersatz vom Erlös gekürzt. Damit mindert man die Gewinne und das Einkommen so stark, daß die im Gütermarkte verfügbare geringere Kaufkraft eine* übermäßige *Preissenkung herbeiführt, die erst allmählich durch die zunehmende Geldflüssigkeit wieder behoben wird.*

[...]

Anmerkungen

[1] Die hier eingehender entwickelten Gedankengänge habe ich bereits an anderer Stelle dargelegt: 1. Organische Bilanz, 2. Aufl. 1922, S. 31 ff., Abschnitt: Krise und Konjunktur; 2. Der Wiederbeschaffungspreis des Umsatztages, Berlin 1923, S. 53 f., Abschnitt; Gleichlauf von Produktion und Konsumtion.

D. II

Kosteneinflußgrößen

D. II.1

Eugen Schmalenbach
Selbstkostenrechnung

Aus: Zeitschrift für handelswissenschaftliche Forschung, 13. Jg.,
S. 259-299 und 321-356

Westdeutscher Verlag, Köln und Opladen 1919

[...]

Allgemeiner Zweck der Selbstkostenrechnung ist, festzustellen, welcher Güterwert infolge einer Wirtschaftsleistung verzehrt wird. Das ist die Aufgabe des Betriebes, wirtschaftliche Leistungen wirtschaftlich auszuführen; und da die wirtschaftlichen Leistungen sich nur mit einem Gutsopfer ausführen lassen, muß darauf gehalten werden, daß das erzeugte Gut gegen das verzehrte Gut einen Mehrwert aufweist; es muß vom Produkt aus rückwärts gesehen ein Wertgefälle vorhanden sein; das ist der Sinn des Wirtschaftens. Diesem Wertgefälle in Hinsicht auf die einzelne Leistung rechnerisch nachzugehen, ist die Aufgabe der Selbstkostenrechnung. S.268

[...]

Kosten stellen also einen durch Erzeugung, Vertrieb und durch andere wirtschaftliche Leistungen verursachten Güterverzehr dar.

[...]

5. Die Abhängigkeit der Kosten vom Beschäftigungsgrad. S.284

In der Kalkulationslehre ist es üblich, alle Kosten stets zu beziehen auf Leistungseinheiten und sie unter diesem Gesichtspunkte zu sehen. Diese Betrachtungsweise hat schwere Mängel und verdeckt die wichtigsten wirtschaftlichen Erscheinungen. Das System der Aufteilung auf Einheiten spiegelt eine Proportionalität der Kosten vor, die sie in Wirklichkeit nicht alle besitzen.

Für den akademischen Fachunterricht ist diese Betrachtungsweise schädlich, denn dieser Fachunterricht soll eine Denkschulung geben, die es erlaubt, betriebswirtschaftliche Fragen ohne alle Hemmung in ihren betriebswirtschaftlich entscheidenden Punkten zu sehen.

Wir werden zwar sehen, daß die Unterscheidungen, zu denen die folgende Darlegung Anlaß gibt, auf die praktische Gestaltung der Selbstkostenrechnung nicht immer einen äußerlichen Einfluß haben. Aber je weniger sich die Einflüsse des Beschäftigungsgrades auf die Selbstkosten umsetzen lassen in praktisches Rechnungsverfahren, je mehr es nötig ist, sie gefühlsmäßig nebenher zu veranschlagen und wirksam zu machen, desto mehr müssen wir es uns angelegen sein lassen den Betriebswirtschaftler zu erfüllen mit der Überzeugung, daß jeder Betrieb Degressionen und Progressionen in sich birgt, daß es Sache der Selbstkostenrechnung ist, sie zu entdecken, und daß es Sache der Wahl des

Fabrikationsprogramms und der Preispolitik ist, die degressiv arbeitenden Teile zu sättigen und die progressiv arbeitenden Teile zu entlasten. Das eben macht einen wesentlichen Teil der betriebswirtschaftlichen Aufgaben aus und bedarf geschärfter Sinne. Dieser Schärfung soll das Folgende vornehmlich dienen.

a) Proportionale Kosten.

Es gibt Betriebe, deren gesamte Kosten dem Beschäftigungsgrade, d. h. der Masse der jeweils erzeugten Produkte sich völlig anpassen. Geht der Beschäftigungsgrad auf die Hälfte zurück, so fallen die Kosten auf die Hälfte; geht die Menge der Erzeugung auf das Doppelte hinauf, so steigen die Kosten auf das Doppelte. [...]

Betriebe, deren Gesamtkosten genau, auf den Pfennig proportional sind, gibt es nicht. Aber es gibt Betriebe, deren Kosten sich wenigstens einigermaßen proportional verhalten. Dazu gehören besonders Betriebe ohne große Anlagen, denn große Betriebsanlagen sind es gewöhnlich in erster Linie, die für Abschreibungen, Verzinsung, Unterhaltung und Leerlauf auch bei geringer Beschäftigung bleibende Kosten verursachen. Betriebe mit starker Hausindustrie (sog. Manufakturen, Betriebe des Verlagssystems) stehen unter den Betrieben mit proportionalen Kosten im Vordergrunde. Die moderne Fabrikationsentwicklung hat unter den Betrieben dieser Gattung stark aufgeräumt. Daß sie ehedem, beim Vorherrschen des Verlagssystems, die Regel waren, sieht man schon daran, daß die sog. klassische Nationalökonomie die Proportionalität der Kosten als typisch annahm; diesen scharfsinnigen Beobachtern wären die anders gearteten Kostenverhältnisse der modernen Betriebsformen nicht entgangen und namentlich auf ihre Wert- und Preistheorien wären die weittragenden Wirkungen dieser Kostenverhältnisse sicherlich von großem Einfluß gewesen. S.285

b) Fixe Kosten.

Wenn der Beschäftigungsgrad eines Betriebes auf seine Gesamtkosten ohne Einfluß ist, dann haben wir einen Betrieb mit fixen Unkosten. Solche Betriebe gibt es in Wirklichkeit kaum; aber es gibt nicht wenige, bei denen die Kosten annähernd fix sind. Beispielsweise gehört der Betrieb einer Brücke zu dieser Gruppe. Die Leistung eines Brückenbesitzers besteht in dem Darbieten eines Übergangs. Ob die Brücke von 10 oder 1000 Fußgängern, von 2 oder 100 Fuhrwerken im Tage überschritten wird, macht für die Kosten zwar ein wenig aber nicht viel aus. Die Ko- S.286

sten sind die Abschreibung, der Zins, die Unterhaltungskosten, die Bewachung, die Beleuchtung und, wenn Brückenabgaben bestehen, die Verkehrskontrolle. Nur die Unterhaltung des Fahrwegs und die Verkehrskontrolle werden ein wenig von der Höhe der Leistung, d. h. der Verkehrsfrequenz beeinflußt; die Hauptkosten dagegen sind ganz fix; sie bleiben sogar in alter Höhe bestehen, wenn die Brücke überhaupt nicht benutzt wird, die Leistung also gleich Null ist. [...]

Unternehmungen mit fixen Kosten sind in ihrer Leistungsfähigkeit keineswegs unbeschränkt. Auf einer Brücke z. B. können täglich sehr viele Wagen verkehren, ohne daß ihre Kosten davon nennenswert berührt werden; aber ihre Leistungsfähigkeit hört schließlich auf. Bei einem Theater z. B. hört die Leistungsfähigkeit auf, wenn alle Plätze besetzt sind.

Es gibt ferner Unternehmungen, deren Leistungsfähigkeit sich durch geeignete Einrichtungen erhöhen läßt; ein Theater kann z. B. Nachmittagsvorstellungen einführen. Die Kosten springen dann durch diese Veranstaltung plötzlich in die Höhe, um dann wieder fix zu werden.

In die gleiche Erscheinungsreihe gehört ein anderer Umstand. Kennzeichen der fixen Kosten ist, daß sie selbst bei schwächstem Beschäftigungsgrade in der gleichen Höhe entstehen wie bei starkem Beschäftigungsgrade. Das schließt aber nicht aus, daß sie bei völliger Außerbetriebsetzung wesentlich vermindert werden oder ganz aufhören. Bedarf die Betriebsanlage bei völliger Außerbetriebsetzung der Abschreibung, Verzinsung und Unterhaltung, so tritt allerdings in dieser Hinsicht durch Betriebseinstellung eine wesentliche Kostenersparnis nicht ein. Aber nicht alle Betriebe haben mit diesen Kosten zu tun. Eine Stadtpost z. B. hat für ihren Briefträger- und Fuhrwerksapparat eine große fixe Kostensumme zu tragen; ist dieser Apparat zu einem vollständigen Netz erweitert, so hat ein Mehr oder Weniger an Leistungen für den Kostenumfang nur eine sehr geringfügige Wirkung; solange sie den Betrieb nicht ganz aufgibt, kann sie diese Kosten nicht wesentlich beschränken, wenn nicht Pünktlichkeit und Schnelligkeit wesentlich Not leiden sollen. Wenn sie aber den Betrieb ganz einstellt, hören auch die Kosten auf.

Rechnet man fixe Kosten auf die Leistungseinheit, so ergibt sich ein mit steigendem Beschäftigungsgrade fallender Satz. Infolgedessen rechnen diejenigen Theoretiker, die diese Aufteilung auf die Leistungseinheit gewohnheitsmäßig vornehmen, die fixen Kosten zu den variablen Kosten. Für uns dagegen, die wir die Kosten in ihrer Gesamtheit

S.287

betrachten, ist gerade das das Kennzeichen, daß sie ohne Rücksicht auf den Beschäftigungsgrad stabil bleiben; gerade ihre Stabilität, ihr Mangel an Variabilität macht ihr Wesen aus, auf das der Betrieb sich einstellen muß.

Die Bezeichnung der hierher gehörenden Kosten als fixe hat einen Mangel insofern, als die Natur dieser Kosten nicht eigentlich darin besteht, daß sie bei schwankendem Beschäftigungsgrad gleich bleiben; ihre Natur besteht nur darin, daß sie durch schwankenden Beschäftigungsgrad nicht beeinflußt werden. Steigen z. B. die Kosten eines Brückenbetriebs infolge von Zinsfußsteigerung, so bleiben die Kosten nicht gleich; nur ist es nicht der Beschäftigungsgrad, der sie schwanken läßt. Wäre nicht die Bezeichnung so mißdeutig, so würde man die fixen Kosten besser absolute nennen. Übrigens gilt diese Einschränkung mutatis mutandis auch für proportionale Kosten. Bei allen diesen Bezeichnungen sind alle nicht auf dem Wechsel des Beschäftigungsgrades beruhende Kostenschwankungen wegzudenken.

c) Degressive Kosten.

Degressive Gesamtkosten sind dadurch gekennzeichnet, daß die gesamten Kosten mit steigendem Beschäftigungsgrade zwar steigen, daß aber die Steigerung geringer ist als die Steigerung der Produktion. [...]

Während es wenige Betriebe gibt, deren Gesamtkosten annähernd proportional oder fix verlaufen, gibt es für die Kostendegression zahlreiche Beispiele. Weitaus die meisten Betriebe haben innerhalb bestimmter Beschäftigungsgrade degressive Kosten. Normalerweise steigen die Kosten degressiv von ganz kleiner bis zu voller Beschäftigung. Ist die Beschäftigung größer als diejenige, für die der Betrieb normal angelegt ist, so pflegt die Degression aufzuhören und sich oft plötzlich in ihr Gegenteil, die Progression zu verwandeln, um schließlich den Grad zu erreichen, bei dem eine weitere Belastung ohne Betriebserweiterung nicht mehr möglich ist. S.288

Rechnet man degressive Kosten auf die Leistungseinheit, so ergeben sich bei steigendem Beschäftigungsgrade geringere Einheitsbeträge. Degressive Kosten werden daher von denen, die nach Leistungseinheiten unterscheiden, ebenso wie die fixen Kosten als variable Kosten bezeichnet.

[...]

Überhaupt muß wiederum gesagt werden, daß andere Kosteneinflüsse als solche des Beschäftigungsgrades sehr stark die Vergleichbarkeit verschiedener Rechnungsperioden stören können. Es kann z. B. vorkommen, daß die Kosten infolge von Materialpreissteigerungen stark steigen und daß infolgedessen bei steigendem Beschäftigungsgrade die Gesamtkosten als proportionale oder progressive erscheinen können, die tatsächlich degressiv sind. Eine weitgehende Gliederung der Kosten deckt jedoch derartige Störungen auf. S.289

[...]

Progressive Kosten sind die typische Erscheinung bei übermäßiger Beschäftigung; sie sind ein Überanstrengungsmerkmal, wobei allerdings die Überanstrengung, selbst die dauernde Überanstrengung, nicht notwendigerweise zu Krankheiten führen muß. S.290

Die übernormale Beschäftigung eines Betriebs kann in verschiedener Weise herbeigeführt werden: Maschinen, namentlich Kraftmaschinen werden überanstrengt; die Tourenzahl vieler Maschinen wird erhöht; an die Stelle der Einschicht treten Doppelschicht, Dreischicht und selbst Vierschicht; bei Öfen werden stärkere Gebläse benutzt; das Ausbringen wird durch konzentriertere Mittel erhöht oder beschleunigt; die Arbeiter werden durch progressive Prämien zu größeren Leistungen angespornt; billige (auch relativ billige) aber geringwertige Arbeiter werden durch teure Hochleistungsarbeiter ersetzt.

Alle diese Mittel bringen den normal beschäftigten Betrieb zu gesteigerten Leistungen, sodaß er unter Umständen das Drei- und Vierfache ausbringen kann gegenüber dem, was bis dahin als Höchstleistung angesehen wurde. Aber diese Leistungsvermehrung ist mit Kosten verknüpft, die über das bisherige Maß relativ hinausgehen. S.291

Im allgemeinen kann als Regel gelten, daß bei Betrieben, die bei schwachem Beschäftigungsgrade stark degressive Kosten haben, die Kosten bei übermäßiger Beschäftigung stark progressiv werden. Die Schwerfälligkeit der Anlage äußert sich nach beiden Seiten.

Wo progressive Kosten vorkommen, sind sie eine Übergangserscheinung, wenn man die Anlagen vergrößern oder die Betriebe vermehren kann; dann wird die Beschäftigung wieder normal und die Progression hört auf. Aber nicht immer ist Vergrößerung oder Vermehrung der Betriebe möglich. In der Landwirtschaft, bei Bergwerken, Steinbrüchen und ähnlichen Anlagen hindert die Natur die Vermehrung; den konzessionspflichtigen Anlagen stehen zuweilen Gesetze und Verordnungen im Wege. In derartigen Fällen bleiben die Betriebe bei dauernder Nachfrage dauernd in ihrem progressiven Stadium stehen; aber die Preiswirkungen gleichen in solchen Fällen die

Progression aus; und zwar geschieht das durch Rentenkapitalisierung.

[...]

D. II.2

Kurt Rummel
Einheitliche Kostenrechnung auf der Grundlage
einer vorausgesetzten Proportionalität der Kosten
zu betrieblichen Größen

3. Auflage

Verlag Stahleisen M.B.H., Düsseldorf 1949

I. Die mathematischen Grundlagen S. 1

1. Einflußgrößen, Maßgrößen, Bezugsgrößen

a) Einflußgrößen

Der Sinn jeder betriebswirtschaftlichen Untersuchung, ja jeder wissenschaftlichen Analyse überhaupt, ist die Feststellung der Art, Zahl und Wirkung der vorhandenen, meist sehr zahlreichen Einflüsse auf irgendeine Größe, hier also die Kosten, wobei die Einflüsse, die auf das Ergebnis - hier wiederum die Kosten - am stärksten wirken, bevorzugt behandelt werden müssen, die nebensächlichen Einflüsse flüchtiger untersucht werden und die unwichtigen ganz auszuschalten sind.

Die erste Frage bei der Kostenuntersuchung wird somit sein: "Welche Einflußgrößen sind vorhanden?", die zweite: "Welche sind stark, nebensächlich oder unwichtig?" Diese Frage ist für jede Kostenart zu stellen. Meist freilich stellt man sie gar nicht und fängt lustig an, nach irgendeinem Kostensystem zu rechnen, ohne sich weitere Kopfschmerzen zu machen. Leider aber *macht* diese Untersuchung Kopfschmerzen. Man sollte sie immer vornehmen. Von welchen Einflüssen hängen z.B. die Kosten für das Anwärmen von Schmiedestücken ab? Wichtig sind die Bauart und Größe des Ofens, die Herdflächenausnutzung (Zahl der im Ofen liegenden Stücke u.a., auch mit Rücksicht auf ihre Sperrigkeit und das Stückgewicht), der Brennstoffpreis, die Wärmdauer und Ziehtemperatur, das Verhältnis von Betriebszeit zu Stillstandszeiten und Leerlauf zeiten; weniger wichtig ist meist die Art des Verlaufs der Wärmkurve nach der Zeit und die Durchweichung; unwichtig meist die Abkühlung des Ofens durch Windanfall und in gewissen Grenzen die Stahlzusammensetzung. Will man bei einem gegebenen Ofen nur das Allerwichtigste feststellen, so wird man zu der Überlegung kommen, daß die Betriebskosten eines Einsatzofens für Schmiedestücke hauptsächlich von der Zahl der Stunden abhängig sind, die der Ofen in Betrieb ist, und man wird dann die Stundenkosten bestimmen und die Kosten je Stück oder Auftrag nach der Zeit berechnen, die von dem Stück oder Auftrag im Ofen beansprucht wird; so wird man jedenfalls die Überzeugung gewinnen, daß es ein ziemlicher Unsinn ist, die Wärmkosten nach dem Lohn der Arbeiter an dem Hammer oder der Presse zu verteilen.

Der erste Schritt der Untersuchung ist qualitativer Art und unter- S. 2
scheidet nur nach "großen" und "kleinen" Einflüssen. Gemeinfaßlicher

ausgedrückt: Es wird danach gefragt: wovon, von welchen Umständen, von welchen Größen hängen die Kosten ab? Dabei können auch noch Zusammenhänge zwischen einzelnen Größen bestehen; die Wärmdauer oder die Durchweichung kann ihrerseits von dem Gewicht der Stücke abhängen oder von der Stahlzusammensetzung.

Es sind - ganz allgemein, und von dem Beispiel des Schmiedeofens ins Grundsätzliche erweitert - die verschiedensten Mengen, Zeiten und Werte, gemessen in Mengeneinheiten, Zeiteinheiten und Werteinheiten, die als solche Einflußgrößen auftreten, z.B. Stückzahlen, Längen oder Gewichte, gemessen etwa in Metern oder Kilometern, in Kilogramm oder Tonnen, auch eingekleidete derartige Größen als Losgrößen oder als Beschäftigungsgrad; ferner Zeiten als "Rüstzeiten", "Stückfolgezeiten" oder "Stückzeiten" oder als Betriebszeiten in Sekunden, Stunden, Schichten, Tagen, Wochen usw.; Werte in Form von Kosten und Preisen je Mengeneinheit oder Zeiteinheit.

[...]

5. Die fixen Kosten und die Blockkostenrechnung S.209

Bei der Aufbereitung der Kosten sind die Schlüsselkosten zu trennen in solche, die rein proportional zu nur *einer* Maßgröße sind, und solche, die nach Gleichung 7 (Abschnitt I, 3e) gemischt sind. Zu den ersteren gehören die sogenannten fixen Kosten, die in bezug auf die Erzeugungsmenge fest, also zur Kalenderzeit, vielfach aber auch zu anderen Zeiten (z.B. Zeiten des Betriebsmittels, Wärmezeiten, Laufzeiten, Rüstzeiten) proportional sind. Zu den "Mischkosten" gehören beispielsweise alle Energiekosten, da bei ihnen ein "in bezug auf" die Erzeugung oder den Verbrauch fester Leerlaufanteil neben einem von der Belastung abhängigen, der Belastung bis zur Überlastungsgrenze proportionaler Anteil auftritt (Bild 14, Abschnitt I 3c).

Die *zur Erzeugungsmenge* mit genügender Annäherung proportionalen Kosten erscheinen zunächst als besonders sicher; allerdings liegt in den Worten "mit genügender Annäherung" eine gewisse Einschränkung der Zurechenbarkeit. Die Frage, ob *andere* Proportionalitäten weniger sicher sind, ist dahin zu beantworten, daß die Sicherheit *nicht* geringer ist; es handelt sich dabei nur um einen kleinen Umweg, indem hier die Schlüsselkosten je Produktionseinheit nicht nach der Gleichung:

Kosten je Produktionseinheit = k_m

berechnet werden, sondern, z.B. bei Stunden als Schlüsselkosten, nach der Gleichung

$$k_m = k_t \cdot \frac{\text{Stunden}}{\text{Produktionseinheit}}.$$

Mischkosten treten, wenn man es genau nehmen will, bei sehr vielen Kostenarten auf, bei vielen ist aber entweder der proportionale Anteil oder der feste Anteil verhältnismäßig gering, so daß er vernachlässigt werden kann. Darf man das nicht mit gutem Gewissen tun, so werden wieder Fehler in die Fabrikaterechnung getragen.

Führt man nur eine Trennung von Mischkosten in einen Erzeugungsmengen-proportionalen und einen Kalenderzeit-proportionalen Anteil durch (vgl. Gleichung 9 in Abschnitt I 3e), so kommt man für jede Kostenart zur Trennung der beweglichen von den fixen Kosten eines Rechnungsabschnittes. Selbstverständlich hindert aber nach den Grundsätzen der Einheitskalkulation nichts, auch noch andere Proportionalitäten nach Bedarf anzusehen, namentlich wenn man, in von Fall zu Fall anzusehenden Untersuchungen, besondere Einflüsse (z.B. der der Rüstzeit bzw. der Losgröße) herausschälen will. Solche Untersuchungen kommen bei Erhebungen (Enquêten) aller Art vor. Sie sind sehr aufschlußreich. Nachstehend seien aber nur die Kalenderzeit-proportionalen Kosten betrachtet.

S.210

Man hört meist das Bedenken, daß es überaus schwer sei, diese Kosten für sich zu ermitteln, oder, wie wir uns bildlich ausdrücken, in einem besonderen Topf zu sammeln. Folgt man aber dem weiter unten entwickelten Grundsatz, die fixen Kosten jeweils und für jede Kostenart zu *planen* und mit diesen *Soll*-Werten zu rechnen, so wird die Aufgabe leichter und nach Auffassung des Verfassers befriedigend lösbar.

Man wird dem Charakter der fixen Kosten am besten gerecht, wenn man sie "Bereitschaftskosten" nennt. Jedes Unternehmen wird bei seinem Beginn für eine bestimmte Kapazität, d.i. eine bestimmte Erzeugungsmöglichkeit bei "optimalem" Beschäftigungsgrad, ausgelegt. Im Laufe der Zeit wird es nun auch bei allen Wirtschaftsformen früher oder später vorkommen, daß nur ein Bruchteil dieser Kapazität in Anspruch genommen werden kann; demnach ergibt sich der jeweilige Beschäftigungsgrad (Abschnitt III 3c). Läßt man solche schlechten - bis zur Katastrophe möglichen - Zeiten nicht mit gefalteten Händen über sich hereinbrechen, m.a.W., ist man als Betriebswirtschafter von einem vernünftigen, d.h. nicht übersteigerten und mehr dispositiven als streng exekutiven, mehr anpassenden Planungsgedanken durchdrungen, so wird man nach aufmerksamer Marktanalyse die sich anbahnende Entwicklung schätzen und sich auf einen mutmaßlichen Beschäftigungsgrad über eine mutmaßliche Zeitspanne hin einrichten. So wird man das Paradoxon zu lösen versuchen, die festen Kosten nach Möglichkeit "proportional" zu machen. Man baut sie entsprechend diesem Soll ab, bestimmt z.B. für eine Instandsetzungswerkstatt einen Abbau der Gesamtstundenzahl eines Monats um 15 v.H., wenn man einen um 15 v.H. kleineren Beschäftigungsgrad für diesen Monat voraussehen zu müssen glaubt.

Man kann im einzelnen mit dem Werkstattleiter festlegen, ob Lohnsenkung durch Kurzarbeit, Feierschichten, Abgabe von Arbeitskräften möglich ist, welche Leute aus Treue oder späterer Unentbehrlichkeit vorsätzlich gehalten werden müssen, welche Instandsetzungsarbeiten, deren Ausgaben späteren Zeiten als Kosten zu Lasten kommen, vorzunehmen sind, usw. So sind alle Kostenarten durchzusehen. Die Beschaffungspolitik von Roh- und Hilfsstoffen mit Mobilisierung vorhandener Lagerbestände sind zu planen, die Auslieferungsmengen der Magazine um den entsprechenden Hundertsatz zu senken, die Leerlaufkosten zu schätzen und die Betriebsmittel auf geringsten Leerlauf planmäßig einzustellen mit höchsten φ und kleinsten β (Abschnitt III 3). Einem großen Hüttenwerk ist es gelungen, in den schweren Zeiten der ersten Hälfte der dreißiger Jahre diese fixen Kosten annähernd proportional zum Beschäftigungsgrad zu haben. Damit wären wir dann dem Grundgedanken dieses Buches gerecht geworden. S.211

Es wird also planmäßig immer wieder eine neue fest umrissene Betriebsbereitschaft eingestellt und neue Maßregeln gegeben, sobald man die weitere Entwicklung der "Konjunktur" übersehen kann; für jede neue Planung ergibt sich für jede Kostenart ein Sollbetrag. Die Übergangszeit von einem Planzustand zu dem nächsten ist nach Möglichkeit zu verkürzen; für die Übergangszeit kann ein Mittel aus den beiden Planzuständen an fixer Kostensumme eingesetzt werden. Dabei kann es in bewegter Zeit freilich dazu kommen, daß *eine* Planung die *andere* jagt, so daß ein Beharrungszustand kaum eintritt. Indessen widerspricht auch dies nicht dem betriebswirtschaftlichen Planungsprimat. Für Arbeitskräfte, die man zu halten wünscht, ohne daß sie für die Bereitschaft erforderlich sind, die also eine Art Überhang an Bereitschaft bilden, aber doch zu einem gewissen Teil nutzbare Arbeit für den Augenblick oder die Zukunft leisten, könnte man auch zu dem Ausweg greifen, die Hälfte (?) der Lohnkosten fix anzusetzen. Will man noch weitere Feinheiten einbauen, so kann man berücksichtigen, daß bei Anlagen, die starkem Verschleiß ausgesetzt sind, bei Stillstand ein solcher gar nicht oder nur in geringerem Umfang auftritt, und man den Abschreibungsbetrag infolge längerer Lebensdauer etwas herabsetzen darf. Man kommt durch solche Überlegungen wenigstens dazu, die Kosten mit einer Annäherung zu sortieren, die für die praktischen Zwecke genügen dürfte und mindestens wohl der Sicherheit entspricht, mit der die Erzeugungs-proportionalen Kosten in die Endrechnung eingehen. Selbstverständlich sollte aber in der Nachkalkulation der Block der fixen Ist-Kosten mit dem Planungs-Soll verglichen werden.

Aber *wie* kann die Umlegung des erhaltenen Topfinhaltes an fixen Kosten auf die Erzeugnisse erfolgen? Sie dienen ja gar nicht dieser Erzeugung, sondern einer Bereitschaft, die nicht ausgenutzt ist.

Wir stellen aber vorher noch die höchst naive Frage:

"Warum sollen wir überhaupt das einzelne Erzeugnis mit Kosten belasten, für die es gar nicht verantwortlich ist?"

An sich steht freilich nichts im Wege, den Betrag auf die Erzeugnisse S.212 auf irgendeine Weise zu schlüsseln, z.B. unmittelbar nach der Maßgröße der Summen aller anderen Kosten der Nach- und Vorkalkulation (= proportionale Gemeinkosten + Einzelkosten) nach dem Satz: Wieviel Geldeinheiten an Kosten anfallen auf eine Geldeinheit der übrigen Kosten, oder, noch besser ausgedrückt, als prozentualer Zuschlag (oder etwas feiner: man schlüsselt über die Bankstunden). Ist beispielsweise nach den Schätzungen des Betriebes auf Grund der Planung eines bestimmten Beschäftigungsgrades mit 25 000,- Geldeinheiten an Bereitschafts-Kosten für den nächsten Monat zu rechnen, und kommen nach den Schätzungen der kaufmännischen Verwaltung noch 5000,- Bereitschafts-Geldeinheiten hinzu, so weiß die Verkaufsabteilung, daß sie, wenn die Vollkosten gedeckt werden sollen, außer dem Block der Einzel- + proportionalen Schlüsselkosten noch 30 000,- Geldeinheiten im Monat zuschlagen müßte. Betrüge die Summe dieser proportionalen + Einzelkosten 70 000,- Geldeinheiten, so ergibt die nachträgliche Nachrechnung, daß 43% an Bereitschafts-Kosten zu der Summe der Einzel- und der proportionalen Schlüsselkosten zugeschlagen hätten werden müssen, oder im statistischen Durchschnitt auf jede Geldeinheit an proportionalen und Einzel-Kosten noch 0,43 Geldeinheiten an fixen. Aber was ist mit einer solchen willkürlichen Schlüsselung gewonnen, bei der doch auch sehr fraglich ist, ob die entstehenden Kosten der aufgedrückten Proportionalität folgen, und bei der der Zuschlag den Charakter einer Besteuerung nach dem Aufwande hat, ohne Berücksichtigung des Umfangs, in dem der Steuerzahler sich die gemeinnützigen Einrichtungen zunutze macht: Jedes Stück erhält den gleichen prozentualen Zuschlag, gleichgültig, ob es einfache oder teuere Maschinen zu durchlaufen hat, oder gar nur handwerklich am Schraubstock hergestellt ist, oder z.B. in offenem Schmiedefeuer und auf dem Amboß.

Auf die Frage "zu welchem Zweck sollen die Bereitschaftskosten auf die Erzeugnisse umgelegt werden?" wird man die erstaunte Antwort hören: „Ja, man *muß* doch wissen, was das einzelne Erzeugnis gekostet hat!" Muß man das? Kann man das? Was kann man damit anfangen, wenn man das weiß? Will man die Krisenempfindlichkeit eines Unternehmens untersuchen, so braucht man dazu nicht die Kosten des Einzelerzeugnisses. Will man die Kosten eines Erzeugnisses bei verschiedenen Werken vergleichen, so kann man das nur für Vollbeschäftigung oder für die ausgenützten, nicht also für die unausgenützt in Bereitschaft stehenden Anlagen. Gleiches gilt für den Verfahrensvergleich. Auch gehören diese Untersuchungen zu den "Sonderermittlungen von Fall zu Fall" und nicht in die laufende Kostenrechnung. - Aber die Vorkalkulation, die Preisbildung? S.213

Nehmen wir zunächst den theoretischen Fall einer *vollkommen* freien Marktwirtschaft, wie sie zu früheren Zeiten auch bestanden hat, und auf dem einen oder anderen Gebiet auch heute noch, legal oder illegal besteht. Es ist für unsere Betrachtung dabei gleichgültig, ob es sich um den Gütermarkt oder den Arbeitsmarkt handelt. Jeder Verkäufer von Gütern oder Diensten sucht unter dem ewigen Wirtschaftsgesetz von Angebot und Nachfrage einen möglichst günstigen Preis zu erzielen. Politische, taktische und ethische Rücksichten können den Preis herabsetzen; daß die Gesamtsumme der Erlöse die Gesamtsumme der Aufwendungen im Zeitdurchschnitt decken muß, ist Voraussetzung. Kommt es zu schlechten Zeiten, d.h., ist das Angebot größer als die Nachfrage, so gehen in dieser hypothetischen Wirtschaft die Verkaufspreise im Wettbewerb herunter. Bei der Preiskalkulation der Gütererzeugung darf sie heruntergehen bis zu einer Preisuntergrenze, die gegeben ist durch die Summe der Einzelkosten plus proportionale Schlüsselkosten = Gesamtkosten minus Bereitschafts-Kosten. Wenn auch die Einzelkosten eines Erzeugnisses annähernd proportional zu der Erzeugnismenge sind, können wir auch sagen, Preisuntergrenze sind die gesamten proportionalen Kosten. Jede Geldeinheit, zu der ein Erzeugnis *über* diese proportionalen Kosten verkauft werden kann, vermindert den im Wettbewerb in schlechten Zeiten unvermeidlichen Verlust; jede Geldeinheit, zu der *unter* dieser Preisuntergrenze verkauft werden würde, erhöht den Verlust.

Diese Verhältnisse sind so allbekannt und im betriebswirtschaftlichen Schrifttum seit Schmalenbachs klassischem Ausspruch: "Degression schreit nach Sättigung", der zum geflügelten Wort geworden ist, so breit getreten, daß es nicht nötig wäre, hier darauf zu verweisen, wenn nicht aus der Zielrichtung dieses Abschnittes heraus die letzte Folgerung gezogen werden müßte:

daß es gar keinen Zweck hat, die fixen Kosten auf die einzelnen Erzeugnisse umzulegen.

Diese Folgerung aber ist bisher in der Praxis selten ausgesprochen worden. Freilich, der absolute Wirtschaftsliberalismus nach der Prägung des Herrn François Quesnai, weiland Hofmedikus Seiner Majestät Ludwigs XV., barg große Gefahren des Verlustes und der Ausbeutung, namentlich, wenn die ausgleichende Wirkung des Wettbewerbs durch Ringbildung oder gar Monopole der Unternehmer oder der Arbeitnehmer ausgeschaltet würde; so wurde Marktordnung und Marktregelung Pflicht des sozialen Staates. Wir treiben indessen in diesem Buche nicht Wirtschaftspolitik, sondern sprechen in diesem Abschnitt nur von der Zurechenbarkeit der Kosten auf die Einzelerzeugnisse. In dieser Zielsetzung mußte darauf hingewiesen werden, daß, wenn die Obrigkeit die Preise nicht nach Marktgrundsätzen (unter Verhütung von Preiswucher) regelt, das ganze Kostengebäude erschüttert wird, und daß bei dem Extrem des absoluten Preisdiktats ohne Berücksichtigung der Marktgrundsätze eine geordnete, der optimalen Wirtschaftlichkeit und Verantwortlichkeit des Kostenträgers entsprechende Zurechnung unmöglich ist. Auf diese Folgen ist in diesem letzten Kapitel ja genugsam verwiesen worden. S.214

Stellt man lediglich den Block der fixen Kosten dem Block der proportionalen Kosten gegenüber und rechnet man den Erzeugnissen nur die proportionalen Kosten zu, nicht aber die Bereitschaftskosten, so nennen wir das die *"Blockkostenrechnung"*. Bei Durchführung der Plankostenrechnung, also der Sollrechnung für den Bereitschaftszustand, ist diese Blockrechnung nicht allzu schwierig. Bei der Abtrennung der Bereitschaftskosten bleiben zur Verteilung auf die Erzeugnisse nur die proportionalen Kosten, und - nach Erfassung möglichst vieler Gemeinkostenarten als Einzelkosten - ist nur ein erheblich kleinerer Betrag übrig, der dann leichter ordnungsgemäß geschlüsselt werden kann.

Die Ausführungen dieses Abschnittes wollen weder den Gelehrsamkeitsstempel tragen, noch überhaupt die Wissenschaft von den Kosten weiter entwickeln, sondern der Praxis dadurch dienen, daß sie den gesunden Menschenverstand ansprechen, vor blindem Vertrauen in die Ergebnisse der Kalkulation zu warnen, den Aufwand für die laufende Kalkulation zu mindern helfen, und einer zu großen Ausfeilung dieser Rechnungen Einhalt zu gebieten, ähnlich wie der Verfasser an anderer Stelle darüber gespottet hat, daß Kesselwirkungsgrade bis auf Dezimalen von Prozenten angegeben werden, obwohl die Meßgenauigkeit mindestens um ± 2 v.H. des ermittelten Wirkungsgrades herumstreut. Immer wieder wird aber auch hier hervorgehoben, daß man erst denken muß, bevor man rechnet.

Was *insgesamt* an Kosten eines Rechnungsabschnittes bei Vollbeschäftigung steht, wird meist leicht zu ermitteln sein. Setzt man diese Kosten mit 100% an, so dürften bei reiner Proportionalität aller Kosten bei einer Beschäftigung von 70% auch nur 70% an Kosten entstehen. Der Werkstoffverbrauch wird - wenigstens mit guter Annäherung von sich aus auf 70 v.H. heruntergehen! Er kann daher aus unserer Betrachtung herausbleiben, auch wenn der Preisspiegel sich ändert. Die gesamten Lohnstunden des Betriebes müßten auch auf 70% zurückgehen, wenn keine festen Lohnstunden entstehen würden. Der Betrieb kann nur bei guter Planung im voraus sagen, inwieweit er diese Forderung nicht erfüllen kann oder aus wohlerwogenen Gründen nicht erfüllen will, sondern wieviel Lohnstunden darüber hinaus unentbehrlich sind oder zur Bereitschaft für künftige bessere Beschäftigung beibehalten werden (und etwa zur Instandsetzung stilliegender Anlagen verwandt werden) sollen. Gleiches gilt für Hilfsstoffe, z.B. feuerfeste Steine für Instandsetzung von stilliegenden Öfen. Diese Kosten können somit unter die fixen Kosten eingereiht werden. Genau genommen gehören sie eigentlich überhaupt nicht in die Kosten des Rechnungsabschnittes, sondern sind vorgelegte Kosten. Wir erinnern uns daran, was über die Kennzeichnung der Kosten als Ausgabekosten gesagt worden war (Abschnitt VI, 2).

S.215

Die Energiekosten folgen nicht dem Gesetz einer Proportionalität zum Beschäftigungsgrad; es gibt aber für sie statistische Anhaltspunkte (Abschnitt V, 2).

So kann man alle Kostenarten unter die Lupe nehmen. Die Abschreibungen wird man, wenn man zunächst von dem geringeren Verschleiß stillstehender Anlagen absieht, oder nicht aus früher gegebenen Gesichtspunkten proportional abschreibt (Abschnitt III, 4), ganz als fix ansehen können.

Im Sinne der Aufgabe, die sich dieses Buch gestellt hat, kommt man schließlich auf dem angedeuteten Wege zu einer Fünfteilung der Kosten:
1. Kosten, die unabhängig von der Erzeugung, aber proportional zur Kalenderzeit sind, wie z.B. Zinsen des Anlagekapitals, Abschreibung für technische Überalterung, ein Teil der Gehälter;
2. Kosten, die von Haus aus proportional zur Erzeugung sind, wie Fertigungsmaterial, Fertigungslöhne;
3. Kosten, die zwar nicht unmittelbar zur Erzeugung proportional sind, sich aber mit Hilfe anderer betrieblicher, von der Erzeugung abhängiger Größen auf die Erzeugung bringen lassen, z.B. Rüstkosten, die der Rüstzeit proportional sind und den Einfluß der Losgröße widerspiegeln;
4. Kosten, die gemäß Planung proportional gemacht werden können, gewissermaßen etatsmäßig, wie Hilfsstoffe und Hilfslöhne;
5. Kosten, die darüber hinaus entstehen, z.B. durch Halten von Fachkräften, Bewilligungen für besondere Instandsetzungen oder Aufräumungsarbeiten, alles auch nach *Planung*. Diese Kosten folgen keinerlei Proportionalität zu betrieblichen Größen, sie lassen sich infolgedessen nicht schlüsseln, denn jedes Schlüsseln ist eine Anwendung eines Proportionalitätsgesetzes.

Das Soll der Planung und das Ist der Ausführung müssen in jedem Rechnungsabschnitt gegenübergestellt werden. S.216

Dem Verfasser ist nicht bekannt, daß solche Gedanken über die Blockkostenrechnung bereits in der Praxis ihre Verwirklichung gefunden haben, obwohl die "Normalkostenrechnung" in mehr als einer Beziehung ganz ähnlichen Gedankengängen entsprungen ist. Es konnte jedoch in diesem Abschnitt über die Zurechnungsmöglichkeit der Kosten zu den Erzeugnissen nicht an solchen - immerhin positiven Möglichkeiten - vorübergegangen werden.

Zu den *Blockkosten* gehören auch die Kosten für Angebote, die nicht zu einer Bestellung führen. Sie sind bisweilen recht beträchtlich. Auch die Forschungs- und Entwicklungsarbeiten sind zu erheblichem Teil à fonds perdu geleistet. Solche Kosten entziehen sich jeder Proportionalität und können daher (wie auch manche Kostenarten der Verwaltung) nach unserer Definition des Wesens der Schlüsselung überhaupt nicht geschlüsselt werden, weil jede Schlüsselung auf einem Proportionalitätsansatz beruht.

Es ist nicht die Absicht dieser Ausführungen, unser Kostengebäude zu erschüttern, sondern nur auf die Gefahren hinzuweisen, die eine oberflächliche Kritik der Betriebsabrechnung in sich bergen würde. Auch die Kostenrechnung ist eine Kunst des Möglichen. Sie gibt nur Bilder, Ablichtungen einer Landschaft mit wechselnden Lichtern und Schatten. Erst in der Phantasie des Betrachters gewinnen die Bilder Leben. Alles Vergängliche ist nur ein Gleichnis.

[...]

D. II.3

Erich Gutenberg
Grundlagen der Betriebswirtschaftslehre

1. Band: Die Produktion, 7. Auflage

Springer Verlag, Berlin, Göttingen, Heidelberg 1962

[...]

Die Produktionsfunktion vom Typ B. S.218

1. Kurze Charakterisierung der Produktionsfunktion vom Typ B.
2. Formale Darstellung der Produktionsfanktion vom Typ B.
3. Die Verbrauchsfunktionen.
4. Veränderliche und konstante Produktionskoeffizienten im Rahmen der Produktionsfunktion vom Typ B.

1. Es sei eine Produktionsfunktion gegeben, *bei der die Faktoreinsatzmengen nicht frei variierbar sind.* Produktionsfunktionen dieser Art bezeichnen wir als Produktionsfunktionen vom Typ B.

Da sich eine solche Produktionsfunktion, wie immer wieder festzustellen ist, offenbar nur sehr schwer dem Verständnis erschließt, [...] sei versucht, an einem konkreten Fall darzustellen, um welche Frage es sich hier handelt.

Man kann jedes Aggregat als ein Bündel von Leistungen auffassen, aus dem so lange Nutzungen entnommen werden können, als sich seine Leistungsfähigkeit noch nicht erschöpft. Wann diese Erschöpfung eintritt, hängt zwar nicht allein, aber doch wesentlich von seiner Inanspruchnahme ab. Verlangt man von einem Betriebsmittel eine hohe Leistungsintensität, dann gibt es in einer Zeiteinheit mehr Leistungen oder Nutzungen in den Produktionsprozeß hinein, als das bei geringerer Intensität der Fall sein würde (Potentialfaktoren).

Nun „zehrt" aber jede Leistung, die ein Betriebsmittel abgibt, gewissermaßen an seiner Substanz, und zwar insofern, als die Leistungs- oder Nutzungsabgabe das molekulare Gefüge des Betriebsmittels belastet, d.h. Verschleiß verursacht. Jeder abgegebenen Leistung steht also ein bestimmter „Substanzverzehr" gegenüber. Die Abgabe von Leistungen derartiger Aggregate setzt weiter voraus, daß den Betriebsmitteln gewisse Stoffe und Energiemengen zugeführt werden, welche in Verbindung mit dem direkten Einsatz des Betriebsmittels die produktive Leistung des Betriebsmittels überhaupt erst ermöglichen, also z.B. Werkzeug, Schmiermittel, Kühlmittel, Instandsetzungen, Überholungen, auch Arbeitsleistungen bestimmter Art u.ä.

[...]

Wir wollen diese Abhängigkeiten zwischen Verbrauch an Faktoreinsatzmengen und technischer Leistung eines Betriebsmittels als „Verbrauchsfunktionen" bezeichnen. Wie bereits erwähnt, begnügt man sich S.219
S.220

hierbei in der Praxis mit gewissen, auf Beobachtungen und Messungen beruhenden Annäherungen. Aber jede Konstruktionsabteilung und jede Planungsabteilung arbeitet mit derartigen präzisen oder nur gewissen Annäherungen genügenden Verbrauchsfunktionen.

Die Schwierigkeit, in die beispielsweise die Kostentheorie gerät, wenn sie die Kosten unmittelbar als Funktion der Produktmenge (des Beschäftigungsgrades) annimmt, sind vor allem darauf zurückzuführen, daß sie es unterläßt, die Maschinen, Arbeitsplätze und betrieblichen Teileinheiten in den Zusammenhang zwischen Verbrauchsmengen (Kostengütermengen) und Produktmengen einzuschalten. Denn die Verbrauchsmengen sind nicht unmittelbar, sondern mittelbar von der Ausbringung abhängig und zwar über die „zwischengeschalteten" Produktionsstätten (Betriebsmittel, Arbeitsplätze, Anlageteile). In ihnen werden die Beziehungen zwischen Produktmengen und Verbrauchsmengen wie in einem Prisma gebrochen. Es sind die technischen Eigenschaften der Aggregate und Arbeitsplätze, die den Verbrauch an Faktoreinsatzmengen bestimmen. Und zwar in durchaus gesetzmäßiger und keineswegs willkürlicher Weise[1].

Sind die Mengen der verschiedenen Produktivgüter und Dienste, die ein Betriebsmittel verlangt, damit es eine bestimmte Leistung abgeben kann, bekannt, dann wird man, wenigstens dem Prinzip nach, sagen müssen, daß eine freie Variierbarkeit der Verbrauchsmengen, die ein bestimmtes Aggregat zur Hergabe bestimmter Leistungen verlangt, nicht möglich ist. Die Mengen eines Verbrauchsgutes können also nicht konstant gehalten und die anderer Verbrauchsgüter verändert werden (qualitative und dispositive Änderungen im Sinne alternativer Substitution sind ex definitione ausgeschlossen). Dagegen können die Einsatzmengen aller an ein Aggregat gebundenen Verbrauchsgüter vermehrt oder vermindert werden. Und zwar nach Maßgabe der Verbrauchsfunktion, die für jedes einzelne Verbrauchsgut gilt. Folglich ist es auch nicht möglich, für jedes einzelne in dieser Kombination enthaltene produktive Gut isoliert den Beitrag zu ermitteln, den es im Produktionsprozeß leistet. Und jede Vermehrung eines Verbrauchsgutes über die durch die Verbrauchsfunktion angegebene Menge hinaus läßt den Überschußbetrag ohne produktive Wirkung, wenn sie nicht gar den produktiven Effekt des Betriebsmittels herabsetzt. Es lassen sich keine partiellen Grenzproduktivitäten ermitteln.

S.221

Projiziert man nun diesen Sachverhalt von einem Aggregat auf den gesamten Bestand an Betriebsmitteln, über den ein Betrieb verfügt, dann zeigt sich eine verwirrende Fülle solcher Verbrauchsfunktionen, die die Faktoreinsatzmengen mit steigender oder sinkender Produktmenge bestimmen.

2. Diesen Sachverhalt kann man auch so ausdrücken: Jeder Betrieb besteht aus einer Zahl betrieblicher Teileinheiten (maschinelle Aggregate, Arbeitsplätze usw.). Sie werden jeweils durch ganz bestimmte technische Eigenschaften charakterisiert. Wir bezeichnen diese Eigenschaften eines Aggregates (D) mit $z_1, z_2, \ldots, z_v$. [...]

Die Mengen der verschiedenen Produktivgüter und Dienste, die erforderlich sind und eingesetzt werden müssen, damit das in Frage stehende Aggregat eine bestimmte Leistung abgibt - es handelt sich dabei um den Energieverbrauch, den Verbrauch an Hilfsstoffen, an Maschinenwerkzeugen, an Schmiermitteln, ferner um den Instandhaltungsaufwand, den Anlagenverschleiß usw. - hängen von den technischen Eigenschaften der Anlage ab. Allerdings sind diese Verbrauchsmengen noch nicht eindeutig bestimmt, wenn die z-Situation, d. h. der Kranz der technischen Eigenschaften der Anlage festliegt, sondern es kommt darüber hinaus auch auf die von der Anlage verlangte Leistung an, die wir im weiteren mit dem Buchstaben d bezeichnen wollen. Die verlangte Leistung d möge in Stück je Zeiteinheit (Tonnen, Hektoliter, Stückzahl, Anzahl eines gleichen Arbeitsganges je Zeiteinheit) gemessen werden. Unter Berücksichtigung des soeben Gesagten gelangen wir zu einer Funktion, die klar erkennen läßt, wovon die Verbrauchsmengen der Produktivfaktoren und Dienste abhängen, die erforderlich sind, um die gewünschte Maschinenleistung zu erhalten. Eine solche „Verbrauchsfunktion" läßt sich wie folgt schreiben: S.222

$$r_i = f_i(z_1, z_2, \ldots, z_v; d).$$

Die Verbrauchsmengen (r_i) sind eine Funktion erstens der technischen Eigenschaften des betrachteten Aggregates ($z_1, z_2, \ldots, z_v$), zweitens der von dem Aggregat verlangten Leistung (d).

[...]

Angenommen nun, daß die z-Situation der zu betrachtenden Anlage fest gegeben sei und nicht verändert werden soll. In diesem Falle - und nur in diesem Falle - können die Verbrauchsmengen r_i als alleinige Funktion der Leistung d aufgefaßt werden. Welche Leistung d von den betrieblichen Anlagen ($D_1, D_2, \ldots, D_m$) verlangt wird, ist abhängig von der Beschäftigung des Betriebes, die wir mit x bezeichnen wollen. Faßt man so die verlangte Leistung d als eine Funktion der Ausbringung x auf, so erhält man S.223

$d_j = \varphi_j(x)$ ($j = 1, 2, \ldots, m$; Zahl der betrieblichen Teileinheiten).

Damit ein Aggregat bei gegebener konstanter z-Situation die Leistung d hergibt, ist also ein bestimmter Einsatz von Gütern und Diensten erforderlich. Mit Hilfe der Verbrauchsfunktionen, die als bekannt anzunehmen sind, lassen sich die für die Fabrikation erforderlichen Verbrauchsmengen ermitteln.

Kennzeichnet man die Einsatzmengen der Faktoren $r_1, r_2, \ldots r_n$, welche das Aggregat 1 benötigt, mit dem zusätzlichen Index 1, die vom Aggregat 2 benötigten Mengen mit dem Index 2 und die von dem Aggregat m benötigten Mengen mit dem Index m, dann erhält man für das Aggregat 1 folgende Verbrauchsfunktionen

$$r_{11} = f_{11}(d_1)$$
$$r_{21} = f_{21}(d_1)$$
$$\vdots \quad \vdots$$
$$r_{n1} = f_{n1}(d_1)$$

oder

$$r_{i1} = f_{i1}(d_1).$$

[...]

Allgemein erhält man für die m-Aggregate der Reihe nach das Gleichungssystem   S.224

$$r_{i1} = f_{i1}(d_1)$$
$$r_{i2} = f_{i2}(d_2)$$
$$\vdots \quad \vdots$$
$$r_{im} = f_{im}(d_m)$$

oder

$$r_{ij} = f_{ij}(d_j).$$

Setzt man nun für jedes d_j den Ausdruck $\varphi_j(x)$, dann erhält man

$$r_{i1} = f_{i1}(\varphi_1(x))$$
$$r_{i2} = f_{i2}(\varphi_2(x))$$
$$\vdots \quad \vdots$$
$$r_{im} = f_{im}(\varphi_m(x))$$

oder

$$r_{ij} = f_{ij}(\varphi_j(x)).$$

Die Einsatzmengen der Faktoren $r_1, r_2, \ldots r_n$ sind demnach für alle Aggregate

$$r_1 = \sum_{j=1}^{m} r_{1j} = \sum_{j=1}^{m} f_{1j}(\varphi_j(x))$$

$$r_2 = \sum_{j=1}^{m} r_{2j} = \sum_{j=1}^{m} f_{2j}(\varphi_j(x))$$

$$r_n = \sum_{j=1}^{m} r_{nj} = \sum_{j=1}^{m} f_{nj}(\varphi_j(x)).$$

Damit sind die Faktoreinsatzmengen, welche die Unbekannten des Problems darstellen, bestimmt[2].

Wir haben bisher die besondere Art der Produktionsfunktion vom Typ *B* an technischen Anlagen, insbesondere an maschinellen Aggregaten aufgezeigt. Nun besitzt aber die menschliche Arbeit ähnlich den maschinellen Anlagen den Charakter eines Potentialfaktors. Sie kann in gewissen Grenzen mehr oder weniger intensiv genutzt werden. Diese Tatsache ist überhaupt die Voraussetzung dafür, daß sich ein Betrieb intensitätsmäßig anpassen kann.

Die Intensitäten von Arbeitsleistungen, die verhältnismäßig eng an technische Einheiten gebunden sind, schwanken mit der Intensität der Maschineninanspruchnahme, hängen also wie die übrigen r_i von der Leistung der maschinellen Anlage *(d)* ab. Außerdem aber gibt es Arbeiten, die nicht primär an maschinelle Aggregate gekoppelt sind, z.B. Arbeiten mehr manueller Art, gewisse Montagearbeiten, vor allem aber die leitenden und überwachenden Arbeiten in den Betrieben. Auch diese Arbeiten können mit verschiedener Intensität vollzogen werden. Die Leistungsabgabe hängt dann jeweils von der Inanspruchnahme ab und variiert mit ihr[3].

Zu den produktiven Faktoren, die für die Erzeugung bestimmter Güter erforderlich sind, gehören auch Werkstoffe u. dgl. Auf der Grundlage einer gegebenen Produktionsfunktion besteht zwischen ihnen und der Ausbringung des Betriebes eine unmittelbare Beziehung. Wir wollen solche Faktoreinsatzmengen, die unmittelbar von der Ausbringung des Betriebes abhängen, mit *s* bezeichnen. Wir können also schreiben

$$s = \varphi(x).$$

Die Produktionsfunktion vom Typ *B* enthält also nicht nur durch technische Aggregate bestimmte, mittelbare Beziehungen, sondern auch unmittelbare Beziehungen zwischen Faktorertrag und Faktoreinsatz.

3. Von welcher Art sind nun praktisch die Beziehungen, die durch die Verbrauchsfunktionen angegeben werden?

Es ist unmöglich, die Fülle und Mannigfaltigkeit aller Abhängigkeiten zur Darstellung zu bringen, die den Produktionsprozeß charakterisieren. Aus diesem Grunde müssen wir uns darauf beschränken, einige Beispiele zu geben, um den Sachverhalt zu illustrieren, um dessen Herausarbeitung es hier geht.

So läßt sich z.B. bei Verbrennungskraftmaschinen, wie sie zur Energiegewinnung in den Betrieben verwandt werden, die Abhängigkeit des Brennstoffverbrauches von der verlangten Leistung durch eine Gleichung von der Form $r = Ad^3 + Bd^2 + Cd + D$ annähern, wobei d z.B. die Anzahl der Umdrehungen je Minute, die PS-Leistung je Stunde bedeuten mag. Bei zunehmender Zahl der Umdrehungen steigt der Brennstoffverbrauch erst mit abnehmenden, später mit sich erhöhenden Zuwachsraten. Wir erhalten in diesem Falle eine zunächst konkav, dann konvex verlaufende Kurve, die die Abhängigkeit des Brennstoffverbrauches von der Umdrehungszahl angibt. S.226

4. Bei der Untersuchung der Produktionsfunktion vom Typ A (Ertragsgesetz) hatten wir festgestellt, daß sie sich durch - in gewissen Grenzen - frei variierbare Faktoreinsatzmengen und variable Produktionskoeffizienten (r_i/x) kennzeichnet. Demgegenüber weist eine Produktionsfunktion vom Typ B nicht frei variierbare Faktoreinsatzmengen auf. Entscheidend für den jeweiligen Verbrauch an produktiven Faktoren sind hier die technischen Gegebenheiten, die in den Verbrauchsfunktionen ihren Ausdruck finden. Für den allgemeinen Typ dieser Produktionsfunktionen gilt, daß sich die Produktionskoeffizienten r_i/x nach Maßgabe der Verbrauchsfunktionen ändern. Vermehrt beispielsweise ein Betrieb von einer bestimmten Ausbringung x_1 an seine Pro- S.227
duktion und werden die Produktionskoeffizienten größer, dann bedeutet diese Tatsache, daß die mengenmäßigen Anteile der einzelnen produktiven Faktoren, also der Arbeitsleistungen, Betriebsmittelnutzungen, Betriebsstoffe, Werkstoffe usw. je Erzeugniseinheit zunehmen. Das Mengengerüst der Kosten (auf das Problem der Kosten als solches kommen wir später ausführlich zu sprechen) wird sich in diesem Falle verschlechtern. Werden umgekehrt alle Produktionskoeffizienten, also alle r_i/x mit zunehmender Ausbringung kleiner, nehmen also die mengenmäßigen Anteile der produktiven Faktoren an der Erzeugniseinheit ab, dann verbessert sich das Mengengerüst der Kosten.

Wie dem im einzelnen auch sei, wichtig ist hier allein die Tatsache, daß sich die Produktionskoeffizienten zwangsläufig bei Variation der Ausbringung ändern. Die Verbrauchsfunktionen, nach denen sich diese Änderungen vollziehen, sind so mannigfaltiger Art, daß eindeutige

Aussagen über die Änderungen der Produktionskoeffizienten nur gemacht werden können, wenn die Verbrauchsfunktionen bekannt sind.

[...]

Für Produktionsfunktionen vom Typ *B* gilt grundsätzlich, daß es nicht möglich ist, den produktiven Beitrag eines einzelnen Faktors in der Kombination von produktiven Faktoren zu isolieren und zu messen. Die strenge Bindung der Faktoreinsatzmengen an die Aggregatleistung und damit an die Produktmenge (Ertrag) läßt eine solche Isolierung nicht zu. Es besteht deshalb keine Möglichkeit, unter diesen Umständen für die Faktoreinsatzmengen partielle Grenzproduktivitäten zu ermitteln. Selbst wenn zufällig die Kurve des Gesamtertrages (der Ausbringung) zuerst zunehmende, später abnehmende Ertragszuwächse aufweisen sollte, also formal dem Ertragsgesetz entsprechen würde, bleibt, wenn es sich um eine Produktionsfunktion vom Typ *B* handelt, prinzipiell die Möglichkeit ausgeschlossen, partielle Grenzproduktivitäten auszurechnen. S.228

Die Produktionsfunktion vom Typ *B* gibt die Gesetzmäßigkeiten wieder, die zwischen Faktorertrag und Faktoreinsatz bestehen. Sie ist als repräsentativ für die industrielle Produktion anzusehen.

Bei gegebener Produktionsfunktion vom Typ *B* werden also die Proportionen zwischen den Faktoreinsatzmengen allein von den technischen Daten der Produktion bestimmt. Das ist das Gesetz der industriellen Faktorkombination.

Kostentheoretische Perspektiven.

I. Grundsätzliches.

1. Der Kostenbegriff.
2. Die Haupt-Kosteneinflußgrößen.
3. Formale Darstellung der Kostenverläufe.

Wir wollen nun den Produktionsprozeß als Kombinationsprozeß unter kostentheoretischen Gesichtspunkten betrachten.

1. Multipliziert man die Faktoreinsatzmengen mit ihren Preisen, so erhält man die Kosten des Faktoreinsatzes. Dieser Kostenbegriff ist zu eng, weil zu den Kosten auch Zinsen, Steuern, Versicherungen, Gebühren und anderes rechnen. Derartige Dienstleistungen und öffentliche Abgaben haben keine Parallele in der Produktionsfunktion. Angesichts dieser Sachlage müßte man die Kosten genauer definieren als in Geld veranschlagte (bewertete) Sachgüter, Arbeitsleistungen, Dienstleistun-

gen und öffentliche Abgaben, sofern sie zur betrieblichen Leistungserstellung benötigt werden. Bei den Produktionskosten handelt es sich jedoch fast ausschließlich um Kosten des Faktoreinsatzes.

Unter den speziellen Kosten der Produktion bzw. der betrieblichen Leistungserstellung verstehen wir die Kosten, die die Gewinnung, Herstellung und Veredelung von Sachgütern, bezogen auf eine Zeiteinheit (Tag, Monat, Jahr) verursacht. Diese Kosten bezeichnet man auch als „Herstellkosten". Rechnet man zu den Herstellkosten noch die Verwaltungskosten, die Vertriebskosten, die Kosten des Materialbereiches und die Entwicklungskosten hinzu, so erhält man die „Selbstkosten" der Fabrikation.

2. Wir fragen nunmehr nach den Größen, die das Kostenniveau eines Betriebes bestimmen. Aus der Tatsache, daß die Kosten das Produkt aus Faktoreinsatzmengen und Preisen sind, wird ohne weiteres ersichtlich, daß ihre Höhe einmal von den Faktoreinsatzmengen und zum anderen von den Faktorpreisen abhängig ist. Die Faktoreinsatzmengen, die das „Mengengerüst" der Kosten bilden, werden einmal durch die technisch-organisatorische Beschaffenheit der Produktionsbedingungen und zum anderen durch die Proportionen determiniert, in denen die Faktoreinsatzmengen zueinander stehen. Bei gegebener Betriebsgröße und gegebenem Fertigungsprogramm ergeben sich also zunächst folgende das Kostenniveau eines Betriebes bestimmende Einflußgrößen: erstens die Faktorqualitäten, zweitens die Faktorproportionen und drittens die Faktorpreise. S.229

a) Es leuchtet unmittelbar ein, daß von mehreren Betrieben, die das gleiche Fertigungsprogramm aufweisen, derjenige die günstigste Kostensituation zeigt, dessen technische Ausrüstung für das Produktionsprogramm am besten geeignet ist, dessen Belegschaft den höchsten Leistungsstand aufweist und der mit Werkstoffen arbeitet, die für die Erzeugnisse qualitätsmäßig und konstruktiv am günstigsten sind. Ein solcher Betrieb steht gegenüber seinen Konkurrenten im übrigen um so günstiger da, je mehr die Betriebsleitung ihren Aufgaben gewachsen ist und je vorteilhafter die Probleme der Planung, Lenkung und Überwachung, also der Betriebsorganisation, gelöst sind.

An anderer Stelle ist bereits darauf hingewiesen worden, daß die technisch-organisatorischen Produktionsbedingungen im Zeitablauf Schwankungen unterworfen sind. Diese Veränderungen im qualitativen Gefüge des Produktionsprozesses können oszillativer Natur sein. In diesem Falle pendeln sie um eine gewisse qualitative Norm. Auf die Dauer und im Durchschnitt gesehen, gleichen sie sich aus. Eine trendartige Hebung oder Senkung des Kostenniveaus wird durch sie nicht verursacht. Anders liegen die Dinge bei mehr stetigen Änderungen in den qualitativen Bedingungen des Produktionsprozesses, wie sie z.B. auf eine Verbesserung der Arbeitsvorbereitung, laufende Erneuerung des Maschinenparkes, Verwendung modernerer Aggregate usw. zurückzuführen sind. Diese sich stetig vollziehenden Änderungen im Produktionsgefüge der Betriebe haben eine trendartige Erhöhung der betrieblichen Produktivität zur Folge, welche dann ihrerseits wieder das Kostenniveau zu senken tendiert. Natürlich kann sich ein solcher Prozeß auch in entgegengesetzter Richtung vollziehen. In diesem Falle nimmt der Produktivitätsstand des Betriebes ab, und die Kosten werden ungünstig beeinflußt.

Außer diesen mehr oszillierend oder stetig verlaufenden Änderungen in der Beschaffenheit der Produktionsbedingungen gibt es auch jene abrupten Änderungen in den Faktorqualitäten, die mehr mutativen Charakter besitzen. Änderungen solcher Art liegen z.B. dann vor, wenn ein Betrieb seine Fertigung auf völlig andersartige Produktionsverfahren umstellt.

Änderungen in den Faktorqualitäten bilden also die erste Haupt-Kosteneinflußgröße.

b) Neben Änderungen in den Faktorqualitäten treten Änderungen in den Faktorproportionen als die zweite Haupt-Kosteneinflußgröße auf. Bei gegebener Betriebsgröße und gegebenem Produktionsprogramm läßt sich eine Minimalkostenkombination nur dann erreichen, wenn die Faktoreinsatzmengen in einem optimalen Verhältnis zueinander stehen. Sollte die Produktionsfunktion vom Typ *A* (Ertragsgesetz) für die industrielle Produktion repräsentativ sein, dann wird, wie wir gesehen haben, diese Kostensituation erreicht, wenn sich die partiellen Grenzproduktivitäten der Faktoreinsatzmengen wie ihre Preise verhalten. Für den Fall jedoch, daß man eine Produktionsfunktion vom Typ *B* als repräsentativ für die industrielle Produktion ansieht, wird die Minimalkostenkombination erreicht, wenn von den produktiven Faktoren genau so viel Mengen eingesetzt werden, als den technischen Gegebenheiten, charakterisiert durch die Verbrauchsfunktionen, entspricht.

S.230

Nun kann aber eine Lage eintreten, die sich dadurch kennzeichnet, daß bei gegebener Betriebsgröße die Beschäftigung der vorhandenen betrieblichen Anlagen nicht mehr voll möglich ist. Eine solche Lage wird in der Regel darauf zurückzuführen sein, daß der Absatz des Betriebes zurückgeht und eine weitere Produktion auf Lager unvorteilhaft erscheint. Der Beschäftigungsrückgang ist der äußere Anlaß, der in diesem Falle zu einer Veränderung der Faktorproportionen führt. Und zwar deshalb, weil die Anpassungsfähigkeit der produktiven Faktoren an derartige Schwankungen der Beschäftigung unterschiedlich groß ist. Ändern sich aber die Faktorproportionen, so ändert sich damit auch das Produktionskostenniveau, da es von diesen Proportionen abhängig ist. Die Beschäftigung ist in diesem Fall die unabhängige Variable, die sich in diesem Falle in Änderungen der Faktorproportionen auswirkt. Da wir aus systematischen Gründen die unabhängigen Variablen als Hauptkosteneinflußgrößen herausstellen möchten, wollen wir die Beschäftigung als zweite Haupt-Kosteneinflußgröße bezeichnen.

c) Die Kosten sind immer das Produkt aus Mengen und Preisen. Es ist deshalb klar, daß das Kostenniveau eines Betriebes auch von den Faktorpreisen, also den Betriebsmittelpreisen, den Werkstoffpreisen und den Arbeitsentgelten abhängig ist. Diese Abhängigkeit ist von zweierlei Art. Beeinflußt eine Erhöhung oder Senkung der Faktorpreise das Mengengerüst der Kosten nicht, dann verändern sich die Produktionskosten entsprechend der Erhöhung oder Senkung der Kostengüterpreise. Beeinflußt dagegen eine Veränderung der Kostengüterpreise das Mengengerüst der Kosten, indem etwa im Preise gestiegene Produktionsmittel durch billigere ersetzt werden, dann wirkt sich eine Veränderung der Kostengüterpreise auch über Veränderungen im Mengengerüst der Kosten auf das Kostenniveau eines Betriebes aus.

Die Faktorpreise stellen also die dritte Haupt-Kosteneinflußgröße dar.

d) Wir sind bisher davon ausgegangen, daß ein Betrieb von bestimmter Größe und bestimmtem Fertigungsprogramm gegeben sei. Hebt man die Voraussetzung: konstante Betriebsgröße auf, dann wird eine vierte Haupt-Kosteneinflußgröße sichtbar: die Betriebsgröße. Eine Änderung der Betriebsgröße, z.B. ein Ausbau der Werksanlagen, muß allerdings nicht notwendigerweise das Kostenniveau eines Betriebes ändern. Wenn nämlich mit der Betriebserweiterung keine Änderung der S.231 Faktorbeschaffenheiten und der Faktorproportionen verbunden ist, also gewissermaßen der neue Betriebsteil nur ein Vielfaches der bereits vorhandenen Betriebsanlagen darstellt, dann ist nicht einzusehen, warum sich die Höhe der Produktionskosten ändern sollte. Wenn dagegen eine Erweiterung der betrieblichen Anlagen zur Folge hat, daß sich die Betriebseinrichtungen ihrer Beschaffenheit nach ändern, also z.B. neue Verfahren eingeführt werden oder günstigere (ungünstigere) Verhältnisse zwischen den produktiven Faktoren entstehen, dann beeinflußt ganz ohne Zweifel eine Änderung der Betriebsgröße das Kostenniveau des Betriebes.

Die Betriebsgröße bzw. ihre Änderung bildet die vierte Haupt-Kosteneinflußgröße.

e) Im Regelfall sind die gesamten Betriebseinrichtungen auf ein bestimmtes Fertigungsprogramm abgestellt. Ändert sich die Zusammensetzung des Programms oder unterliegt sie starken Schwankungen, dann entspricht die fertigungstechnische Ausstattung des Betriebes nur noch unvollkommen den neuen fertigungstechnischen Anforderungen. Das sich auf diese Weise ergebende Mißverhältnis zwischen Fertigungsprogramm und Betriebsausrüstung kann verhältnismäßig gering, unter Umständen aber auch ganz beträchtlich sein. Liegt der Fall vor, daß der vorhandene Betriebsmittelbestand für das neue Produktionsprogramm nur noch zum Teil geeignet ist, dann bedeutet das eine Verschlechterung der Produktionsbedingungen. Sie hat ihrerseits dann wieder eine Änderung des Kostenniveaus des Betriebes zur Folge.

Das Fertigungsprogramm bzw. eine Änderung desselben stellt mithin eine fünfte Haupt-Kosteneinflußgröße dar.

Das Kostenniveau eines Betriebes wird also durch die fünf Hauptkosteneinflußgrößen: Faktorqualität, Faktorpreise, Beschäftigung, Betriebsgröße und Fertigungsprogramm bestimmt. Bei genauerer Betrachtung zeigt sich, daß Änderungen der Kosteneinflußgrößen Beschäftigung, Betriebsgröße und Fertigungsprogramm stets Änderungen in den Faktorqualitäten und/oder den Faktorproportionen auslösen. Man kann deshalb sagen, daß sich grundsätzlich Änderungen im Kostenniveau eines Betriebes auf Änderungen in den Faktorqualitäten, den Faktorproportionen und den Faktorpreisen zurückführen lassen. Bleiben sie konstant, dann kann sich das Kostenniveau eines Betriebes nicht ändern. Diese drei Größen bezeichnen wir als die drei großen „Kostendeterminanten".

[...]

Der Einfluß von Beschäftigungsschwankungen auf die Produktionskosten. S.237

A. Grundsätzliche Feststellungen.

Wir haben jetzt zu untersuchen, wie Änderungen in der Beschäftigungslage die Produktionskosten eines Betriebes beeinflussen. Hierbei muß zunächst die Vorfrage gestellt werden, welche Möglichkeiten für die Betriebe bestehen, sich Beschäftigungsschwankungen fertigungstechnisch anzupassen.

a) Gehen wir zunächst von einem Betrieb aus, dessen fertigungstechnische Grundlagen der Produktionsfunktion vom Typ A (Ertragsgesetz) entsprechen sollen. Eine solche Situation kennzeichnet sich dadurch, daß sich ein bestimmter Faktor oder eine Faktorgruppe, die konstant ist, mit jeder beliebigen Menge eines anderen Faktors (Faktorgruppe) kombinieren läßt. Wenn also die Beschäftigung des Betriebes zurückgeht, dann paßt sich der Betrieb nur mit den variablen Faktoren an. Wir bezeichnen diese Form der Anpassung als „Anpassung nach dem Ertragsgesetz".

b) Ein Betrieb kann sich auch noch anders an Beschäftigungsschwankungen anpassen. Nehmen wir an, es sei ein Betrieb gegeben, dessen technische Eigenart es erforderlich macht, die Anlagen bei rückläufiger Beschäftigung zeitlich unverändert in Betrieb zu halten. Die Leistungsfähigkeit des Betriebes oder einzelner Betriebsteile wird dann in einem geringeren Maße, als das bisher der Fall war, in Anspruch genommen. Verbessert sich die Beschäftigungslage, so werden die Betriebsanlagen bei unveränderter Betriebszeit wieder stärker genutzt. Die S.238
Lage kennzeichnet sich also dadurch, daß der gesamte fertigungstechnische Apparat bei unveränderter Betriebsdauer unterschiedlich stark beschäftigt wird. Der Betrieb operiert in diesem Falle gewissermaßen auf der Intensitätsskala der betrieblichen Faktoren. Diese Art der Anpassung an sich ändernde Beschäftigungslagen bezeichnen wir als „intensitätsmäßige Anpassung". Eine solche Form der Anpassung wird praktisch vor allem da in Frage kommen, wo es sich um Anlagen oder Anlagenkomplexe handelt, die nicht in mehrere selbständige technische Teileinheiten zerlegt werden können. Als Beispiele sei auf Wasserkraft-Elektrizitätswerke, auch auf Werke der chemischen Großindustrie, z.B. Schwefelsäurefabriken, hingewiesen.

c) Eine weitere Möglichkeit, Beschäftigungsschwankungen fertigungstechnisch Rechnung zu tragen, besteht darin, daß ein Betrieb, sofern es seine Produktionsbedingungen zulassen, bei rückgängiger Beschäftigung Teile seiner Betriebsanlagen stillegt, um sie dann bei ansteigender Beschäftigung wieder in Betrieb zu nehmen. Diese Anpassungsform setzt voraus, daß die technische Ausrüstung des Betriebes aus verhältnismäßig selbständigen Teileinheiten (Werkstätten, maschinellen Aggregaten, Arbeitsplätzen) besteht, also ein verhältnismäßig hohes Maß an Anpassungsfähigkeit besitzt. In diesem Falle kann ein Betrieb auch dazu übergehen, die stillgelegten Maschinen zu verkaufen und Entlassungen vorzunehmen. Bei zunehmender Beschäftigung verläuft der Prozeß umgekehrt. Stillgelegte Betriebsteile werden wieder in Betrieb genommen oder Maschinen neu angeschafft oder Neueinstellungen vorgenommen. Diese Art der fertigungstechnischen Anpassung an sich ändernde Beschäftigungslagen bezeichnen wir als „quantitative Anpassung".

d) Falls die Voraussetzungen hierfür gegeben sind, vermag sich ein Betrieb auf die Weise an Veränderungen in der Beschäftigungslage anzupassen, daß er die Betriebszeit verkürzt. Er geht z.B. zur Kurzarbeit über oder legt Feierschichten ein u.ä. Im umgekehrten Falle läßt er Überstunden arbeiten oder zusätzliche Schichten fahren. Diese Form der Anpassung an sich ändernde Beschäftigungslagen bezeichnen wir als „zeitliche Anpassung". In diesem Falle werden die Betriebsanlagen jeweils während der Zeit ihrer Beschäftigung voll genutzt, die Beschäftigungsdauer wird dagegen variiert. Strenggenommen stellt die zeitliche Anpassung einen Spezialfall der quantitativen Anpassung dar[4].

Die zu b - d geschilderten betriebstechnischen Anpassungsformen stellen Variationen des intensitätsmäßigen, bestandsmäßigen und zeitlichen Einsatzes der Produktionsfaktoren dar. Die in einer Zeiteinheit hergestellte Produktmenge (x) wird danach bestimmt:

1. von der Menge der im Betrieb befindlichen Produktionsfaktoren *(m)*, S.239
2. von der Intensität menschlicher und maschineller Arbeitsleistungen *(v)*,
3. von der Betriebszeit *(t)*.

Danach ergibt sich

$$x = m \cdot v \cdot t.$$

Diese Gleichung ist eine Produktionsfunktion. Sie gibt an, durch welche Größen die in einer Zeiteinheit (im Gesamtbetrieb oder in einer Betriebsabteilung) hergestellte Produktmenge bestimmt wird. Im Falle intensitätsmäßiger Anpassung wird x allein von v *(m* und *t* konstant), im Falle quantitativer Anpassung allein von m *(v* und *t* konstant) und im Falle zeitlicher Anpassung allein von t *(m* und *v* konstant) bestimmt.

Die Wahl der Anpassungsform an sich ändernde Beschäftigungsverhältnisse ist grundsätzlich von den technischen Bedingungen der Produktion bzw. der technischen Eigenart der Produktionsprozesse determiniert. Die technischen Eigenarten können zur Folge haben, daß sich ein Betrieb in einzelnen Abteilungen intensitätsmäßig, in anderen quantitativ oder zeitlich anpaßt[5].

[...]

Der Kostenverlauf bei intensitätsmäßiger Anpassung. S.243

1. Wir wollen nun untersuchen, welchen Verlauf die Produktionskosten unter der Bedingung aufweisen, daß sich ein Betrieb an Änderungen der Beschäftigungslage intensitätsmäßig anpaßt. Unter einer solchen Anpassung verstehen wir, wie schon gesagt, eine unterschiedliche Inanspruchnahme der produktiven Faktoren, hier vornehmlich von technischen Anlagen, dispositiver Tätigkeit usw. unter der Voraussetzung einer gleichbleibenden Betriebszeit. Diese Art der Anpassung findet man vor allem in solchen Industriezweigen, deren Produktion ein geschlossenes System starr verbundener technischer Anlagen erfordert oder dort, wo die Produktion „in einer Wärme" durchgeführt wird. [...]

[...]

2. Wir haben bereits darauf hingewiesen, daß der intensitätsmäßigen S.247 Anpassung Produktionsfunktionen vom Typ B entsprechen. Man erhält die Kostenfunktionen, die solchen Produktionsfunktionen korrespondieren, indem man die für die einzelnen Aggregate benötigten Faktoreinsatzmengen $r_1, \ldots, r_n$ (Verbrauchsmengen) mit den als konstant angenommenen Faktorpreisen $\pi_1, \ldots, \pi_n$ multipliziert. So wird z.B. der Schmiermittelverbrauch (r_1) des Aggregates 1 gegeben durch den Ausdruck   S.248

$$r_{1,1} \cdot \pi_1 = k_{1,1}$$

$$k_{1,1} = g_{1,1}(d_1) = g_{1,1}(\zeta_1(x)),$$

der Brennstoffverbrauch ($r2$) durch den Ausdruck

$$r_{2,1} \cdot \pi_2 = k_{2,1}$$

$$k_{2,1} = g_{2,1}(d_1) = g_{2,1}(\zeta_2(x)).$$

Die Gesamtkosten, die die Inanspruchnahme des Aggregates 1 verursacht, sind die Summe der genannten Kostenarten, also

$$\sum_{i=1}^{n} k_{i,1} = \sum_{i=1}^{n} r_{i,1} \cdot \pi_i \text{ (für } i = 1, \ldots n).$$

Diese Gesamtkosten sind abhängig von der verlangten Leistung des Aggregates 1, also von d_1. Ändert sich d_1 (im Zusammenhang mit Änderungen der Beschäftigung), so ändern sich auch die Größen $r_{i,1}$ und damit auch die Größen $k_{i,1}$ nach Maßgabe der für das Aggregat charakteristischen Verbrauchsfunktionen. Die Gesamtkosten K erhält man als

Summe der so bestimmten Kosten der einzelnen Aggregate (*j*=1,2,...,*m*). Sie werden dargestellt durch den Ausdruck

$$K = \sum_{j=1}^{m} \sum_{i=1}^{n} k_{i,j}.$$

Hinzu kommen noch die Kosten der unmittelbar von der Ausbringung x abhängigen Faktoreinsatzmengen $s_1, \ldots, s_v$, nämlich

$$\sum_{x=1}^{v} s_x \pi_x.$$

Damit ist die Kostenfunktion bei intensitätsmäßiger Anpassung aus der Produktionsfunktion vom Typ B abgeleitet und die Verbindung zwischen Kosten- und Produktionstheorie hergestellt.

[...]

4. Im Anschluß an die Betrachtung des vorhergehenden Abschnittes erscheint es uns angebracht, den Fragenkomplex „fixe Kosten" noch von einer anderen Seite her zu erörtern. Insbesondere sind es die Beziehungen zwischen den *fixen Kosten und der sog. „Betriebsbereitschaft"*, ferner die Frage nach der Entstehung und der unterschiedlichen Art der fixen Kosten, auf die nunmehr näher eingegangen werden soll. In den späteren Auflagen der „Selbstkostenrechnung" (auch im „Kontenrahmen") vertrat Schmalenbach immer betonter die Auffassung, daß die *fixen Kosten* die *Kosten der Betriebsbereitschaft* seien. So sagt er: Wenn z.B. eine zweite Schicht eingelegt wird, dann erhöhen sich mit dieser Vermehrung der Schichten auch Kosten, „die man vorher als Kosten der Betriebsbereitschaft, also als fixe Kosten angesehen hat"[6]. Die fixen Kosten werden hier zwar nicht unmittelbar als eine Funktion des Beschäftigungsgrades angesehen, aber sie werden doch von der jeweiligen Betriebsbereitschaft abhängig gemacht[7]. Anders formuliert: die *Höhe der fixen Kosten ist abhängig von Entscheidungen der Betriebsleitung über das Maß an Betriebsbereitschaft*, das sie angesichts der Beschäftigungslage ihres Unternehmens aufrechtzuerhalten für richtig befindet. Die Bezugsvariable ist zwar nicht die Produktmenge, die der Betrieb in einer Zeiteinheit herstellt, sondern die Betriebsbereitschaft. Bedeutet das nicht, daß damit die fixen Kosten ihres starren Charakters entkleidet werden? Wird damit nicht grundsätzlich die Auffassung von der mangelnden Anpassungsfähigkeit der fixen Kosten in Frage gestellt?

S.252

S.253

Bei der Beantwortung dieser Frage wird man davon ausgehen müssen, daß es *zwei* betriebswirtschaftliche *Grundtatbestände* völlig unterschiedlicher Art gibt, *die fixe Kosten entstehen lassen.*

Fixe Kosten können erstens die *Folge einer gewissen Unteilbarkeit des technischen oder dispositiven Apparates* der Unternehmen und zweitens die *Folge betriebspolitischer Entscheidungen der Unternehmensleitung* sein. [...]

Anmerkungen

[1] Mit Recht weist Rummel darauf hin, daß jede Kostenrechnung auf der Annahme von Gesetzmäßigkeiten beruht. Denn wenn keinerlei Gesetzmäßigkeit bestünde, dann würde Kostenrechnung, wie er sagt, überhaupt keinen Sinn haben (K. Rummel, Einheitliche Kostenrechnung, 3. Aufl., Düsseldorf 1949, S. 17). Selbst dann, wenn eine Funktion nicht linear ist, kann ihre gekrümmte Linie doch, wenigstens für kleine Strecken, durch ihre Tangente ersetzt werden, ohne daß ein solcher Fehler das praktisch zulässige Maß übersteigt (K. Rummel, a. a. O., S. 19). Vgl. dazu aber auch die Kritik, die H. Koch an dem grundlegenden Gedanken der „Proportionalität" bei Rummel übt. [Koch, H.: Die Ermittlung der Durchschnittskosten als Grundprinzip der Kostenrechnung. Z. f. handelswiss. Forschung, N. F. (1953), S. 303ff.]
Wir suchen hier nach dem allgemeinen, abstrakten Ausdruck für die Beziehungen zwischen Produktmengen und Verbrauchsmengen, die ja, mit ihren Preisen multipliziert, „Kosten" sind. Um diesen allgemeinen Ausdruck zu erhalten, sind die Verbrauchsmengen nicht unmittelbar als Funktionen der Produktmenge (Ertrag), sondern als Funktionen der Aggregatleistungen (d) und diese wiederum als Funktionen der Produktmenge (x) aufgefaßt (s. das Gleichungssystem auf S. 223 ff.).
Will man also die Kosten richtig rechnen, dann muß man von den Verbrauchsfunktionen, also den technischen Eigenschaften der Aggregate bei unterschiedlicher Leistung ausgehen und nicht unmittelbar vom „Beschäftigungsgrad".

[2] Wie die letzte Funktion zeigt, sind die r_i allein abhängig von der zu erstellenden Ausbringung. Damit ist der Sachverhalt gegeben, den R. Frisch (Z. f. Nationalökonomie, Jg. 1932, S. 64ff.) und E. Schneider (Theorie der Produktion, S. 19, Wien 1934) als „Limitationalität" bezeichnen.

[3] Im Unterschied zu maschinellen Aggregaten lösen diese schwankenden Leistungsabgaben keine Änderungen in den Kosten aus, es sei denn, die Arbeitsentgelte werden nach Maßgabe der Leistungsabgaben bemessen (Akkord).

[4] Vgl. hierzu neuerdings E. Heinen, Anpassungsprozesse im Kokereibetrieb unter besonderer Berücksichtigung der quantitativen und intensitätsmäßigen Anpassung, Z. f. handelswiss. Forschung, 7. Jg. (1955), S. 106 ff.; ferner P. Riebel, Die Elastizität des Betriebes, Köln u. Opladen 1954.

[5] Vgl. hierzu im einzelnen die Abschnitte C und D dieses Kapitels.

[6] Schmalenbach: Selbstkostenrechnung und Preispolitik, 6. Aufl., S. 35; vgl. auch S. 52.

[7] Diesen Gedanken hat später Walther stärker herausgearbeitet; vgl. Alfred Walther, Einführung in die Wirtschaftslehre der Unternehmung, Bd. I, Zürich 1947.

D. III

Kundenorientierung

D. III.1

Horst Kliemann
Wie und wo erfasse ich Käuferschichten?
Einteilung der Käufermassen in Interessen-
schichten als Grundlage des Verkaufs-
und Produktionsplanes

C. Barth-Verlag, Wien, Berlin, Leipzig 1928

l. Käuferschichtung und Werbeplan. S. 9

„Zeigen Sie mir eine Aufstellung und Gliederung der Käufergruppen, die für Ihre Ware in Betracht kommen." Auf diese Frage geraten die meisten Reklametreibenden und Absatzsuchenden in Verlegenheit. Nichts ist anscheinend einfacher. Das weiß man doch ohne schriftliche Niederlegung und ohne großen Tabellenplan. Wie stolz ist der Produzent, wenn er sagen kann, daß schlechthin das „große Publikum" als Abnehmer zu betrachten ist. „Schokolade ißt doch jeder." Also!

Und wirklich ist fast alle Schokoladewerbung auf diesen viel zu allgemeinen Gedanken aufgebaut. Da wird eine, in der Zeichnung möglichst mondäne, Anzeigen- und Plakatserie ausgearbeitet und nun, anscheinend planvoll, gestreut. Im März ist z.B. Entwurf Nr. 3 an der Reihe. Der trifft das „große Publikum", den Kranken und den Gesunden, in Nord und Süd, in Villen und im Arbeiterviertel, auf dem Sportplatz und im Schaufenster ohne Auswahl. [...]

„Arbeitsplanung" heißt das große Schlagwort aller Rationalisierung. Meist beschränkt sich eine solche Planung aber nur auf die Ausführung der Produktion. Eine wahre Rationalisierung wird erst zu erzielen sein, wenn auch das Vorbereitende der Produktion oder des Einkaufs - das Wie und Was - und die Verbreitung der Produktion - das Wohin - in die Arbeitsplanung einbezogen werden. Zum vollständigen Werbeplan gehört nicht nur der Verkauf der fertiggestellten Produktion, sondern auch die vorbereitende Gestaltung der Produktionsform und -menge.

[...]

Die Grundlagen des Werbeplanes sind: S. 10
1. Kenntnis der Ware,
2. Abnehmer,
3. Werbemittelauswahl und Entwurf,
4. Streuung der Werbemittel.

Zur sachgemäßen Behandlung aller Punkte gehört eine vollständig klare Übersicht über die Käufer. Zunächst für die Produktion, denn der Geschmack und die Verwendungsmöglichkeit der Gruppen ist verschieden. Oft schafft erst eine dem besonderen Zweck angepaßte Form den Absatz in gewissen Kreisen, die durch rein sachlich formale Gestaltung nicht zu gewinnen sind. [...]

Weiterhin können die einzelnen Werbemittel niemals mit geringstem Geldaufwand aber größtem Erfolg ausgewählt, inhaltlich wie äußerlich gestaltet, gestreut werden, wenn nicht zuvor alle Abnehmergruppen aufs feinste zergliedert werden.

Es läuft also alles darauf hinaus, daß die Käufergruppierung zu den vorbereitenden Arbeiten des Werbens gehört. Darüber dürfte kaum eine Meinungsverschiedenheit herrschen. Nur auf das „Wie" der Gruppierung und Auslese kommt es an. Und da ist zu sagen, daß wir allerorts erst an den Anfängen stehen.

[...]

Wir konnten also feststellen, daß praktische Werbearbeit nur möglich ist, wenn wir die Käufer in Schichten aufteilen und jeden Käufer als Vertreter seiner Schicht behandeln. Dies hat natürlich zur Voraussetzung, daß der Widerhall auf unsere Werbeanstöße bei den Schichtenvertretern in gewissen Grenzen gleich ist. S. 12

Hier hat die Reklamepsychologie schon wertvolle Vorarbeit geleistet, denn bei der Zergliederung der geistigen Werbewirkung spaltete sich die zu untersuchende Käufermenge ohne weiteres in fest bestimmbare Schichten. Diese Schichteneinteilung mußte lückenhaft bleiben, denn sie ging von den seelischen Wirkungen der Werbemittel aus, ordnete, zergliederte, erläuterte diese Wirkungen und stellte schließlich fest, daß z.B. die Anwendung von „A" mehr auf Männer, „B" mehr auf Frauen wirke usw.

Mit einer solchen Einteilung ist dem Praktiker natürlich nicht gedient, denn er braucht ja die Schichten auch für die Fragen der Produktion, Werbestreuung und nicht nur zur Ausgestaltung der Werbemittel. In Zukunft wird der Weg umgekehrt gehen müssen. Der Psychologe wird die neue „soziologische Käufergruppierung" nochmals zugrunde legen müssen, um für jede einzelne Schicht die wichtigsten Werbewirkungen festzulegen. Erst wenn die Werbepsychologie auch von dieser Seite her durchforscht ist, wird sie ihren vollen praktischen Wert erreicht haben.

[...]

3. Umfang der Schichtenlehre. S. 14

Wir haben festgestellt, daß die angewandte Psychologie Vorarbeit geleistet hat, wir sahen ferner, daß nicht die Psychologie das Fundament der Schichtenlehre sein kann, daß umgekehrt auf einer durchgearbeiteten Schichtenlehre die Psychologie aufbauen sollte. Somit wird unsere Schichtenaufstellung, die nicht nur der Gestaltung der Werbemittel, sondern auch ihrer Streuung sowie der Produktionsbestimmung dienen soll, soziologisch sein müssen.

In der Soziologie spielen die Schichtenbeziehungen eine große Rolle. Betrachtet und untersucht werden dort die Beziehungen zwischen Mensch und Mensch, zwischen Mensch und Gebilde (Staat usw.). Diese Beziehungen genügen aber für unsere Zwecke nicht. Es müssen vielmehr in großem Umfang auch die Natureinflüsse, welche zur dauernden oder zeitweiligen Gruppierung von Menschen führen, herangezogen werden. Wir müssen alle Einflüsse einbeziehen, die solche Schichten vergrößern oder verkleinern, neu zusammenfassen oder auslösen.

[...]

5. Anwendung in der Praxis. S. 88

Was nützt nun diese ganze Zergliederung? Dem Praktiker wird sie vielfach auf den ersten Anhieb abstrakt und umständlich vorkommen. Er wird fragen, zu welchem Ziele eine solche breite Zergliederung erfolge, man habe doch schon bisher verstanden, seine Kundenkreise zu erfassen.

[...]

Es ist ohne weiteres zuzugeben, daß derartige Voruntersuchungen die bisher gewohnte Werbearbeit komplizieren. Bisher nahm man als Opfer seines Werbeangriffes etwa nur „die Frau" und unterschied höchstens die „Frau aus dem Volk" und die „Dame der Gesellschaft". Nun kommt die Werbesoziologie und verlangt, die Frau nach ihrem Milieu, ihrer Herkunft, dem Beruf ihres Mannes zu unterscheiden. Die Einflüsse der Jahreszeit, des Wetters, der Weltanschauung, des Frauenberufs usw. zu berücksichtigen. Kompliziert ist aber weniger unsere Methode, als die heutige Struktur der Gesellschaft, als die Mentalität der Gesellschaftsglieder überhaupt. Unsere Methode verlegt die Hauptdenkarbeit weg von der Werbe*technik*, auf die Vorbereitung der Werbearbeit. Sie will „Vorbauen" und nicht am Hochbau auf falscher Grundlage weiter experimentieren lassen. Sie verlangt scharfe gedankliche Vorarbeit und hält Fehler in der Fundierung für unheilbarer als Schönheitsfehler in der technischen Ausführung der Werbemittel.

[...]

Die soziologische Methode verlangt schärfste Abstimmung des Werbeinhalts auf die Streuwege, peinlichste Kleinarbeit. Sie wird zur Vereinfachung führen, wird rationeller und damit billiger arbeiten lehren, S. 89

wird vor kostspieligen Experimenten warnen. Es erübrigt sich, hier Beispiele zu nennen. Jeder wird in seinem Arbeitsgebiet solche in Menge finden. Zergliedert man die wirklich erfolgreiche Dauerwerbung einzelner Unternehmungen, so wird man finden, daß diese Methoden dort längst gebräuchlich sind. Der Wirtschaft wird aber nur gedient sein, wenn diese Überlegungen Gemeingut werden und wenn sie nicht auf einem kleinen Kreis als Geheimtip beschränkt bleiben. Ebenso wenig, wie ein beliebiges, rationelles Herstellungsverfahren Monopol eines Betriebes bleiben kann. Gewiß beruht unsere Wirtschaftsordnung auf dem Individualismus. Aber es hieße dieses Prinzip falsch auslegen, wenn man sich nicht gleichzeitig zu der Auffassung bekennt, daß die Leistungen des Einzelnen umso höher zu bewerten sind, je höher das allgemeine Niveau ist, aus dem sie sich abheben.

[...]

D. III.2

Harald Hruschka
Abgrenzung und Segmentierung
von Märkten auf der Grundlage
unscharfer Klassifikationsverfahren

Verlag Harri Deutsch, Frankfurt 1985

3. Ansätze zur Abgrenzung von Märkten

S. 25

Die Untersuchung von Marktstrukturen (insbesondere der Konkurrenz zwischen Produkten) läßt sich dem Bereich des Makro-Marketing zuordnen, da Abnehmeraggregate und Muster von Beziehungen zwischen Abnehmern bzw. Unternehmen die Analyseeinheit bilden (vgl. Bagozzi 1980, 56f., Bagozzi 1977, 9f.). Märkte stellen theoretische Konstrukte dar (eine ähnliche Auffassung findet sich bei Oberender 1975, 475), die implizit aufgrund ihres Zusammenhangs mit anderen theoretischen Konstrukten und empirischen Konzepten definiert sind (Bagozzi 1980, 64f.). Es handelt sich bei Märkten bzw. Wettbewerbsbeziehungen also nicht um unmittelbar beobachtbare sondern indirekt etwa aus beobachtbarem Verhalten der Beteiligten ableitbare (konstruierbare) Phänomene (Bagozzi 1977, 33). [...]

Sieht man von den Bestandteilen Periode und geografisches Gebiet ab, so bezieht sich die übliche Marktdefinition auf die Komponenten:
- Angebot
- Gut (Güter)
- Nachfrage. [...]

S. 26

Im Einklang mit diesen Überlegungen dominiert in der Marketing-Literatur die Auffassung, Märkte primär aus der Sicht (potentieller) Abnehmer abzugrenzen. [...]

S. 27

Ein Markt umfaßt jene Marken/Produkte, die aus Sicht der (potentiellen) Abnehmer als Substitutionsgüter wahrgenommen werden. Narver/Savitt (1971, 51) verstehen unter Substitutionsgütern Produktangebote, von denen Nachfrager annehmen, sie besäßen dieselbe Fähigkeit einen gegebenen Bedarf zu befriedigen. Dies ähnelt dem Konzept der reaktiven Austauschbarkeit, nach der die Bereitschaft einer Käuferschicht zum Austausch allein notwendige und hinreichende Bedingung für die Zugehörigkeit von Gütern zum selben Markt bildet. [...]

S. 28
S. 29

4. Nachfrageorientierte Marktabgrenzung

S. 30

4.1. Erhebungstechnische Restriktionen

Als Möglichkeit zur Bestimmung der Menge als substitutiv wahrgenommener Marken (Produktvarianten) kann man das „Evoked Set" ansehen (Howard/Sheth 1969, 33ff.). Howard und Sheth definieren das Evoked Set als jene Marken, die Alternativen bei der Auswahlentscheidung des Käufers darstellen. Wie empirische Untersuchungen demonstrieren, umfaßt das Evoked Set zwischen einer und vier Marken (vgl.

May/Homans 1977). Selbst bei einer Aggregation ähnlicher Evoked Sets (als Partition einer Gesamtmenge) über mehrere Abnehmer ergibt sich meist eine relativ enge Marktstruktur. Dies mag für taktische Entscheidungen ausreichen, die strategische Marketing-Planung einer Unternehmung erfordert jedoch die Berücksichtigung umfassender Konkurrenzbeziehungen.

Freilich sollte das Erhebungsprogramm Produktgruppen, zwischen denen keine Substitution zu erwarten ist, ausschließen. Die Tatsache, daß zwei Produktgruppen unterschiedliche Bedürfnisse ansprechen bzw. für vollkommen unterschiedliche Verwendungszwecke genutzt werden, kann man als Hinweis für mangelnde Substitutionsbeziehungen heranziehen und auf diese Weise die Menge der betrachteten Güter verringern (vgl. die Beispiele bei Hoffmann 1979, 62ff.). Bei dieser Vorgangsweise nimmt man wenigst implizit auf (potentielle) Nachfrage Bezug. S. 31

Iterative Erhebungstechniken vermeiden eine zu starke Begrenzung der untersuchten Marken (Produktvarianten, -gruppen). Die grundsätzliche Vorgangsweise findet man bereits bei Stefflre (1971).

Für eine vorgegebene Produktliste nennen Auskunftspersonen möglichst viele, ihnen geeignet erscheinende Verwendungszwecke. Danach wird eine weitere unabhängige Stichprobe von Auskunftspersonen aufgefordert, zu den vorher festgestellten Verwendungen passende zusätzliche Produkte zuzuordnen und so weiter. [...]

4.2. Indikatoren für Substitutionsbeziehungen aus Nachfragesicht S. 32

Stefflre (1968, 252f.) definiert als Markt jene Menge von Produkten, zwischen denen so starke Substitutionsbeziehungen bestehen, daß die Umsätze des Produktes stark von den Umsätzen der anderen Produkte abhängen. Brockhoff (1981, 35f.) spricht von Substitution, falls vermehrte Nachfrage nach Produkt A mit verminderter Nachfrage nach Produkt B einhergeht. Diese Abhängigkeiten lassen sich freilich auf die Wahrnehmung der Substituierbarkeit (und das diesen Wahrnehmungen mehr oder weniger entsprechenden Verhalten) zurückführen. [...]

Srivastava/Alpert/Shocker (1984, 32) definieren als Produktmarkt die Menge von Produkten, die mit Hinblick auf jene Verwendungssituationen, in denen Abnehmer ähnliche Nutzenstiftungen anstreben, als substitutiv gelten. Die auf der wahrgenommenen Eignung von Produkten für Verwendungssituationen basierenden Substitutionsmaße dürften sich insbesondere für breite Marktstrukturen im Zusammenhang mit S. 37

strategischen Entscheidungen eignen (Srivastava/Alpert/Shocker 1984, 39). Abbildung 4.2. zeigt den Ablauf der Datenerhebung und die Analysephase für den Maßstab wahrgenommene Eignung für Verwendungen. Es handelt sich um ein im wesentlichen zweistufiges Vorgehen, das zunächst eine (empirisch geprüfte) Typologie für ein relativ weites Produktfeld (z.B. finanzielle Dienstleistungen) bestimmt. In der zweiten Stufe erfolgt u.a. eine Prüfung des Einflusses der Dimensionen Person, Produkte und Substitutionen. Die einschlägigen Arbeiten zeigen dabei die Bedeutung der Interaktion zwischen Situation und Produkten auf, d.h. die wahrgenommene Eignung von Produkten hängt auch von der jeweiligen Verwendungssituation ab (etwa bei Srivastava/Alpert 1982, 35).

Ebenfalls mehrere Indikatoren, die sich jedoch nicht ausschließlich auf die Verwendungssituation eines Produktes beziehen müssen, verwenden Bourgeois/Haines/Sommers (zitiert bei Day/Shocker/Srivastava 1979, 16). Die Auskunftspersonen erfüllen dabei folgende Aufgabe:

S. 38

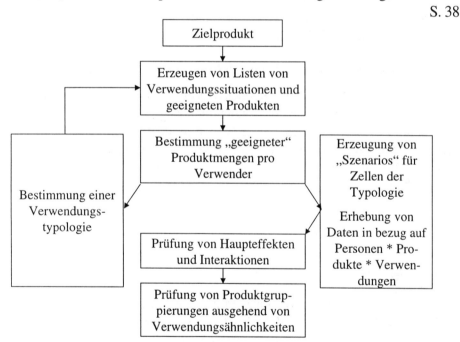

Abb. 4.2: Erhebungs- und Datenanalyseprozedur nach Srivastava/Alpert 1982, 31

- Teilung der Marken in beliebig viele Gruppen
- Erklärung der bei der Gruppierung verwendeten Kriterien

- Beurteilung der Ähnlichkeit innerhalb jeder Gruppe.

Durch Summieren über alle Auskunftspersonen ergibt sich die Häufigkeit, mit der Paare von Marken jeweils derselben Gruppe angehören. Infolge deutlicher Unterschiede der von den Auskunftspersonen angewendeten Gruppierungskriterien erweist sich die Interpretation der Ergebnisse als äußerst schwierig. [...]

Eine Partition läßt sich durch eine Matrix $U = |u_{ik}|$ darstellen (vgl. S. 66 Bezdek 1981, 23ff.). Dabei gilt

$$u_{ik} \in \{0,1\} \qquad 1 \leq i \leq c, 1 \leq k \leq n \qquad (4.13a)$$

$$\sum_{i=1}^{c} u_{ik} = 1 \qquad 1 \leq k \leq n \qquad (4.13b)$$

$$0 \leq \sum_{k=1}^{n} u_{ik} \leq n \qquad 1 \leq i \leq c \qquad (4.13c)$$

u_{ik} ... Zugehörigkeit von Objekt k zur Klasse i
c ... Anzahl der Klassen
n ... Anzahl der Objekte

Für $u_{ik}=1$ ist das k-te Objekt ein Element der Klasse i, hat u_{ik} den Wert 0, so gehört es nicht zur Klasse i.

7.3.2. Unscharfe Klassifikationsverfahren

Die auf Zadeh (1965) zurückgehende Verallgemeinerung der Mengentheorie setzt an die Stelle der eindeutigen Zugehörigkeit oder Nicht-Zugehörigkeit des Objekts zu einer Menge graduelle Mitgliedschaften. Die Übertragung dieser erweiterten Auffassung auf Klassifikationsaufgaben führt zur Bildung des Typs der unscharfen Partition (Bezdek 1981, 26; Bock 1979, 139ff.). S. 145

$$u_{ik} \in [0, 1] \qquad (7.29a)$$

$$\sum_{i=1}^{c} u_{ik} = 1 \qquad 1 \leq k \leq n \qquad (7.29b)$$

$$0 \leq \sum_{k=1}^{n} u_{ik} < n \qquad 1 \leq i \leq c \qquad (7.29c)$$

u_{ik} ... unscharfer Zugehörigkeitswert des Objekts k zur Klasse i [...]

Die Zugehörigkeitswerte u_{ik} eines Objekts k zur Klasse (Cluster) i dürfen nun nicht mehr nur die binären Werte 0 bzw. 1 für Mitgliedschaft bzw. Mitgliedschaft, sondern auch alle dazwischenliegenden Werte annehmen. [...]

Für scharfe Partitionen gilt das Fehlen von Überlappungen zwischen S. 146 einzelnen Klassen definitionsgemäß. Nur „echte" unscharfe Partitionen (mit Zugehörigkeitswerten ungleich 0 oder 1) erlauben es, daß zumindest eine Durchschnittsmenge der Klassen nicht leer ist (vgl. Bezdek 1981, 27). [Die Matrix u einer unscharfen Partition enthält die unscharfen Zugehörigkeitswerte von Objekten k zu Klassen i.]

$$u = \begin{matrix} x_1 & x_2 & x_3 \\ \begin{bmatrix} 0.91 & 0.58 & 0.13 \\ 0.09 & 0.42 & 0.87 \end{bmatrix} \end{matrix} \qquad (7.30)$$

Benutzt man für die obige unscharfe Partition den Minimum-Operator zur Durchschnittsmengenbildung bei unscharfen Mengen, so erhält man:

$$u_1 \cap u_2 = (\min(0.91, 0.09), \min(0.58, 0.42), \min(0.13, 0.87)) = (0.09, 0.42, 0.13) \qquad (7.31)$$

Die Bestimmung kontinuierlicher Zugehörigkeitswerte liefert Unterscheidungsmöglichkeiten der Objekte, die herkömmliche deterministische Verfahren nicht zulassen (vgl. zum folgenden Bock 1979, 138ff.). Objekte mit Zugehörigkeitswerten nahe 1 stellen typische Vertreter der jeweils bezeichneten Klassen dar. Beträgt der Zugehörigkeitswert bei c Klassen ungefähr 1/c, so handelt es sich um ein im Übergangsbereich zwischen Klassen liegendes Objekt („Brückenobjekt"). Werte um 0 weisen auf eine hohe Distanz des Objekts zur jeweiligen Klasse hin. Falls die meisten Zugehörigkeitswerte einer unscharfen Partition bei 1 oder 0 liegen, besteht eine hohe Übereinstimmung mit einer klassischen scharfen Partition. Ein derartiges Ergebnis zeigt eine Clusterstruktur mit deutlicher Trennung der Klassen an.

Da die scharfe Partition ein Extremfall der unscharfen Partition ist, S. 147 sollten unscharfe Klassifikationsverfahren auch in der Lage sein, das Vorhandensein der erstgenannten Datenstruktur aufzudecken. [...]

Das wohl am häufigsten angewandte unscharfe clusteranalytische Verfahren bildet der unscharfe K-Means-Algorithmus, den Dunn (1974a) mit Hinblick auf die Theorie unscharfer Mengen erweitert hat. Das diesem Verfahren zugrundeliegende verallgemeinerte Varianzkriterium läßt sich auch wie folgt schreiben [...]

$$\sum_{k=1}^{n} \sum_{i=1}^{c} u_{ik} d_{ik}^2 \qquad (7.33)$$

Bei unscharfen Partitionen ist u_{ik} gleich 0 oder 1. Für

$$d_{ik} = \left[\sum_{j=1}^{p} (x_{kj} - v_{ij}) \right] \qquad (7.34)$$

x_{kj} ... Ausprägung des j-ten Merkmals bei Objekt k
v_{ik} ... Mittelwert des j-ten Merkmals für die i-te Klasse

ergibt sich das Varianzkriterium, das der K-Means-Algorithmus anstrebt. Diese Zielfunktion enthält auch Distanzen von Objekten zu fremden Klassenzentren (in Form von Mittelwertvektoren), d.h. Klassen, zu denen das betrachtete Objekt nicht gehört.

Um ein verwandtes Klassifikationsverfahren auf Grundlage der Fuzzy-Set-Theory zu entwickeln, führt Bezdek (1981, 65) das unscharfe Varianzkriterium ein: S. 148

$$\sum_{k=1}^{n} \sum_{i=1}^{c} u_{ik}^m d_{ik}^2 \qquad (7.35)$$

m ... Gewichtungsfaktor

u_{ik} liegt nun im Intervall zwischen 0 und 1. Der Gewichtungsfaktor (auch Unschärfefaktor genannt) m ist größer/gleich 1. Die quadrierte Distanz wird mit der m-ten Potenz der Mitgliedschaft des k-ten Objekts in der i-ten Klasse gewichtet. Mit steigenden m nimmt u_{ik}^m ab (geht gegen 0). Der Einfluß von Objekten mit geringen Zugehörigkeitswerten auf das Varianzkriterium sinkt verglichen mit dem entsprechenden scharfen Klassifikationsverfahren. Bock (1979, 144) spricht in diesem Zusammenhang von einer Robustifizierung, da gegenüber scharfen Partitionen Randelemente die Gruppierung weniger bestimmen.

Der Ablauf des Algorithmus sei hier nur skizziert (Bezdek 1981, 66f.):

1. Ermittlung einer Ausgangspartition mit Zugehörigkeitswerten und Clusterzentren
2. Neuberechnung der Zugehörigkeitswerte
   Falls die Distanz eines Objekts zum Zentrum einer Klasse 0 ist, wird u_{ik} 1, die anderen Zugehörigkeitswerte dieses Objektes 0 gesetzt.
   Falls die Distanz eines Objekts zum Zentrum einer Klasse größer als 0 ist, folgt als Bedingung für ein lokales Optimum der Zielfunktion:

$$u_{ik} = \frac{1}{\sum_{j=1}^{c} (\frac{d_{ik}}{d_{jk}})^{2/m-1}} \qquad (7.36) \quad \text{S. 149}$$

3. Neuberechnung der Klassenzentren

$$v_i = \frac{\sum_{k=1}^{n} (u_{ik})^m x_k}{\sum_{k=1}^{n} (u_{ik})^m} \quad \text{usw.} \qquad (7.37)$$

x_k ... Merkamalvektor von Objekt k
v_i ... Mekrmalsvektor der Klasse i

Für fixes m nähern sich die Zugehörigkeitswerte je Iteration einem lokalen Maximum der Zielfunktion (Bezdek 1981, 80ff.). Der Algorithmus konvergiert für m+1 gegen das bekannte (scharfe) K-Means-Verfahren (für m=1 ergibt sich tatsächlich eine scharfe Partition als Optimallösung). Geht m gegen Unendlich, so streben die Zugehörigkeitswerte der Objekte in jeder Klasse gegen 1/c (Bezdek 1981, 79; Bock 1979, 141ff.). Mit steigendem m nimmt also die Unschärfe der Mitgliedschaftswerte zu. Das Gewicht m läßt sich als Indikator für die Höhe der Verzerrung der Wahrnehmung einer Objektgruppierung auffassen. Mit Zunahme der Verzerrung bilden dann nur mehr einander stark ähnelnde Objekte einen prägnanten Cluster, bis eventuell jede Gruppierung verschwindet. [...]

Backer (1978) unternimmt einen sich von den bisher erörterten, auf unscharfe Varianzkriterien zurückgehenden Ansätze abhebenden Zutritt. Die Vorgangsweise von Backer (1978, 58ff.) besteht darin, scharfe Partitionen aufgrund der strukturellen Eigenschaften der Objekte zu „verunschärfen". Strukturelle Eigenschaften drückt er durch sogenannte Affinitätswerte zwischen jeweils einem Objekt und (Teil-) Menge(n) aus, die die Beziehung zwischen Objekt und einer Gruppe von Objekten wiedergeben sollen (Backer 1978, 58ff.).

Die Affinität eines Objekts zur Gesamtmenge wird eine gewichtete Summe von Teilaffinitäten (Objekt zu Teilmenge) zerlegt.

$$P_i = \frac{N_i}{N} \tag{7.43}$$

P_i ... relative Größe der Teilmenge i
N_i ... Anzahl der Objekte in der Teilmenge i
N ... Anzahl der Objekte der Gesamtmenge

Die induzierte Zugehörigkeitsfunktion eines Elements k lautet:

$$u_{ik} = P_i \frac{r(k,i)}{r(i)} \tag{7.44}$$

$r(k,i)$ ... Affinität des Objekts k zur Teilmenge i
$r(i)$ ... Affinität der Teilmenge i zur Gesamtmenge

Als eine Form von Affinität führt Backer (1978) das Distanzkonzept an:

$$r(k,i) = 1 - \frac{\sum_j d_{jk} f_{ij}}{n_i} \quad \text{mit } 0 \leq d_{jk} \leq 1 \tag{7.45}$$

d_{jk} ... Unähnlichkeit der Objekte j und k
f_{ij} ... scharfe Zugehörigkeit des Objekts j zur Klasse (Teilmenge) i
n_i ... Anzahl der Objekte in der Klasse i

Für die Zugehörigkeitsfunktion folgt dann:

$$u_{ik} = \frac{n_i - \sum_j d_{jk} f_{ij}}{\sum_{i=1}^{c} n_i - \sum_j d_{jk}}. \qquad (7.46)$$

Falls Objekt k zu allen Objekten der Teilmenge die maximale Distanz 1 besitzt, erhält das Objekt k einen Zugehörigkeitswert von 0.

Alternativ zum Distanzkonzept definiert Backer (1978), 77ff.) auch Nachbarschaft als Affinität. Unter Nachbarschaft versteht er zunächst eine Region von Punkten in der Nähe des Objekts k. Genauer wird Nachbarschaft als – mit Bezug auf ein zentrales Objekt – beschränkte Menge von Objekten r(k) festgelegt.

n_i (k) sei die Anzahl von Objekten in der Nachbarschaft von k, die zur Teilmenge i gehören. Die entsprechende Affinität lautet: S. 155

$$r(k,i) = \frac{n_i(k)}{N_i} \qquad (7.47)$$

N_i ... Gesamtzahl der Objekte in Klasse i

Daraus ergibt sich die Zugehörigkeitsfunktion:

$$u_{ik} = \frac{n_i(k)}{n(k)} \qquad (7.48)$$

n(k) ... Gesamtzahl der Objekte in der Nachbarschaft von Objekt k
als Verhältnis der Anzahl der zur Teilmenge i gehörenden Objekte in der Nachbarschaft von k zur Gesamtzahl der Objekte in dieser Nachbarschaft. Als eine Möglichkeit der Operationalisierung der Nachbarschaftsbeschränkung sei die sogenannte Distanzrestriktion genannt. Danach gehören Objekte innerhalb einer bestimmten Distanz vom zentralen Punkt zur Nachbarschaft.

Ein den von Backer entwickelten unscharfen Partitionsverfahren entsprechender Algorithmus läßt sich im Überblick wie folgt darstellen: S. 156
1. Vorgabe einer scharfen Ausgangspartition
2. Berechnung einer Zugehörigkeitsfunktion
3. Reklassifikation zur Verbesserung der Zielfunktion durch Vergleich der Zugehörigkeit eines Objekts mit den durchschnittlichen Zugehörigkeitswerten einer Klasse, in die das Objekt versuchsweise verschoben wird.

Der Ansatz von Backer umfaßt durch die mögliche Kombination von S. 157
Affinitätskonzepten, die Gewichtung der Zielfunktion und die Freiheitsgrade bei der Bestimmung von Nachbarschaften (durch Vorgabe unterschiedlicher Distanzen) tatsächlich eine Vielzahl unterschiedlicher Algorithmen. Der Einsatz dieser Technik könnte sich bei Klassen mit nicht-ellipsoiden Formen lohnen (vgl. dazu Bezdek 1981, 163). Bei

schwach besetzten Räumen dürfte sich allerdings das Nachbarschaftskonzept nicht eignen, da es nur die Zahl von Punkten berücksichtigt (Backer 1978, 158).

Von den bisher dargestellten unscharfen Klassifikationsverfahren eignen sich die Algorithmen für Hyperebenen und adaptive Distanzen nur für Objekte mit quantitativen (= metrischen) Merkmalen. Die Induktion unscharfer Mengen nach Backer setzt nur die Existenz von Unähnlichkeiten (die Werte können sogar nicht-metrisch sein) voraus. Daher können die entsprechenden Verfahren auch zur Klassifikation von durch qualitative (d.s. nominale oder ordinale) Merkmale bzw. nur durch paarweise Unähnlichkeiten charakterisierten Objekten dienen.

Den Einsatz des unscharfen K-Means-Verfahrens bei Vorliegen binärer Daten zeigt Bezdek (1981), 86ff.). Als Distanzmaß muß allerdings die euklidische Metrik verwendet werden, die bei binären Daten eine monotone Transformation der City-Block-Metrik darstellt und wie letztere invariat ist. Die sich bei Anwendung des unscharfen K-Means-Verfahrens ergebenden Klassenmittlewerte besitzen bei Vorliegen binärer Daten Werte zwischen 0 und 1 und fallen daher nicht mit einem der Objekte (die ja nur 0 oder 1 Eintragungen aufweisen) zusammen.

Die einer bestimmten Eigenschaft entsprechenden Elemente aller unscharfen Clusterzentren nehmen den Wert 0 an, falls diese Eigenschaft bei keinem der Objekte auftritt. Dies gilt umgekehrt für den Wert 1. In diesem Fall müssen alle Objekte die Eigenschaft haben. Daraus folgt aber, daß Eigenschaften, für die die Klassenmittelwerte 0 oder 1 sind, keinen Beitrag zur Gruppenbildung bringen.

Als Maß für die Trennkraft von binären Merkmalen schlägt Bezdek (1981, 90f.) die absolute Differenz der Klassenmittelwerte bei zwei Klassen bzw. den Mittelwert der Differenzen über c(c-1)/2 Klassenpaare bei mehr als zwei Klassen vor. S. 158

14. Ergebnisse der Pilotstudie S. 301

14.1. Präanalysen zur Identifikation isolierter Märkte

[...] Als Klassifikationsverfahren dient im Rahmen der Präanalyse sinnvollerweise eine unscharfe Partitionsmethode, nämlich der von Dunn (1974b) formulierte Algorithmus für das verallgemeinerte unscharfe Varianzkriterium der Form: S. 302

$$\sum_{i=1}^{c} \sum_{k=1}^{n} (u_{ik})^m d(k, Z_i)^2 \quad (14.2)$$

c ... Klassenanzahl

n ... Objektanzahl
u_{ik} ... Zugehörigkeit von Objekt k zu Klasse i
$d(k, Z_i)$ ... Unähnlichkeit zwischen Objekt k und dem Zentrum von Klasse i
m ... Unschärfefaktor

14.6. Abschließender empirischer Methodenvergleich S. 334

Im Rahmen der hier präsentierten Pilotstudie erfolgt der Einsatz unterschiedlicher scharfer und unscharfer Klassifikationsverfahren. Als Gesamthypothese ließ sich [...] die Erwartung einer höheren internen wie externen Validität unscharfer Klassifikationsverfahren formulieren. Höhere interne Validität wurde dabei auf die größere Flexibilität unscharfer Klassifikationen zurückgeführt, vor allem in der Behandlung von Zwischen- oder Randelementen. Diese Fälle ziehen bei herkömmlichen Clusteranalyse-Verfahren immer wieder Probleme nach sich, da sie ja trotz ihrer verzerrenden Eigenschaften einer Klasse ganz zugeordnet werden müssen.

Tab. 14.20: Relativ beste Varianzerklärungen der untersuchten Klassifikationstypen

	unscharfe Partition	scharfe Klassifikation
Abnehmer	0.46	0.23
Marken	0.48	0.16

Tabelle 14.20 vergleicht die Varianzerklärung für das jeweils beste unscharfe bzw. scharfe Klassifikationsverfahren. In beiden Fällen liegt die Reproduktion der Varianz der Ähnlichkeitsdaten für das unscharfe Partitionsverfahren deutlich höher. Die Tests auf Stabilität der erzeugten unscharfen Partitionen verliefen durchwegs zufriedenstellen.

Freilich gelten die entsprechenden Resultate nur für den hier dokumentierten Anwendungsfall und können bestenfalls als Hinweis auf eine eventuell vorhandene Überlegenheit in anderen Anwendungsbereichen aufgefaßt werden.

Die Erklärung der Zugehörigkeit von Abnehmern zu homogenen Abnehmerklassen aufgrund von Strukturgleichungsmodellen liefert im Rahmen dieser Untersuchung hohe Varianzerklärungen für das Strukturmodell der latenten Variablen und das Meßmodell der manifesten Variablen. Diese Ergebnisse bestärken in der Annahme ausreichender externer Validität der erzeugten unscharfen Abnehmerklassifikation.

Auf die Schätzung eines Strukturgleichungsmodells aufgrund binärer Zugehörigkeiten wurde wegen der geringen internen Validität entsprechender scharfer Partitionen verzichtet.

Literatur

Backer, E., 1978. Cluster analysis by optimal decomposition of induced fuzzy sets. Delft: University Press.

Bagozzi, R.P., 1980. Causal models in marketing. New York: Wiley.

Bagozzi, R.P., 1977. Marketing at the Societal Level. Theoretical Issues and Problems. In: Slater, C.C. (ed.): Macro-Marketing. Dustributive Processes from a Societal Perspective. Boulder, Colorado.

Bezdek, J.C., 1981. Pattern recognition with fuzzy objective function algorithms. New York: Plenum.

Bock, H.H., 1979. Clusteranalyse mit unscharfen Partitionen. In: Bock, H.H. (Hrsg.), Klassifikation und Erkenntnis III. Frankfurt, 137-163.

Bourgeois, J.C., G.H. Haines and M.S. Sommers, 1980. Defining an industry. In: D.B. Montgomery and G. Wittink (eds.), Market measurement and analysis. Cambridge, MA: Marketing Science Institute.

Brockhoff, K., 1981. Produktpolitik. Stuttgart: Fischer.

Day, G.S., A.D. Shocker and R. Srivastava, 1979. Customer-oriented approaches to identifying product-markets. Journal of Marketing 43, 8-19.

Dunn, J.C., 1974. A fuzzy relative of the ISODATA process and its use in detecting compact, well separated clusters. Journal of Cybernetics 4, 32-57.

Hoffmann, K., 1979. Die Konkurrenzuntersuchung als Determinante der langfristigen Absatzplanung. Göttingen.

Howard, J.A., Sheth, J.N., 1969. The Theory of Buyer Behavior. New York etc.

May, F.E., Homans, R.E., 1977. Evoked Set Size and the Level of Information Processing in Product Comprehension and Choice Criteria. In: Perreault, W.D. (ed.), Advances in Consumer Research, Vol. IV. Atlanta.

Narver, J.C., Savitt, R., 1971. The Marketing Economy. An Analytical Approach. New York.

Oberender, P., 1975. Zur Problematik der Marktabgrenzung unter besonderer Berücksichtigung des Konzepts des "relevanten Marktes". In: WiSt, 575-579.

Srivastava, R.K., Alpert, M.I. and Shocker, A.D., 1984. A customer oriented approach for determining market structures. Journal of Marketing 48, 32-45.

Srivastava, R.K., Alpert, M.I., 1982. A Consumer-Oriented Approach for Determining Market Structures. In: Srivastava, R.K., Shocker, A.D. (eds.), Analytic Approaches to Product Marketing Planning. The Second Conference. Camebridge, Massachusetts, 26-57.

Srivastava, R.K., R.P. Leone and A.D. Shocker, 1981. Market structure analysis. Hierarchical clustering of products based on substitution-in-use. Journal of

Marketing 45, 38-48.
Stefflre, V., 1971. New Products and New Enterprises. A Report on an Experiment in Applied Social Science. Working Paper. University of California at Twine.
Zadeh, L.A., 1965. Fuzzy sets. Information and Control 8, 338-353.   S. 388

D. IV

Organisationsprobleme

D. IV.1

Erich Gutenberg
Die Unternehmung als Gegenstand
betriebswirtschaftlicher Theorie

Industrieverlag Spaeth & Linde,
Berlin, Wien 1929

Der Organisationskomplex „Betriebswirtschaft" als Objekt der Betriebswirtschaftslehre. S. 11

I. Die Unternehmung entsteht durch bewußten, schöpferischen Akt des Menschen, der die Dinge, die wir wirtschaftlich als Güter bezeichnen, bindet und bewegt. Jede Unternehmung, so wie sie als Einheit aus Sach- und Leistungsgütern vor uns steht, ist das Ergebnis eines zielstrebigen, die Güter unter einem einheitlichen Zweck zusammenfassenden Willens. Als ein solches Ergebnis menschlichen Gestaltungsvermögens bedarf sie zu ihrem Werden, Sein und Vergehen menschlicher Entschlüsse und Maßnahmen, durch welche die Güter, die die Betriebswirtschaft ausmachen, dem gewollten Ziele entsprechend an die Stelle gebracht werden, an der sie die Erreichung des Zweckes, auf den sie abgestellt sind, gewährleisten. Die Durchführung nun dieser einem letzten betriebswirtschaftlichen Zweck entspringenden Entschlüsse und Maßnahmen bedarf bestimmter Mittel und Einrichtungen, deren Inanspruchnahme den möglichst reibungslosen Vollzug dieser Zielsetzungen ermöglicht. Solche „Einrichtungen" und „Mittel" bilden den Komplex betriebswirtschaftlicher Institutionen, den man als Organisation bezeichnet. Diese ist also Mittel zur Erfüllung des Unternehmungs- S. 12 zweckes, der hier zunächst rein privatwirtschaftlich als „Ausnutzung von Preisdifferenzen" bezeichnet sei. Jede Maßnahme, die diesem betriebswirtschaftlichen Endzweck dient, nimmt die Einrichtungen der Organisation in Anspruch. Der Einkauf von Waren z.B. wird durchgeführt innerhalb der Organisation der Einkaufsabteilung. Die Bedarfsmeldungen, auf die hin die Einkaufsabteilung die Einholung von Offerten vornimmt, können nicht von jedem im Betrieb Beschäftigten ausgestellt und vorgelegt werden, vielmehr müssen diejenigen Stellen bezeichnet sein, die hierzu berechtigt sind. Auch diese Stellen selbst müssen sich in der Art, wie sie ihren Bedarf dem Einkauf melden, bestimmten Vorschriften anpassen, vom Formular angefangen, das sie benutzen, bis zur inhaltlichen Beschreibung der benötigten Gegenstände. Diesen Meldungen ist meist ein bestimmter Weg vorgeschrieben, der Kontrollzwecken dient. Auch das Einholen der Offerten selbst vollzieht sich in mehr oder weniger festgelegten Formen. Das Formular spielt wieder eine große Rolle bei der Zusammenstellung der Offertpreise und Lieferungstermine und ermöglicht dem verantwortlichen Leiter der Abteilung vor der Auftragserteilung einen schnellen Überblick über die eingegangenen Offerten. Die Führung von Karteien über Art, Menge und Preis der gekauften Ware, über Firmen, Lieferungstermine, ferner die Ordnung und Aufbewahrung der Kataloge und Prospekte, vor allem die Arbeitsteilung innerhalb der Einkaufsabteilung selbst - dieses alles sind Institutionen, deren der Einkauf bedarf und deren Einrichtung Schwierigkeiten mancherlei Art bietet. [...]

Es ist nun nicht nötig, den ganzen organisatorischen Apparat zu schildern, den allein die kaufmännischen Abteilungen eines Unternehmens tragen, und der geschaffen ist, um die zwei Grundakte jedes Unternehmens: Kauf und Verkauf von Ware, durchführen zu können. Nur auf jenes weite und komplizierte Gebiet organisatorischer Einrichtungen sei noch hingewiesen, das man als das kaufmännische Rechnungswesen bezeichnet. Dieses dient im wesentlichen der Erfolgsrechnung und Betriebskontrolle und bedarf eines um so feineren Ausbaues, je größer das Unternehmen, oder besser, je differenzierter der Produktions- oder Umsatzprozeß ist. Es handelt sich gerade hier um ein nur bei intimer Kenntnis der Besonderheiten der konkreten Unternehmung Erfolg versprechendes Hineintasten in die Bewegung der Güter durch die Unternehmung, um ein Aufsaugen der Ziffern, in denen die Veränderungen der Güter zum Ausdruck kommen. Diese Ziffern gewähren gleichzeitig, wenn sie nach festgelegten Schematen und in diese hinein verarbeitet werden, Einblick in die Gebarung auch der einzelnen Betriebsabteilungen. Sie werden damit zur Grundlage der Betriebsanleitung, d.h. zu solchen Maßnahmen, die in die Betriebsgestaltung eingreifen, um sie nach dieser oder jener Richtung hin zu verändern. Die Abstellung aufgefundener Mängel vollzieht sich ebenfalls in den Formen der Betriebs-Organisation. So ist es denn auch leicht einzusehen, daß die Einrichtungen der Organisation niemals endgültig sein können. Je komplizierter die Betriebsvorgänge mit dem Fortschreiten des modernen Großbetriebes werden, desto elastischer muß die Organisation sein, die diese Vorgänge begleitet und in der sie sich abspielen.

S. 13

Dieses feinnervige Gebilde „Betriebsorganisation" kann von entscheidender Bedeutung für das Schicksal der Unternehmung werden. So kommt es, daß gerade organisatorische Fragen das Hauptarbeitsgebiet und den Hauptansatzpunkt betriebswirtschaftlicher Forschungen bilden. Obwohl nun zwar der Betrieb eine Organisation hat, so können die Einrichtungen und Institutionen dieser Organisation doch nicht losgelöst vom Betriebe bestehen, da sie stets konkrete betriebswirtschaftliche Güterbewegungen und Arbeitsvorgänge erfassen, die durch sie in eine bestimmte Richtung und Ordnung gebracht werden. Aber diese Vorgänge im Bereich der Gütermengen machen meist nicht unmittelbar, sondern nur in Hinsicht auf organisatorische Probleme, die sie bieten, das Objekt betriebswirtschaftlicher Forschung aus. Das spezifisch Organisatorische des Betriebes bildet zunächst und primär den Gegenstand solcher betriebswirtschaftlicher Untersuchungen. Ihnen liegen also im wesentlichen *organisatorische Leistungen* zu Grunde. Sofern nun in der Betriebswirtschaftslehre bereits in der Praxis erprobte Organisationsformen und Einrichtungen im wissenschaftlichen Sinne beschrieben werden - worüber bereits eine ausgezeichnete Literatur vorliegt -, handelt es sich um eine Aufzeichnung oder besser Kennzeichnung der organisatorischen Einrichtungen, die im einzelnen konkreten Falle angewandt wurden, noch nicht dagegen um eine Herauskristallisierung allgemeiner Verfahrensregeln überhaupt, wozu weitere Beschreibungen, d.h. Erweiterungen der Untersuchungsbasis, notwendig sind. Diese deskriptiven Arbeiten sind demnach Darstellungen von organisatorischen Gestaltungen, die unmittelbar der Praxis, der wirtschaftlichen Wirklichkeit, entnommen wurden. Je mehr solche einzelnen Fälle beschrieben werden, um so mehr wird dadurch der Bereich unseres Wissens vergrößert. Dieses Wissen ist nicht das Wissen von einem Neuen, weil die organisatorische Leistung bereits in der Praxis vollzogen ist, aber doch von den Problemen und Möglichkeiten, die in organisatorischer Hinsicht die Praxis beschäftigen. Als typisch und charakteristisch für diese mehr monographischen Darstellungen sei auf das Buch von Lilienthal[1] über die Organisation der Firma Ludwig Loewe & Co., des ferneren auch auf die Darstellungen der Organisation der Selbstkostenrechnung in den verschiedenen Branchen und Betrieben, wie sie z.B. die Zeitschrift für handelswissenschaftliche Forschung enthält, hingewiesen. Durch diese Beschreibungen wird zugleich die Grundlage geschaffen, gemeinsame organisatorische Grundformen unter Fortlassung des jeweils nur Besonderen der einzelnen Fälle heraus analysieren zu können. Diese Art der wissenschaftlichen Verarbeitung des aus der Erfahrung gewonnenen Materials stellt dann einen Schritt dar, der über die reine Beschreibung konkreter Einzelfälle und Situationen hinausgeht, aber ebenfalls im Bereiche organisatorischer Fragen bleibt.

S. 14

[...]

Dieses methodische Vorgehen, also das Aufsuchen von typischen Verfahrensregeln, macht das Charakteristikum dieser Art wissenschaftlicher Behandlung des Objektes „Betriebswirtschaft" aus[2].

S. 15

Diese Ausführungen sind nun nicht so zu verstehen, als ob solche organisatorischen Fragen losgelöst von den eigentlichen betriebswirt-

schaftlichen Güter-Vorgängen betrachtet werden könnten. Organisation S. 16
ist ja nur in Hinsicht auf betriebswirtschaftliche Grundvorgänge sinnvoll. Aber es ist doch entscheidend, daß diese Güterbewegungen oder besser: die Relationen zwischen den Gütermengen selbst in dieser Betriebswirtschaftslehre nicht als solche, *losgelöst von organisatorischen Fragen*, zum Problem gemacht werden, wie z.B. die Kostenverläufe in der Unternehmung in den Untersuchungen Schmalenbachs[3]. Die Kostengestaltung und Entwicklung ist nicht primär und als solche das Objekt einer auf das Organisatorische der Selbstkostenrechnung zielenden Betriebswirtschaftslehre, vielmehr sind ihr Objekt die Kosten als etwas organisatorisch zu Erfassendes! Das „Wie" dieser *organisatorischen Erfassung* steht im Vordergrund einer solchen betriebswirtschaftlichen Forschungsrichtung, *die sich an das Organisatorische hält*, und bestimmt ihre Verfahren und ihre Probleme. Auch wenn z.B. die Kalkulation zum proportionalen Satz der Fixierung des Verrechnungspreises zu Grunde gelegt wird, so kann die „Proportionalpreisverrechnung" letztlich doch nur aus der Analyse der Kostenverläufe verstanden werden. Die in dem proportionalen Satz zum Postulat gewordene Einsicht in die Kostengestaltung ist mit einem das Organisatorische zunächst *nicht* zum Problem machenden Verfahren gewonnen und dann *nachher* für die Verrechnungspreise nutzbar gemacht. Nicht die Kostenverläufe selbst, sondern die praktische Verwendung einer auf theoretischem Wege gewonnener Einsicht für die Selbstkostenrechnung als Teil der Organisation des Betriebes ist das Charakteristikum dieses wissenschaftlichen Bestrebens. Oder anders ausgedrückt: Das eigentliche Grundthema, um dessen Diskussion es sich in dem zuletzt noch gestreiften Falle handelt, ist die Hineinprojizierung einer *theoretischen Einsicht* in die *Sphäre des Praktisch-Organisatorischen* auf dem Gebiete des Verrechnungspreises.

[...]

II. Die Entwicklung der Betriebswirtschaftslehre als Wissenschaft hat S. 18
nun auf diesem organisatorischen Gebiete zu Besonderheiten geführt, die methodologisch deshalb interessant sind, weil sich in ihnen bereits theoretische Einsicht und organisatorische Realisierung verknüpft. Es erscheint deshalb angebracht, hierauf kurz einzugehen und den Gegenstand der auf das Organisatorische gerichteten Betriebswirtschaftslehre auch hier aufzudecken.

Ein kurzer Hinweis auf die Selbstkostenrechnung sei noch einmal gestattet, um klarstellen zu können, worauf es hier ankommt. Es wurde bereits oben darauf hingewiesen, daß die Fragen des organisatorischen Ausbaues der Selbstkostenrechnung um so komplizierter werden, je feinnerviger die Kalkulation auf die Kostenvorgänge in der Betriebswirtschaft abgestimmt werden soll. Die zweckmäßige Anordnung der Kostenstellen im Betrieb, die Erfassung der Unkosten in den einzelnen Abteilungen, die Berechnung der Zuschläge, die Verknüpfung von Betriebsbuchhaltung und kaufmännischer Buchhaltung u.a.m. bilden einen Kreis von praktisch und wissenschaftlich wichtigen Problemen, die technisch-organisatorischer Natur sind. Doch werden bei Untersuchungen über diese Fragen nicht die eigentlichen Kostenverläufe, die funktionalen Beziehungen zwischen den Kostenarten zum Gegenstand gemacht, oder doch nur in sekundärem Betracht. Nicht auf die Kostenverläufe als solche in der Betriebswirtschaft, *sondern auf die rechnungsmäßige Erfassung der Kosten ist die Fragestellung der dieses Gebiet bearbeitenden Betriebswirtschaftslehre gerichtet.* Sobald die Kosten selbst analysiert werden, wie in den Untersuchungen Schmalenbachs, bleibt der organisatorische Aspekt methodologisch außerhalb der Aufgabe. Das Verfahren selbst wird ein anderes. Es ist abstrakt isolierend, vereinfachend, arbeitet mit bestimmten Annahmen und stellt so unmittelbar die funktionalen Zusammenhänge zwischen den Gütern in der Unternehmung heraus. Die Relationen, Beziehungsreihen zwischen den Gütermengen in ihrer Unmittelbarkeit sind der eigentliche Gegenstand dieser zweiten Betrachtungsart betriebswirtschaftlicher Phänomene. Ihr Objekt liegt in einer anderen Dimension als das Objekt organisatorischer Untersuchungen innerhalb des Rechnungswesens der Unternehmung. Es ist der die Betriebswirtschaft im letzten ausmachende Güterablauf, in den *unmittelbar und nicht auf dem Wege über die Organisation vorgestoßen wird*, wobei es hier natürlich ohne Bedeutung ist, wie der Untersuchende selbst zu dieser Fragestellung gelangte. Der Aspekt macht den Gegenstand zur Aufgabe und dieser ist in beiden Fällen verschieden!

[...]

Die Grundstruktur der Unternehmung als Gegenstand betriebswirtschaftlicher Theorie.

S. 19

S. 24

[...]

I. Der organisatorische Aspekt, wie er bisher skizziert wurde, ist einer von vielen möglichen Ansatzpunkten, von denen aus betriebswirtschaftliche Phänomene zum Problem gemacht werden können. Es besteht z.B. die Möglichkeit, betriebswirtschaftliche Erscheinungen in das Blickfeld des rein Technologischen, des Wirkungsgrades, des „Betriebsprozesses", der Volkswirtschaftslehre, der Soziologie und Ethik zu rücken, obwohl das Realobjekt im eigentlichen Sinne dasselbe bleibt. Einer von solchen möglichen Standpunkten wird hier des weiteren entwickelt werden, als wiederum nur einer Art, wie sich dem Betrachtenden betriebswirtschaftliche Vorgänge als Aufgabe zu stellen vermögen. Mit aller Offenheit und in vollem Bewußtsein von der Begrenztheit allen Ausgehens von bestimmten „Standpunkten" sei gleichzeitig aber auch mit dem Wissen um die Notwendigkeit solcher standpunktlichen Sichteinschränkung von vornherein gesagt, daß auch in dem, was hier vorgetragen wird, nur eine Seite der schillernden Buntheit betriebswirtschaftlichen Lebens getroffen wird. Denn je tiefer der Vorstoß in das Generelle geführt wird, desto mehr blaßt die Buntheit und die Einmaligkeit betriebswirtschaftlicher Erscheinungen ab. Nichtsdestoweniger sind es mögliche betriebswirtschaftliche Probleme, die nach Fixierung und Lösung verlangen. Diese Probleme aufzuzeigen und, wenn auch in geringem Ausmaße, auszubreiten, nicht aber sie zu lösen, ist die Aufgabe, der im folgenden nachzukommen ist.

S. 25

Wenn nun bisher der Organisationskomplex „Betriebswirtschaft" als Gegenstand einer auf ihn zielenden Betriebswirtschaftslehre geschildert wurde, so drängt sich damit dann auch die Frage auf, welcher Art denn dasjenige sei, was organisiert wird. Organisation hat doch nur Sinn in Hinsicht auf ein Objekt, das von ihr mit organisatorischen Elementen durchsetzt wird. Es müssen also *betriebswirtschaftliche Grundvorgänge* da sein, die der Organisation bedürfen und Richtung und Details der konkreten organisatorischen Maßnahmen und Einrichtungen bestimmen.

Es bedeutet nun im wesentlichen nur einen Wechsel in der Betrachtungsrichtung, wenn das wissenschaftliche Interesse von den organisatorischen Institutionen und ihrer Problematik weggelenkt und auf diejenigen betriebswirtschaftlichen Grundvorgänge konzentriert wird, welche nach Organisation verlangen. Den eigentlichen Untersuchungsgegenstand bilden dann nicht mehr die konkreten betriebswirtschaftlichen Einrichtungen selbst, sondern betriebswirtschaftliche Prozesse solcher Art, wie sie sich z.B. in den kostentheoretischen Untersuchungen Schmalenbachs (Kostengestaltung bei wechselndem Beschäftigungsgrad) ergeben. Es ist jedoch hierbei zu beachten, daß die Kostenkurven eine Unternehmung und damit ein organisiertes Gebilde voraussetzen, da ja die Gütermengen, die sich bei wechselnder Beschäftigung in ihrem Verhältnis zueinander verschieben, zu einer Unternehmung gehören. Aber, wie bereits oben ausgeführt, werden die praktischen Schwierigkeiten der Kostenerfassung mit der Kostenanalyse selbst gar nicht akut, obwohl die letztere einen Betrieb, also in irgendeiner Beziehung Organisation doch mit voraussetzt. So muß denn überhaupt versucht werden, die Unternehmung als Gegenstand betriebswirtschaftlicher Theorie in eine Ebene zu projizieren, in der zwar Organisation vorhanden ist, aber nur eine solche, die der eigenen Problematik entbehrt.

S. 26

Die Unternehmung als Objekt betriebswirtschaftlicher Theorie kann also nicht unmittelbar die empirische Unternehmung sein. Es muß für sie die *Annahme gemacht werden, daß die Organisation der Unternehmung vollkommen funktioniert*. Durch diese Annahme wird die *Organisation als Quelle eigener Probleme ausgeschaltet* und soweit aus ihrer wissenschaftlich und praktisch bedeutsamen Stellung entfernt, daß aus ihr keine Schwierigkeiten mehr für die theoretischen Gedankengänge entstehen können. Die Annahme einer solchen eingestimmten, den reibungslosen Vollzug der betriebswirtschaftlichen Grundprozesse gewährleistenden Organisation bedeutet nicht eine Negation, sondern lediglich eine Neutralisierung der Probleme der Organisation. Gerade aus der hier weiter vorzutreibenden Einstellung heraus wird sich eine Fülle von Argumenten für die wissenschaftliche Bevorzugung organisatorischer Fragen ergeben. Jedoch soll nunmehr grundsätzlich der Blick von der Organisation fortgenommen und unmittelbar auf die Unternehmung als Objekt betriebswirtschaftlicher Theorie gelenkt werden.

Es leuchtet nun ohne weiteres ein, daß die Unternehmung, in dieser theoretischen Grundeinstellung gesehen, unmittelbar auf die Probleme der Theorie zugeschnitten sein muß. Sie hat die Bedingungen zu enthalten, welche die Möglichkeit geben, zu spezifisch theoretischen Sätzen überhaupt zu kommen.

[...]

Anmerkungen

[1] Lilienthal, Fabrikorganisation, Fabrikbuchführung und Selbstkostenrechnung von Ludw. Loewe & Co., 2. Aufl. 1918.
[2] Vgl. als ebenfalls in dieser Hinsicht charakteristisch Loenertz, Die Formen der Gewinn- und Verlustrechnung. 1926.
[3] Schmalenbach, Grundlagen der Selbstkostenrechnung und Preispolitik. Z. f. h. F. 13. Jahrgang S. 258 ff.

D. IV.2

Konrad Mellerowicz
Allgemeine Betriebswirtschaftslehre
der Unternehmung

Verlag Walter Gruther & Co.,
Berlin, Leipzig 1929

[...]

3. Organisation S. 73

A. Begriff

Organisation hängt eng mit Organismus zusammen. Organismus ist eine lebendige Einheit. Organisation ist eine zweckmäßige Einheit. Sie ist einmal ein Zustand, etwas Geschaffenes, dann aber auch eine Tätigkeit, die des Organisierens, um eine Organisation zu schaffen. Die Betriebswirtschaft ist eine Organisation und ein Organismus zugleich. Für den Betriebswirtschafter ist die Organisation ein Produktionsfaktor. Der Organisator bringt Kapital und Arbeit in einem solchen Verhältnis und einer solchen Anordnung zusammen, daß der erstrebte Zweck auf rationelle Weise erreicht wird. *Organisation* im wirtschaftlichen Sinne ist daher *planvolles Anordnen und zweckentsprechendes Verwenden von Kapital und Arbeit*, ist ein Gestalten unter dem Gesichtspunkt höchster Zweckmäßigkeit. Kapital und Arbeit sind gleicherweise zweckentsprechend zu verwenden: Organisation des Kapitals und Organisation der Arbeit. Entscheidend aber ist ihre Zusammenfügung zu einer zweckmäßigen Einheit.

Jede Organisation hat die *Gegebenheiten und die Bedingtheiten* zu beachten. Das ist ihr Ausgangspunkt und ihre Grundlage. Also die Bedingtheiten des Kapitals, die naturwissenschaftlichen Gesetzmäßigkeiten des Betriebes, der Technik und der physischen und psychischen Bedingtheiten der Arbeit; die rationalen Bedingtheiten des Betriebes und die irrationalen der Unternehmung mit ihrer Spekulation und ihrer Abhängigkeit vom Markte, der nicht auf naturwissenschaftlichen Gesetzen beruht, wenngleich auch er seine Regelmäßigkeiten besitzt. Nur dort, wo nicht gegen natürliche Abläufe verstoßen wird, wo eine jede Kraft und jede Gabe erkannt und zweckentsprechend verwendet wird, kommt S. 74
es zu einer guten Organisation.

Der Sinn der Organisation ist die Anwendung des ökonomischen Prinzips, des Prinzips des kleinsten Mittels. Dieses formuliert man meist (bereits zusammengezogen) folgendermaßen: Mit dem geringsten Aufwand muß die höchste Leistung erzielt werden. Richtig formuliert, muß es dagegen lauten: mit einem gegebenen Aufwand soll die höchste Leistung, eine bestimmte Leistung mit dem mindesten Aufwand erreicht werden. Es ist dies das energetische Prinzip, das eine vollkommene Verwendung verfügbarer Energien verlangt. Das ist aber auch der

Sinn der Wirtschaftlichkeit im Betriebe: die Verwirklichung des ökonomischen Prinzips. Die Rationalisierung des Betriebes ist eine Reorganisation, um der Rationalität, dem ökonomischen Prinzip, gerecht zu werden. Das Mittel hierzu ist Organisation.

Rationalisierung und damit auch die Organisation besteht aber aus einer Zweiheit, wie die Betriebswirtschaft überhaupt: aus dem Betriebe und der Wirtschaft. Sie wird darum von der Technik und der Wirtschaft beherrscht und damit von der „technischen und der wirtschaftlichen Vernunft" (v. Gottl) und verlangt darum eine technische und eine wirtschaftliche Organisation. Dies bedeutet bei der Technik Rationalität in der Wahl der Mittel, bei der Wirtschaft Rationalität in der Wahl der Zwecke.

Eine Rationalisierung ist nicht schon dann erzielt, wenn mehr Produkte erzielt werden, sondern erst dann, wenn sie mit geringeren Kosten erzielt werden. Darum stellt v. Gottl mit Recht den Grundsatz auf: „Handle stets mit dem vergleichsweise mindesten Aufwand". Der Aufwand für die Leistungseinheit muß geringer geworden sein.

Darum muß jede Organisation die *Ertragsgesetze* berücksichtigen. Ertragsgesetze gibt es zwei: das Gesetz des zunehmenden und das des abnehmenden Ertrages. Das Gesetz des *zunehmenden* Ertrages ist nichts S. 75
anderes als das „Gesetz der sinkenden Kosten" bei Massenproduktion, Arbeitsteilung, bei Verwendung von zeit- und arbeitssparenden Maschinen und Ausnutzung der Produktionskapazität, woraus sich die dreifache Tendenz zur Kapitalintensität ergibt:

1. Tendenz zur Vergrößerung der Betriebe
2.   "   "   vertikalen,
3.   "   "   horizontalen Konzentration.

Durch diese Vergrößerungen entstehen folgende günstige Wirkungen:
1. Minderung der Einheitskosten,
2. Verbesserung der Einkaufsbedingungen (Einfluß auf den Beschaffungsmarkt)
3. Verbesserung der Verkaufsbedingungen, Verstärkung der Konkurrenzkraft (Einfluß auf den Absatzmarkt).

Das Gesetz des *sinkenden* Ertrages besagt, daß von einem bestimmten Punkte ab der Ertrag langsamer wächst als der Aufwand (Arbeits- und Kapitalaufwand). Dieses Gesetz wendet man oft nur auf die Landwirtschaft an, doch gilt es auch für die Industrie, wenn auch nicht in so einfacher Weise. Es gilt besonders dann, wenn man nicht an die technische, sondern an die wirtschaftliche Produktivität denkt. Vor allem infolge des Umstandes, der das Gesetz der Massenproduktion nicht zur Entfaltung kommen läßt: die Absatzmöglichkeit. Bei geringem Absatz kann die Arbeitsteilung nicht voll durchgeführt werden, würden auch neue Maschinen den finanziellen Ertrag nicht steigern, sondern vermindern. Und immer wird es in der Industrie Verrichtungen geben, die durch Vollautomaten nicht ausgeführt werden können. Das aber sind die Grenzen des Gesetzes des zunehmenden Ertrages.

Die Organisation erstreckt sich auf drei Gebiete:
1. das Betriebseigentum – Wahl der zweckmäßigen Rechtsform;
2. den Betriebsstandort – Wahl des rationalen Standortes;
3. den Betriebsgang – innerbetriebliche Organisation.

[...]

B. Lehre vom Standort S. 76

Als zweite Grundlage der Organisation und Voraussetzung rationeller Betriebsführung ist das Problem des Standortes zu behandeln. Der richtig gewählte Standort ist Voraussetzung des höchsten Reinertrages.

[...]

C. Innerbetriebliche Organisation S. 78

Die Organisation wird von den *Gesetzen der Organisation* beherrscht. Derer gibt es nur zwei: Arbeitsteilung und Arbeitsvereinigung, Spezialisation und Kooperation, „Gliederung und Einung" (Nicklisch). Andere hat der menschliche Geist nicht erdacht. Welche Mittel der Mensch auch anwenden, welche Verfahren er auch ausklügeln mag, immer handelt es sich bei der Organisation um die Anwendung dieser Gesetze. Aus ihnen ergeben sich die mannigfaltigsten Prinzipien der Organisation: der Zentralisation und der Dezentralisation, der Mechanisierung und der Automatisierung, der Konzentration und der Verteilung. Zweckvoll sind diese Grundsätze nur anzuwenden, wenn sie nicht mechanisch, sondern planvoll und systematisch angewandt werden, jeder einzelne Fall individuell behandelt wird. Planvoll und systematisch bedeutet, den Bedingtheiten angemessen.

1. *Arbeitsteilung* ist die Zerlegung einer körperlichen oder geistigen Arbeit in möglichst einfache Teilarbeiten, die jeder Arbeiter möglichst sofort oder nach kurzer Anlernung ausführen kann. Die Arbeitsteilung geschieht in doppelter Richtung, in horizontaler und vertikaler: horizontal, durch Scheidung der geistigen von der körperlichen, der leiten-

den, anweisenden, beaufsichtigenden von der ausführenden; vertikal durch Zerlegung der körperlichen und geistigen Arbeit in viele Teilverrichtungen. Die Arbeitsteilung führte z.B. in der Schuhfabrikation zur Aufteilung des Arbeitsganges in 96, in der Automobilfabrikation bei Ford in 7885 Teilarbeiten.

Die *Wirkung* der Arbeitsteilung ist eine Verbesserung, Erleichterung und Beschleunigung der Leistung durch ständige Übung, eine Verbesserung in quantitativer und qualitativer Hinsicht. Sie macht die Zuweisung einer jeden Teilarbeit dem dazu Bestgeeigneten, zugleich Ersparung qualifizierter Kräfte möglich. Die Arbeitsteilung ist der Grund allen Fortschritts, zugleich der Grund des Wachstums der Betriebe und des Entstehens des „Gesetzes der Zunahme der fixen Kosten", mit allen Wirkungen auf Konzentrations- und Monopolisierungspolitik, aber auch mit der Wirkung zwar der Vergeistigung aber auch Entseelung und Monopolisierung der Arbeit und zuletzt der Wirkung der Trennung der Arbeiter von den Produktionsmitteln.   S. 79

2. Das Korrelat zur Arbeitsteilung ist die *Arbeitsvereinigung*. Sie muß reibungslos, zeitlich und sachlich abgestimmt, nach einem bis ins Einzelne durchdachten *Plan* und mit eingebauten Kontrollen geschehen. Arbeitsteilung und -vereinigung müssen ein System ergeben. Zum reibungslosen Ineinandergreifen ist genaue *Abgrenzung aller Funktionen* nötig. Eine wirksame Ergänzung bilden *Betriebsausschüsse* und *Betriebskonferenzen*.

3. Eine Arbeitsteilung der Betriebe unter einander stellt die *Spezialisierung* dar. Sie ist Beschränkung des Betriebes auf wenige Produkte (die nun in größerer Menge hergestellt werden können). Sie ist eine Vereinfachung innerhalb des Betriebes, ein Vermeiden von Vielerlei. Die Spezialisierung geht meist zunächst in der Richtung des Verzichts auf Herstellung von Werkzeugen und Hilfsmaterialien, bis bei einem bestimmten Punkte des Wachstums, freilich stets unter Inkaufnahme des Kapitalrisikos, die Herstellung der Werkzeuge usw. wieder lohnend wird.

4. Eine weitere Vereinfachung bringt die *Standardisierung*. Sie ist die Vereinheitlichung von Formen und Größen bei Einzelteilen und Fertigfabrikaten innerhalb einer *Vielheit von Betrieben*. Sie bringt eine Verminderung von Typen, Maßen und Formen. Als Vereinheitlichung von Einzelteilen und Zwischenprodukten ist sie *Normung*, mit dem Sinn der Austauschbarkeit der Teile, Verringerung der Maße und Zahl der Einzelteile und Verringerung der Kosten; als Vereinheitlichung fertiger Gebrauchsgüter ist sie *Typung*. Sie führt weiter zur Verein-

heitlichung von Arbeitsverfahren, Festlegung von Kostenziffern und führt zur wissenschaftlichen Betriebsführung.

S. 80

5. Arbeitsteilung zwingt zur Anwendung von *mechanischen Hilfsmitteln*, insbesondere Maschinen und immer mehr und immer komplizierteren Maschinen. Dies bedeutet Anwendung der Errungenschaften der Wissenschaft und der Technik, Benutzung der Erfahrung und der Erfindungen der gesamten Menschheit für den eigenen Betrieb. Die Anwendung von Werkzeugen und Maschinen, vor allem Spezialmaschinen, Halb- und Vollautomaten stellt eine Vergrößerung der physischen und geistigen Kraft des Arbeiters, Zeit- und Arbeitsersparnis, genauere und bessere Produktion dar.

Arbeitsteilung und Maschienverwendung haben ihre *Grenzen*, zwar keine technischen, aber wirtschaftliche: die Menge der absetzbaren Güter. Die ausgeklügeltste Arbeitsteilung und der vollkommenste Automat versagen, wenn die Waren nicht in genügender Menge verkäuflich sind. Letzten Endes bilden Zahl der Bevölkerung und ihre Kaufkraft die Grenze der technischen Möglichkeiten.

[...]

Die Organisation befolgt bewußt die natürlichen, gesetzmäßigen Abläufe. Diese sind um so regelmäßiger, je mehr naturwissenschaftliche Grundlagen zur Wirksamkeit kommen, je mehr sich also die Organisation in der Sphäre der Technik mit ihrer Rationalität bewegt.

S. 81

In der Sphäre des Betriebes kann man daher von einer Vernaturwissenschaftlichung der Arbeit sprechen. Man spricht aber, nicht völlig gerechtfertigt, von einer *wissenschaftlichen Betriebsführung* (scientific management) und vesteht darunter eine solche Organisation der Arbeit, daß nicht nur das Kapital, sondern auch die Arbeit unter bestimmte Normen, durch Bewegungs- und Zeitstudien ermittelt, gestellt wird. Der Arbeitsgang wird bis ins einzelne untersucht, auf die zweckmäßigste Ausgestaltung geprüft, der Zeitablauf gemessen und der so gefundene Arbeitsgang in einer Vorschrift niedergelegt. Die Arbeitsverrichtung wird von einer Zentrale bis in alle Einzelheiten festgelegt, so daß dem Ausführenden keine Möglichkeit zur freien Gestaltung bleibt. Der möglichst vollen Ausnutzung der Maschine geht die intensivste Ausnutzung der Arbeitskraft parallel, unterstützt bezw. erzwungen durch ein entsprechendes Lohnsystem. Den Gipfelpunkt der Automatisierung stellt die Organisation der Arbeit dar, wo dem Arbeiter auch das *Tempo* der Arbeit aufgezwungen, er in ein System mechanischer Arbeitsabläufe als Glied eingefügt ist. Bei völlig automatisierter Arbeitsorganisation, z.B. in der Fließarbeit, in der freilich das Entscheidende die mechanische Heranführung des Arbeitsgegenstandes an die Arbeitsmaschine ist, sind Anreizmittel nicht mehr nötig, da eine Beschleunigung der Arbeit nicht möglich ist.

[...]

D. IV.3

Fritz Nordsieck
Grundlagen der Organisationslehre

C.E. Poeschel Verlag, Stuttgart 1934

Organisation S. 15

Organisation ist ein System geltender organisatorischer (betriebsgestaltender) Regelungen, deren Sinnzusammenhang durch die oberste Betriebsaufgabe gegeben ist. Organisation ist in diesem Sinne Betriebsstruktur. *Organisatorisch* soll heißen, die unmittelbare Vereinigung menschlicher Arbeitsleistungen - einschließlich der Hilfsleistungen außermenschlicher Leistungsquellen -, d.h. die Eingliederung der Arbeitsleistungen in den gesamten Arbeitsvollzug im Sinne der wiederholten Erfüllung einer (sozial-objektivierten) Daueraufgabe betreffend.

Es wurde in der gesamten Definition mit Absicht an Stelle des sehr vieldeutigen Wortes „Ordnung"[1] die Formulierung „System von Regelungen" gebraucht, wobei unter *System* ein dem Sinne nach zusammenhängender Komplex verstanden wird. Unter *Regelung* wollen wir eine normative Bestimmung über die Art und Weise der Wiederholung menschlichen Verhaltens verstehen. *Geltend* sind Regelungen immer dann, wenn sie normalerweise tatsächlich befolgt werden. Der *Grad* der Geltung der Regelungen kann verschieden sein. Die organisatorische Regelung verlangt oft im Interesse eines planmäßigen und zweckmäßigen Ablaufens der Arbeiten im Sinne der gesetzten Aufgabe strikte Befolgung. Auf die Nichteinhaltung sind dann meist besondere Strafen - moralische oder materielle Schädigungen - gesetzt. Auf der anderen Seite gibt es für solche Arbeiten, für die eine strikte Regelung unzweckmäßig erscheint, Arbeitsregeln mit vorschlagendem Charakter.

Es muß besonders betont werden, daß organisatorisches Regeln nicht gleichbedeutend ist mit Festlegen der Menschen auf bestimmte Handlungsweisen, mit der Einrichtung einer zwangsläufigen Gestaltung der Arbeit. Dies geschieht vielmehr nur, wenn die Aufgabe es erforderlich macht. Aber auch die Bestimmung des Umfangs und Bereichs der Initiative z.B., die eine Stelle entwickeln muß, gehört zum System organisatorischer Regelungen. Gegen den Vorwurf der Reglementierung wollen wir uns nicht nur schützen, sondern wir müssen ihn im Gegenteil an mancher Stelle selbst gegen die heutige Praxis, insbesondere die der Behörden, erheben.

[...]

Organisieren und Verwalten S. 16

Unter *Organisieren* verstehen wir das Vorausplanen und Inkraftsetzen (Verabschieden) geltender organisatorischer Regelungen[2]. Es umfaßt das Erfassen, Klären und Gliedern der Aufgabe und des Arbeitsprozesses, das Verteilen der Aufgabe und damit die Gliederung des Betriebes nach Abteilungen und Stellen sowie die Festlegung der Funktionen; es umfaßt ferner das Bestimmen der Arbeitsfolge, der Arbeitspensen, der Arbeitsteilung usw., schließlich das Abstimmen der Arbeitspensen und -rhythmen sowie der Beanspruchung der Arbeitssubjekte (Besetzung); alles dies in der Form vorausgeplanter, geltender Dauerregelungen, die letztlich im Sinne der zu erfüllenden obersten Betriebsaufgabe ein System darstellen.

Planen im Sinne dieser Arbeit soll heißen, sich über die Erreichung eines Zieles Gedanken machen mit dem Zweck, zu vorschlagenden Bestimmungen der Art und Weise des Handelns zu gelangen. Ein Plan ist ein System von vorschlagenden Bestimmungen über die Art und Weise des Handelns im Sinne eines bestimmten Zieles. Er hat immer nur vorschlagenden Charakter und bedarf, um zur geltenden Bestimmung, zur Norm zu werden, der Entscheidung über seine Geltung, der Verabschiedung.

Planen mit sofortiger Gültigkeit als Verhaltungsnorm soll *Disponieren* genannt werden. Es schließt eine gewisse Leitungskompetenz ein. S. 17

Der Begriff des *Vorausplanens* soll gebraucht werden in dem Sinne eines vor Inangriffnahme der Arbeit stattfindenden Planens für ein Ziel, das nur durch längere Zeit andauernde, anhaltende Arbeit verwirklicht werden kann. Ein Plan in dem Sinne eines Vorausplans ist immer mit einer Zeitbestimmung versehen (Jahresplan, Halbjahresplan, kürzere Terminpläne usw.). Auch er bedarf, um als Norm zu gelten, der Verabschiedung. Bei den Normen eines langperiodischen Planes wird es sich in der Regel nur um Rahmenbestimmungen handeln, die im übrigen Freiheit in laufenden Einzeldispositionen lassen.

Leiten soll ein zielorientiertes Bestimmen menschlichen Verhaltens schlechthin heißen, soweit es dieses lenkend begleitet. Das Leiten soll hier als eine Arbeitsprozeßerscheinung aufgefaßt werden. Es wird später noch als Funktion näher erläutert.

Organisieren in dem obigen Sinne ist organisatorisches Vorausplanen, Disponieren und Leiten zugleich. Aber selbstverständlich ist nicht jedes Vorausplanen, Disponieren und Leiten schon Organisieren, sondern nur, soweit es in der Form des Vorausplanens und Verabschiedens geltender organisatorischer (betriebsgestaltender) Regelungen auftritt.

Das Organisieren ist eine Verwaltungstätigkeit. *Verwalten* oder *Verwaltungstätigkeit* nennen wir diejenige betriebliche Tätigkeit, die nicht selbst unmittelbare Erfüllung der Aufgabe des Betriebes ist, sondern vielmehr den Zustand des Betriebes selbst, seine Organisation (1), seine Leistungsfähigkeit als Betrieb (2), seine finanzielle Lage (3), seine Mitglieder (4) und seine Hilfsmittel (5) zum Gegenstand, die Bestgestaltung und -erhaltung des Betriebes und seiner Faktoren zum Ziel hat; die also nur auf dem Wege über die Besorgung und Verbesserung dieser, nur mittelbar den eigentlichen Betriebsaufgaben dient. [...]

Die Aufgaben S. 19

a) Begriff der Aufgabe[3]

Soziale Gebilde interessieren im Rahmen der Organisationslehre nur, wenn und soweit sie *Daueraufgaben* übernehmen, die sie *wiederholt* erfüllen. Ausgangs- und Endpunkt aller organisatorischen Bestrebungen sind die Aufgaben. Unter Aufgabe im organisatorischen Sinne verstehen wir ein *sozial-objektiviertes Ziel*, zu dessen Erreichung menschliche Arbeitsleistung notwendig ist.

Sozial soll in diesem Zusammenhang besagen, daß das Ziel für (und in der Regel auch durch) eine Mehrzahl von Menschen verwirklicht werden soll. Nur solche Ziele sind organisatorisch relevant. In unmittelbarem Zusammenhang hiermit steht, daß die Aufgabe ein außerhalb des Einzelsubjektes liegendes Ziel darstellt, an einem außerhalb des Subjektes liegenden „*Objekt*" orientiert, objektiviert, ist, d.h. es wird ein bestimmter Zustand eines äußeren Objektes, nicht des eigenen Ichs erstrebt. Daß hierbei nicht immer an ein sachliches Objekt gedacht werden braucht, daß vielmehr alle Tatbestände der menschlichen Umwelt, die Mitmenschen, die Gesellschaft usw., auch Ideen, als Objekt in Frage kommen, wird weiter unten noch näher erläutert.

b) Ziel und Interesse S. 20

Unter *Ziel* ist die *Vorstellung* eines erstrebenswerten, eines zu verwirklichenden Zustandes, entweder in bezug auf die eigene, vorstellende Person - subjektives Ziel - oder in bezug auf außerhalb dieser liegende Objekte - objektives Ziel -, oft die Verbindung beider Einstellungen zu verstehen. Die Tatsache des menschlichen Gesellschaftslebens führt notwendig zu objektiven Zielstellungen, und mit der Entwicklung der

Gesellschaft kann man eine Entwicklung der objektiven aus den subjektiven Zielstellungen heraus verfolgen. So wandeln sich die durch menschliche Bedürfnisse erwachsenen *Interessen* und Motive des Handelns in mehr oder weniger stark objektivierte *Aufgaben* und entsprechende objektive Leistungen, die im Wege des Objekt- und Leistungstausches verwertet werden. Darüber hinaus treten vollkommen objektivierte Aufgaben auf, die um ihrer selbst willen, ihres inneren Wertes wegen - letzten Endes jedoch meist zur Befriedigung irgendwelcher menschlicher Bedürfnisse - erfüllt werden[4].

[...]

c) Die Objekte S. 21

Der Inhalt einer Aufgabe umfaßt mit der Zielstellung gleichzeitig die Ausgangsobjekte. *Arbeitsobjekte* nennen wir alle Erscheinungen, wenn und soweit sich die in der Aufgabe geforderte Arbeitsleistung darauf richtet. Diese Erscheinungen, und damit die Objekte, lassen sich, soweit sie *ursprünglicher* Art sind, in folgenden Gruppen feststellen:

1. Tote Gegenstände und Kräfte, vor allem der Boden und seine ursprünglichen Produkte und Kräfte (Objekte in der Urproduktion),
2. Pflanzen und Tiere (z. B. in der Pflanzen- und Tierzucht),
3. Einzelmenschen als geistige und körperliche Wesen, ferner Menschengruppen und Gemeinschaftten (z. B. im Krieg, bei der Organisationstätigkeit usw.),
4. Geäußerte menschliche Gedanken, Gefühle, Wünsche usw. und Komplexe dieser, bei Einzelmenschen, Menschengruppen und Gemeinschaften (z. B, der geäußerte Kundenwunsch).

Sinn der Arbeitsleistung ist die Veränderung der gegebenen Objekte in Richtung auf das Ziel der Aufgabe. Dies geschieht, rein formal gesehen, durch einen oft langen Prozeß der Vereinigung mehrerer Objekte und der Trennung in verschiedene Teilobjekte. Es ergibt sich, daß beim Prozeß der Vereinigung der Arbeitsleistung niemals nur ein Objekt zugrunde liegt, daß sie sich dann vielmehr auf mehrere Objekte gleichzeitig richtet, während beim Prozeß der Trennung das Ergebnis mehrere Objekte sind. Oft dominiert unter diesen Objekten ein bestimmtes so stark, daß man den Eindruck hat, als vollzöge sich der Prozeß lediglich an diesem. Wir sprechen dann von einem *Hauptobjekt* und den *Nebenobjekten*.

[...]

Praktische Bedeutung erhalten die vorstehenden Ausführungen über S. 22
das Objekt für den Organisator bei der Feststellung des Objektbereiches
eines Betriebes. Jeder Betrieb pflegt einen mehr oder weniger bestimmten, jedoch typischen Objektbereich zu haben. So treten z.B. im
Wirtschaftsbetrieb als typische Objektgruppen die "Waren", „Kunden",
das „Geld" usw. auf.

d) Die Zeitbestimmung in der Aufgabe; der Rhythmus

Neben Ziel und Objekt, umfaßt der Inhalt einer Aufgabe oft noch eine
Zeitbestimmung: die Aufgabe muß zu einer bestimmten Zeit erfüllt
sein. [...]

Von Bedeutung ist die Frage der Zeitbestimmung für das Problem der S. 23
optimalen Kraftaufwandsgestaltung bei der Erfüllung der Aufgabe, indem die Wahlmöglichkeiten zwischen den verschiedenen Erfüllungs-
weisen durch die Zeitbestimmung oft stark beschränkt werden. Dies ist
insbesondere auch bei den Ausführungen auf S. 48 (Harmonieprinzip)
zu beachten, desgleichen S. 112 (Prinzip der optimalen Arbeitszeit).

Durch die Wiederkehr der Aufgabe - nur wiederkehrende sogenannte
Daueraufgaben interessieren uns vom organisatorischen Standpunkte -
tritt ein weiteres Zeitmoment hinzu: der *Rhythmus* der Wiederkehr.
Hierüber soll weiter unten die Rede sein. Es mag zunächst nur erwähnt
werden, daß er bei Zeitgebundenheit der einzelnen Aufgaben auch gebunden und festbestimmt ist. Hinzu kommen noch weitere Bindungen
des Rhythmus der Aufgaben durch die natürlich-technischen Gebun-
denheiten des Arbeitsprozesses. Als Beispiel sei an den Hochofenpro-
zeß erinnert.

e) Dauer, Wandel und Veränderlichkeit der Aufgaben
 (Objektwandel, Rhythmus- und Zielwandel)

Der Tatbestand der Übernahme und Erfüllung einer Aufgabe allein genügt noch nicht, um Organisation erforderlich zu machen. Interesse hat
die Übernahme und Erfüllung von Aufgaben für uns, wie gesagt, nur,
wenn und soweit diese als *Daueraufgaben*[5], d.h. als sich wiederholende
Aufgaben, auftreten, deren Erfüllung Arbeitsleistungen erforderlich
macht, die sich ebenfalls wiederholen[6]. Es wurde schon oben erwähnt,
daß hier nicht an die tatsächliche absolute, sondern an die relative, ge- S. 24
meinte und geschätzte Dauer gedacht ist. Der Tatbestand, der die organisatorische Regelung überhaupt erst herausfordert, ist die durch die
Daueraufgabe hervorgerufene *Wiederkehr* von Arbeitsleistungen in gemeinter und geschätzter *Gleichheit*. Eine organisatorische Regelung

kann sich auch auf das gleichzeitige oder aufeinanderfolgende Auftreten einer gleichen Aufgabe an verschiedenen Stellen beziehen. Es handelt sich um eine rein quantitative Erweiterung des Problems, die uns weiter nicht beschäftigen wird. Im Tatbestand der Wiederkehr der Aufgabe in gemeinter und geschätzter Gleichheit liegt gleichzeitig die Problematik organisatorischen Regelns begründet, indem nämlich alle Daueraufgaben einer steten, mehr oder weniger bedeutsamen *Veränderung* und einem allmählichen *Wandel* unterliegen, d.h. also sich nie ganz in der gleichen Art wiederholen. Während die problematische Seite dieser Tatsache in § 3 ff. eingehend erörtert wird, soll hier kurz auf ihre begrifflich-systematische Seite eingegangen werden. Einer solchen Veränderung und einem solchen Wandel können alle drei inhaltlichen Elemente der Aufgabe unterliegen, die Objekte der Aufgabe, der Rhythmus der Wiederkehr der Aufgabe und das Ziel der Aufgabe. Dementsprechend können wir reden von
 1. Objektveränderung und Objektwandel,
 2. Takt- und Rhythmuswandel und
 3. Zielwandel.

[...]

f) Erscheinungsgrenzen der Aufgaben S. 25

Neben der Erscheinung der Dauer und des Wandels der Aufgaben muß schließlich noch auf die Tatsache ihrer verschiedenen Erscheinungsgröße hingewiesen werden. Dabei beschäftigen uns hauptsächlich die Fragen nach der maximalen und minimalen Erscheinungsgrenze der S. 26 Aufgaben, d.h. nach den oberen und unteren Grenzschwellen, innerhalb deren Aufgaben für uns als solche erkennbar sind. Dies bedeutet eine weitere Abgrenzung des Aufgabenbegriffes.

Die Grenze nach oben ist für uns in dem Begriff der *Oberaufgabe* gegeben. Es ist das diejenige Aufgabe, die von ihren Trägern nicht mehr als Glied einer bestimmten höheren Aufgabe erkannt bzw. behandelt wird. Diese Grenze ist naturgemäß eine Grenze des subjektiven Erkennens und Ermessens und bei jedem verschieden. So werden wir manche Aufgabe noch als Gliedaufgabe erkennen können, die heute von den meisten als souveräne Oberaufgabe angesehen wird. Die Frage der Betriebsvergrößerung ist für uns in einem solchen Falle nur noch eine Frage der Organisierbarkeit (s. darüber § 3).

Die Grenze nach unten ist in dem Begriff der *Unteraufgabe* oder der einen typischen Arbeitszyklus auslösenden Aufgabe gegeben. *Arbeits-*

zyklus soll die kleinste Folge von Arbeitsleistungen heißen, wenn und soweit sie einen eigentümlichen, mehr oder weniger selbständigen und als solchen erkennbaren Rhythmus der Wiederkehr aufweist, wodurch die Folge von Arbeitsleistungen als in sich abgeschlossen erscheint.

Alle Aufgaben, die nicht Ober- oder Unteraufgaben, also *Zwischenaufgaben* sind, können nur Teile von Oberaufgaben und Komplexe von Unteraufgaben sein. Alle Aufgaben, die nicht Oberaufgaben sind, sind *Gliedaufgaben*. Alle Aufgaben, die nicht Unteraufgaben sind, sind *Komplexaufgaben*.

[...]

Anmerkungen

[1] Vgl. z. B. die Begriffsbildungen von Max Weber, Wirtschaft und Gesellschaft, S. 16 ff.; Werner Sombart, Die Ordnung des Wirtschaftslebens, 2. Aufl., Berlin 1927, S. 1 ff.; Henri Fayol, Allg. u. industr. Verwaltung, Berlin 1929, S. 30 ff.

[2] Über den Begriff „Desorganisieren" s. § 3.

[3] Während wir in unserer Abhandlung den Begriff der Aufgabe zu einem zentralen Begriff erheben, der uns auf dem ganzen Wege durch die Organisationsprobleme hindurch ständig begleiten wird, während wir versuchen werden, diesen Begriff so genau wie möglich zu bestimmen, finden wir ihn in der bisherigen Literatur noch ziemlich wenig beachtet. Die meisten der organisatorischen Schriften begnügen sich mit einer unklaren Andeutung über die Ziel- und Zweckvorstellung, die jeder Organisation zugrunde liegt, so Plenge, von der Pfordten, Erdmann, Klein, letzterer mit größerer Klarheit (Genaueres s. S. 41 ff.). Einige Autoren erwähnen den Aufgabenbegriff, ohne ihn weiter zu benutzen, so z.B. Seidel, Betriebsorganisation, Wien 1932, S. 9/12. Bemerkenswert sind in dieser Hinsicht nur drei Stellen in der Literatur, der Abschnitt „Die Gestaltung der Arbeitsaufgaben" aus R. Seyffert, Der Mensch als Betriebsfaktor, Stuttgart 1922, S. 52 ff.; der Abschnitt „Die Betriebsaufgabe" aus H. Nicklisch, Die Betriebswirtschaft, Stuttgart 1933, S. 234 ff.; sowie das Vorwort zur deutschen Ausgabe von A. Bogdanow, Allgemeine Organisationslehre, Berlin 1926.

Seyffert definiert (S. 54/5) die Arbeitsaufgabe wie folgt: „Es wird zweckmäßig sein, für die zusammengesetzteren Leistungen einen neuen Begriff zu verwenden. Ich will dafür *Arbeitsaufgabe* sagen und darunter die komplexen Leistungen verstehen, die zur Erfüllung eines Zweckes insgesamt nötig sind." Er beschäftigt sich sodann mit der Erfüllung der Arbeitsaufgaben und leitet daraus die Formen der Arbeitsgestaltung ab. Nicklisch macht den Begriff der Aufgabe; ohne ihn näher zu definieren zur Basis eines Teiles seiner Ausführungen. Bogdanow schließlich gibt eine Definition des Begriffs der Aufgabe und einige Ausführungen darüber; diese stehen aber ohne jeden Zusammenhang mit seiner sonstigen Abhandlung.

[4] Hier ist z.B. an sozial-religiöse und sozial-ethische Aufgaben gedacht, derentwegen große Organisationen geschaffen wurden.

⁵ In den weiteren Ausführungen dieser Arbeit werden die Begriffe Aufgabe und Dauer-Aufgabe schlechthin gleichbedeutend gebraucht. Wenn es sich um einmalige Aufgaben handelt, so soll dies besonders betont werden.

⁶ Zum Unterschied von den Aufgaben pflegt man besondere Aufgabenstellungen von fremder Seite als *Auftrag* zu bezeichnen (z. B. Kundenauftrag, Lagerauftrag, Fertigungsauftrag, Versandauftrag usw.). Aufträge haben immer den Charakter des einmaligen. Wenn das Bedürfnis, das durch Erfüllung des Auftrags befriedigt wird, sich öfters wiederholt, pflegt der Auftrag in eine Aufgabe überzugehen. Das Neuauftreten sowie das spontane und einmalige oder vorübergehende Auftreten von Aufgaben vollzieht sich, wenn es sich nicht um Selbsterledigung handelt, in der Form des Auftrages. (Über Auftragsbegriff und Auftragsarten siehe: Arbeitsvorbereitung, Richtlinien für die Auftragsvorbereitung, hrsg. vom AWF, Nr. 224, Berlin 1928.)

Den Begriff des Auftrags in der Bedeutung des hier gebrauchten Begriffs der Aufgabe zu verwenden, erscheint unzweckmäßig, da der Tatbestand der sozial-objektivierten Zielsetzung und der Unabhängigkeit der Existenz der Aufgabe von einem Auftragsteller durch den Ausdruck „Aufgabe" besser ausgedrückt wird. Dies trifft insbesondere für die Bezeichnung „Fertigungsauftrag" im Arbeitsgliederungsschema des AWF zu (s. auch S. 129 ff.).

D. IV.4

Helmut Laux
Grundfragen der Organisation
Delegation, Anreiz und Kontrolle

Springer Verlag, Berlin, Heidelberg,
New York 1979

[...]

Ein Rahmenmodell zur Analyse des Delegationswertes S. 69

1. Problemstellung

Von allen Delegationsformen [...] ist diejenige vom Standpunkt der Instanz am vorteilhaftesten, bei der die Differenz aus Wert und Kosten der Delegation am größten ist. Der Wert einer bestimmten Delegationsform ist definiert als Differenz aus dem Gewinnerwartungswert bei dieser Delegation und dem Gewinnerwartungswert bei Entscheidung durch die Instanz ohne Information. Im folgenden wird ein Modell zur Bestimmung des Delegationswertes entwickelt. Es stellt einen Bezugsrahmen zur Analyse der alternativen Delegationsformen dar und erlaubt es, einige allgemeine Probleme zu diskutieren. In den nachfolgenden Kapiteln wird das Modell an die jeweiligen Besonderheiten der verschiedenen Delegationsformen angepaßt.

2. Bestimmung des Wertes einer Delegation

2.1. Der Gewinnerwartungswert bei Delegation

Zur Ermittlung des Wertes einer bestimmten Delegationsform ist neben dem Gewinnerwartungswert bei Entscheidung durch die Instanz ohne Information auch der Gewinnerwartungswert zu bestimmen, der bei dieser Delegationsform erzielt wird. Dabei stellt sich folgendes *Grundproblem*: Im Zeitpunkt der Bewertung der Delegation ist noch unbekannt, welche Alternative bei Delegation gewählt wird. Wäre diese Alternative im voraus der Instanz bekannt, so könnte der Delegationswert nicht positiv sein [...]. Die betreffende Delegationsform brauchte daher erst gar nicht im Kalkül berücksichtigt zu werden. Bei der Bestimmung des Wertes einer Delegation ist also von *unsicheren* Erwartungen der Instanz über die Alternativenwahl auszugehen. Zur Erfassung dieser Unsicherheit wird das Konzept der zustandsabhängigen Alternativenwahl zugrundegelegt, das bereits [...] als Basis für die Bewertung von Informationen eingeführt wurde (Modell B der Informationsbewertung). Zentraler Baustein dieses Konzepts sind die Wahrscheinlichkeiten $p(A_a | S_s)$ ($a = 1, 2, ..., \bar{A}$; $s = 1, 2, ..., \bar{S}$):

$p(A_a | S_s) \equiv$ Wahrscheinlichkeit im Urteil der *Instanz* dafür, daß bei Delegation die Alternative A_a ($a = 1, 2, ..., \bar{A}$) gewählt wird, wenn in Zukunft der Umweltzustand S_s ($s = 1, 2, ..., \bar{S}$ eintritt.

In der folgenden p (A | S)-Matrix V.1 sind diese Wahrscheinlichkeiten explizit aufgeführt. Sie entsprechen formal den Wahrscheinlichkeiten $\bar{p}(A_a | S_s)$ im Modell B der Informationsbewertung. Die Wahrscheinlichkeiten $p(A_a | S_s)$ hängen jedoch von anderen Einflußfaktoren ab als die Wahrscheinlichkeiten $\bar{p}(A_a | S_s)$; sie unterscheiden sich grundsätzlich auch in ihrer jeweiligen Höhe.

S. 70

	S_1	S_2	...	$S_{\bar{S}}$
A_1	$p(A_1 | S_1)$	$p(A_1 | S_2)$	...	$p(A_1 | S_{\bar{S}})$
A_2	$p(A_2 | S_1)$	$p(A_2 | S_2)$	...	$p(A_2 | S_{\bar{S}})$
.	.	.	...	.
.	.	.	...	.
.	.	.	...	.
$A_{\bar{A}}$	$p(A_{\bar{A}} | S_1)$	$p(A_{\bar{A}} | S_2)$	...	$p(A_{\bar{A}} | S_{\bar{S}})$

Alle Spaltensummen dieser Matrix sind gleich 1:

$$p(A_1 | S_s) + p(A_2 | S_s) + ... + (p(A_{\bar{A}} | S_s) = 1, (s = 1, 2, ..., \bar{S}).$$

Einstweilen bleibt noch offen, wie die Wahrscheinlichkeiten $p(A_a | S_s)$ bestimmt werden können. Zunächst wird untersucht, wie der Wert einer Delegation ermittelt werden kann, wenn diese Wahrscheinlichkeiten bekannt sind, und wie der Wert von ihnen abhängt [...].

Unter der Hypothese, daß in Zukunft der Umweltzustand S_s ($s = 1, 2,..., \bar{S}$) eintritt, wird bei Delegation der Entscheidung der folgende (bedingte) Gewinnerwartungswert erzielt:

(V.1) $\quad \sum_{a=1}^{\bar{A}} p(A_a | S_s) \cdot g_{as}.$

Folglich wird bei Delegation der folgende (unbedingte) Gewinnerwartungswert (vor Abzug der Kosten der Delegation) erzielt:

(V.2) $$ED = w(S_1) \cdot \sum_{a=1}^{\overline{A}} p(A_a|S_1) \cdot g_{a1}$$

$$+ w(S_2) \cdot \sum_{a=1}^{\overline{A}} p(A_a|S_2) \cdot g_{a2}$$

$$\vdots$$

$$+ w(S_{\overline{S}}) \cdot \sum_{a=1}^{\overline{A}} p(A_a|S_{\overline{S}}) \cdot g_{a\overline{S}}$$

$$= \sum_{s=1}^{\overline{S}} w(S_s) \cdot \sum_{a=1}^{\overline{A}} p(A_a|S_s) \cdot g_{as}.$$

In Worten: Der Gewinnerwartungswert bei Delegation der Entscheidung ist gleich dem Erwartungswert über die den Umweltzuständen S_1, S_2, ..., $S_{\overline{S}}$ entsprechenden (bedingten) Gewinnerwartungswerte (V.1). [...]   S. 71

2.2. Der Wert der Delegation   S. 72

Der Wert WD einer Delegation ist definitionsgemäß gleich der Differenz aus dem Gewinnerwartungswert bei Delegation vor Abzug der Delegationskosten (ED) und dem Gewinnerwartungswert bei Entscheidung durch die Instanz ohne Information (E):

(V.3) WD = ED - E.

Hieraus folgt [...]:

(V.4) $$WD = \sum_{s=1}^{S} w(S_s) \cdot \sum_{a=1}^{\overline{A}} p(A_a|S_s) \cdot g_{as} - \sum_{s=1}^{\overline{S}} w(S_s) \cdot g_{\hat{a}s}.$$

[...] (V.4) kann man wie folgt umformen:

(V.5) $$WD = \sum_{s=1}^{\overline{S}} w(S_s) \cdot \left[\sum_{a=1}^{\overline{A}} p(A_a|S_s) \cdot g_{as} - g_{\hat{a}s} \right].$$

Der Ausdruck in der eckigen Klammer kennzeichnet den (positiven oder negativen) *Zuwachs* des Gewinnerwartungswertes, der bei Delegation gegenüber dem Fall der Entscheidung durch die Instanz ohne Information erzielt wird, wenn in Zukunft der Umweltzustand S_s eintritt. Gemäß (V.5) ist der Delegationswert gleich dem Erwartungswert dieser bedingten Zuwächse.

3. Die Höhe des Delegationswertes   S. 73

3.1. Zustandsunabhängige Alternativenwahl

Mit Hilfe von (V.5) wird nun untersucht, wie der Delegationswert von den Wahrscheinlichkeiten p (A_a | S_s) (a = 1, 2, ... $\overline{A}$; s = 1, 2, ..., $\overline{S}$) abhängt.

Wird im Urteil der Instanz im Falle der Delegation der Entscheidung die Alternative A_a (a = 1, 2, ... $\overline{A}$) mit der Wahrscheinlichkeit p (A_a) (0 ≤ p (A_a) ≤ 1) gewählt, und zwar unabhängig davon, welcher der Umweltzustände S_1, S_2, ..., $S_{\overline{S}}$ eintreten wird, gilt:

(V.6) $\quad p(A_a) = p(A_a | S_1) = p(A_a | S_2) = ... = p(A_a | S_{\overline{S}})$, a = 1, 2, ... $\overline{A}$,

$$\text{mit } \sum_{a=1}^{\overline{A}} p(A_a) = 1.$$

Hier besteht *stochastische Unabhängigkeit* zwischen der gewählten Alternative und dem in Zukunft eintretenden Umweltzustand. Aus (V.6) ergibt sich in Verbindung mit (V.5):

(V.7) $\quad WD = \sum_{s=1}^{\overline{S}} w(S_s) \cdot \left[\sum_{a=1}^{\overline{A}} p(A_a) \cdot g_{as} - g_{\hat{a}s} \right]$.

Durch Umformung erhält man:

(V.8) $\quad WD = \sum_{a=1}^{\overline{A}} p(A_a) \cdot \sum_{s=1}^{\overline{S}} w(S_s) \cdot g_{as} - \sum_{s=1}^{\overline{S}} w(S_s) \cdot g_{\hat{a}s}$.

Wegen $\sum_{a=1}^{\overline{A}} p(A_a) = 1$ kann man hierfür auch schreiben:

(V.9) $\quad WD = \sum_{a=1}^{\overline{A}} p(A_a) \cdot \left[\sum_{s=1}^{\overline{S}} w(S_s) \cdot g_{as} - \sum_{s=1}^{\overline{S}} w(S_s) \cdot g_{\hat{a}s} \right]$.

Da die Alternative $A_{\hat{a}}$ definitionsgemäß einen maximalen a priori-Gewinnerwartungswert aufweist, gilt:

(V.10) $\quad \sum_{s=1}^{\overline{S}} w(S_s) \cdot g_{as} \leq \sum_{s=1}^{\overline{S}} w(S_s) \cdot g_{\hat{a}s}$ (a = 1, 2, ... $\overline{A}$).

Aus (V.9) und (V.10) folgt:

(V11) $\quad WD \leq = 0$.

Es gilt also

> Satz V.1: Ist (im Urteil der Instanz) die bei Delegation gewählte Alternative stochastisch unabhängig vom Umweltzustand, kann der Delegationswert nicht positiv sein. Der Wert ist gleich Null, wenn mit Sicherheit $A_{\hat{a}}$ oder eine andere Alternative mit gleich hohem a priori-Gewinnerwartungswert gewählt wird; besteht dagegen eine positive Wahrscheinlichkeit dafür, daß eine Alternative mit einem niedrigeren a priori-Gewinnerwartungswert gewählt wird, ist der Wert negativ.

S. 74

Die gewählte Alternative ist z.B. in folgenden Fällen stochastisch unabhängig vom Zustand der Welt:

1. Der bzw. die Entscheidungsträger präferieren (im Urteil der Instanz) aus persönlichen Gründen irgendeine der Alternativen $A_1, A_2, ..., A_{\overline{A}}$ (die der Instanz unbekannt sein mag) und wählen diese unabhängig davon, welche Wahrscheinlichkeitsurteile sie über die Umweltzustände haben und welche Gewinnerwartungswerte sie mithin den einzelnen Alternativen zuordnen.

2. Der bzw. die Entscheidungsträger orientieren sich bei ihrer Entscheidung an Indikatoren[1], deren Ausprägungen im Urteil der Instanz vom eintretenden Umweltzustand stochastisch unabhängig sind. (Allgemein: Die Entscheidung hängt ausschließlich von Ereignissen ab, die im Urteil der Instanz vom Umweltzustand stochastisch unabhängig sind.)

Ein Spezialfall zustandsunabhängiger Alternativenwahl liegt dann vor, wenn die Instanz im voraus die Alternative kennt, die bei Delegation der Entscheidung gewählt wird. Bezeichnet man diese Alternative mit $A_{\overline{a}}$, so gilt:

(V.12) $p(A_{\overline{a}}) = 1$ und $p(A_a) = 0$ für alle $a \in \{1, 2, ..., \overline{A}\}, a \neq \overline{a}$.

Aus (V.9) und (V.12) folgt:

(V.13) $WD = \sum_{s=1}^{\overline{S}} w(S_s) \cdot g_{\overline{a}s} - \sum_{s=1}^{\overline{S}} w(S_s) \cdot g_{\hat{a}s}$.

Im Falle $\overline{a} = \hat{a}$ ist der Wert des Gremiums gleich Null. Im Falle $\overline{a} \neq \hat{a}$ ist der Wert des Gremiums negativ, es sei denn, die a priori-Gewinnerwartungswerte der Alternativen $A_{\overline{a}}$ und $A_{\hat{a}}$ sind gleich.

3.2. Zustandsabhängige Alternativen-Wahl

Aus den obigen Überlegungen folgt:

> Satz V.2 : Der Wert einer Delegation ist nur unter der notwendigen (nicht hinreichenden) Bedingung positiv, daß die Instanz davon überzeugt ist, daß die gewählte Alternative vom Umweltzustand abhängt.

Aus (V.5) ergibt sich   S. 75

> Satz V.3 : Der Delegationswert ist um so höher, je größer die bedingten Gewinnerwartungswerte
>
> $$\sum_{a=1}^{\overline{A}} p(A_a | S_s) \cdot g_{as} \quad (s = 1, 2, ..., \overline{S})$$
>
> sind, je größer also die Wahrscheinlichkeit dafür ist, daß bei Eintreten des Umweltzustandes S_s ($s = 1, 2,..., \overline{S}$) eine Alternative gewählt wird, die in diesem Zustand einen relativ hohen Gewinn bietet.

Der maximale Delegationswert WD_{Max}: Bei gegebenen Gewinnen g_{as} ($a = 1, 2, ..., \overline{A}$; $s = 1, 2, ..., \overline{S}$) und a priori-Wahrscheinlichkeiten $w(S_s)$ ($s = 1, 2,..., \overline{S}$) ist der Delegationswert dann am größten, wenn bei Eintreten des Umweltzustandes S_s ($s = 1, 2, ..., \overline{S}$) mit Sicherheit diejenige Alternative gewählt wird, die in diesem Zustand den höchsten Gewinn bietet. Diese Bedingung ist z.B. dann erfüllt, wenn der (bzw. die) Entscheidungsträger den Umweltzustand kennt und die Alternative mit dem maximalen Gewinn wählt. Für den maximalen Delegationswert, WD_{Max} gilt:

$$(V.14) \quad WD_{Max} = \sum_{s=1}^{\overline{S}} w(S_s) \cdot \left(\max_a g_{as} - g_{\hat{a}s} \right).$$

Dabei bezeichnet $\max_a g_{as}$ das Maximum jener Gewinnspalte, die dem Zustand S_s ($s = 1, 2,..., \overline{S}$) entspricht. [...]

Der maximale Delegationswert ist [...] gleich dem maximalen Informationswert (d.h. dem Wert einer vollkommenen Information).

Wie WI_{Max}, so ist auch WD_{Max} als kritische Größe von besonderer Bedeutung. Sind die Kosten einer Delegation größer oder gleich WD_{Max}, kann diese Delegation gegenüber der Entscheidung durch die Instanz ohne Information nicht vorteilhaft sein. Sämtliche Delegationsmöglichkeiten, deren Kosten *nicht* niedriger sind als der maximale Wert, brauchen daher bei der Bestimmung eines Optimums nicht weiter berücksichtigt zu werden.

Der minimale Delegationswert WD_{Min}: Bei gegebenen Gewinnen g_{as} (a = 1, 2, ..., $\overline{A}$; s = 1, 2, ..., $\overline{S}$) und gegebenen a priori-Wahrscheinlichkeiten w(S_s) (s = 1, 2,..., $\overline{S}$) ist der Delegationswert dann am niedrigsten, wenn bei Eintreten des Zustandes S_s (s = 1, 2,..., $\overline{S}$) mit Sicherheit jene Alternative gewählt wird, die in diesem Zustand den kleinsten Gewinn bietet. Diese extreme Situation liegt z.B. dann vor, wenn der (bzw. die) Entscheidungsträger mit Sicherheit den Umweltzustand kennt und die Alternative mit dem niedrigsten Gewinn wählt. Für den minimalen Wert der Delegation gilt:

$$(V.15) \quad WD_{Min} = \sum_{s=1}^{\overline{S}} w(S_s) \cdot \left(\min_a g_{as} - g_{\hat{a}s} \right).$$

Dabei bezeichnet $\min_a g_{as}$ das Minimum jener Gewinnspalte, die dem Zustand S_s (s = 1, 2,..., $\overline{S}$) entspricht. Je mehr die minimalen Spaltenwerte von den jeweiligen Gewinnen von $A_{\hat{a}}$ abweichen, um so niedriger ist auch der minimale Delegationswert.

S. 76

Bei gegebenen a priori-Gewinnerwartungswerten für die einzelnen Handlungsalternativen können sich erhebliche Unterschiede bezüglich des minimalen Delegationswertes ergeben, je nachdem, wie die Gewinne über die Umweltzustände verteilt sind. WD_{Min} ist grundsätzlich *negativ* (in keinem Fall aber positiv), während der minimale Informationswert WI_{Min} stets gleich Null ist [...].

Auch WD_{Min} ist als *kritische Größe* von Bedeutung: WD_{Min} gibt an, wie hoch der Delegationswert im ungünstigsten Fall ist. Liegt WD_{Min} nicht weit unter Null, können sich bei Delegation keine besonderen finanziellen Nachteile ergeben, sofern die Kosten der Delegation niedrig sind. Für die Instanz mag es dann naheliegen, die Delegation vorzunehmen, ohne genau zu prüfen, wie hoch der tatsächliche Delegationswert ist; das gilt vor allem dann, wenn die Vermutung naheliegt, daß der Delegationswert mit hoher Wahrscheinlichkeit erheblich über WD_{Min} liegt.

4. Zur Bestimmung der (bedingten) Wahrscheinlichkeiten p ($A_a | S_s$)

Wie gezeigt wurde, kann der Wert einer Delegation nur positiv sein, wenn eine (stochastische) Abhängigkeit zwischen der dann gewählten Alternative und dem eintretenden Umweltzustand besteht. Bei der Bewertung einer Delegation stellt sich für die Instanz das Problem, sich ein Urteil über diese Abhängigkeit zu bilden, d.h. also die Wahrscheinlichkeiten p $(A_a | S_s)$ (a = 1, 2, ..., $\overline{A}$; s = 1, 2, ..., $\overline{S}$) zu ermitteln (bzw. zu schätzen). Die Bestimmung der jeweiligen Wahrscheinlichkeiten p $(A_a | S_s)$ stellt das *Kernproblem* der Bewertung alternativer Delegationsformen dar. Sobald diese Wahrscheinlichkeiten bekannt sind, können die Delegationswerte mit Hilfe von (V.4) leicht berechnet werden. In den nachfolgenden Kapiteln wird gezeigt, wie für alternative Delegationsformen die Wahrscheinlichkeiten p $(A_a | S_s)$ bestimmt werden können.

5. Zusammenfassung

1. Von allen Delegationsarten ist diejenige vom Standpunkt der Instanz am vorteilhaftesten, bei der die Differenz aus Wert und Kosten der Delegation am größten ist. Der Wert einer bestimmten Delegationsart wird definiert als Differenz aus dem Gewinnerwartungswert bei Delegation und dem Gewinnerwartungswert bei Entscheidung durch die Instanz ohne Information.

2. Es wird ein Modell zur Bestimmung des Wertes der Delegation entwickelt, das einen allgemeinen Bezugsrahmen zur Analyse der alternativen Delegationsarten darstellt. In diesem Modell wird berücksichtigt, daß die Instanz im Zeitpunkt der Bestimmung des Delegationswertes noch unsichere Erwartungen darüber hegt, welche Alternative im Falle der Delegation gewählt wird. Als wesentlicher Baustein zur Erfassung dieser Unsicherheit werden die Wahrscheinlichkeiten p $(A_a | S_s)$ (a = 1, 2, ..., $\overline{A}$; s = 1, 2, ..., $\overline{S}$) eingeführt. Dabei bezeichnet p $(A_a | S_s)$ die Wahrscheinlichkeit (im Urteil der Instanz) dafür, daß die Alternative A_a gewählt wird, wenn in Zukunft der Umweltzustand S_s eintritt.   S. 77

3. Zunächst wird gezeigt, wie bei gegebenen Wahrscheinlichkeiten p $(A_a | S_s)$ der Delegationswert berechnet werden kann.

4. Darauf aufbauend wird untersucht, wie dieser Wert von den Wahrscheinlichkeiten p $(A_a | S_s)$ abhängt: Ist die im Falle der Delegation gewählte Handlungsalternative stochastisch unabhängig vom eintretenden Umweltzustand, kann der Delegationswert nicht positiv sein; er ist dann grundsätzlich negativ. Der Delegationswert ist nur unter der notwendigen (nicht hinreichenden) Bedingung positiv, daß die gewählte Alternative vom Umweltzustand abhängt. Je höher die Wahrscheinlichkeit dafür ist, daß bei Eintreten des Umweltzustandes S_s (s = 1, 2,..., $\overline{S}$) eine

Alternative gewählt wird, die in diesem Zustand einen relativ hohen Gewinn bietet, um so höher ist der Delegationswert.

5. Zur Ermittlung des Wertes einer bestimmten Delegationsform muß sich die Instanz ein Urteil über die Höhe der entsprechenden Wahrscheinlichkeiten p (A_a I S_s) bilden. Dies stellt das Kernproblem der Bewertung der alternativen Delegationsformen dar. In den nachfolgenden Kapiteln wird (auch) untersucht, wie diese Wahrscheinlichkeiten bestimmt werden können.

[...]

Anmerkungen

[1] Vgl. zu diesem Begriff auch *Prim/Tilmann* (1977, S. 54f.).

D. V

Horst Albach
Entwicklung und Stand der
Investitionstheorie

Verlag Kiepenheuer & Witsch,
Köln 1975

I. Die Entwicklung der Investitionstheorie S. 13

Die Kunst, Investitionsentscheidungen zu treffen, ist eine Kunst von biblischem Alter. Im Lukas-Evangelium heißt es (Kapitel 14, Vers 28): »Wer ist aber unter euch, der einen Turm bauen will und sitzt nicht zuvor und überschlägt die Kosten, ob er's habe hinauszuführen?« Das Zitat läßt aber auch erkennen, daß die Investitionstheorie erheblich jüngeren Datums ist, denn noch vor 20 Jahren waren Kostenvergleiche der zitierten Form die einzige Methode rationaler Entscheidungsvorbereitung für Investitionen.

1. Die Entwicklung der Investitionstheorie aus der Kapitaltheorie

Die Investitionstheorie hat sich aus zwei Wurzeln entwickelt, nämlich der Kapitaltheorie und Abschreibungstheorie. Die frühe Diskussion in der Kapitaltheorie ist durch zwei Kontroversen gekennzeichnet, die für die Entwicklung der Investitionstheorie bedeutsam wurden:

Die Auseinandersetzung zwischen J. B. Clark und Böhm-Bawerk in der ersten Dekade dieses Jahrhunderts [121].

Die Kontroverse zwischen F. H. Knight und F. A. v. Hayek in den dreißiger Jahren [24].

In diesen Auseinandersetzungen ging es in dem hier interessierenden Zusammenhang um die Begriffsbestimmung und die Messung des Produktionsfaktors Kapital. Die Österreichische Schule versuchte Kapital durch die Produktionsperiode zu messen [28, 226-2, 226-3]. Eine Verfeinerung stellte die mittlere Ausreifungszeit dar, die Eucken analysiert hat [63-2]. Die Österreichische Schule ging bei der Bestimmung der durchschnittlichen Produktionsperiode von dem bekannten Baumbeispiel aus, wonach die Höhe des Ertrages von der Wachstumsperiode abhängt. Stigler versuchte in seiner Besprechung des klassischen Werkes von Friedrich und Vera Lutz zur Investitionstheorie [149] durch die ironische Bemerkung: »Das Pflanzen des österreichischen Baumes ist das berühmteste Weichholz der Kapitaltheorie« [213-2] auf die Unhaltbarkeit der durchschnittlichen Produktionsperiode zur Bestimmung des Kapitalbegriffs aufmerksam zu machen. Hayek war es dann, der den Begriff der durchschnittlichen Produktionsperiode fallenließ und das Gewicht seiner Theorie auf die zeitliche Struktur der Investitionen legte [97-2]. Die Aufspaltung der umfassenden »Einen Zahl« [31-2] in einzelne Konstruktionsintervalle erwies sich für die Entwicklung der Investitionstheorie als äußerst fruchtbar.

Boulding ging nämlich in dem Versuch, den Zeitbegriff zu retten, von S. 14

einer einzelnen Investition aus [31-1, 31-2, 31-4] und entwickelte hieran den Begriff der Zeitspanne als Differenz zwischen den Zeitzentren der Einnahmen und der Ausgaben. 1942 stellte er fest: »Die arkadischen Tage der durchschnittlichen Produktionsperiode sind vorbei, und man hat an ihre Stelle wenigstens formal die zeitliche Struktur gesetzt, die nicht mehr auf eine einzelne Zahl reduziert werden kann. Dies ist sicherlich ein Gewinn an Genauigkeit, denn die durchschnittliche Produktionsperiode kann mathematisch nicht verteidigt werden« [31-3].

Man kann heute feststellen, daß sich aus dieser Diskussion um die Bestimmung des Kapitalbegriffs eine Theorie entwickelt hat, welche immer mehr einzelwirtschaftliche Daten einbezog. Aus der nichtquantifizierbaren »Länge der Produktionsumwege« hatte Boulding eine für einzelne Investitionen typische »Zeitspanne« [31-2,197-4] abgeleitet. Für eine einzelne Investition wurde dieser Begriff auch von den Gegnern der österreichischen Kapitaltheorie nicht abgelehnt [128-2]. Lerner stellte am Ende dieser Diskussion fest: »Alle Probleme, die wie Fragen der Kapitaltheorie aussehen, entpuppen sich als Probleme der Investitionstheorie« [141]. Smith sah in der Entwicklung der mikroökonomischen Investitionstheorie geradezu eine Lösung aus der »Verstrickung der österreichischen Metaphysik« und einen Weg zu »konkreter und anwendbarer Diskussion der Rolle der Kapitalgüter in der Produktionstheorie« [208, S. l].

2. Die Entwicklung der Investitionstheorie aus der Abschreibungstheorie

Neben diesem kapitaltheoretischen Ausgangspunkt der betrieblichen Investitionstheorie gibt es eine zweite Fragestellung, aus der sich die Theorie der Wirtschaftlichkeitsrechnung für Investitionsvorhaben entwickelte. In den zwanziger und dreißiger Jahren versuchten vor allem Hotelling [110] und Preinreich [176-2, 176-3, 176-4] eine Antwort auf die Frage nach der richtigen Abschreibungsmethode für dem Verschleiß unterliegende Anlagegegenstände zu finden. Die Formeln, aus denen sie die richtige Abschreibung und als Nebenprodukt die wirtschaftliche Nutzungsdauer einer Anlage ableiten zu können glaubten, stellten aber nichts anderes dar als den Kapitalwert dieses Investitionsobjektes. Preinreich erkannte, daß es sich bei den Untersuchungen über die richtige Abschreibungsmethode tatsächlich um die Analyse von Ersatzproblemen gehandelt hatte [176-5] und daß man »das Pferd vom Schwanze her aufzäumte« [176-1, S. 12], als man das Ersatzproblem durch die Abschreibungstheorie lösen wollte. Mit dem Satz »Die Ersatzinvestition ist das Grundproblem, weil es die Zusammensetzung und Leistungsfähigkeit eines Betriebes beeinflußt. Der Abschreibungsbegriff hat überhaupt nichts mit der Investitionstheorie zu tun« [176-1, S. 12], fügte er die bisher gewonnenen Erkenntnisse aus der Abschreibungstheorie in den richtigen Zusammenhang der Investitionstheorie ein und trug gleichzeitig wesentlich zur Klärung des Investitionskalküls bei.

Mit der Erkenntnis, das für neue Investitionen und für Ersatzinvestitionen die gleichen Kriterien zu gelten haben, führte Alchian die aus den kapitaltheoretischen und aus den abschreibungstheoretischen Arbeiten gewonnenen Erkenntnisse zu einer einheitlichen Theorie einzelner Investitionen zusammen [4-1]. Diese Theorie ist in den letzten 20 Jahren in verschiedenen Richtungen ausgebaut worden. S. 15

II. Klassifikationsprobleme der Investitionstheorie

Die dargestellten Entwicklungslinien der Investitionstheorie konzentrieren sich auf zwei wesentliche Fragestellungen:

Welches ist die beste von verschiedenen Investitionsalternativen bei sicheren Informationen über die Zukunft?

Welches ist die optimale Ersatzinvestition für eine vorhandene Investition, deren optimale Nutzungsdauer ebenfalls bestimmt werden muß?

Seit der Lösung dieser Fragen in den dreißiger und vierziger Jahren ist der Ausbau der Investitionstheorie zwei miteinander engverbundenen Entwicklungslinien gefolgt.

Das zentrale wissenschaftlich interessante Phänomen, das die Investitionstheorie von den produktionstheoretischen und den absatztheoretischen Fragestellungen unterscheidet, ist die Langfristigkeit der Auswirkung von Investitionsentscheidungen. Will man diese Langfristigkeit theoretisch bewältigen, sind zwei verschiedene Fragestellungen zu bearbeiten:

Die Unsicherheit über die zukünftigen Einnahmen- und Ausgabenströme der Investitionsobjekte, über die heute zu entscheiden ist.

Die Unsicherheit über die zukünftigen Investitionsobjekte.

Ich nenne die erste Fragestellung das Problem der Investitionsentscheidung für ein Jahr. Bei diesem Ansatz werden alle zukünftigen Investitionsobjekte theoretisch durch die Annahme aus der weiteren Überlegung eliminiert, daß ihr Einfluß auf die zu treffende Entscheidung gleich Null sei.

Die zweite Fragestellung ist seit den grundlegenden Arbeiten von Hart [94-2] bekannt. Sie rückte in der Mitte der sechziger Jahre mit der Anwendung des Entscheidungsbaumverfahrens auf die Investitionstheorie ([104], vor allem aber [162]) wieder in den Mittelpunkt des Interesses.

Die beiden zentralen Fragestellungen lassen sich in vielfältiger Weise aufgliedern. Für die Entwicklung der Investitionstheorie in den letzten zwanzig Jahren ist es besonders bezeichnend, daß sich die Beiträge auf immer speziellere Fragestellungen beziehen. Der Versuch, einen schematischen Überblick über den Stand der Investitionstheorie zu geben, kann daher nur ein sehr grobes Raster bieten.

In der Abbildung 1 wird ein Klassifikationsschema der Investitionstheorie wiedergegeben, das die Hauptfragestellungen systematisiert.

In der Abbildung 1 sind 16 Felder eingetragen, die logisch zulässige Fragestellungen der Investitionstheorie aufzeigen. Die klassischen Probleme, aus denen sich die Investitionstheorie entwickelt hat, sind den Feldern 1, 5 und 9 zuzuordnen.

Abbildung 1 S. 16
Klassifikationsschema der Investitionstheorie

Investitionsentscheidung	Ohne Berücksichtigung von Nebenbedingungen		Mit Berücksichtigung von Nebenbedingungen (Investitionsbudget)	
	Sicherheit	Unsicherheit	Sicherheit	Unsicherheit
Entscheidung über einzelne Investitionsobjekte	1	2	3	4
Entscheidung über Investitionsfolgen	5	6	7	8
Entscheidung über Ersatzinvestitionen für dem Verschleiß unterliegende Anlagegegenstände	9	10	11	12
für zufällig ausfallende Anlagegegenstände		13		14
für verschleißende und zufällig ausfallende Anlagegegenstände		15		16

Die neueren Arbeiten zur Investitionstheorie konzentrieren sich auf Probleme der Felder 8 (flexible Investitionsbudgetplanung) und 14 (Ersatztheorie und Instandhaltungstheorie). Im folgenden sollen [...] Arbeiten in das Klassifikationsschema eingeordnet werden (III.). Anschließend werden einige Sonderprobleme der Investitionstheorie behandelt [...].

III. Auswahlgrundsätze und systematische Einordnung der Beiträge

Bei der Auswahl der [...] Beiträge habe ich mich von zwei Grundsätzen leiten lassen:

Die Beiträge sollten die Grundlagen für alle in der modernen Investitionstheorie bearbeiteten Fragestellungen liefern.

Die Beiträge sollten das in der Fülle der Neuerscheinungen vielfach vernachlässigte und vom Studenten nur schwer selbständig zu erarbeitende historische Verständnis für die Entwicklung der Investitionstheorie wecken.

Dem ersten Grundsatz glaubte ich dadurch entsprechen zu können, daß Beiträge ausgewählt wurden, die die Felder 1, 2, 3 und 4 der Tabelle 1 besetzen. Damit sind die Hauptprobleme der Investitionstheorie berücksichtigt. Nur zwei Beiträge [...] behandeln Probleme der Investitionsplanung für mehrere Jahre, nämlich der Aufsatz von Kaufmann*, der dem Feld 6 zuzuordnen ist, und der Beitrag von Laux*, der als Beispiel für die Arbeiten gelten kann, die in das Feld 8 eingeordnet werden müssen.

S. 17

Der Verzicht auf die Modelle der Ersatztheorie ist mir nicht leichtgefallen. Dennoch halte ich ihn für gerechtfertigt. Soweit Fragen des Anlagenersatzes heute mit investitionstheoretischen Instrumenten behandelt werden, lassen sich die Ansätze methodisch auf die Investitionstheorie für Neuanlagen zurückführen. [...] Viele Arbeiten der Ersatztheorie und, mit ihr eng verbunden, der Instandhaltungstheorie weisen aber heute noch eine größere Nähe zum methodischen Apparat der Produktionstheorie als zu dem der Investitionstheorie auf. [...] Es erscheint mir richtiger festzustellen, daß die Ersatztheorie in ihrem Kern (noch) eine statische Theorie ist, bei der mit der Analyse stationärer Zustände gerade die Problemstellungen ausgeklammert werden, die für die Entwicklung der Investitionstheorie maßgebend waren: nämlich die Berücksichtigung von Zahlungsströmen, die sich unterschiedlich über die Zeit hinweg entwickeln mit der Konsequenz, daß die Individualität einer Periode in der Nutzungsdauer von Investitionen geradezu als Konstituens der Investitionstheorie bezeichnet werden muß.

[...]

Die Erfahrung zeigt, wie schwer es offenbar ist, die Bedeutung der Entscheidungskriterien bei Investitionsentscheidungen mit all ihren Implikationen zu erfassen. Für die Investitionstheorie war die hier geleistete methodologische Grundlagenarbeit von entscheidender Wichtigkeit. Die [...] Arbeiten umfassen einen Zeitraum von fast 30 Jahren. Während dieses Zeitraums hat die Frage nach den Kriterien der Investitionsentscheidung immer wieder neu eine wissenschaftliche Behandlung herausgefordert. Die Diskussion ist auch keineswegs abgeschlossen. In neuerer Zeit hat die Frage nach dem richtigen Kriterium für Investitionsentscheidungen eine neue Dimension gefunden: Welches ist das »richtige« Kriterium für Investitionsentscheidungen bei Unsicherheit? Hier ging es einmal um die Übernahme von Ergebnissen aus der allgemeinen Entscheidungstheorie [vgl. z.B. 195], zum anderen um die Frage, unter welchen Bedingungen Zielfunktionen mit einem oder mit zwei Momenten der Wahrscheinlichkeitsverteilung des Zielkriteriums rationale Entscheidungen bei Unsicherheit ermöglichen [12]. Die Diskussion um diese Fragen ist durch Hanssmann um ein weiteres Entscheidungskriterium bereichert worden, nämlich die Überlebenswahrscheinlichkeit [93-1].

In die Reihe der Diskussionsbeiträge um das richtige Entscheidungskriterium in der Investitionsplanung sind auch noch die Arbeiten von Herbert Hax* und Helmut Laux* einzuordnen, die im Anschluß an das Werk von Weingartner [225-2] vorschlagen, den Endwert des Betriebsvermögens zu maximieren. S. 18

Die Begründung für den Versuch, an die Stelle der Kapitalwertmaximierung die Endwertmaximierung zu setzen, ist darin zu suchen, daß einige Autoren das Problem der Bestimmung des richtigen Kalkulationszinsfußes für unlösbar halten und daher versucht haben, ihn entweder endogen aus den Reinvestitionsmöglichkeiten zu bestimmen oder ganz auf seine Ermittlung zu verzichten. Zwei Beiträge sind dieser wichtigen Frage gewidmet. Der Beitrag von Moxter* faßt die Erkenntnisse der Theorie der Kapitalkosten übersichtlich zusammen. Er unterscheidet sich von den Ergebnissen der klassischen Arbeit von Solomon [209-1] nur durch den Ansatz einer psychologischen Konstanten α, die »das Maß des Widerwillens der gegenwärtigen Eigentümer gegen die Aufnahme neuer Gesellschafter angibt«. Darauf habe ich an anderer Stelle ausführlicher hingewiesen [2-9, S. 468]. Die Arbeit von Franke und Laux* zeigt dagegen, daß man nur unter der Bedingung des vollkommenen Kapitalmarktes den exogen gegebenen Kapitalmarktzinsfuß auch als Kalkulationszinsfuß verwenden kann. Bei unvollkommenem Kapitalmarkt existieren für jede Periode Knappheitspreise für die Übertragung von flüssigen Mitteln aus einer Periode in die nächste, und diese Transferpreise sind endogen aus dem Investitionsbudget zu bestimmen. Weingartner [225-2] hat diesen Gedanken, periodenindividuelle Kalkulationszinsfüße endogen aus den Kuhn-Tucker-Bedingungen abzuleiten, zum ersten Male formuliert. Die Idee wurde dann von H. Hax [95-1, 95-3] aufgegriffen und fand in dem Beitrag von Franke und Laux eine überzeugende Ausprägung [72].

Investitionsentscheidungen binden Kapital während eines längeren zukünftigen Zeitraums. Anders als in der kurzen Periode stellt sich daher in der Investitionstheorie die Frage nach der Berücksichtigung der Unsicherheit in der Investitionsrechnung. Die Beiträge [...] in diesem Band stellen unterschiedliche methodische Ansätze dar, mit denen man der Unsicherheit bei der Analyse einer einzelnen Investition gerecht werden wollte. Kilger [127-1] hat den »klassischen« Weg der Ermittlung von kritischen Weiten beschritten. Dieser Weg, den Kurt Rummel [189] bei der Wirtschaftlichkeitsrechnung durch Kostenvergleiche einschlug, ist 1965 von Kilger für die Investitionstheorie erschlossen worden. Für dieses methodische Vorgehen bei der Berücksichtigung der Unsicherheit in der Investitionsplanung hat sich auch E. Schneider in seinem wichtigen und vielbeachteten Aufsatz »Kritisches und Positives zur Theorie der Investition« [197-8] ausgesprochen. Die Beurteilung der Wahrscheinlichkeit, daß die tatsächliche Größe diesseits oder jenseits des kritischen Wertes liegt, wird dabei dem Investor überlassen. Die drei folgenden Arbeiten bemühen sich um die Bewältigung des Unsicherheitsproblems auf einem anderen methodischen Weg: sie versuchen, die Unsicherheit der Zukunft in Wahrscheinlichkeitsverteilungen der Einflußgrößen einzufangen. Für die theoretische Diskussion darf die Arbeit von Hillier* als grundlegend gelten. Für die praktische Anwendung aber wurde das Instrumentarium der Wahrscheinlichkeitstheorie erst mit der Entwicklung der Risikoanalyse durch David Hertz erschlossen. Sein Aufsatz »Die Analyse des Risikos bei Investitionsvorhaben« [103-1] weckte daher nicht nur sehr starkes theoretisches Interesse, sondern hatte auch eine außerordentlich große Wirkung in der Praxis. Seit 1964, als der Beitrag von David Hertz in der Harvard Business Review erschien, gehört die Simulation zum Handwerkszeug der Investitionsplanung. Freilich dürfen die einschränkenden Bedingungen, unter denen die hier wiedergegebene Form der Risikoanalyse Gültigkeit

S. 19

besitzt, nicht übersehen werden. Hertz setzt stochastische Unabhängigkeit der Einflußfaktoren untereinander und über die Zeit voraus. In einer großangelegten Simulationsstudie [103-2] hat Hertz 1968 den induktiven Beweis zu führen gesucht, daß die Risikoanalyse des Kapitalwerts das Verfahren der Investitionsrechnung ist, das zur Auswahl von Investitionsobjekten führt, die am stärksten zum bilanziellen Ergebnis des Unternehmens beitragen. Heider [98] hat die Risikoanalyse auch auf den Fall bedingter Wahrscheinlichkeiten übertragen. Die [...] Arbeit von Schüler und mir [3] wendet die Risikoanalyse auf ein Problem an, in dem zeitliche Abhängigkeit der Cash flows unterstellt wird. Für das Verständnis der neueren Arbeiten zur flexiblen Investitionsplanung, für die der Aufsatz von Laux [138-1] stellvertretend aufgenommen wurde, ist die Arbeit von Hespos und Strassmann [104] grundlegend. Hier werden das Instrument des Entscheidungsbaums, das in der Spieltheorie entwickelt wurde, und das Instrument der Risikoanalyse zum »stochastischen Entscheidungsbaum« verbunden.

Die Arbeiten von Charnes, Cooper, Miller [47] und von Massé und Gibrat [158] kennzeichnen den Beginn der Theorie des Investitionsbudgets. Sie sind aber nicht im leeren Raum entstanden. [...] Hurwicz hat in seiner »Theorie der Unternehmung und der Investition« [112] ein ebenso ehrgeiziges wie theoretisch interessantes Modell entwickelt, das mit den formalen Instrumenten der klassischen Infinitesimalrechnung die optimale Investitionspolitik zu bestimmen sucht. Das Modell berücksichtigt Produktion und Lagerhaltung ebenso wie die Finanzierung der Investitionen.

Hurwicz dehnt das Modell sogar auf den Fall der Unsicherheit aus. Auch eine Arbeit von Kuh [133] ist als ein leider viel zuwenig beachteter wichtiger Vorläufer der Theorie des Investitionsbudgets zu sehen. Auch hier wird noch mit den Instrumenten der Differentialrechnung gearbeitet. Das Abstimmungsproblem zwischen Investition und Finanzierung wird hier aber schon besonders klar und ausführlich formuliert und mit zahlreichen Finanzierungsmöglichkeiten durchgespielt.

Der Aufsatz von Massé und Gibrat [158] reduziert die Vielfalt der Finanzierungsmöglichkeiten und berücksichtigt nur eine feste Budgetschranke, erschließt aber der Investitionstheorie am konkreten Beispiel der Investitionsplanung für die Electricité de France das leistungsfähige Instrumentarium der Linearen Programmierung. Nachdem dann 1960 S. 20 gezeigt war, daß auch kompliziertere Finanzierungsbedingungen in dem Modell der Linearen Programmierung berücksichtigt werden konnten [2-4], entfaltete sich die Theorie des Investitionsbudgets sehr rasch. Hier sind nur zwei Beispiele aus der Fülle der Modelle wiedergegeben, die die Theorie des Investitionsbudgets bereicherten. Hax* zeigt, wie das optimale Investitionsbudget zu planen ist, wenn man entweder die Maximierung des Betriebsvermögens am Ende des Planungshorizonts oder die Maximierung einer (jährlich konstanten) Entnahme durch den Eigentümer erstrebt und die Unteilbarkeit der Investitionsobjekte berücksichtigen möchte. Das führt zur Anwendung der Ganzzahligen Linearen Programmierung. In dem Beitrag von Weingartner* wird die Annahme aufgegeben, daß die Investitionsobjekte unabhängig voneinander sind. Komplementäre und substitutive Investitionsobjekte, so weist Weingartner nach, können bei der Planung des optimalen Investitionsbudgets ebenfalls berücksichtigt werden. Allerdings führt das in vielen Fällen zu Modellen, die am zweckmäßigsten mit der Quadratischen Ganzzahligen Programmierung behandelt werden. Noch 1963 war die Annahme geäußert worden [170-2], die Theorie des Investitionsbudgets bei Sicherheit lasse sich nicht auf den Fall der Unsicherheit verallgemeinern. Heute liegt dazu eine Fülle von Arbeiten vor. Die [...] Beiträge (unterscheiden sich) durch den methodischen Weg, auf dem sie das Problem der Unsicherheit bewältigen wollen. Mit der Interpretation der Amortisationsperiode als Maß für das Risiko eines Investitionsbudgets beschäftigt sich mein Beitrag*. Hier wird die Amortisationsperiode, die bisher zur Charakterisierung eines einzelnen Investitionsbudgets verwandt wurde, als ein Maß für das Risiko eines Investitionsbudgets aufgefaßt. Mit Hilfe der deterministischen Formulierung des Investitionsbudgets wird die Abhängigkeit des Kapitalwerts eines optimalen Investitionsbudgets von der Amortisationsperiode abgeleitet. In zwei jüngeren Arbeiten haben Byrne u.a. [41-1, 41-2] die Nebenbedingung, daß die gesamten Investitionsausgaben sich in einer bestimmten Zeitspanne amortisiert haben sollen, als eine stochastische (chance-constrained-programming-)Bedingung aufgefaßt. Sie wollen mit dieser Nebenbedingung dem Risiko Rechnung tragen, daß durch die Bindung von Kapital über längere Perioden interessante zukünftige Investitionsmöglichkeiten entgehen können (»lost-opportunity risk«),

Die Arbeit von Lhermitte und Bessière [143] greift das Problem der Investitionsplanung von Massé und Gibrat [158] wieder auf. Der Unsicherheit wird dadurch Rechnung getragen, daß Kosten der Unterproduktion eingeführt werden. Dadurch verschwinden die linearen Nebenbedingungen, und die Kosten der Unterproduktion erscheinen in einer nichtlinearen Zielfunktion. Die Berücksichtigung der Unsicherheit in der Planung des optimalen Investitionsbudgets führt hier folglich zum Ansatz eines nichtlinearen Programmierungsmodells.

In dem Beitrag von Schüler und mir [3] wird die Leistungsfähigkeit des Chance-Constrained-Programming-Ansatzes für die Planung des optimalen Investitionsbudgets bei Unsicherheit nachgewiesen. Dabei ist allerdings zu berücksichtigen, daß die Annahme, die Summe der Cash flows der Investitionsobjekte sei normal verteilt, für die Rationalität des Planungsansatzes konstitutiv ist [vgl. auch 12].

S. 21

Von besonderer Bedeutung für die Theorie des Investitionsbudgets ist die Frage, in welcher Weise die Unsicherheit über die zukünftigen Investitionsobjekte Berücksichtigung finden kann. Soweit es sich dabei um Investitionsobjekte handelt, die im Planungszeitpunkt überhaupt noch nicht bekannt sind, ist die Haltung von Liquidität in Form von Spekulationskasse die beste »Investitionspolitik« [2-8, 41-1, 41-2]. Für den Fall, daß die Investitionsmöglichkeiten der Zukunft zwar bekannt, die Umweltbedingungen, unter denen sie realisiert werden könnten, jedoch unsicher sind, ist die Theorie der flexiblen Investitionsplanung entwickelt worden. Der Ausbau dieses ursprünglich von Hart [94-2] vorgetragenen Gedankens im Rahmen der Investitionstheorie geht entscheidend auf H. Hax [95-5] und Laux [138-1, 138-2] zurück. Der Aufsatz von Laux* [...] zeigt diese Weiterentwicklung der Theorie des Investitionsbudgets bei Unsicherheit für mehrere Jahre beispielhaft auf. Um diesen Ansatz ist es in den letzten Jahren zu einer Auseinandersetzung gekommen, auf die hier jedoch nur am Rande hingewiesen zu werden braucht [196-3, 196-4, 96-2, 96-3]. Die im wesentlichen negative Kritik D. Schneiders [196-3] wird deshalb keinen Bestand haben, weil sie keine konstruktive Alternative bietet. Sie trägt letztlich nur dazu bei, die Bedingungen, unter denen die flexible Planung eine sinnvolle und notwendige Erweiterung der Theorie des Investitionsbudgets bei Unsicherheit darstellt, deutlicher zu formulieren. Zu den offenen Fragen der Theorie der flexiblen Investitionsplanung gehört es, wie Investitionsobjekte, über deren Entwicklung und deren Eigenschaften nur Wahrscheinlichkeitsaussagen gemacht werden können, in einer Theorie des Investitionsbudgets für mehrere Jahre angemessen berücksichtigt werden können.

IV. Sonderprobleme der Investitionstheorie

1. Übersicht

Zwei Hauptprobleme sind es, auf die hier vor allem hinzuweisen ist, weil ihnen im Rahmen investitionstheoretischer Untersuchungen in den letzten Jahren besondere Beachtung geschenkt worden ist. Es handelt sich um die Berücksichtigung von Steuern im Investitionskalkül sowie um die Frage, wieweit der empirische Befund über das Investitionsverhalten der Unternehmen den Aussagen der Investitionstheorie entspricht.

Hinter diesen Hauptproblemen tritt eine Reihe sonstiger Fragen in der Zahl der Beiträge zur Weiterentwicklung der Investitionstheorie zurück; auf diese anderen Fragen sei zunächst in einer kurzen Übersicht hingewiesen.

Das Problem der Inflation und seine Bedeutung für die Investitionsentscheidung ist bereits 1960 von Terborgh zum Gegenstand einer Untersuchung gemacht worden [218-4]. Die Untersuchung kam zu dem Ergebnis, daß Inflation die Investitionen nicht nur nicht vorteilhafter werden läßt, sondern im Gegenteil durch die steuerliche Abschreibungspolitik, die eine Anpassung an die Inflation nicht kennt, die Vorteilhaftigkeit von Investitionen mindert. Dem Problem der Inflation wird in der Investitionstheorie aber immer noch nicht die Aufmerksamkeit geschenkt, die sie (leider) verdient. Hier machen Honko und Johansson rühmliche Ausnahmen. Honko hat in seinem Werk über die Planung und Kontrolle von Investitionen der Inflation und ihrer Bedeutung für die Investitionsentscheidung ein ganzes Kapitel gewidmet, bezeichnenderweise in Verbindung mit der Untersuchung der Besteuerung [111-1]. Auch bei Johansson [118-1] findet sich ein Abschnitt, der sich mit der Frage nach dem Einfluß der Inflation auf die Nutzungsdauer von Investitionen befaßt. In letzter Zeit mehren sich die Anzeichen dafür, daß dem Phänomen der Inflation von der Investitionstheorie mehr Rechnung getragen werden wird [34].

S. 22

Auch dem zentralen Problem einer jeden Investitionsrechnung, wie die Zahlungsströme für die einzelnen Jahre der Nutzungsdauer eines Investitionsobjektes ermittelt werden können, werden immer noch allzu wenige Arbeiten gewidmet. Auch hier hat Terborgh mit seinen »Normprojektionen« [218-3] einen ersten Schritt getan. Sabel ist bei seiner Untersuchung der »Grundlagen der Wirtschaftlichkeitsrechnungen« [203] auf das Prognoseproblem ausführlich eingegangen. Hanssmann hat es auf der Basis von vier Fallstudien in einer sehr interessanten Analyse untersucht [93-2].

Auf die vielfältigen Arbeiten, die die Investitionstheorie weiterentwickeln, indem sie Spezialfälle von Investitionsobjekten untersuchen, kann hier nicht im einzelnen eingegangen werden. Es sei aber darauf hingewiesen, daß zwei Typen von Investitionsobjekten in den letzten Jahren eine so große Beachtung gefunden haben, daß man hier geradezu von der Entwicklung einer Spezialtheorie sprechen kann. Im einen Falle handelt es sich um Investitionen im Finanzanlagevermögen. Im Anschluß an die Pionierarbeit von Markowitz [154] hat sich eine große Zahl von Autoren mit der Frage nach dem optimalen Wertpapierportefeuille bei Unsicherheit beschäftigt. [...]

Zum anderen sind es die mit besonderer Unsicherheit behafteten Investitionen für Forschung und Entwicklung, die mit dem Ziel analysiert wurden, festzustellen, wie tragfähig sich die Theorie der Investition unter Unsicherheit bei der Anwendung auf diese Investitionsobjekte erweist. Hier zeigte sich, daß die Fragen der Prognose, der subjektiven Beurteilung von Erfolgswahrscheinlichkeiten und der Entscheidung neu überdacht werden mußten. Einen Überblick über einige Modelle der Planung von Forschungsprogrammen bietet die knappe, aber instruktive Arbeit von Gear, Lockett und Pearson [74]. Das umfassende Werk von Brockhoff schlägt einen weiten Bogen von den in der Praxis der Forschungsplanung benutzten Abwandlungen der Rentabilitätsformel bis zu gemischt-ganzzahligen Optimierungsansätzen zur Ermittlung von Forschungsprogrammen [35].

2. Die Berücksichtigung von Steuern im Investitionskalkül   S. 23

Dem Zusammenhang zwischen Besteuerung und Investitionsentscheidung im Unternehmen ist unter vier Gesichtspunkten von der Investitionstheorie Aufmerksamkeit geschenkt worden.

Einmal ging es um die analytische Frage, wie die verschiedenen Steuerarten die Vorteilhaftigkeit eines einzelnen Investitionsobjektes beeinflussen. Methodisch noch weitgehend im Kostenvergleich verhaftet ist eine Arbeit von Böhm [27], die aber schon zwischen den Einflüssen der Besteuerung auf das Maß der Vorteilhaftigkeit einer Investition und auf den Kalkulationszinsfuß unterscheidet. Die erste grundlegende Analyse der Bedeutung, die die Besteuerung auf die Investitionsentscheidung hat, geht jedoch auf Johansson zurück [118-1]. In seiner umfangreichen Untersuchung der wirtschaftlichen Nutzungsdauer von Investitionsobjekten widmet er der Ertragsbesteuerung sorgfältige Analysen und berechnet die »Kosten« einer Nichtberücksichtigung von Steuern im Investitionskalkül.

In der Literatur überwiegt die Behandlung der Ertragsbesteuerung und ihrer Auswirkungen auf die Vorteilhaftigkeit von Investitionen [vgl. auch 196-5, 118-2, 196-6, 2-10, 199, 215]. In diesem Zusammenhang wird der Bedeutung der steuerlichen Abschreibungsmöglichkeiten auf die Investitionsentscheidungen besondere Beachtung geschenkt ([216-3]; [216-4]) [...]. Die Auswirkungen anderer Steuerarten auf die betriebliche Investitionsentscheidung sind demgegenüber nur in wenigen Untersuchungen behandelt worden [vgl. 216-5, 2-11].

Die meisten der genannten Arbeiten stellen die direkten Einflüsse dar, die die Steuerzahlungen als Abzugsposten bei der Ermittlung des Cash flows auf die Vorteilhaftigkeit von Investitionen haben. Sie lassen die Frage, ob Änderungen in den Steuersätzen neben der direkten Auswirkung auf die Höhe der Steuerausgaben nicht auch indirekte Effekte für die Höhe des Kalkulationszinsfußes haben, offen oder leugnen derartige Einflüsse, unterstellen also, daß die Vergleichsinvestition von Änderungen in der Steuerpolitik unberührt bleibt.

Die investitionstheoretischen Arbeiten der letzten Jahre lassen aber erkennen, daß der Zusammenhang zwischen Steuerpolitik und Kalkulationszinsfuß immer mehr zum Gegenstand der wissenschaftlichen Diskussion wird. Vier verschiedene Ansichten zeichnen sich in der Literatur ab. Nach der einen ist der Kalkulationszinsfuß keine Funktion der Steuern [2-10, 2-11, 197-8, 199]. Eine zweite Gruppe vertritt die These, daß der Kalkulationszinsfuß der Marktzinsfuß multipliziert mit dem Reingewinnsatz (1 - Steuersatz) sei [118-1]; (unter bestimmten Bedingungen auch [216-3]). Dieter Schneider [196-7] stand mit seiner Meinung, die Korrektur um den Steuersatz sei nur bei Eigenfinanzierung vorzunehmen, allein und hat sie selbst inzwischen zum Teil revidiert. Eine vierte Gruppe schließlich will die Steuerzahlungen überhaupt nicht im Cash flow berücksichtigen, sondern den Brutto-cash-flow mit einem Bruttokalkulationszinsfuß abzinsen in der Hoffnung, daß nach Abzug der Ertragsteuerbelastung die richtige Nettoverzinsung ermittelt wird. Diese Ansicht findet sich unter anderen dargestellt bei [200, 163]. Haberstock [89-1] hat gezeigt, daß die dritte und vierte Gruppe von Arbeiten letztlich nicht haltbare Ansichten vertreten und daß sich die ersten beiden Gruppen nur durch die Annahmen unterscheiden, auf denen sie aufbauen. Doch wird man damit die Diskussion

S. 24

nicht als abgeschlossen betrachten dürfen. Insbesondere sind die Zusammenhänge zwischen Steuerpolitik und Kalkulationszinsfuß dann noch nicht ausreichend untersucht, wenn man, wie es die neueren Arbeiten tun, die Kalkulationszinsfüße als Periodenzinsfüße endogen bestimmt. Hier stellt die Arbeit von Laux über »Kapitalkosten und Ertragsteuern« einen ersten Ansatz dar [138-4].

Den dritten Problemkomplex bildet die Einbeziehung der Steuern in die Theorie des optimalen Investitionsbudgets. Mertens [163] war der erste, der einen solchen Vorschlag machte und an dem in [2-4] formulierten Beispiel durchrechnete. In einer umfassenden und heute noch als grundlegend anzusehenden Arbeit stellte Jääskeläinen den Bezug zwischen dem optimalen Investitionsbudget und der Besteuerung der Kapitalgesellschaft her [116]. Auch Lawson [139] hat die Auswirkung der Besteuerung auf das Investitionsbudget des Unternehmens am Beispiel des englischen Steuersystems untersucht. Inzwischen liegen zwei umfassende Arbeiten zu diesem Fragenkreis von Haberstock [89-2] und Haegert [90] vor. Schließlich ist eine vierte Gruppe von Arbeiten zu unterscheiden, die sich mit dem Zusammenhang von betrieblichen Investitionsentscheidungen und staatlicher Steuerpolitik befassen. Im Hintergrund dieser Arbeiten steht die (empirische) Frage, mit welchem Erfolg steuerpolitischer Maßnahmen zur Konjunktursteuerung über die private Investitionstätigkeit gerechnet werden kann [92]. In Deutschland wurde diese Diskussion vor allem durch das sogenannte Stabilitätsgesetz ausgelöst, das eine Reihe von Instrumenten enthält, die der Globalsteuerung privatwirtschaftlicher Investitionen dienen sollen. Swoboda hat als einer der ersten das investitionstheoretische Instrumentarium zur Klärung dieses Sachverhalts eingesetzt [216-6]. Meine Arbeit [2-11] hat eine Reihe von Veröffentlichungen angeregt [68, 106-1, 106-2], die sich mit dem zentralen Problem der Überwälzung von Ertragsteuern beschäftigen und versuchen, die Überwälzungsmöglichkeit im Investitionsmodell explizit zu berücksichtigen.

3. Ansätze zu einer empirischen Investitionstheorie

Die Arbeiten über den Zusammenhang von staatlicher Finanzpolitik und betrieblichen Investitionsentscheidungen lassen den Mangel eines empirischen Fundaments der Investitionstheorie besonders deutlich sichtbar werden. Jorgenson [119-1, 119-2] und Krelle [132-1, 132-2, 132-3, 132-4] haben aus der neoklassischen Wachstumstheorie Hypothesen über die Gestalt der Investitionsfunktion abgeleitet und diese empirisch getestet. In diesen Ansätzen sind mikroökonomische Phänomene erfaßt.

Unter den betriebswirtschaftlichen Arbeiten, die das Investitionsverhalten der Unternehmen empirisch überprüfen, sind zwei Gruppen zu unterscheiden. Die eine versucht, die Determinanten der Investitionsentscheidung in der Praxis durch Beobachtung oder Befragung zu ermitteln. Die andere Gruppe bemüht sich, aus Bilanzzahlen durch statistische Inferenz Gesetzmäßigkeiten des Investitionsverhaltens der Unternehmen abzuleiten.

S. 25

Gutenberg [87-1] hat 1959 eine Untersuchung über das Investitionsverhalten von 76 deutschen Unternehmen vorgelegt. In dieser Arbeit traten eine Fülle von Investitionsmotiven zutage. Auch die Investitionsrechnungen, die als Unterlage für die Investitionsentscheidung erstellt werden, zeigen eine große Variationsbreite. Sie decken sich jedoch in praktisch keinem Falle mit den Verfahren, die die Investitionstheorie entwickelt hat. Scheer [191-1, 191-2] hat das empirische Material der Untersuchung Gutenbergs einer Faktorenanalyse unterzogen und als zentralen, die Investitionsentscheidungen determinierenden Faktor das Gewinnmotiv isoliert. Daneben spielen aber auch das Streben nach Umsatz beziehungsweise nach Marktanteil eine entscheidende Rolle.

Honko [111-3, 111-4] stellte in einer Untersuchung von 40 finnischen Unternehmen aus drei Branchen fest, daß die Kapitalwertmethode in nur etwa 16% der befragten Unternehmen verwendet wurde. Auch er kam zu dem Ergebnis, daß im Investitionsverhalten der befragten Unternehmen erhebliche Unterschiede bestehen und daß die wichtigsten Faktoren, die die Investitionsentscheidung bestimmen, die Branchenzugehörigkeit, die Unternehmensgröße, die Kapitalstruktur und das Unternehmenswachstum sind.

Die Unternehmerbefragungen lassen übereinstimmend das Bild großer Unterschiedlichkeit in der Investitionsplanung und der Investitionsentscheidung entstehen. Angesichts der Vielfalt der bei Investitionsentscheidungen in der Praxis beachteten Gesichtspunkte und Motive erscheinen die Aussagen der Investitionstheorie als viel zuwenig realitätsnah, als daß man hoffen könnte, aus ihr empirisch gültige Aussagen ableiten zu können. Wie groß jedoch der Abstand zwischen den Aussagen der Investitionstheorie und den praktischen Entscheidungen ist und ob nicht das durch die Unternehmerbefragungen gezeichnete Bild eines sehr heterogenen Verhaltens letztlich auch aus der Investitionstheorie unter Berücksichtigung zufälliger Einflußfaktoren abgeleitet werden kann, läßt sich auf diese Weise methodisch nicht beantworten.

Hier setzen nun die Versuche an, Gesetzmäßigkeiten des Investitionsverhaltens aus den veröffentlichten Bilanzzahlen abzuleiten. Dabei zeigte sich, daß die Erklärung des Investitionsverhaltens deutscher Aktiengesellschaften besser gelingt, wenn man die Hypothesen über das Investitionsverhalten aus der Investitionstheorie ableitet, als wenn man vom Akzelerationsprinzip ausgeht [2-12]. Die Hypothese, daß das Investitionsvolumen eine Funktion des erwarteten Kapitalwerts der Investitionen ist, hat sich an dem Zahlenmaterial deutscher Aktiengesellschaften [2-11], griechischer Unternehmen [54], staatlicher und privater türkischer Unternehmen [14] sowie kanadischer und amerikanischer corporations bewährt.

Für die Prüfung sehr spezieller Aussagen der Investitionstheorie eignen sich veröffentlichte Bilanzzahlen allerdings häufig nicht, weil sie zeitlich und sachlich zu stark aggregiert sind. Dies gilt insbesondere für die aus den Unternehmerbefragungen abgeleitete These, daß der Marktform für die Investitionsentscheidung in den Unternehmen eine besondere Bedeutung zukommt. Eine Klassifikation der Unternehmen nach Marktformen läßt sich aber aus den veröffentlichten Bilanzen nur schwer ableiten. S. 26

Hier sehe ich die Bedeutung der experimentellen Überprüfung von Hypothesen der Investitionstheorie. Selten hat in zwei interessanten Arbeiten Investitionsverhalten und Preispolitik im Oligopol gleichzeitig getestet [206-1, 206-2]. Er hat festgestellt, daß die Investitionsentscheidung aufgrund einer »strategischen Linie« getroffen wird, die im wesentlichen von dem Entwicklungsziel des Unternehmens geprägt wird. Die Investitionsrechnung ist in diesem Zusammenhang nur ein »hemmendes Ausdehnungskriterium«. Sie dient nur dazu festzustellen, »ob eine Investition, die aus anderen Gründen für erforderlich gehalten wird, auch lohnend ist« [206-1, S. 102]. Je komplizierter die Spielsituation des Experiments ist und je mehr Entscheidungsvariablen einbezogen werden, um so schwieriger ist es aber auch, Aussagen der Investitionstheorie experimentell zu überprüfen [vgl.dazu 15].

V. Schluß

Der Bericht über die Fülle der Arbeiten, die zur heute festzustellenden reichen Entfaltung der Investitionstheorie beigetragen haben, sollte nicht darüber hinwegtäuschen, daß es noch viele »weiße Flecken« auf der Landkarte der Investitionstheorie gibt. Ein Blick auf Tabelle 1 läßt das deutlich erkennen. [...]

Anmerkungen

* Im Text genannte Quellen:

Albach, H., Rentabilität und Sicherheit als Kriterium betrieblicher Investitionsentscheidungen. In: Albach, H., Hrsg., Investitionstheorie, Köln 1975, S. 360-378.

Franke, G, Laux, H., Die Ermittlung der Kalkulationszinsfüße für investitionstheoretische Partialmodelle. In: Albach, H., Hrsg., Investitionstheorie, Köln 1975, S. 155-177.

Hax, H., Investitions- und Finanzplanung mit Hilfe der linearen Programmierung. In: Albach, H., Hrsg., Investitionstheorie, Köln 1975, S. 306-325.

Hespas, R. F., Strassmann, P. A., Die Anwendung stochastischer Entscheidungsbäume bei der Analyse von Investitionsentscheidungen. In: Albach, H., Hrsg., Investitionstheorie, Köln 1975, S. 229-247.

Hertz, D. B., Die Analyse des Risikos bei Investitionsvorhaben. In: Albach, H., Hrsg., Investitionstheorie, Köln 1975, S. 211-228.

Hillier, F. S., Die Ermittlung von Informationen über die Wahrscheinlichkeitsverteilung zur Beurteilung riskanter Investitionen. In: Albach, H., Hrsg., Investitionstheorie, Köln 1975, S. 178-194.

Kaufmann, G. M., Sequentielle Investitionsanalyse unter Unsicherheit. In: Albach, H., Hrsg., Investitionstheorie, Köln 1975, S. 248-289.

Kilger, W., Kritische Werte in der Investitions- und Wirtschaftlichkeitsrechnung. In: Albach, H., Hrsg., Investitionstheorie, Köln 1975, S. 178-194.

Laux, H., Flexible Planung des Kapitalbudgets mit Hilfe der linearen Programmierung. In: Albach, H., Hrsg., Investitionstheorie, Köln 1975, S. 411-426.

Moxter, A., Die Bestimmung des Kalkulationszinsfußes bei Investitionsentscheidungen. In: Albach, H., Hrsg., Investitionstheorie, Köln 1975, S. 140-154.

Weingartner, M. H., Investitionsrechnung für voneinander abhängige Projekte. In: Albach, H., Hrsg., Investitionstheorie, Köln 1975, S. 326-359.

Bibliographie** S.427

2- 4 Albach, H., Investition und Liquidität, Wiesbaden 1962 (zugleich Habilitationsschritt Köln 1960).

2- 8 Albach, H., Kapitalbindung und optimale Kassenhaltung, in: Janberg, H. (Hrsg.), Finanzierungs-Handbuch, Wiesbaden 1964, S. 361.

2- 9 Albach, H., Das optimale Investitionsbudget, ZfbF Bd. 16 (NF) 1964, S. 456.

2-10 Albach, H., Zur Berücksichtigung der Ertragsteuerzahlungen in der Theorie der Investitionsketten, ZfbF 1964, S. 436.

2-11 Albach, H., Steuersystem und unternehmerische Investitonspolitik, Wiesbaden 1970.

2-12 Albach, H., A Microeconomic Theory of the Investment Function, Diskussionsarbeit Nr. 5, Betriebswirtschaftliche Abteilung des Instituts für Gesellschafts- und Wirtschaftswissenschaften, Bonn 1967.

3	Albach, H. und Schüler, W., Zur Theorie des Investitionsbudgets bei Unsicherheit, Übersetzung von: On a Method of Capital Budgeting under Uncertainty, in: Journal ot Mathematical and Physical Sciences, Vol. IV. No. 4 (1970).	
4-1	Alchian, A., Economic Replacement Policy, Santa Monica 1952, RAND Report No. 2-224.	
12	Bauer, K. P., Zielfunktionen und finanzielle Nebenbedingungen in Investitionsmodellen bei Unsicherheit, Dissertation Bonn 1969.	
14	Bayer, E., Selbstfinanzierung und Kapitalstruktur türkischer Unternehmen und ihr Einfluß auf das Unternehmenswachstum, Dissertation Bonn 1973.	S. 428
15	Becker, O., Investment Decisions in the Management Game SINTO-Market, in: Sauermann, H. (Hrsg.), Beiträge zur Experimentellen Wirtschaftsforschung, Bd. 3, Tübingen 1972, S. 467.	
24	Bissel, R. M. Jr., An Essay on the Theory of Capital under Static and Dynamic Conditions, Diss. Yale 1939.	
27	Böhm, H.-H., Kostenwirkungen der Ertragsbesteuerung in der Investitionsrechnung, in: Deutsche Gesellschaft für Betriebswirtschaft (Hrsg.), Führungsentscheidungen und ihre Dispositionshilfen, Berlin 1958.	
28	Böhm-Bawerk, E., Positive Theorie des Kapitals, 4. Auflage, Jena 1921.	
31-1	Boulding, K. E., The Theory of a Single Investment, in: QJE, 1935, S. 475.	
31-2	Boulding, K. E., Time and Investment, Economica, 1939, S. 197.	
31-3	Boulding, K. E., Buchbesprechung zu v. Hayek, F. A., Pure Theory of Capital, Journal of Political Economy 1942, S. 130.	
31-4	Boulding, K. E., Time and Investment - A Reply -, Economica 1936, S. 440.	
34	Brandes, W., Investitions- und Finanzierungsprobleme landwirtschaftlicher Betriebe bei stärkerer Inflationsrate, Schriftenreihe des Hauptverbandes der landwirtschaftlichen Buchstellen und Sachverständigen e. V., Göttingen 1972.	
35	Brockhoff, K., Forschungsprojekte und Forschungsprogramme: ihre Bewertung und Auswahl, Wiesbaden 1972.	S.429
41-1	Byrne, R. F., A. Charnes, W. W. Cooper und K. O. Kortanek, C^2 and CPU^2 Combinations for Treating Different Risks and Uncertainties in Capital Budgets, in: Byrne, R. F. et al. (Hrsg.), Studies in Budgeting, Amsterdam-London 1971, S. 93.	
41-2	Byrne, R. F., A. Charnes, W. W. Cooper und K. O. Kortanek, A Chance-Constrained Programming Approach to Capital Budgeting with Portfolio Type Payback and Liquidity Constraints and Horizom Posture Controles, Journal of Financial and Quantitative Analysis Bd. 2, Nr. 4 (Dezember 1967), S. 339.	
47	Charnes, A., Cooper, W. W. und Miller, M. H., Application of Linear Programming to Financial Budgeting and The Costing of Funds, J. of B. 1959, S. 20-46, abgedruckt in: Solomon, Ezra, The Management of Corporate Capital, Glencoe, Ill., 1959, S. 229 ff.	
54	Dimitriadis, N., Der Einfluß der Kapitalstruktur auf das Wachstum der griechischen Unternehmen (1954-1964), Dissertation Bonn 1971.	
63-2	Eucken, W., Kapitaltheoretische Untersuchungen, 2. Aufl., Tübingen 1954.	S.430
64-2	Everett, H., Comments on the Proceding Note, Operations Research, July-August 1965, S. 677-678.	
68	Fischer, L., Steuersystem und unternehmerische Investitionspolitik; Zum	

gleichnamigen Buch von Horst Albach, ZfB 41 (1971), S. 135.

72 Franke, Günter und Laux, Helmut, Die Ermittlung der Kalkulationszinsfüße für investitionstheoretische Partialmodelle, ZfbF, N.F., Heft 11/12 (1968), S. 740-759.

74 Gear, A. E., A. G. Lockett und A. W. Pearson, An Analysis of Some Portfolio Selection Models for Research and Development, MBS Reprint Series No. 29, Manchester 1971.

87-1 Gutenberg, E., Untersuchungen über die Investitionsentscheidungen industrieller Unternehmen, Köln-Opladen 1959. S.431

89-1 Haberstock, L., Zum Ansatz des Kalkulationszinsfußes vor und nach Steuern in investitionstheoretischen Partialmodellen, ZfbF 22 (1970), S. 510.

89-2 Haberstock, L., Zur Integrierung der Ertragsbesteuerung in die Simultane Produktions-, Investitions- und Finanzierungsplanung und Hilfe der Linearen Programmierung, Köln-Berlin-Bonn-München 1971.

90 Haegert, L., Der Einfluß der Steuern auf das optimale Investitions- und Finanzierungsprogramm, Wiesbaden 1971.

92 Hall, R. E. und D. W. Jorgenson, Tax Policy and Investment Behavior, Am. Ec. Rev. 57 (1967), S. 391.

93-1 Hanssmann, F., Probability of Survival as an Investment Criterion, MS Bd. 15 (1968), S. 33.

93-2 Hanssmann, F., Operations Research Techniques for Capital Investment, New York-London-Sidney 1968.

94-2 Hart, A. G., Anticipations, Uncertainty and Dynamic Planning, New York 1940.

95-1 Hax, H., Investitions- und Finanzplanung mit Hilfe der linearen Programmierung, ZfbF, N.F., 16. Jg. 1964, S. 430-446.

95-3 Hax, H., Bewertungsprobleme bei der Formulierung von Zielfunktionen für Entscheidungsmodelle, ZfbF, 19. Jg. 1967, S. 749-761.

95-5 Hax, H., Investitionsentscheidungen bei unsicheren Erwartungen, in: Hax, H. (Hrsg.), Entscheidung bei unsicheren Erwartungen, Köln-Opladen 1970, S. 129.

96-2 Hax, H. und H. Laux, Flexible Planung - Verfahrensregeln und Entscheidungsmodelle für die Planung bei Ungewißheit, ZfbF Bd. 24 (1972), S. 318. S.432

96-3 Hax, H. und H. Laux, Zur Diskussion um flexible Planung, ZfbF Bd. 24 (1972), S. 477.

97-2 Hayek, F. A. v., The Mythology of Capital, QJE 1936, S. 199.

98 Heider, M., Simulationsmodell zur Risikoanalyse fur Investitionsplanungen, Dissertation Bonn 1969.

103-1 Hertz, D. B., Risk Analysis in Capital Investment, HBR Jan.-Febr. 1964, S. 95-106.

103-2 Hertz, D. B., Investment policies that pay off, HBR Jan.-Febr. 1968, S. 96-108.

104 Hespos, R. F. und Strassmann, P. A., Stochastic Decision Trees for the Analysis of Investment Decisions, MS, Vol. 11, 1965, S. B-244-B-259.

106-1 Hickisch, G., Gewinnsteuerüberwälzung in einem kapitalwertorientierten Investitionsmodell mit monopolistischer Preisabsatzfunktion, Dissertation Bonn 1972.

106-2 Hickisch, G., Gewinnsteuerüberwälzung und Investitionen, ZfB Bd. 43 (1973), S. 491.
110 Hotelling, H., A general mathematical theory of depreciation, Journal of the American Statistical Association, Concord, N. H., Vol. 20 (1925).
111-1 Honko, J., Planering och kontroll av investeringar, Stockholm 1971.
111-3 Honko, J., On Investment Decisions in Finnish Industry, Helsinki 1966.
111-4 Honko, J., Investitionsentscheidungen und ihre Verbindung mit dem Planungs- und Kontrollprozeß, ZfB 37 (1967), S. 423.
112 Hurwicz, L., The Theory of Economic Behavior, Am. Ec. Rev., Vol. 35, Dez. 1945, S. 909-925.
116 Jääskeläinen, V., Optimal Financing and Tax Policy of the Corperation, Helsinki 1966.   S.433
118-1 Johansson, S.-E., Skatt-investering-värdering, Stockholm 1961.
118-2 Johansson, S.-E., Income Taxes and Investment Decisions, The Swedish Journal of Economics 1969, S.104.
119-1 Jorgenson, D. W., Capital Theory and Investment Behavior, Am. Ec. Rev. Vol. 53 (1963) Papers and Proceedings, S. 247.
119-2 Jorgenson, D. W., The Theory of Investment Behavior, Working Paper No. 69, Committee on Econometrics and Mathematical Economics, Institute of Business and Economic Research, University ot California, Berkeley, May 1965.
121 Kaldor, N., Annual Survey of Economic Theory, Econometrica 1937, S. 201.
127-1 Kilger, W., Kritische Werte in der Investitions- und Wirtschaftlichkeitsrechnung, ZfB 35. Jg. (1965), S. 338 ff.
128-2 Knight, F. H., The Theory of Investment once more - Mr. Boulding and the Austrians, QJE 1936, S. 36.
132-1 Krelle, W., Die Investitionsfunktion, JbfNuSt 172 (1960), S. 22.
132-2 Krelle, W., Una Nueva Funcion de Inversion Economica Global, Buletin de Estudios Economicos Bd. 18 (1963), S. 539.
132-3 Krelle, W., Fonction-de Cousommation et Fonction d´Investissement en Allemagne Occidentale, Revue d'Economic Politique 1963, S. 5.
132-4 Krelle, W., Das disaggregierte Prognosesystem - Forschungsplan -, Dezember 1972, S. 17ff. (vervielfältigt).
133 Kuh, E., Capital Theory and Capital Budgeting, Metroeconomica, Bd. 12, 1960, S. 64-80.
138-1 Laux, H., Flexible Planung des Kapitalbudgets mit Hilfe der linearen Programmierung, ZfbF, N.F., Bd. 21 (1969), S. 728-742.   S.434
138-2 Laux, H., Flexible Investiotionsplanung, Opladen 1971.
138-4 Laux, H., Kapitalkosten und Ertragssteuern, Köln-Berlin-Bonn-München 1969.
139 Lawson, G. H., Capital Budgeting and the Use of dcf. Criteria in the Corporate Tax Regime, London 1967.
141 Lerner, A. P., On the Marginal Efficiency of Investment, Journal of Political Economy 1953, S. 1.
143 Lhermitte, P. und Bessière, F., Sur les possibilités de la programmation non linéaire appliquée aux choix des investissements, Actes de la 3ième Conférence Internationale de Recherche Opérationelle, Oslo 1963, S. 597-609.

149 Lutz, F. und Lutz, V., The Theory of Investment of the Firm, Princeton University Press, 1951.

154 Markowitz, H., Portfolio Selection, Efficient Diversification of Investments, New York 1959.

158 Massé, P. und Gibrat, R., Application of Linear Programming to Investments in the Electric Power Industry, MS, Vol. 3, Nr. 2, 1957, S. 149-166.

162 Melèse, J., L'étude pratique des programmes d'équipement, in: Actes de la 3ième Conférence Internationale de la Recherche Opérationnelle, Oslo 1969, S. 610.

163 Mertens, P., Ertragsteuerwirkungen auf die Investitionsfinanzierung - ihre Berücksichtigung in der Investitionsrechnung, ZfbF, 14. Jg. (1962), S. 570.

170-2 Moxter, A., Lineares Programmieren und betriebswirtschaftliche Kapitaltheorie, ZfbF, 15. Jg. (1963), S. 285 ff.

176-1 Preinreich, G. A. D., The Economic Lift of Industrial Equipment, Econometrica, Chicago Ill., Vol. 8 (1940), S. 12.

176-2 Preinreich, G. A. D., Annual Survey of Economic Theory: The Theory of Depreciation, Econometrica 1938 (Juli), S. 219.

176-3 Preinreich, G. A. D., The Practice of Depreciation, Econometrica 1939, S. 235.

176-4 Preinreich, G. A. D., Note on the Theory of Depreciation, Econometrica 1941, S. 80.

176-5 Preinreich, G. A. D., Replacement in the Theory of the Firm, Metroeconomica 1953, S. 68.

189 Rummel, K., Wirtschaftlichkeitsrechnungen, Archiv für das Eisenhüttenwesen, Jahrgang 10 (1936/37).

191-1 Scheer, A.-W., Dit industrielle Investitionsentscheidung. Wiesbaden 1969.

191-2 Scheer, A.-W., Die Investitionsentscheidmg in der Unternehmung - Ergebnisse aus Unternehmerbefragungen, Schriften zur Unternehmensführung Band 4: Optimale Investitionspolitik, Wiesbaden 1968, S. 117.

195 Schneeweiss, H., Entscheidungskriterien bei Risiko, Berlin-Heidelberg-New York 1967.

196-3 Schneider, D., Flexible Planung als Lösung der Entscheidungsprobleme unter Ungewißheit? ZfbF Bd. 23 (1971), S. 831.

196-4 Schneider, D., Flexible Planung als Lösung der Entscheidungsprobleme unter Ungewißheit? in der Diskussion, ZfbF Bd. 24 (1972), S. 456.

196-5 Schneider, D., Der Einfluß von Ertragsteuem auf die Vorteilhaftigkeit von Investitionen, ZfbF 14 (1962), S. 539.

196-6 Schneider, D., Der Einfluß der Besteuerung auf die Investitionspolitik der Unternehmungen, in: Schriften zur Unternehmensführung Bd. 4, Wiesbaden 1968, S. 33.

196-7 Schneider, D., Korrekturen zum Einfluß der Besteuerung auf die Investitionen, ZfbF Bd. 21 (1969), S. 297.

197-4 Schneider, E., Wirtschaftlichkeitsrechnung, 2. Auflage, Tübingen 1957.

197-8 Schneider, E., Kritisches und Positives zur Theorie der Investition, Weltwirtschaftliches Archiv Band 98, (1967), S. 314 ff.

199 Schneider, H., Der Einfluß der Steuern auf die unternehmerischen Investitionsentscheidungen, Tübingen 1964.

200 Schwarz, H., Zur Berücksichtigung erfolgssteuerlicher Gesichtspunkte bei Investitionsentscheidungen, BFuP 14 (1962), S. 135 und S. 199.

203 Sabel, H., Die Grundlagen der Wirtschaftlichkeitsrechnung, Berlin 1965.

206-1 Selten, R., Investitionsverhalten im Oligopolexperiment, in: Sauermann, H. (Hrsg.), Beiträge zur experimentellen Wirtschaftsforschung Bd. I, Tübingen 1967, S. 60.

206-2 Selten, R., Ein Oligopolexperiment mit Preisvariation und Investition, in: Sauermann, H. (Hrsg.), Beiträge zur experimentellen Wirtschaftsforschung Bd. I, Tübingen 1967, S. 103.

208 Smith, V. L., A Theoretical and Empirical Inquiry into the Economic Replacement of Capital Equipment, Diss. Harvard University 1955.

209-1 Solomon, Ezra, Measuring a Company's Cost of Capital, J. of B., Okt. 1955 (Vol. XXVII) S. 240-252.

213-2 Stigler, G., Buchbesprechung zu Lutz, F. und V., The Theory of Investment of the Firm, Am. Ec. Rev. 1952, S. 147.

215 Strobel, W., Der Einfluß der Gewinnsteuer auf Investitionsentscheidungen, ZfB Bd. 40 (1970), S, 375.

216-3 Swoboda, P., Der Einfluß der steuerlichen Ahschreibungspolitik auf betriebliche Investitionsentscheidungen, ZfbF 1964, S. 414.

216-4 Swoboda, P., Die Wirkungen von steuerlichen Abschreibungen auf den Kapitalwert von Investitionsprojekten bei unterschiedlichen Finanzierungsformen, ZfbF 1970, S. 77.   S.438

216-5 Swoboda, P., Einflüsse der Einführung der Mehrwertsteuer auf die betrieblichen Investitionsentscheidungen, Schriften zur Unternehmensführung Band 3, Wiesbaden 1968, S. 69.

216-6 Swoboda, P., Antizyklische steuerliche Regelungen und betriebliche Investitionsentscheidungen, Finanzarchiv 28 (1969), S. 55.

218-3 Terborgh, G., Business Investment Policy, Washington 1958, German Translation by Horst Albach: Leitfaden der betrieblichen Investitionspolitik, Wiesbaden 1962.

218-4 Terborgh, G., Effect of Anticipated Inflation on Investment Analysis, Washington (MAPI), 1960.

225-2 Weingartner, H. M,, Mathematical Programming and the Analysis of Capital Budgeting Problems, Englewood Cliffs: Prentice-Hall, Inc., 1963.

226-2 Wicksell, K., Über Wert, Kapital und Rente, Jena 1893.

226-3 Wicksell, K., Lectures on Political Economy, London 1934.

[...]

** Abkürzungen

Am. Ec. Rev. –	American Economic Review
BFuP –	Betriebswirtschaftliche Forschung und Praxis
HBR –	Harvard Business Review
J. of B. –	Journal of Business
MS –	Management Science
QJE –	Quarterly Journal of Economics
ZfB –	Zeitschrift für Betriebswirtschaft
ZfbF –	Zeitschrift für betriebswirtschaftliche Forschung

# E. Ausgewählte biographische Daten[1]

Nicht nur bei der Lektüre der in diesem Band abgedruckten Texte kommen Fragen nach wesentlichen Daten des akademischen Lebens der Autoren, ihren Lehrern oder ihren Wirkungsorten auf. Der in der ersten Auflage des „Handwörterbuch der Betriebswirtschaft" von 1926 gepflegte Brauch, in diesem Nachschlagewerk auch Lebensbeschreibungen der Fachvertreter zu veröffentlichen, ist in den neuesten Auflagen nicht mehr verfolgt worden. Selbst theoriegeschichtliche Werke ohne Angabe von Lebensdaten der genannten Wissenschaftler sind erschienen. Die im angelsächsischen Raum noch stärker als in Europa verbreiteten biographischen Lexika vom „Who's Who?"-Typ decken frühere Jahre ungenügend ab und erfassen auch nicht alle Wissenschaftler. So müssen Geburtstagsglückwünsche und Nachrufe in den führenden Fachzeitschriften oder Biographien in „Kürschners Gelehrten-Kalender"[2] sowie einige Daten aus Mitgliederverzeichnissen wissenschaftlicher Gesellschaften herangezogen werden, um Antworten auf die Fragen zu finden. Allerdings zeigt sich, daß die Angaben in vielen Fällen ungenau oder unzuverlässig sind. Über die unmittelbar nach der Gründung der Handelshochschulen bis 1955 lehrenden Hochschullehrer der Betriebswirtschaft wird allerdings erfreulicherweise in einer gesonderten und sehr gut recherchierten Schrift unterrichtet.[3] Es ist eines der seltenen Dokumente biographischer Forschung in der Betriebswirtschaftslehre und setzt eine frühere, bis 1934 reichende Dokumentation fort.[4]

Auf den folgenden Seiten wird eine tabellarische Übersicht über diejenigen Hochschullehrer der Betriebswirtschaftslehre gegeben, die in dem genannten biographischen Quellenwerk erfaßt sind oder über deren Leben in der „Zeitschrift für betriebswirtschaftliche Forschung" mehr dokumentiert gefunden wurde als die Daten von Promotion und Habilitation. Auf diese Weise erschließen sich Lehrer-Schüler-Verhältnisse, die allerdings unterschiedlich locker oder straff sein können, und Standorte. In der Tabelle fehlen die Namen des allergrößten Teils der heute aktiven Hochschullehrer. Soweit sie genannt werden, ist das ausschließlich darauf zurückzuführen, daß ihre Texte in diesem Band abgedruckt werden. Der Verzicht auf eine Namensnennung darf deshalb nicht als ein Werturteil aufgefaßt werden. Die in diesem Buch genannten Horst Kliemann, der Buchhändler und Verleger, und Fritz Nordsieck, der spätere Mitbegründer des Wuppertaler Kreises, sind aus unterschiedlichen Gründen keine betriebswirtschaftlichen Hochschullehrer gewesen. Das gilt auch für Joseph Schumpeter, dessen Leben in mehreren Biographien dokumentiert ist.[5]

Soweit es nicht selbsterklärend ist, bedeuten die Eintragungen in den Spalten Folgendes: Ohne Eintrag in der Spalte „Todesjahr" sind selbstverständlich alle lebenden Personen. Eine fehlende Eintragung kann aber auch auf eine fehlende Information über das Ableben einer Person zurückgehen. In den folgenden Spalten sind kursive Angabe solche, die Zweifeln unterliegen. Es wurde versucht, die Namen der Erstreferenten von Habilitationsschriften und Dissertationen zu ermitteln. Auch dies ist nicht immer gelungen. Manchmal wurden mehrere Namen genannt. Bei den Daten der Habilitation oder der Promotion stimmen nicht alle Quellen überein. Manchmal wurde auch nur über eine Erstberufung oder die Ernennung zum Honorarprofessor berichtet, ohne daß ein Habilitationsdatum feststellbar war. Insbesondere ist zu vermerken, daß Eugen Schmalenbach als der erste, im Jahre 1903 habilitierte Betriebswirt gilt.

---

[1] Die Daten zu der folgenden Tabelle wurden dankenswerterweise durch meine Mitarbeiter an der WHU – Otto-Beisheim-Hochschule, Ulrike Schladenhaufen und Dipl.-Kfm. Peter Zillmer, zusammengestellt.

[2] Kürschners Deutscher Gelehrten-Kalender 1996 – Bio-bibliographisches Verzeichnis deutschsprachiger Wissenschaftler der Gegenwart, 17. Ausgabe, CD-ROM, mit Publikationslisten, de Gruyter, Berlin, New York.

[3] Fritz Klein-Blenkers, Frank Deges, Ralf Hartwig, Gesamtübersicht über die Hochschullehrer der Betriebswirtschaft in der Zeit von 1898 – 1955, Zweite, bis zum Jahr 1955 erweiterte Auflage, Köln 1992.

[4] Fritz Klein-Blenkers, Norbert Gahrens, Ingo Bieberstein, Entwurf einer Gesamtübersicht über die Hochschullehrer der Betriebswirtschaft in der Zeit von 1898 – 1934, Köln 1988.

[5] z.B. Richard Swedberg, Joseph A. Schumpeter, His Life and Work, Cambridge 1991.

Name	Vorname	Geburts-jahr	Todes-jahr	Betreuer der Habilitation	Jahr der Habilitation	Betreuer der Dissertation	Jahr der Dissertation
Adler	Abraham	1850	1922		keine	Wilhelm Roscher/ Adolf Blomeyer	1873
Albach	Horst	1931		Erich Gutenberg	1960	Erich Gutenberg	1958
Angermann	Adolf	1920		*August Marx*	1957	*Walter Waffenschmidt*	1952
Aufermann	Ewald	1892	1958	Fritz Schmidt	1941	Fritz Schmidt	1919
Auler	Wilhelm Gustav	1883	1955		1922	Paul Arndt	1919
Bachmann	Gottlieb	1874	1947		keine	Cöhn/ Meili	1898
Banse	Karl	1901	1977	Karl Friedrich Rößle	1926	Heinrich Sommerfeld	1923
Barth	Kuno	1906		Rudolf Johns	*B: 1963*	Wilhelm Rieger	1939
Beckmann	Liesel	1914	1965	Karl Friedrich Rößle	1940	Karl Friedrich Rößle	1938
Behrens	Karl Christian	1907	1980	Bruno Rogowski	1947	Karl Friedrich Rößle/ Karl Banse	1935
Bellinger	Bernhard	1920		Fritz Henzel	1959		1950
Bergler	Georg	1901	1972		keine	Wilhelm Rieger	1928
Beste	Theodor	1894	1973	Eugen Schmalenbach	1924	Eugen Schmalenbach	1921
Bleuler	Werner	1886	1928		keine		1911
Blohm	Hans	1920		Otto Hintner	1958		1950
Böcker	Franz	1945	1991	*Erwin Dichtl*	1978	Robert Nieschlag	1972
Böhrs	Hermann	1905	1983		1949		1941
Börner	Dietrich	1933		Edmund Heinen	1966	Edmund Heinen	1961
Bouffier	Willy	1903	1969	*Oberparleiter*	1933	Wilhelm Kalveram/ Fritz Schmidt	1927
Breinlinger	Karl Heinrich	1902	1967			Eugen Schmalenbach	1928
Brockhoff	Klaus	1939		Horst Albach	1969	Horst Albach	1965
Buddeberg	Hans	1915	1983	Rudolf Seyffert	1954	Rudolf Seyffert	1948
Bühner	Rolf	1944		Friedrich Hoffmann	1978	Friedrich Hoffmann	1974
Büschgen	Hans E.	1932		Heinrich Rittershausen	*1965*	*Heinrich Rittershausen*	1960
Busse von Colbe	Walther	1928		Hans Münstermann/ Erich Gutenberg	1962	Hans Münstermann/ Karl Schwantag	1956
Bussmann	Karl-Ferdinand	1915	1985	Karl-Friedrich Rößle	1949	*Heinrich Nicklisch*	1944
Calmes	Albert	1881	1967		*B: 1912*	Johann Friedrich Schär	1906
Cordes	Walter	1907	1996		hc. 1967	Julius Hirsch	1933
Coutre	Walter le	1885	1965		1920	Wilhelm Kähler	1918
Debes	Robert	1878	1962			Gottlieb Bachmann	1908
Deppe	Hans-Dieter	1930		Ludwig Mülhaupt	1964	Ludwig Mülhaupt	1959
Deutsch	Paul	1901	1977	Hermann Großmann	1928	Wilhelm Stieda/ Franz Kossmat	1924
Dichtl	Erwin	1935	1997	Robert Nieschlag	*B: 1970*	Robert Nieschlag	1965
Dick	Reiner	1940	1974	H.-J. Zimmermann	1972	Erich Gutenberg	1966
Dlugos	Günter	1920		Erich Kosiol	1969	Erich Kosiol	1961
Dörfel	Franz	1879	1959		*B: 1931*		keine
Düfler	Eberhard	1924		*Wilhelm Michael Kirsch*	1961	Wilhelm Michael Kirsch	1956
Dürrhammer	Walther	1903				Ernst Walb	1926
Eich	Wilhelm	1889	1966		hc. 1943	Wilhelm Prion	1939
Eisfeld	Curt	1886	1969		keine	Stephinger	1913
Ellinger	Theodor	1920		Karl Hax	1958	Hans Peter	*1950*
Endres	Walter	1917		Karl Hax	1966	Mayer	1940

Name	Vorname	Geburts-jahr	Todes-jahr	Betreuer der Habilitation	Jahr der Habilitation	Betreuer der Dissertation	Jahr der Dissertation
Engeleiter	Hans-Joachim	1923			1965	G. Rittig	1960
Engelhardt	Werner Hans	1932		Karl Banse/ Karl Hax	1968	Karl Banse	1959
Engels	Wolfram	1933	1968	Wolfgang Stützel	1969	Erich Gutenberg	1962
Erhard	Ludwig	1897	1977		keine	Wilhelm Vershofen	1925
Findeisen	Franz	1892	1962	Fritz Schmidt	1919	Karl Bücher	1917
Fischer	Otfried	1920		Karl Friedrich Hagenmüller	1965	Karl Friedrich Hagenmüller	1954
Fischer	Guido	1899	1983		1927	Fritz Schmidt	1922
Fischer	Oscar	1885	1949		B: 1920	Johann Friedrich Schär/ Gottlieb Bachmann/ Herkner	1908
Flege-Althoff	Fritz	1886	1945	Heinrich Sommerfeld	1929		1921
Gabele	Eduard	1941	1992	Wilhelm Michael Kirsch	1979		
Gasser	Christian	1906	1990		keine	Hans Töndury	1933
Gaugler	Eduard	1928		*Guido Fischer*	1966		1954
Geldmacher	Erwin	1885	1965	Eugen Schmalenbach	1922	Eugen Schmalenbach	1921
Gerwig	Ernst	1893	1972		keine	Heinrich Sievenking	1922
Gomberg	Léon	1866	1935			Hans Töndury	1928
Grochla	Erwin	1921	1986	*Erich Kosiol*	1957	Erich Kosiol	1953
Großmann	Hermann	1872	1952		B: 1916	Gustav Friedrich von Schönberg	1903
Grossmann	Marcel	1904	1986		keine	M. Saitzew	1927
Gsell	Emil	1899	1973		B: 1930	M. Saitzew	1927
Gümbel	Rudolf	1930		Karl Banse	1962	Karl Banse	1955
Gutenberg	Erich	1897	1984	Fritz Schmidt	1928	Wolff	1921
Haberstock	Lothar	1940	1996	Günther Wöhe	1976	Günther Wöhe	1970
Hagenmüller	Karl Friedrich	1917		Karl Friedrich Rößle	1950	Karl Friedrich Rößle/ Liesel Beckmann	1948
Hahn	Oswald	1928		Heinrich Rittershausen	1960	Heinrich Rittershausen	1954
Hanisch	Johannes	1864	1918			Karl Büchner/ Wilhelm Stieda	1904
Hartmann	Bernard	1916		Karl Friedrich Rößle	B: 1957		
Hasenack	Wilhelm	1901	1984	Willi Prion	1929	Willi Prion	1925
Hax	Herbert	1933		Erich Gutenberg	1964	Erich Gutenberg	1960
Hax	Karl	1901	1978	Walther Rohrbeck	1943	Eugen Schmalenbach	1926
Heber	Arthur	1884	1946		1925	Heinrich Sieveking	1912
Heinen	Edmund	1919	1996	Erich Gutenberg	1951	Ewald Aufermann	1949
Hellauer	Josef	1871	1956	Rudolf Sonndorfer		Rudolf Sonndorfer	1898
Hellfors	Sven	*1934*			1971	Bernhard Hartmann	
Helpenstein	Franz	1889	1937	Herbert v. Beckenrath	1925		
Henzel	Friedrich	1891	1984	Fritz Schmidt	1929	Fritz Schmidt	1922
Henzler	Reinhold	1902	1968	Josef Hellauer	1935	Josef Hellauer	1926
Hertlein	Adolf	1886		Adolf Weber	1928	Fritz Schmidt/ Albert Calmes	1929
Hintner	Otto	1900	1977	Wilhelm Rieger	1929	Ritter v. Eheberg	1920
Hoffmann	Friedrich	1925		Peter Scherpf	*1963*		1922
Hohlfeld	Alexander	1879	1946	Wilhelm Stieda/ Ludwig Pohle/ Mathias Murko	1920	Friedrich Julius von Neumann	1961
Hohlfeld	Hans Herbert	1903	1956	Ernst Walb	1931	Diehl	1905
Hruschka	Harald	1953		Josef Mazanec/ Edgar Topritzhofer/ Gerhard Derflinger	1986	Günter Schweiger/ Franz Jonasch	1927
							1971

434

Name	Vorname	Geburts-jahr	Todes-jahr	Betreuer der Habilitation	Jahr der Habilitation	Betreuer der Dissertation	Jahr der Dissertation
Hummel	Otto	1892		Heinrich Nicklisch	1926	Fritz Schmidt	1922
Illetschko	Leopold L.	1902	1979	Willy Bouffier/ Karl Oberparleiter	1950	Franz Dörfel	1938
Isaac	Alfred	1888	1956		1926	Fritz Schmidt	1923
Jacob	Herbert	1927		Erich Gutenberg	1959	Erich Gutenberg	1954
Johns	Rudolf	1900	1997	Walter Mahlberg	1934	Ernst Walb	1926
Juzi	Otto	1876	1984		B: 1915	G. Huber	1902
Käfer	Karl	1898	1951	Otto Juzi	1943	Otto Juzi/ Richard Büchner	1941
Kähler	Wilhelm	1871	1934	Johannes Konrad/ Robert Friedberg	1897	Neubauer/ Holdefleiss	1896
Kalussis	Demetre	1910		Karl Oberparleiter	1949	Walter Heinrich/ Heinrich Demelius	1936
Kalveram	Wilhelm	1882	1951	Fritz Schmidt	1923	Fritz Schmidt	1920
Kern	Werner	1927		Karl-Ferdinand Bussmann	1960	Fritz Huhle	1957
Kilger	Wolfgang	1927	1986	Erich Gutenberg	1957	Erich Gutenberg	1953
Kinnebrock	Franz	1901	1985		keine	Johann Plenge	1923
Kirsch	Wilhelm Michael	1899	1976	Karl Friedrich Rößle	1937	Karl Friedrich Rößle	1933
Klein-Blenkers	Fritz	1924		Rudolf Seyffert	1962	Rudolf Seyffert	1951
Kloidt	Heinrich	1905	1970	Erich Kosiol	1962		1952
Koch	Helmut	1919		Erich Gutenberg	1951	Karl-Wilhem Hennig	1948
Koch	Waldemar	1880			1930	Schmoller/ Sehring	1907
Kohlbeck	Rosemarie	1924		Karl Friedrich Hagenmüller	1970	Karl Friedrich Hagenmüller	1955
Kortzfleisch	Gert-Harald von	1921		Theodor Beste	1960	Theodor Beste	1957
Kosiol	Erich	1899	1990	Rudolf Seyffert	1931	Beck	1922
Krähe	Walter	1904	1991		hc. 1960	Eugen Schmalenbach	1927
Krasensky	Hans	1903		Franz Dörfel/ Karl Oberparleiter	1950	Franz Dörfel/ Karl Oberparleiter/ Winkler	1943
Kritzler	Gottfried	1893	1945		B: 1933	E. Heidebroek	1928
Kroeber-Riel	Werner	1935	1995	Otto R. Schnutenhaus	1968	Otto R. Schnutenhaus	1963
Krüger	Gerhard	1904	1990	Felix Werner	1935	Felix Werner	1932
Krümmel	Hans-Jacob	1928		*Wolfgang Stützel*	1963	Erich Gutenberg	1953
Kühn	Günther	1898	1960	Willi Prion/ Götz Briefs	1932		1924
Kuske	Bruno		1964			Karl Bücher	1903
Langen	Axel	1920			1962	*Erich Kosiol*	1952
Laßmann	Gert	1930		*Karl Hax*	1967	Karl Hax	1958
Laux	Helmut	1939		Herbert Hax		Herbert Hax	
Lechner	Karl	1927	1983	Leopold Illetschko	1960		1954
Leffson	Ulrich	1911	1989	Karl Schwantag	1963	Lampe	1938
Lehmann	Max Rudolf	1886	1965	Fritz Schmidt	1920	Fritz Schmidt	1919
Linhardt	Hanns	1901	1989	Werner Bruck	*1928*	Wilhelm Kalveram/ Fritz Schmidt	1925
Lisowsky	Arthur	1895	1952	Gerhard Wörner/ Ernst Schulze/ Franz Findeisen	1927	Alexander Hoffmann/ Ludwig Pohle	1924
Lohmann	Martin	1901		Balduin Penndorf	1928	Wilhelm Stieda	1923
Loitlsberger	Erich	1921		Leopold Illetschko	1953	Leopold Illetschko	1950
Lücke	Wolfgang	1926		Erich Gutenberg	*1958*	Erich Gutenberg	1953
Lysinski	Edmund	1889	1982	Otto Selz/ Heinrich Sommerfeld	1924	Paul Barth/ Johannes Volkelt	1912
Mahlberg	Walter	1884	1935	Eugen Schmalenbach	1913	Fritz Schmidt/ Albert Calmes	1920

Name	Vorname	Geburts-jahr	Todes-jahr	Betreuer der Habilitation	Jahr der Habilitation	Betreuer der Dissertation	Jahr der Dissertation
Mahr	Werner	1906			1936	Otto von Zwiedineck-Sudenhorst	1929
Marettek	Alexander	1930		Bernhard Hartmann	B: 1969	Bernhard Hartmann	
Marx	August	1906	1981	Wilhelm Kalveram	1945	Wilhelm Kalveram	1939
Marzen	Walter	1916	1990	Hans Buddeberg/ Curt Sandig	1958	Ewald Aufermann	1951
Mayer	Leopold	1896	1971	*Hofrat Petrucha/ Hellhauer*	1930	Josef Hellauer	1928
Meissner	Hans Günther	1929		*René König*	1965	Karlrobert Ringel	1958
Mellerowicz	Konrad	1891	1984	Friedrich Leitner	1926	Waldemar Zimmermann	1923
Menz	Gerhard	1885	1954		keine	Georg Kaufmann	1910
Minz	Willy	1901	1972	*Eugen Schmalenbach*	hc. 1961		1926
Möiteli	Hans	1897	1962		keine	Heinrich Sieveking	1920
Moxter	Adolf	1929		Karl Hax	1961	Karl Hax	1956
Mülhaupt	Ludwig	1912		*Rudolf Johns*	1943	Rudolf Johns	1938
Münstermann	Hans	1899	1986	Carl Max Maedge/ Helmut Fritzsche/ Kurt Rummel	1939	Eugen Schmalenbach	1924
Nicklisch	Heinrich	1876	1946		B: 1910	Gustav Friedrich von Schönberg	1902
Nieschlag	Robert	1905	1990	Rudolf Seyffert	1958	*Julius Hirsch*	1949
Nordsiek	Fritz	1906	1984			*Ernst Walb*	
Nowak	Paul	1902	1982	Karl Hax	1953	Arthur Heber	1934
Oberparleiter	Karl	1886	1968		keine	Josef Hellauer	1923
Obst	Georg	1873	1938		1915	Adolf Wagner/ Carl. Joh. Fuchs	1903
Oetlle	Karl	1926			1962	Rudolf Johns	1957
Ottel	Klemens	1869	1945		B: 1923		keine
Pape	Ernst	1876	1945	Hanns Linnhardt	B: 1919	Karl Bucher/ Schmid	1910
Pausenberger	Ehrenfried	1931			1967	Karl Friedrich Rößle/ Liesel Beckmann	1957
Penndorf	Balduin	1873	1941		B: 1922	Gustav Friedrich von Schönberg	1906
Perridon	Louis	1918			1958		
Pfeifer	Bruno	1869	1928		B: 1915	Fritz Schmidt/ Josef Hellauer	1923
Poensgen	Otto Helbert	1932	1983				
Potthoff	Erich	1914			1941	Schmalenbach	1941
Prion	Willi	1879	1939		1910	Arthur Spiethoff/ Gerhart von Schulze-Gävernitz	1908
Raffée	Hans	1929		Karl Banse	1969	Karl Banse	1960
Riebel	Paul	1918		*Erich Schäfer*	1954	Erich Schäfer	1951
Rieger	Wilhelm	1878	1971	Georg Friedrich Knapp	B: 1919	Georg Friedrich Knapp	1918
Riester	Wilhelm Friedrich	1902			B: 1960	Willi Prion	1934
Rittershausen	Heinrich	1898	1984	Pribram	1933		1922
Rodenstock	Rolf			Karl Friedrich Rößle	1947		
Rogowski	Bruno	1890	1961		1924	August Skalweit	1920
Rose	Gerd	1926			1966	Erich Gutenberg	1954
Rößle	Karl-Friedrich	1893	1957	Heinrich Nicklisch	1926	Ernst Pape/ Wilhelm Kalveram	1923
Ruberg	Carl	1892	1985	Willi Prion	1930	Willi Prion/ Eugen Schmalenbach	1923
Ruchti	Hans	1903	1988	Heinrich Sommerfeld	1940	Heinrich Sommerfeld	1935
Sandig	Curt	1901	1981	Franz Findeisen/ Hermann Großmann	1934	Heinrich Nicklisch	1929
Schäfer	Erich	1900	1984	*Wilhelm Rieger*	1931	Eugen Schmalenbach	1927

Name	Vorname	Geburts-jahr	Todes-jahr	Betreuer der Habilitation	Jahr der Habilitation	Betreuer der Dissertation	Jahr der Dissertation
Schär	Johann Friedrich	1846	1924		B: 1903		1924
Scheller	Georg	1895	1955	Josef Hellauer	1928	Fritz Schmidt/ Josef Hellauer	1932
Scherpf	Peter	1905	1965	Fritz Terhalle	1939	Adolf Weber	1918
Schilling	Adolf	1889			B: 1911	Klingmüller	1919
Schmalenbach	Eugen	1873	1955		1903		1922
Schmaltz	Kurt	1900	1995	Heinrich Nicklisch	1928		keine
Schmid	Anton	1870	1931		keine		1952
Schmidt	Ralf-Bodo	1928	1991	Erich Kosiol	1963	Erich Kosiol	1952
Schmidt	Julius August Fritz	1882	1950		1912	Albert Calmes	1915
Schneider	Dieter	1935		Karl Hax	1965	Karl Hax	1960
Schnettler	Albert	1895	1967	Erwin Geldmacher	1933	Erwin Geldmacher	1927
Schnutenhaus	Otto R.	1894	1976	Friedrich Meyenberg	1929	Ritter von Eheberg	1919
Schuster	Walter	1894	1948	Heinrich Nicklisch	1930		1924
Schwantag	Karl	1912		Fritz Schmidt/ Wilhelm Kalveram	1943	Fritz Schmidt	1939
Schwartz	Horst	1923		Konrad Mellerowicz	1958		1949
Schwarzfischer	Josef	1901	1991	Hans Schorer	1932	Hans Schorer	1928
Schweitzer	Marcell	1932			1968	Erich Kosiol	1963
Seidel	Karl Johann	1887		Erich Kosiol	1919	Hans Töndury	1933
Seischab	Hans	1898	1965	Heinrich Nicklisch	1938	Friedrich Leitner/ Heinrich Nicklisch	1931
Sewering	Karl	1888	1967	Fritz Terhalle	1924	Wilhelm Stieda/ Ferdinand Schmid	1917
Seyffert	Rudolf	1893	1971	Heinrich Nicklisch	1922	Fritz Schmidt	1919
Sieben	Günter	1933		Hans Münstermann	1969	Hans Münstermann	1961
Sieber	Eugen Hermann	1901	1982	Alexander Hoffmann	1930	Alexander Hoffmann	1925
Skowronnek	Karl	1902	1976	Karl Oberparleiter/ Kerschagl/ Franz Dörfel	1950	F. Krüger	1930
Sommerfeld	Heinrich	1884	1950	Louis Perridon	1918	Eberhard Gothein	1916
Staehle	Wolfgang H.	1938	1992	Hans Bayr/ Theodor Pütz	1972	Louis Perridon	1967
Stemberger	Rudolf	1901	1964		1949	Othmar Spann/ Degenfeld	1932
Stern	Robert	1855	1930			Thon	1907
Stützel	Wolfgang	1925		Rudolf Seyffert	1958	Carl Brinkmann	1952
Sundhoff	Edmund	1912		Leopold Illetschko	1949	Rudolf Seyffert	1944
Swoboda	Peter	1937		Erwin Grochla	1964		1959
Szyperski	Norbert	1931		Adolf Weber	1969	Erich Kosiol	1962
Terhalle	Fritz	1889	1962	Fritz Schmidt/ Wilhelm Kalveram	1918	Adolf Weber	1915
Theisinger	Karl	1901	1949	Walter le Coutre	1933	Wilhelm Kalveram	1925
Thoms	Walter	1899			1933	Karl Thiess	1928
Tindl	Fritz	1888			keine		keine
Töndury	Hans	1883	1938		B: 1910	Harry Hollatz/ Theophil Kozak	1907
Ulrich	Hans	1919	1997	Alfred Walther	1947	Amonn	1944
Vershofen	Wilhelm	1878	1960			K. D. Bülbring	1905
Vodratzka	Karl	1931		Willy Bouffier	1964	Willy Bouffier	1955
von Wysocki	Klaus	1925		Albert Schnettler	1960	Albert Schnettler	1955
Vormbaum	Herbert	1925		Reinhold Henzler	1958	Hans Seischab	1951

437

Name	Vorname	Geburts-jahr	Todes-jahr	Betreuer der Habilitation	Jahr der Habilitation	Betreuer der Dissertation	Jahr der Dissertation
Waffenschmidt	Walter G.	1887			B: 1924	Schulze-Gaevernitz	1915
Walb	Ernst	1880	1946		keine	Eugen Schmalenbach	1919
Walther	Alfred	1886	1955	E. Böhler	1927		keine
Weber	Karl	1926			1966	*Richard Büchner/ Karl Käfer*	1955
Weigmann	Walter	1902	1945	Balduin Penndorf	1933	Felix Werner	1930
Werder	Gustav Franz	1865	1937		keine		keine
Werner	Curt Felix Albert	1876	1942		keine	Otto Gerlach	1915
Wild	Jürgen	1939	1976	Erich Kosiol		Erich Kosiol	
Wirtz	Carl	1901	1969		1962	Ernst Walb	1926
Witte	Eberhard	1928			1957	Erich Kosiol	1954
Wittmann	Waldemar	1925	1988	Karl Hax	1958	Karl Hax	1954
Wöhe	Günter	1924		Karl Banse		Hans Ruchti	
Wörner	Gerhard	1878			keine	Wilhelm Stieda/ Ferdinand Schmid	1902
Ziegler	Julius	1863	1945		keine		keine
Zybon	Adolf	1920		Theodor Beste	1967	Theodor Beste	1958

Konzepte für das neue Jahrtausend

Die „BWL" von Prof. Albach

Rechnungswesen – Absatz – Beschaffung – Arbeit – Betriebsmittel und Investitionen – Produktion – Leitung, Planung, Strategie – Steuern – Kapitalstruktur

Eine moderne, zugleich verständliche und komprimierte Einführung in die Betriebswirtschaftslehre von einem der namhaftesten und international anerkanntesten deutschen Betriebswirte. In 14 Kapiteln, ausgerichtet an den Lehrveranstaltungen eines Semesters, werden die Grundtatbestände der Betriebswirtschaftslehre anschaulich, praxisnah und auf dem neuesten wissenschaftlichen Stand dargestellt.

Horst Albach
Allgemeine Betriebswirtschaftslehre
Einführung
2., überarb. Aufl. 2000.
XVIII, 501 S. Br.
€ 39,00
ISBN 3-409-22935-3

Änderungen vorbehalten. Stand: Oktober 2001.

Gabler Verlag · Abraham-Lincoln-Str. 46 · 65189 Wiesbaden · www.gabler.de

Kompakt und leicht verständlich

Einführung in die Betriebswirtschaftslehre

Dieses Lehrbuch gibt eine kompetente, kompakte und sehr gut verständliche Einführung in die Betriebswirtschaftslehre. Es macht mit den Grundbegriffen, mit den wichtigsten Problemen der Betriebswirtschaftslehre, ihren Lösungen und damit mit dem Wissenschaftsprogramm der Betriebswirtschaftslehre vertraut. Der Text ist auch für Leserinnen und Leser ohne wirtschaftswissenschaftliche Vorkenntnisse verständlich.

Professor Weber gibt zunächst einen Überblick über die Rahmenbedingungen unternehmerischer Tätigkeit.
Im Anschluss daran stellt der Autor den leistungswirtschaftlichen Prozess mit den Funktionsbereichen Beschaffung, Produktion und Absatz vor. Er vermittelt die Grundzüge von Finanzierung und Managementlehre und veranschaulicht die wichtigsten Werkzeuge des Betriebswirts, Rechnungswesen und computergestützte Informationssysteme.
Ein Exkurs behandelt die internationale Unternehmenstätigkeit.

In der vierten Auflage wurden die neuesten gesetzlichen Bestimmungen berücksichtigt, die Tabellen über Daten des Wirtschaftsgeschehens wurden aktualisiert.

Wolfgang Weber
Einführung in die Betriebswirtschaftslehre
4., aktualisierte und überarbeitete Auflage 2001
XVI, 274 Seiten, Br.,
DM 48,– / € 24,–
ISBN 3-409-43011-3

Änderungen vorbehalten. Stand: Oktober 2001

Gabler Verlag · Abraham-Lincoln-Str. 46 · 65189 Wiesbaden · www.gabler.de